U0937548

山地城镇建设安全与防灾协同创新专著系列

中国建筑业农民工向产业工人转化的路径研究

任 宏 著

科学出版社
北 京

内 容 简 介

建筑业农民工向产业工人转化是我国建筑业发展升级的必然条件，是解决农民工问题、促进社会稳定的关键所在。本书通过国内外实地走访与全国范围的问卷调研，定性与定量研究相结合，规范和实证研究相结合，寻求农民工向产业工人转化的关键路径，具有较强的理论价值和实践价值。全书分为背景篇、理论篇、实践篇3篇，共12章，从建筑工业化、行业架构、培训、薪酬以及市民化权益等角度系统展现了建筑业农民工向产业工人转化的关键路径，并就如何落实关键路径提出相关政策建议。

本书可供工程管理等专业本科生、研究生及相关科研人员阅读，也可作为建筑业实践工作者与管理人员的参考用书。

图书在版编目（CIP）数据

中国建筑业农民工向产业工人转化的路径研究/任宏著. —北京：科学出版社，2021.7

（山地城镇建设安全与防灾协同创新专著系列）

ISBN 978-7-03-069317-4

Ⅰ. ①中… Ⅱ. ①任… Ⅲ. ①建筑业-民工-劳动就业-研究-中国 Ⅳ. ①D669.2

中国版本图书馆CIP数据核字（2021）第129131号

责任编辑：纪晓芬 / 责任校对：马英菊

责任印制：吕春珉 / 封面设计：耕者设计工作室

科学出版社 出版

北京东黄城根北街16号

邮政编码：100717

http://www.sciencep.com

北京中科印刷有限公司印刷

科学出版社发行　各地新华书店经销

*

2021年7月第　一　版　开本：787×1092　1/16

2021年7月第一次印刷　印张：19 1/4

字数：450 000

定价：158.00 元

（如有印装质量问题，我社负责调换〈中科〉）

销售部电话 010-62136230　编辑部电话 010-62135397-2021（BA02）

山地城镇建设安全与防灾协同创新专著系列

编委会

总　　序

中国是一个多山国家，山地面积约为666万km^2，占陆地国土面积的69%，山地县级行政机构数量约占全国的2/3，山区人口与耕地分别占全国的1/3和2/5。山地区域是自然、文化资源的巨大宝库，蕴藏着丰富的水利、矿产、森林、生物、旅游等资源，也因多民族数千年的聚居繁衍而积淀了灿烂多姿的历史遗迹与文化遗产。

然而，受制于山地地形复杂、灾害频发、生态脆弱的地理环境特点，山地城镇建设挑战多、难度大、成本高，导致山地区域城镇化水平低，经济社会发展滞后，存在资源低效开发、人口流失严重、生态环境恶化、文化遗产衰落等众多经济社会问题。截至2014年，我国云南、贵州、西藏、甘肃、新疆等省、自治区的山地城镇化率不足40%，距《国家新型城镇化规划（2014—2020年）》提出的常住人口城镇化率达到60%的发展目标仍有很大差距。因此，采用“开发与保护”并重的方式推进山地城镇建设，促进山地城镇可持续发展，对于推动我国经济结构顺利转型、促进经济社会和谐发展、支撑国家“一带一路”倡议具有不可替代的重要作用。

为解决山地区域城镇化建设的重大需求，2012年3月重庆大学联合中国建筑股份有限公司、中国建筑科学研究院、中国科学院·水利部成都山地灾害与环境研究所等单位共同成立了山地城镇建设协同创新中心，针对山地城镇建设面临的安全与防灾关键问题开展人才培养、科技研发等创新工作。经过三年的建设，中心围绕“规划—设计—建造—管理”的建筑产业链，大力整合政府、企业、高校、科研院所的优势资源，在山地城镇建设安全与防灾领域汇聚了一流科研团队，建设了高水平综合性示范基地，取得了有重大影响的科研理论与技术成果。迄今为止，中心已在山地城镇生态规划、山地城镇防灾减灾、山地城镇环境安全、山地城镇绿色建造、山地城镇建设管理五大方向取得了一系列重大科研成果，培养和造就了一批高素质人才，有力地支撑了山地城镇的重大工程建设，并着力营造出城镇建设主动依靠科技创新、科技创新更加贴近城镇发展需求的良好氛围。

“山地城镇建设安全与防灾协同创新专著系列”丛书集中展示了山地城镇建设协同创新中心在山地城镇生态规划与文化遗产保护、山地灾害形成理论与减灾关键技术、山地环境安全理论与可再生能源利用、山地城镇建设管理与可持续发展等领域的最新科研成果，是山地城镇建设领域科技工作者智慧与汗水的结晶。该套丛书的出版，力图服务于山地城镇建设领域科学交流与技术转化，促进该领域高层次的学术传播、科技交流、技术推广与人才培养，努力营造出政产学研高效整合的协同创新氛围，为山地城镇的全面、协调与可持续发展作出新的重大贡献。

中国工程院院士，重庆大学校长

周绪红

2015 年 12 月 18 日

本 书 序

改革开放以来，我国城镇化进程飞速发展，创造了令世界惊叹的“中国奇迹”，建筑业在这一进程中起着至关重要的作用。在我国经济由高速增长向高质量发展转变的时期，传统劳动密集型建筑业产业的可持续发展问题逐渐显现。习近平总书记在党的十九大报告中指出，支持传统产业优化升级，促进我国产业迈向全球价值链中高端。建筑业的优化升级势在必行。

建筑业农民工是建筑业的主力军，建筑业的优化升级与农民工息息相关。我国社会主要矛盾已经转化为人民日益增长的美好生活需要和不平衡不充分的发展之间的矛盾。建筑业农民工群体生产生活现状正是这一矛盾的突出体现，解决建筑业农民工问题已成为建筑业转型升级的重要任务。

“治国有常，而利民为本”，建筑业农民工问题的解决，必然要以农民工为中心，谋求其身份上的转变，使之摆脱城乡二元、亦工亦农的特征，共享改革发展的成果，增强农民工的获得感，而成为产业工人，则是其身份转型的目标。产业工人具备远高于普通农民工的职业化和市民化水平。建筑业农民工向产业工人转化，是建设知识型、技能型、创新型劳动者大军的现实选择，是实现我国建筑业由劳动密集型向技术密集型转变的关键环节，是促进经济增长模式由粗放型向集约型发展的重要举措，也是建筑业农民工市民化的先决条件与实现公平正义、促进社会稳定的必然要求。中国现阶段有五千余万建筑业农民工，要实现其向产业工人的转型，不啻为全世界绝无仅有的难题。然“事之当革，若畏惧而不为，则失时为害”，在实现“两个一百年”奋斗目标的关键时期，建筑业从业者责无旁贷。

住房和城乡建设部长期关注建筑业的发展与农民工问题，为此特委托重庆大学建设管理与房地产学院（现为重庆大学管理科学与房地产学院）开展深入的专题研究。任宏教授及其团队自 2015 年起，走访了国内 29 个省（自治区）住房城乡建设厅及直辖市住房城乡建设委，50 余家省（自治区、直辖市）和有关城市建筑业协会及建筑类央企，150 余家地区代表性施工企业，系统全面地采访、调研了 5 万余名农民工的生存现状与利益诉求，潜心钻研，耗时 3 年，数易其稿，最终完成《中国建筑业农民工向产业工人转化的路径研究》一书。

全书采集大量关于我国建筑业农民工向产业工人转化现状的第一手资料和评价素材，在调研基础上，以背景篇、理论篇、实践篇三大篇章，层层递进，探究了我国建筑业用工改革的方向，全方位地呈现了建筑业农民工向产业工人转化的路径，就如何落实各条路径系统化地提出了相关的政策建议。书中提出的转化路径、政策建议与实践紧密联系，具有较强的理论价值和实践价值，部分成果已被住房和城乡建设部采纳，对推动我国建筑业的改革发展具有重要意义。

2017 年 12 月 21 日

前　言

改革开放以来，我国进入快速的城镇化发展阶段，经济与社会建设取得了举世瞩目的成就。在这一进程中，中国的农民工群体做出了不可磨灭的贡献。农民工是保留农村户籍，在城市从事第二、三产业工作的农民。伴随着城镇化进程的持续推进和人口迁移政策的宽松，大量农民工涌入城市，成为我国城市建设的一支主力军。在这一庞大的进城农民工群体中，建筑业往往成为他们首选的就业行业。

建筑业是我国国民经济的支柱性产业之一，也是一个传统的劳动密集型产业，其低技术门槛的特征使之成为吸纳农民工就业的主要行业。时至今日，已有 5400 余万农民工构成了建筑业一线作业工人队伍的主体。尽管建筑业农民工凭借劳动力成本低、吃苦耐劳等优势，为建筑业与城镇化发展做出了重要贡献，但受制于建筑业的生产特征与自身的城乡二元属性，依然面临劳动效率低下、工作临时性强、工作流动性大、工作时间长、劳动强度大、工作环境不佳、老龄化现象显著、组织依附度单一、文化程度较低、技能培训不足、劳动权益与社会保障不足等诸多严峻的现实问题。规模庞大的建筑业农民工群体的工作、生活、素质、地位以及归属问题长期以来未得到有效解决，这将直接影响建筑业的可持续发展以及新型城镇化的稳步推进，更关系到国计民生。

建筑业的升级与农民工的转型迫在眉睫。近年来，劳动密集型的建筑业，其生产效率和发展水平与大量技术密集型的制造业差距越来越大。建筑业要摆脱低生产效率、低发展质量的困境，必须依靠高科技来谋求产业发展，走工业化、数字化的发展道路。而要与具有高科技含量的产业相匹配，则必须构建一支高技术水平的产业工人队伍。产业工人是在现代工业部门中从事生产劳动，具有稳定的职业和岗位、相对固定的工作时间、较适宜的工作环境、较高的职业技能和素质、较为完善的劳动权益和社会保障以及较高的社会认可度的工人，他们代表最先进的生产力和技术创新力，其职业化、市民化特征是农民工所不具备的。因此，作为建筑用工主体的建筑业农民工，向产业工人转化已是大势所趋。

建筑业农民工产业工人化是我国建筑业发展升级的必然条件，是解决农民工诸多问题、促进社会稳定发展的关键因素。然而，推进 5400 余万建筑业农民工向产业工人转化是一项长期、艰巨且纷繁复杂的系统工程，面临着传统建筑生产方式、市场、制度，农民工自身、社会排斥等诸多阻滞因素，必须经过广泛的调研，充分考虑各利益主体的诉求，采用科学的理论方法来分析并设计出建筑业农民工向产业工人转化的路径。

在我国建筑业面临转型升级、行业亟须高水平工人的关键节点，住房和城乡建设部委托笔者所在的重庆大学建设管理与房地产学院开展对建筑业农民工向产业工人转化的研究。学院在住房和城乡建设部市场司、相关省市住建厅与建委的大力支持下，由笔者负责，组建了包括教授、副教授 10 余人，以及博士生、硕士生共计 40 余人的专门研究团队，从 2015 年 5 月开始，历时两年多，进行了中国建筑业农民工产业工人化顶层设计研究。该研究是从源头上寻求建筑业农民工向产业工人转化的关键路径，为建筑业农民工转型进行合理的制度设计，提供切实可行的政策建议，事关农民工的切身利益，因此必须充分了解各层级、各地域、各专业的不同参与方的利益诉求及相关建议。为此，课题组展开了大量的调研工作，并就重大问题多次咨询省市地方政府、行业协会等，综合各方意见，精心设计问卷调研，在全国范围内面向农民工、建筑企业、行业协会、建设主管部门，共计发放 5 万余份调查问卷，回收 42 263 份有效问卷。180 余名研究生和本科生参与问卷的整理统计工作。同时，课题组先后走访了国内 20 余个省市的 180 余家建设管理部门、建筑业协会、施工企业，展开实地交流，深入施工现场与农民工进行面对面的访谈，深刻了解农民工、建筑企业的现状与问题，积累大量关于农民工产业工人化的意见和经验。为了了解更多情况，课题组还赴新加坡、中国香港等地进行建筑业实地调研，考察了两地建筑工人培训基地及在建工程项目，与新加坡建设局、人力部，中国香港发展局、劳工处、建造业议会等部门进行座谈，并与相关企业进行了深度交流，对于新加坡与中国香港的劳务用工管理、工人的专业化水平、技能培训以及生活保障等形成了系统的认知。此外，课题组开展了大量的文献研究与理论研究，共检索数千篇国内外农民工相关文献，访问了超过 300 余国内外的政府网站与统计数据库，积累了包括英国、美国、德国、日本等发达国家在内的丰富的研究数据。在整个研究过程中，课题组成员多次与政府、高校、科研机构、建筑企业等相关单位及专家展开积极的沟通交流，进行了多达 10 余次的修改，并最终完成《我国建筑业用工方式制度改革专题调研》《建筑业农民工产业工人化顶层设计研究》等研究报告，取得的成果受到住房和城乡建设部等政府部门高度重视，部分建议在近期出台的一系列政策文件中有所体现。2016 年，在中国工程院第十届中国工程管理论坛上，笔者就建筑业农民工产业工人化问题做了专题学术报告，得到业内广大学者及专业人士的高度认可与积极反馈。在系统总结近两年来建筑业农民工向产业工人转化研究成果的基础上，结合多年来对农民工问题的思考，笔者开始着手本书的撰写。在此期间，笔者及课题组成员对转化路径及政策建议展开了持续深入的研究，攻克了诸多关键难点，并多次与相关政府部门领导、院士、专家等就书稿内容进行深入探讨，数易其稿，终于完成本书的撰写工作。

本书共分为三篇。背景篇介绍了当前我国建筑业转型升级的时代背景，阐述了建筑业以及建筑业农民工在这一特殊时代背景下面临的诸多问题，基于对问题的认识分析了建筑业农民工向产业工人转型的必要性，回顾了国内外农业人口向非农产业转移的历史，明晰了农民工向产业工人转变的固有规律，为建筑业农民工向产业工人转化的路径设计奠定了基础。理论篇在调研所获得的大量数据资料的基础上，定性与定量研究相结合，规范和实证研究相结合，基于 ISM 模型识别构建了建筑业农民工向产业工人转化的动力因子体系，运用系统学理论分析了这一转型过程的动力机制，并结合结构方程模型验证了这一机制，明确了建筑工业化、行业架构改革、系统化培训、薪酬支付体系以及农民工市民化权益保障等五条关键的转化路径。实践篇从上述五条关键转化路径入手，深入剖析我国现状以及其中存在的主要问题，提出行之有效的改革方向和政策建议，并对未来建筑业产业工人数量进行了预测研究，提出了我国建筑业农民工向产业工人转型的路线图，为国家和地方各级部门出台相关政策提供有效的智力支持。

建筑业农民工向产业工人转化是一个漫长的过程，与社会发展阶段息息相关，无法一蹴而就。因此，本书仅从当前形势下选取了适宜我国建筑业农民工的转型路径及相关政策予以重点介绍，对其中的盲点与疏漏之处，课题组将在今后的研究中进一步完善。在本书即将出版之际，也向为本书的最终成稿给予大力支持的住房和城乡建设部吴慧娟原司长、张毅司长、逄宗展处长、李雪飞副处长等领导，相关省市住房城乡建设厅、住房城乡建设委等部门领导及工作人员，相关高校、企业、行业协会的院士与专家学者致以衷心的感谢。此外还要感谢笔者的学生马先睿博士后，杜永杰、陈明曼、朱明磊、霍腾飞、王霞、王鹏、刘蔚丹、高景鑫、施庆伟、王润源、王元萍等博士，他们参与完成了相关章节的撰写工作。最后，特别感谢笔者的夫人向小林和儿子任鹏宇对笔者研究工作的关怀和支持。

任　宏
重庆大学建设管理与房地产学院
2017年10月31日

目　录

背景篇

理　论　篇

实践篇

背 景 篇

第 1 章　绪　论

1.1　我国建筑业现状——低产业化特征的传统行业

建筑业是一个历史悠久的传统行业，早在数千年前，人类就已经开始从事建筑生产活动。在历史的发展长河里，人类创造了无数的建筑奇迹，如国外的埃及金字塔、希腊帕提农神庙、罗马斗兽场、柬埔寨吴哥窟、印度泰姬陵，我国的长城、故宫，等等。这些建筑领域令人惊叹的成果，都是人类文明的重要标志，见证了人类社会的发展。

纵观国内外的发展历程，某一产业如能为国民经济的发展奠定坚实的基础，带动众多相关产业的快速发展，则通常会作为该国的支柱产业。在城市化的快速发展阶段，建设任务繁重，而建筑业能够为城镇发展提供重要的物质基础，为人类提供生产与生活必需的各类建筑物、构筑物与设施，带动建材、冶金、化工、机械、运输等数十个相关产业的发展，吸纳大量的劳动力，为国民经济创造巨大价值，往往成为一国的支柱产业。

改革开放以来，随着我国大规模经济建设的兴起，建筑业迅速壮大。特别是近年来，我国建设规模空前巨大，更加促进了建筑业的繁荣，建筑业的支柱性产业作用日益明显，各地区建筑业总产值占地区生产总值的比例高。部分典型城市建筑业总产值占地区生产总值的比例如图 1.1 所示。

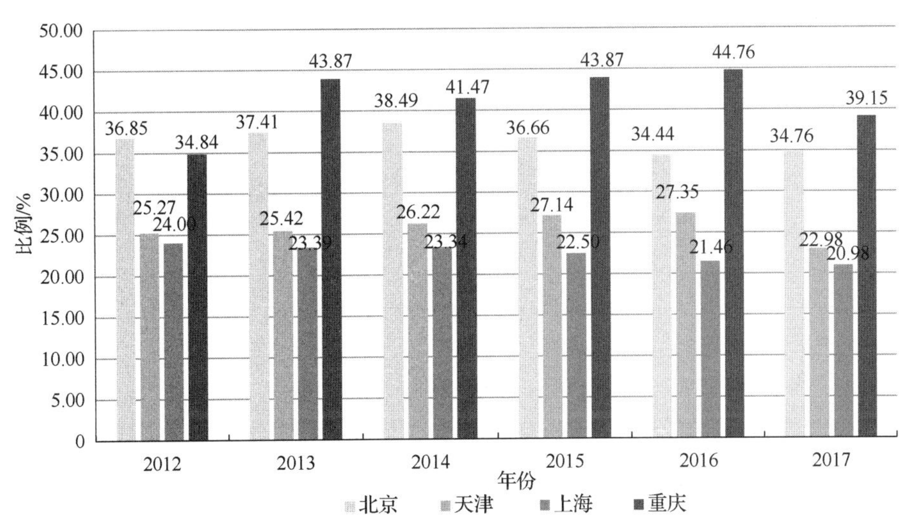

图 1.1　部分典型城市建筑业总产值占地区生产总值的比例

（资料来源：《中国统计年鉴—2018》。）

尽管建筑业为我国经济社会发展做出了突出的贡献，但依然存在大量不可忽视的问题。问题的根源在于，我国的建筑业至今仍是一个传统劳动力密集型产业，其现代产业化特征较低。这种低产业化特征主要表现在以下两个方面。

1.1.1　走传统体力型的发展道路

科学技术是第一生产力。人类社会发展的历史归根到底是生产力发展的历史。从第一次工业革命到第三次科技革命，人类社会的每一次跃进，社会文明的每一次升华，无不伴随着生产力的历史性进步及其带来的生产关系的发展。人类社会各个阶段的发展表明，每一次生产力革命性的转变均是由于更高水平的科技进步。科技水平的提升，依赖的是人类智力的输出而非体力的堆砌。

人类的生产活动主要体现为造物和用物，而人类实现造物和用物依靠的是两大能力——体力和智力。体力主要是指人身体的力量，在生产活动中表现为依靠人的运动系统来完成相应的生产任务。智力主要是指人的精神思维活动，在生产活动中表现为人通过对客观事物的认识、理解并综合运用知识、经验等解决问题的能力。人类发展的过程表明，在生产效率的提升中，智力产生的效能远远大于体力。依靠智力发展的产业，其生产效率高于依靠体力发展的传统劳动密集型产业，并且近年来差距越来越大。美国2007～2017年劳动力生产效率指数的变化（体力与智力之间的剪刀差随时间的推移越来越大）恰恰佐证了这一结论，如图1.2所示。

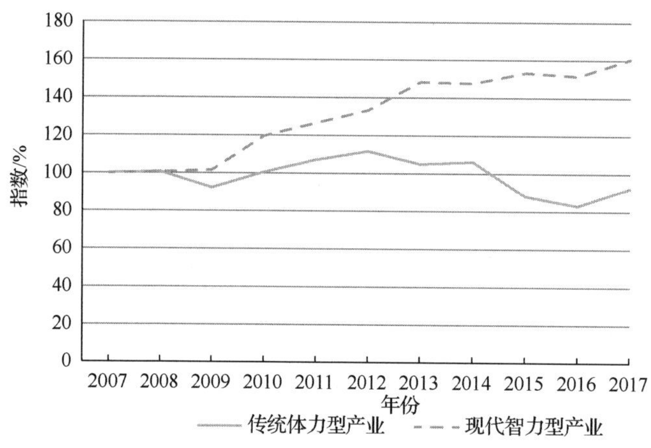

图1.2　2007～2017年美国年劳动力生产效率指数变化

（资料来源：美国商务部、劳工统计局官网。）

目前，我国建筑业仍然主要依靠密集的劳动力完成生产任务，走传统体力型的发展道路，还未完成向智力密集型产业的全面转型，生产模式未能达到现代工业的标准化要求。同时，建筑业与最新科技的联系紧密度落后于其他产业，技术驱动特征不如其他产业明显。一些传统陈旧的技术还在广泛使用，国际先进工艺与工程技术运用率低；企业对新技术研发重视不够，成果转化率不高，普遍未形成核心的技术竞争优势，科技进步贡献率较低；建筑标准化工作滞后，部件标准化和通用化程度低；施工机械化和合理化程度不高，可持续发展问题比较突出，亟须全面的改革[1,2]。

1.1.2 以农民工为主体的用工体系

当前，我国建筑业的用工主体为农民工，而非现代化产业工人。农民工是我国社会转型时期出现的一个特殊群体，是伴随着我国快速的城镇化进程而不断发展壮大的一支新型的劳动力大军。受限于建筑业走传统体力型发展道路的特点，大量的建筑工程项目技术含量不高、进入门槛低。在严苛的工期目标要求下，农民工能够快速地填补劳动力缺口，保证项目的按期完工。因此，建筑施工现场90%以上的劳动力由农民工来充当，他们从事着繁重的体力劳动，但工作环境不佳。与现代化的产业工人相比，尽管农民工同样为我国社会的发展、经济的建设做出了巨大的贡献，但其付出得不到相应的回报。而农民工流动性高、文化素质较低、专业技能匮乏等一系列因素，在一定程度上也阻碍了我国建筑业产业的现代化发展。

改革开放近40多年来，虽然建筑业对我国社会经济发展起到支柱的作用，是我国城镇化的主力军，但是无法否认其低产业化特征带来的诸多问题。该选择什么样的路径，改变建筑业传统体力型的生产模式，提升生产技术水平，推动庞大基数的建筑业农民工的身份转型和社会融合，以适应社会发展新常态，实现新型城镇化的战略目标，需要我们进行深层次的研究和思考。

1.2 建筑业转型升级的时代背景——工业4.0时代来临

“十三五”时期，我国经济发展进入新常态，增速放缓，结构优化升级，增长动力由投资驱动转向创新驱动[3]。2016年3月，国务院总理李克强在政府工作报告中提出：聚焦提质增效，推动产业创新升级，一手抓新兴产业培育，一手抓传统产业改造提升。这表明我国社会的转型正在经历一种从“量”到“质”的变化，各行各业面临重大的变革，整体发展将迈上新的台阶。这需要全新的理念支撑。作为我国支柱产业之一的建筑业同样处于改革的关键节点，我们需深刻把握建筑业所处的时代背景，正视挑战，把握机遇，助推建筑业转型升级。放眼近年来各行各业的发展，“互联网＋”与大数据等成为见诸各类媒体的热频词，这些热频词的背后，代表的是一个新的时代——工业4.0时代的悄然来临。

1.2.1 现代工业化模式推动各行业飞速发展

2014年，中德两国共同签署《中德合作行动纲要》，纲要明确了两国工业4.0的合作内容。纲要第一条指出，工业4.0是工业生产的数字化。近年来，制造业、IT（information technology，信息技术）业等行业的高效发展，正是得益于现代工业化和数字化生产方式的推行。现代工业化和数字化是一种高效率的生产方式，此类生产方式鼓励科技创新，依靠强大的智力投入和标准化批量生产，整合大量优质资源，实现规模经济效应。其中，现代工业化、数字化的典范如美国苹果公司，其电子产品在各大领域都取得巨大成功，成为高端电子品牌的象征。其成功的原因在于智力的大量投入，带来独具匠心的产品创新，创造了巨大的产品附加值乃至品牌价值。又如，全球著名飞机制造商美国波音公司，拥有全世界最大的飞机组装工厂。波音公司所取得的辉煌成就离不开其成熟的全球协同发展的现代工业化分工体系。波音公司拥有遍布全球的零部件制造加工网络，而公司自身主要负责总装与营销。以波音 747 飞机为例，其所含的 450 万个零部件，来自近 10 个国家的 1000 多家大企业和 1.5 万多家小企业[4]。波音公司之所以将零部件进行全球分包生产，是为了遵循市场效率原则，更好地降低生产成本，占领国外市场。对于分包厂商来说，由于波音公司提供的生产标准非常详细，它们的加工生产效率也得到了提升。波音公司采用三维数字化工装设计和虚拟装配技术，实现了产品设计信息与制造信息的集成和管理，提高了产品质量，减少了设计更改、超差及返工，实现了设计的重复性使用及批量化生产，大幅度降低了成本，使航空制造业进一步趋向"碎片化"生产和管理的模式。

党的十九大报告提出："推动新型工业化、信息化、城镇化、农业现代化同步发展。"[5]这进一步强调现代工业化模式的重要性。各行各业要突破其发展瓶颈，改变依靠体力的传统作业模式，就必然要依靠智力提升科技含量，走"现代工业化+数字化"的工业 4.0 发展之路。

1.2.2 新型建筑工业化是建筑业转型的契机

我国建筑业是一个传统劳动密集型产业，相对于汽车、IT 和航天等高新技术行业，建筑业相对落后。其大量依靠体力劳动和传统技术与技能，导致行业效率低下，亟须全面的改革。而工业 4.0 时代的来临，则为建筑业的改革带来了新的契机——新型建筑工业化。

新型建筑工业化将提供一个全新的技术平台，为达到高效的建筑业生产力发展水平提供一条行之有效的路径。新型建筑工业化是以标准化设计、工厂化生产、装配化施工、一体化装修和数字化管理为主要特征的生产方式，具备涵盖设计、生产、采购、施工等诸多环节的完整产业链，全面体现了房屋建造全过程的工业化、数字化、集约化和社会化，是提高建筑工程质量和效益，实现节能减排与资源节约的重要途径。可以说，新型建筑工业化是传统建造模式的一次深刻变革，实现了建筑工业化与数字化的深度融合[6]。

1. 新型建筑工业化是以数字化带动的工业化

新型建筑工业化的"新型"体现在数字化与建筑工业化的深度融合。进入新的发展阶段，以数字化带动的工业化在技术上是一种革命性的跨越式发展。如建筑信息模型（building information modeling，BIM）技术在建筑工业化中的应用，促进工程建设向标准化和集约化方向发展，使工程建设各参与主体能够在不同层面上实现资源共享，极大地减少了各专业间的不协调问题，有效地解决了设计与施工分离、构件生产与现场建造技术脱节的问题，极大地提高了工程建设的精细化水平、生产效率和工程质量。

BIM、云计算、物联网等信息技术的日趋成熟，以及与先进工业化建造技术的融合使建筑工程向更加智慧、精益、绿色的方向发展，使项目部管理模式向企业总部集约化管理模式转变，基于"互联网思维"的商业模式和产业模式也将发生变革。

2. 新型建筑工业化是建筑业摆脱体力型发展模式的关键路径

新型建筑工业化是对我国劳动密集型建筑业的巨大冲击，改变了传统建筑业以体力劳动为主导的生产模式。在体力型发展模式的建筑业中，手工作业与现场湿作业多、工作环境差、安全隐患多、标准化程度低、建设效率低、施工周期长、质量问题突出、资源消耗高、环境污染严重。尽管凭借低廉的劳动力成本，我国建筑业实现了飞速的发展，但随着近年来劳动力红利的消失，上述各类问题愈发凸显。而当前新型建筑工业化是建筑业智力型发展模式的典型代表，作为以技术为主导的，标准化、批量化、精准化的生产方式，其能够大幅提升建设效率和产品质量，改善工作环境，降低资源消耗。因此，我国建筑业必须摆脱对体力型发展模式的路径依赖，选择新型建筑工业化的智力型发展之路。

3. 新型建筑工业化是实现建筑领域社会化协作式生产的前提

新型建筑工业化以社会化大生产的方式展开工程建造，是对传统以手工作业为主的小生产方式的变革[7,8]。此种社会化大生产强调区域内，甚至不同区域间的各专业协作式生产。建筑工程作为一种系统工程，其完成质量很大程度上取决于各专业间协同作业的水平。传统的建筑业生产模式，各专业间割裂明显，如设计与采购、施工等相分离。而在新型建筑工业化的生产模式中，建筑业与制造业相互协作、融合、借鉴，注重建筑构配件的标准化生产和工地现场的标准化装配，更有利于构建集成设计、制造、采购、装配等不同专业企业的社会化协作式生产网络。因此，发展新型建筑工业化是建筑领域实现社会化协作式生产的重要前提。

4. 新型建筑工业化代表建筑业先进的生产方式

新型建筑工业化倡导将先进的科学技术运用于工业化生产模式，在建筑全过程的设计、制造、采购、装配等各个环节中均融入工业化、数字化等方面的新技术。除了科技含量的提升，新型建筑工业化同样要求建筑企业在管理上不断创新以适应技术的变革。在其构建的社会化协作式生产网络中，各类资源得到了优化配置，能够产生巨大的效益。因此，新型建筑工业化代表当前建筑业先进的生产方式，是发展的大势所趋。

综上所述，新型建筑工业化是一种新型建造方式，改变了传统建筑业中原有的手工作业方式。利用数字化和工业化的手段，先在流水线上建好房子的“零部件”，然后在现场进行装配，对推动我国传统建筑业转型升级意义重大[9]。2015年的中央城市工作会议上，习近平总书记强调要积极推进《国家新型城镇化规划（2014—2020年)》，其中涉及大力推进建筑工业化，并将“积极推进建筑工业化、标准化，提高住宅工业化比例”作为建设重点之一。而“一带一路”倡议的推进，也为我国新型建筑工业化的发展带来了历史机遇和挑战。建筑业应把握这一宝贵的历史机遇，着力推动科技创新，通过建设国际领先的建筑业及其产业化队伍，助推我国由制造大国向制造强国转型。

1.3 低产业化特征下我国建筑业存在的问题

建筑业要完成从体力型向智力型的转型，必须改变其低产业化的特征。当前建筑业的各种顽疾，归根结底，在于其相对于其他先进行业的低产业化特征。本书将着重从行业整体与农民工两个维度来逐一剖析低产业化特征下我国建筑业存在的问题，以期揭示建筑业向新型建筑工业化模式转变、建筑业农民工向产业工人转型的紧迫性和重要性。

1.3.1 行业整体问题

改革开放以来，伴随我国经济社会 40 多年的高速发展，建筑业也取得了长足的进步和辉煌的成就，有力地推动了我国工业化、城市化的进程。从《中国统计年鉴 2018》的数据可见，建筑业增加值从 1978 年的 138.9 亿元提升到 2017 年的 55 689 亿元，年均增长 16%以上，在 2011～2017 年的 6 年间，增速虽有所回落，但仍保持年均增长约 8.5%的态势。自 2006 年以来，建筑业增加值占国内生产总值（gross domestic product，GDP）的比值一直保持在 5.7%以上。虽然 2015 年、2016 年略有回落，但仍维持在 6.7%左右（图 1.3），建筑业的国民经济支柱产业地位稳固。即使我国经济步入新常态下的转型发展期，建筑业对社会经济持续发展的贡献作用依然突出。

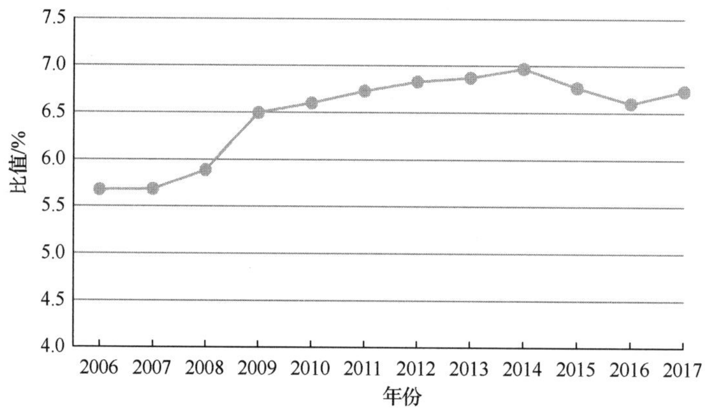

图 1.3 2006～2017 年建筑业增加值占 GDP 比重

（资料来源：《中国统计年鉴—2018》。）

建筑业之所以成为我国国民经济的重要支柱产业之一，在于其产业关联度高、带动性强、辐射影响力广，能够提供高产值贡献和高就业容纳能力，特别是在承接农村劳动力转移方面具有不可替代的作用。尽管建筑业对我国经济增长和社会发展做出了巨大贡献，但其作为一个传统体力型产业，极易受宏观经济环境和国家政策调控的影响，表现出显著的低产业化特征，在发展过程中产生了一系列突出问题，具体表现为：行业生产方式相对落后、企业现代化程度较低、配套制度体系不完善等。

1. 行业生产方式相对落后

当前，我国建筑业还没有转型为智力密集型产业，传统陈旧的技术还在被大量使用，科技进步贡献率低下；建筑标准化工作滞后，部件标准化和通用化程度低；农民工的生产效率低下；施工机械化和合理化程度不高；可持续发展问题比较突出[1,2]。我国传统建筑业的生产方式相对落后主要体现在以下几个方面。

1）劳动生产率不高

尽管我国建筑业劳动生产率在过去数十年中有一定的提升，但是与国内其他行业和国外建筑业相比，仍有较大的差距。

（1）与国内其他行业相比，劳动生产率落后。当前，我国建筑业的现代化进程相对于其他行业明显不足，建筑业劳动生产率与制造业相比仍有不小的差距。行业间之所以产生这种差距，在于建筑业的低产业化特征制约了其劳动生产率的提升。传统建筑业大量依靠劳动力手工完成繁重的建设任务，加之生产过程中的流动性，造成其机械使用率明显落后于制造业。一次性、流动性、专业交叉的生产特点，又使施工过程中无论是工序的搭接、工种间的配合，抑或人力与机械设备间的配合等，均无法达到制造业的娴熟程度。还有建筑企业普遍走体力型的发展道路，重视技术应用而忽视技术创新，智力投入不够，未能充分构建培育高素质专业人才的土壤，这些均是造成建筑业劳动生产率落后于制造业的原因。

如图 1.4 所示，近年来，国内制造业劳动生产率高于建筑业，并且两者间差距有扩大的趋势。相对于制造业日益提升的技术密集特征，同为第二产业的建筑业的智力型发展之路明显滞后，其各项生产要素并未达到最适宜的配置，故未能激发出等同甚至超过制造业水平的生产效率。

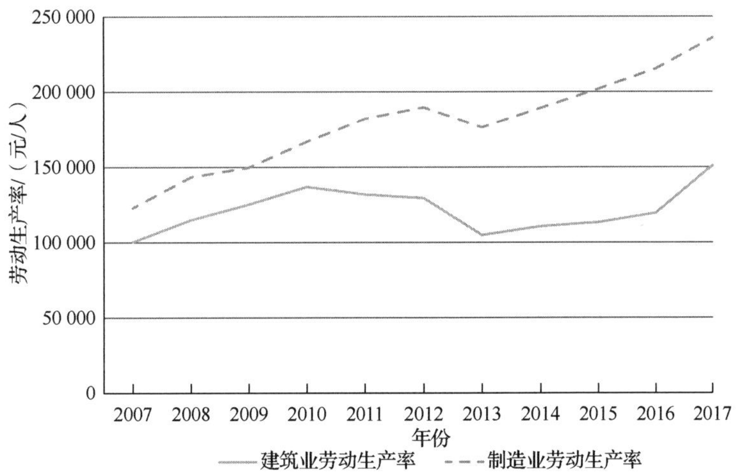

图 1.4　建筑业与制造业劳动生产率对比（按增加值计算）

（资料来源：根据 2007～2017 年《中国统计年鉴》整理而得。）

从 10 年的建筑业劳动生产率增速与我国 GDP 增长率的对比情况来看（图 1.5），在

2012 年之前，建筑业劳动生产率的增速与 GDP 增长率持平或略高于 GDP 增长率，这得益于城市化的快速发展与国家良好的宏观经济环境。但 2012 年之后，建筑业劳动生产率的增速明显减缓，2014 年甚至出现负增长，2014～2017 年连续 4 年建筑业劳动生产率增速落后于 GDP 增长率，低于行业平均水平。除了受宏观经济结构调整的影响外，建筑业低产业化特征是限制其持续发展的关键因素。

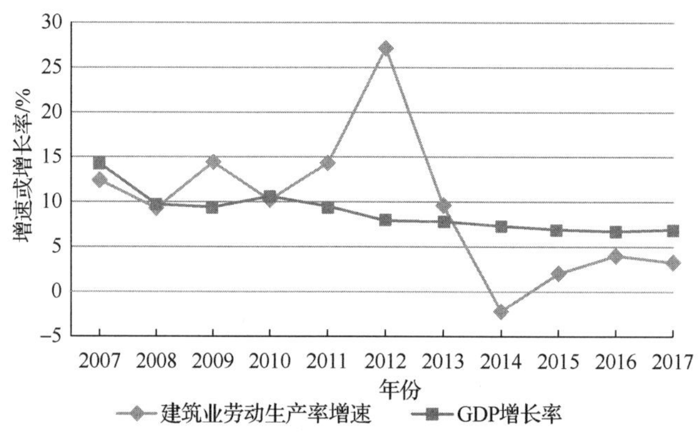

图 1.5 我国建筑业劳动生产率增速与 GDP 增长率对比

（资料来源：根据 2007～2017 年《中国统计年鉴》整理而得。）

由于低产业化特征，我国建筑业走的是传统体力型的发展道路，是一个高强度的劳动密集型产业，大量的作业仍然需要依靠手工完成，劳动生产率受工人劳动效率的直接影响。而我国建筑业工人以农民工为主体，建筑业农民工“农民+工人”的二元身份，使其流动性大，整体素质不高，工人劳动效率提升的空间有限。

（2）与发达国家相比，我国建筑业生产效率较低。我国建筑业在建筑工人队伍和建筑工业化方面与发达国家存在很大差距。我国建筑工人以农民工为主体，工人整体技术素质偏低，造成行业劳动生产率不高。而发达国家已普遍形成了专业性极强的建筑产业工人队伍，保证了建筑生产过程的高效率。我国建筑工业化进程缓慢，主要采取传统的生产方式，在施工现场对各类建筑原材料进行加工、堆砌、浇筑，以形成建筑物。而多数发达国家已形成了较为完善的现代建筑工业化体系。在建筑工业化体系中，各类建筑构配件在工厂预制，运输到施工现场进行装配以形成建筑物。建筑工业化具有设计标准化、生产工厂化、施工机械化、管理科学化的基本特点，具有高效快捷、高质量低成本、环保可持续等优势，代表了现代建筑业的先进生产方式。

中国工程院院士周福霖曾指出，欧美建筑工业化达 75%，瑞典更是高达 80%，日本也能达到 70%，这意味着我国的建筑工业化程度与欧美发达国家相差很大。建筑工业化的差距也造成了我国建筑业劳动生产率落后于发达国家。例如，2007 年，我国建筑业劳动生产率为 18 970 美元/人，仅为美国的 16.2%。经过 10 年的发展，2017 年，这一差距有所缩小，我国建筑业劳动生产率达到 53 253 美元/人，但仍只有美国的 37.1%，见图 1.6。

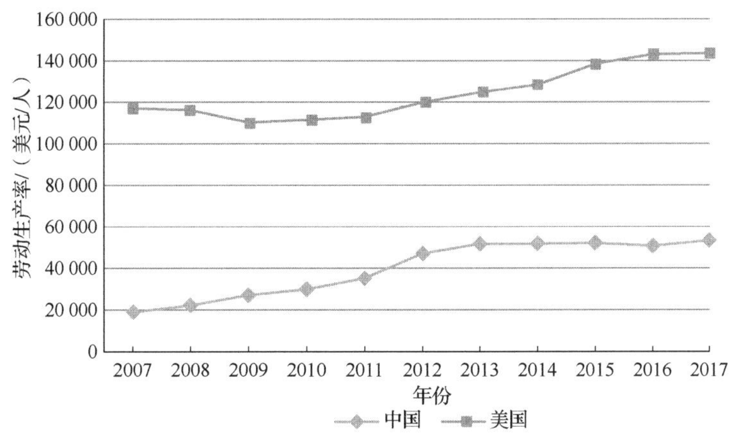

图 1.6　美国和中国建筑业劳动生产率对比（按总产值计算）

（资料来源：美国经济分析局，《中国统计年鉴—2018》。）

产生这一差距的根本原因，仍在于我国建筑业的低产业化特征导致先进的科学技术与现代化的管理手段难以在建筑业全面推广。相较于发达国家，我国中小型建筑企业核心技术竞争力缺失，即使是大型、特大型建筑企业，在现代化管理水平上与发达国家建筑企业相比，整体上仍有不小差距。这也造成了我国建筑业生产效率低于发达国家建筑业。

2）工业化发展程度和技术含量低

（1）工业化发展程度低。如前所述，我国建筑工业化发展程度低，具有典型的传统建筑业生产特征。一是建筑生产流动性。这使建筑业务工人员难以像一般的产业工人一样有固定的工作场所。建筑业是项目驱动型产业，所有的企业工人都是哪里有项目就到哪里去。在对农民工居住场所的问卷调查中，接近 50%的农民工住在现场板房中，在固定住所居住的农民工不足 15%。此外，农民工异地就业数占比超过 60%，这也是造成流动性的关键因素。二是建筑生产露天性。工程现场工作环境及生活环境相对较差。在问卷调查中，发现超过 50%的农民工对就餐等生活环境表达了希望改善的意愿。三是建筑生产状态不稳定。经常出现赶工期情况，农民工没有固定的上下班时间，日平均劳作时间过长。

（2）技术含量低。在我国建筑业正式职工中约有 20%的技术人员，这一比例仅为教育业的 1/4。大量的农民工从事着建筑业的生产劳动，所以从业人员数远多于正式职工。如果以实际从业人员数为基数，建筑业技术人员的比率仅为 4.6%，只高于农林牧渔业、居民服务业和批发零售餐饮业[10]。

反映建筑业技术投入水平的建筑业技术装备率同样偏低。2007～2017 年的 10 年间，我国建筑业技术装备率虽然从 9208 元/人增加到 9914 元/人，但年均增长率仅为 0.74%。从图 1.7 中也可看出，在这 10 年间我国建筑业技术装备率增长较缓慢，2013 年后甚至出现了持续的下滑。在美国经济普查局《1997 年经济普查》中，美国建筑业技术装备率已达到 6.8 万美元/人，远超我国建筑业的技术装备率。我国建筑业技术装备率与发达国家的差距可见一斑。

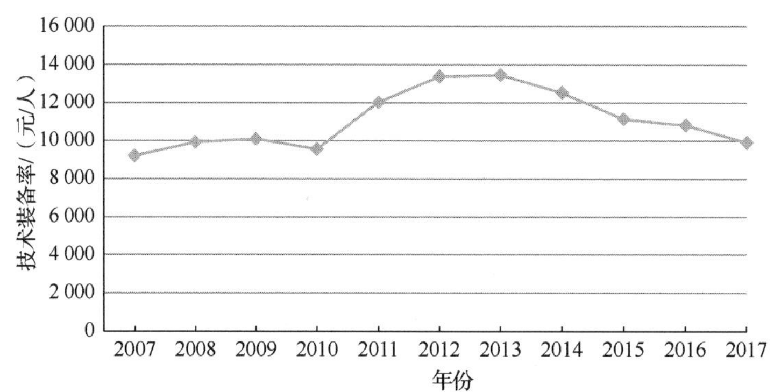

图 1.7　我国建筑业技术装备率变动趋势

（资料来源：《中国统计年鉴—2018》。）

同时，我国建筑业对从事施工工作的劳动力技术要求较低。施工现场大量依靠体力劳动，技术装备率低，对以农民工为主体的建筑业工人的技能素质要求不高。在调查中发现有 66%的企业并不了解建筑工业化的发展方式。而且在对建筑业工人的调查中发现，他们大多对建筑工业化持担忧心态，认为建筑工业化会减少劳动力的需求量，可能导致自己失业。当前 83%的建筑业工人主要采取体力和半体力半机械的劳动方式。建设项目小型智能操作器具的使用率不足三成，并有 20%的人群依然采取完全手工作业。

2. 企业现代化程度较低

1）建筑企业专业化水平低

我国建筑企业普遍属于劳动密集型企业，尽管部分特大型建筑企业正走向以技术为主导的智力型发展之路，但整体而言，建筑企业的专业化水平依然偏低，尤其是建筑一线工人队伍的专业技能素质亟待提高。在对建筑业农民工文化素质和技术等级的调查中发现，62.92%的农民工只拥有初中及以下的学历，大专及以上学历水平的农民工仅占 9.58%；38.39%的农民工无任何专业技术等级证书，中级及以上技术等级农民工仅占 23.77%，文化素质和技术等级普遍较低。

造成建筑企业专业化水平低下的主要原因有以下几个方面。

（1）用工体系以农民工为主体。农民工整体技能素质偏低，不如专业化的产业工人队伍。但如果推进建筑业农民工向产业工人转化，在短期内势必助推劳动力成本上升，给建筑业带来更大的成本压力。因此，各建筑企业推行农民工向产业工人转化的动力不足。

（2）建筑企业施工任务具有不确定性。施工任务的不确定性使建筑企业用工人数也随之增减，如果建筑企业全部采用自有工人，当生产任务缩减时，待岗工人的工资、社会保障费用等将成为建筑企业难以承受的负担。因此，建筑企业也不愿积极培育自有工人以形成高水平的专业队伍。

（3）当前劳务企业空壳化严重，大量劳务用工仍采取包工头模式。传统的劳务用工模式不利于形成高技术含量的专业工程队伍。在对取消劳务分包的问卷调查中持支持和不支持态度的建筑企业分别为51.47%和48.53%。不支持取消劳务分包的原因主要有市场需求（67.75%）、众多劳务企业转型面临问题（37.61%）。要想改变当前用工模式阻力较大。

（4）政府市场监管力量有限。一些行业改革措施难以走出“上有政策，下有对策”的怪圈，政策效应在政府与市场动态博弈中消磨殆尽。

2）建筑企业不良竞争

改革开放40多年来，建筑市场施工力量需求日益增长。建筑业是劳动密集型产业，文化、技术要求不高，使越来越多的农民工投身其中。当市场环境不理想时，业内竞争“非常激烈”。尤其是在普通的房屋建筑领域，存在数以万计的建筑企业，市场集中度低，每个建筑企业均面临众多同等级、同规模、同业务的相似企业的竞争，市场整体处于高度竞争状态（表1.1）[10]。

表1.1 建筑企业市场竞争状态

工程类型	市场集中度	垄断、竞争状态
普通房屋工程、安装、装饰	低	无垄断、高竞争
超高层建筑、公共建筑	适中	区域垄断、适度竞争
矿山、机场、港口、能源	高	部门垄断、低竞争
铁路、隧道	高	部门和寡头垄断、低竞争
公路、桥梁	较高	部门垄断、低竞争

在这种高度竞争的环境下，建筑企业间往往不是以品质取胜，而是大打价格战，甚至大量建筑企业存在垫资现象。产生各种竞争怪相的主要原因有以下两个方面。

（1）建筑企业生产能力与产品同质化现象严重。大多数建筑企业从事相似的业务，采取类似的经营管理模式，在维持企业的正常经营与资金流压力下，其结果必然导致建筑企业间的激烈竞争。

（2）供求失衡。现今的建筑市场是发包人市场。承包商相对于社会工程总任务量严重过剩，在供过于求的情况下，自然会产生行业内部的恶性竞争。

3. 配套制度体系不完善

建筑业的配套制度体系是提升劳动生产率的有力保障。但是，从作者的实际调研情况来看，建筑业的配套制度体系并不完善，主要表现在以下四个方面。

（1）劳务人员保障体系缺失。在当前建筑企业劳务作业主要由农民工完成的情况下，与劳动力市场相配套的农民工保障机制，如失业保险等在建筑业却没有全面推行，有些保障措施甚至尚未建立。

（2）户籍改革障碍重重。进行户籍改革成本巨大，涉及住房、就业、社会保障、土地制度等诸多方面，使政府不敢轻易进行全面改革。另外，农民工会对转户前后利益进行衡量，包括在农村的承包地和宅基地权益等。

（3）未建立完善的用工制度。目前，关于建筑业用工形式及规模、运作模式及程序、监督体系及机制等一系列规范性措施文件亟待配套出台。目前大量的建筑业用工仍未完成向合同契约管理的转化，用工制度改革也缺乏理论上的指导和相应的实施步骤，用工制度改革进展缓慢。

（4）有关部门对劳动力市场缺乏监管。对不规范用工、农民工接受培训和持证上岗情况的督查监管不到位，对市场管理不规范，导致劳动力市场乱象丛生。

1.3.2 建筑业农民工面临的问题

改革开放以来，伴随着我国快速的工业化与城镇化进程，越来越多的农村剩余劳动力转移到城市（镇）或乡镇企业就业，形成了一个特殊的社会群体，即我国现代化建设的新型劳动力大军——农民工[11,12]。农民工主要是指户籍在农村，在当地或异地城市从事非农产业的体力劳动者。他们就业流动性强，多数在农闲季节外出务工，亦工亦农；有的长期在城市居住、生活和工作，已成为制造业、建筑业等行业工人的重要组成部分[13,14]。2017 年进城务工的农民工数量为 1.3 亿，其中建筑业农民工总数为 5400 多万人。尽管作为我国城市建设的主力军，建筑业农民工为国家经济社会发展做出了卓越的贡献，创造了巨大的社会财富，但不可否认，建筑业农民工作为中国工业化、城市化与农村人口非农化未同步发展的历史条件下产生的一个独特社会群体[15,16]，依然存在各种社会、行业问题。

1. 劳动生产率较低

劳动过程首先是人和自然之间的互动过程，是人以自身的活动来引起、调整和控制人和自然之间的物质变换的过程[17]。各行业工人劳动生产率的高低主要取决于其体力和智力贡献。而建筑业农民工劳动生产率较低，从体力和智力贡献上看，主要特征表现在以下两个方面。

（1）体力特征明显。传统建筑业是劳动密集型产业，这在我国体现得尤为突出。建筑业农民工更多的是依靠高体力劳动的输出来完成生产任务，这使劳动生产率难以得到突飞猛进的提高。目前，我国建筑业农民工劳动生产率与发达国家相比还有很大差距，主要表现在我国建筑业工人单位生产面积及单位生产增加值过小。

（2）技术特征偏低。劳动密集型的建筑业对劳动者的技能和素质要求不高，劳动者的劳动成果差异性小，劳动者之间的替代性强，建筑企业之间单个劳动力产值的差距较小。由于建筑业的低技术特征，大量的农民工从事着建筑业的直接生产劳动，导致建筑业的技术人员比率极低，又进一步使建筑业劳动生产率在低水平徘徊。

2. 工作流动性强

由于建筑业产品的构建属性和跨区域作业等特征的影响，目前我国建筑业务工人员职业岗位流动过于频繁。这一现象对建筑工程质量和安全、务工人员利益保障及技术水平提升等方面均产生重大影响。

受制于建筑生产方式，农民工在任何工地的务工均具临时性特征，需在不同区域、城市和项目之间进行流动。农民工的迁移多呈现候鸟式现象，同时“亦工亦农”的身份属性较为突出。其主要表现在地域间的流动和职业间的流动两方面。建筑用工的临时性和阶段性导致大量的零散用工，企业难以稳定工人队伍，农民工也难以迅速接纳企业文化，缺乏荣誉感和责任感；流动性造成了传统的社会职能部门无法对他们实行有效、统一的管理，这也影响到项目的工期，甚至是质量和安全；雇佣制度的一次性还增强了农民工的不稳定性。问卷调查发现，70%的农民工以班组的方式承揽业务，未受聘于企业，这部分群体跟随项目建设进度流动，年均流动超过两次，而钢筋工、混凝土工、架子工等专业技术工人流动频次更高；余下 30%的农民工虽受聘于企业，但工作单位更换频繁，平均 1 年换 1.5 次工作。

在接受调查的 33 659 名建筑业农民工中，有 20 535 人表示工作地与家庭所在地不一致，占农民工总数的 61.01%，只有 13 124 名农民工的工作地与家庭所在地一致，占 38.99%（图 1.8）。由此看来，建筑业农民工大多数是异地工作，进一步增强了其流动的可能性。

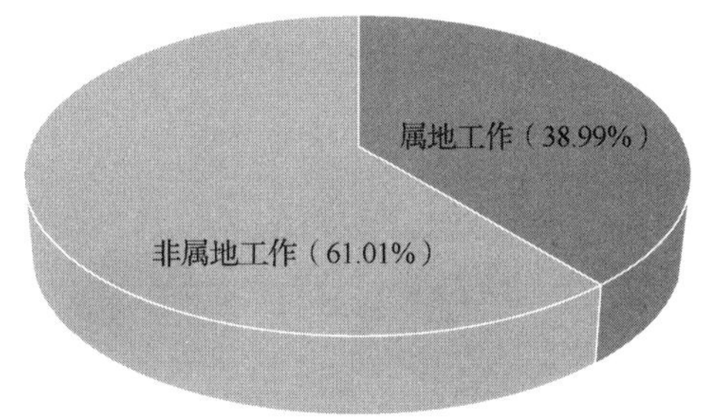

图 1.8　建筑业农民工属地情况

3. 工作强度过大

建筑市场竞争激烈，而业主方又想提前产生效益，致使建设项目赶工期成为常态。加之建筑工程施工过程中存在的技术连续性，为了完成进度目标，很多工程现场均日夜连续施工，导致建筑业农民工时常超时、超量工作，工作强度过大。

本书中，建筑业农民工的工作强度主要通过调查他们平均每天工作时间和平均每周工作时间加以反映。对于平均每天工作时间，在接受调查的 33 659 名建筑业农民工中，平均每天工作少于 6 小时的有 760 人，占 2.26%；平均每天工作 6～8 小时的有 12 673 人，占 37.65%；平均每天工作 8～10 小时的有 16 227 人，占 48.21%；平均每天工作 10～12 小时的有 3585 人，占 10.65%；平均每天工作 12 小时以上的有 414 人，占 1.23%。对于平均每周工作天数，在接受调查的 33 659 名建筑业农民工中，平均每周工作 7 天的有 11 202 人，占 33.28%；平均每周工作 6 天的有 15 439 人，占 45.87%；平均每周工作 5 天的有 6166 人，占 18.32%；平均每周工作 4 天的有 660 人，占 1.96%；平均每周工作少于 3 天的有 192 人，占 0.57%（图 1.9 和图 1.10）。由此可见，建筑业农民工的工作时间普遍较长。

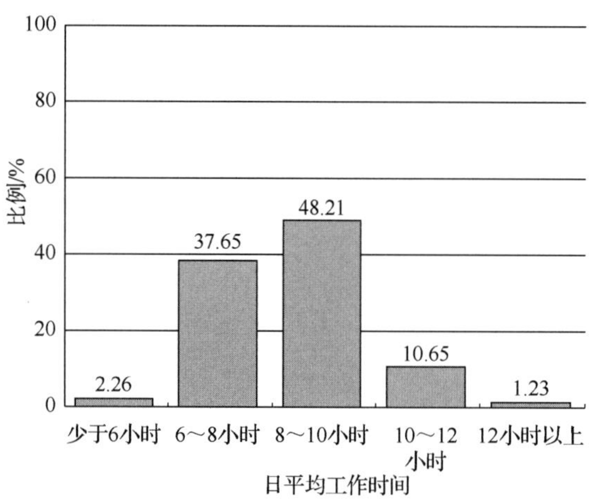

图 1.9　建筑业农民工平均每天工作时间调查

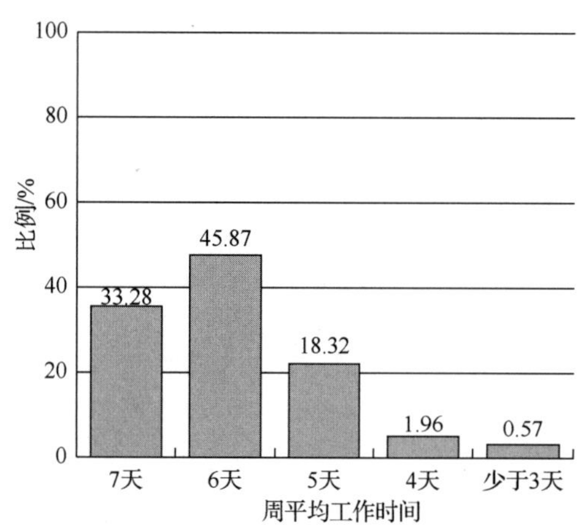

图 1.10　建筑业农民工平均每周工作时间调查

我国建筑业农民工工作时间长、劳动强度大的工作状态是一个普遍现象。其工作时间和劳动强度不像产业工人那样呈现均匀分布的状况，往往在工程进展到一定阶段时超强度、高负荷工作。建筑业受季节和天气变化的影响很大，冬季面临停工，夏季赶工期成为常态，如果项目前期受天气的影响耽误了工期，后期就更需农民工高强度加班以确保按期竣工。为了节约成本，增加效益，建筑企业会要求农民工延长工作时间；一些大型的建设工程项目，持续的时间较长，有的长达数年，为了抢工期和尽早竣工，农民工更是夜以继日、加班加点地工作，根本没有节假日。这些情况均加重了农民工的工作强度。

4. 工作环境不佳

根据作者的实地调研，在接受调查的 33 659 名建筑业农民工中，71.18%的农民工表示对目前的工作环境基本满意，满意和不满意的分别占 15.67%和 13.15%（图 1.11）。

总体来说，建筑业农民工的工作环境随着时代进步在不断改善，但未达到让绝大多数人感到满意的水平。

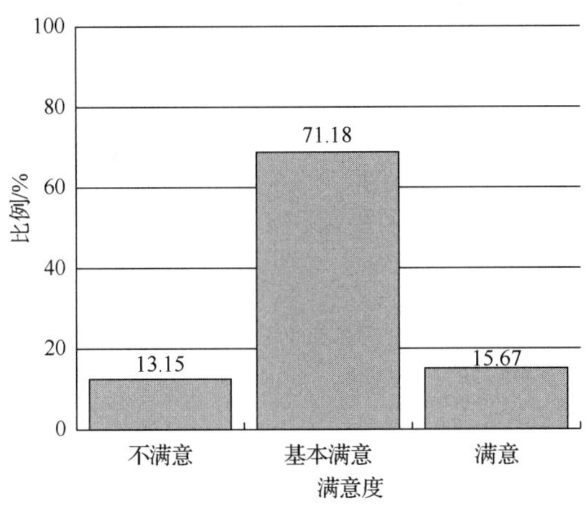

图 1.11　建筑业农民工对工作环境满意度调查

对于不满意的情况，我们采用多选题的形式，调查了建筑业农民工希望得到改善的几个方面。结果显示，目前建筑业农民工认为最需要改善的是伙食/就餐环境（占 54.31%），其次是宿舍条件（占 33.77%），然后是生活便利性、厕所等卫生设施、洗澡设施等，最后是诸如文体设施、噪声等其他因素，如图 1.12 所示。

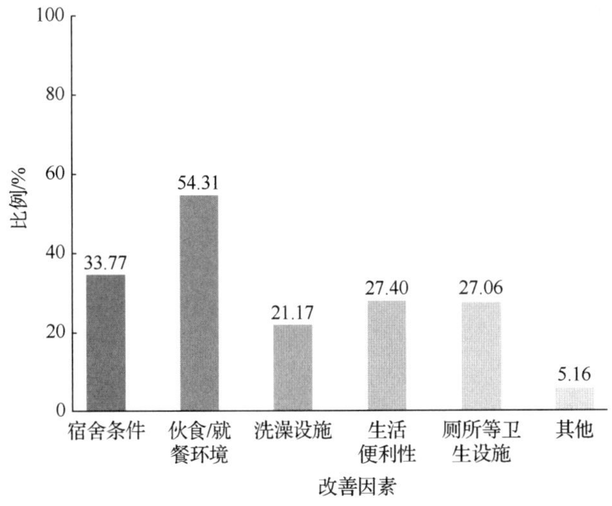

图 1.12　建筑业生产环境改善需求调查

5. 年龄结构老化

据生命周期理论，年龄因素是解释个体生产能力和经济行为的重要变量[18,19]。不同年龄段的劳动者体力差异较大，劳动力的老化同样会对社会经济发展和劳动生产率产生一定影响。

当前，我国建筑业农民工老龄化严重。由于建筑业是典型的劳动密集型产业，对劳动者体力、反应灵敏度和操作精确度都有一定的要求，故而青年人在经过一段时间训练后，较之中壮年工人能达到更高的劳动生产率。但受建筑业工作条件、薪酬待遇等多方面影响，大多数新生代农民工不愿从事建筑业，导致建筑业以中年农民工为主体。这些农民工在进入中年后，体力、反应灵敏度和操作精确度下降，劳动生产率逐年降低；另外，其技能更新相对较慢，不容易接受新的知识和技术，较难适应施工机械化水平的提升，以及对劳动者的知识及技能要求的不断提高，进一步影响到行业生产效率[20]。

从年龄结构来看，在接受调查的 33 659 名建筑业农民工中，25 岁以下的占 7.34%；25～35 岁的占 29.58%；35～45 岁的占 39.28%，比例最大；45～55 岁的占 20.42%；55 岁以上的占 3.38%（图 1.13）。可见，建筑业农民工以中壮年居多，约占农民工总数的 2/3，青年农民工占比少，印证了我国建筑业农民工正趋于老龄化的现实。

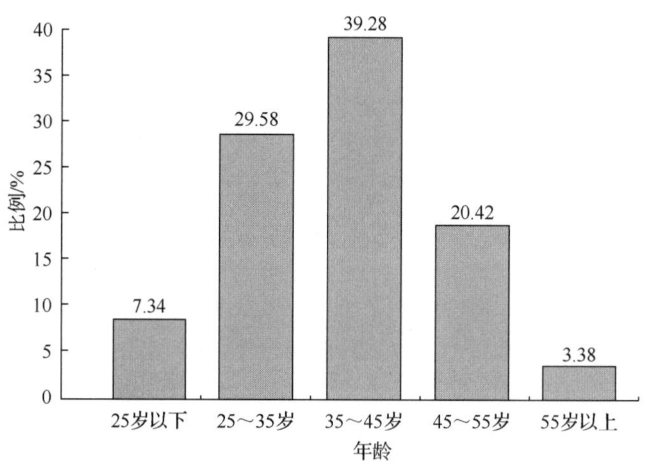

图 1.13　我国建筑业农民工年龄结构

6. 组织依附度低

组织平台是广大农民工向建筑业转移的主要载体。但目前我国建筑业农民工劳动力市场不健全，组织化程度低。根据作者的实际调研情况反馈，由于劳动力市场的不健全以及劳务企业的不规范，建筑业农民工主要通过亲戚、朋友、同乡等介绍，依附于包工头的模式进城务工。由于未签订有效的劳动合同，一旦发生工伤事故、工资拖欠等情况，难以找到相关责任主体，合法权益难以得到保障[21,22]。建筑业农民工组织依附程度低，与劳务组织者难以构建有效的法律约束，严重影响农民工对于自身权益的维护及其保障体系的建立。

7. 技能素质不足

随着我国建筑业步入转型升级的发展阶段，客观上需要一支数量充足、结构合理、素质较高的产业工人队伍。由于历史和制度的原因，建筑工人目前主要为农民工，其文化素质、职业技能、职业素养远不能适应建筑业可持续发展的要求。因此，加强对建筑业农民工的教育培训，深化产教融合，培养具有高素质、高技能和较高管理水平的新型建筑主力军，把建筑业巨大人口压力变为技能人才资源优势，为建筑业发展注入源源不断的动力，改善农民工社会经济地位，是我国建筑业可持续发展的客观要求，是适应技术进步和生产方式变革的需要，是稳定建筑产业工人队伍的有效途径，是推进城乡经济社会一体化进程、促进社会进步和社会公平正义的重要突破口。

我国农民工文化程度普遍不高，技能培训严重不足。现阶段，我国尚未形成系统的建筑工人培养体系，已有的培训机构办学条件薄弱，培训体制机制不畅，培训质量有待提高，还不能完全适应经济社会发展的需要。

问卷统计同样显示，建筑业农民工文化素质普遍较低，接近2/3农民工的学历为初中及以下。在接受调查的 33 659 名建筑业农民工中，小学及以下学历的占 16.98%；初中学历的占 45.94%，接近一半，是比例最高的；高中、中专和技校的占 27.5%；大专及以上的仅占 9.58%（图 1.14）。

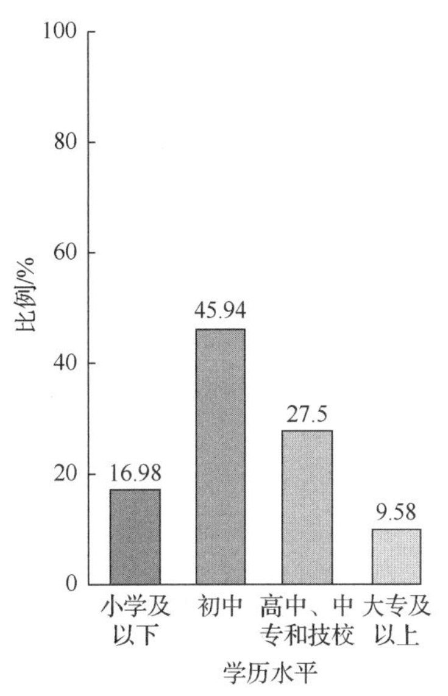

图 1.14　建筑业农民工文化素质情况

当问及是否拥有人力资源和社会保障部门颁发的专业技术等级证书时，在接受问卷调查的 33 659 名建筑业农民工中，12 922 人表示并没有专业技术等级证书，占 38.39%；拥有初级专业技术等级证书的有 12 737 人，占 37.84%；拥有中级专业技术等级证书的有 6910 人，占 20.53%；而拥有高级专业技术等级证书的仅 1090 人，占 3.24%（图 1.15）。由此看来，建筑业农民工持证上岗率较低，且作业技术水平和文化水平都偏低，理论与实际相结合的高级技术应用型人才严重缺乏。

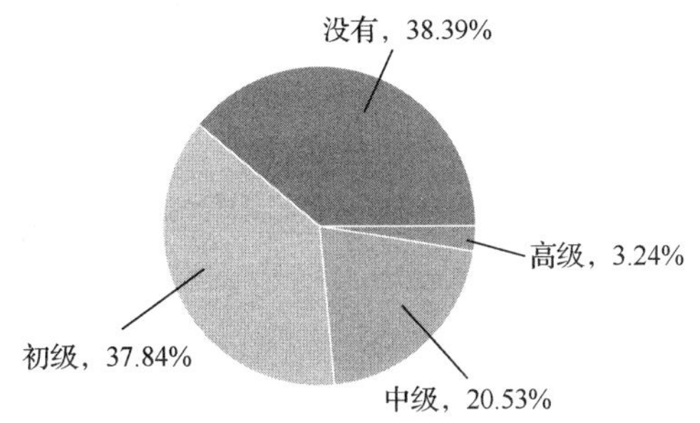

图 1.15　建筑业农民工持证上岗情况

8. 社会保障不完善

在我国特有的城乡二元社会结构和长期实行以农养工的政策背景下，在城市化和工业化过程中，工业和城市始终处于主导和支配地位，而农业和乡村始终处于被支配和依附的地位，导致农民工社会地位偏低，无法保证自身利益。经济的迅速发展，却未带来城乡共同繁荣，城乡差距在城市的高速发展中呈现扩大趋势。农民工在城镇化运动中成为新的弱势群体，他们的权益不断受到侵害，滋生出一系列的社会问题[23]，主要表现在进城农民工劳动保护问题、社会福利待遇问题、城乡居民收入差距不断拉大问题以及农民进入城市所引起的一系列社会问题。

1）农民工的合法劳动权益未得到切实保障

我国在保障农民工劳动权益方面虽已有明显进展，但仍存在不少突出问题。尽管已有部分法律法规保护公民平等就业，却因为执行层面的原因，使得对农民工的就业歧视现象依然较为普遍。农民工未能享受到与正式职工同样的待遇，合法劳动权益未得到切实保障[24,25]。具体表现在以下四个方面。

（1）劳动合同签订率低。建筑业农民工学历普遍较低，对劳动法和劳动合同法的了解较少，用工单位很少与其签订劳动合同，导致农民工劳动合同观念淡薄；加之行业用工管理不规范，致使部分农民工即使已经签订劳动合同，用工单位也往往不能如期履约。在接受调查的 33 659 名农民工中，有 10 240 人没有签订劳动合同，占 30.42%；有 10 590 人的劳动合同是由包工头代签的，占 31.46%；由自己亲自签订劳动合同的有 12 829 人，占 38.12%（图 1.16）。可见，目前我国建筑业农民工的有效劳动合同签订率还很低，尚不到一半。

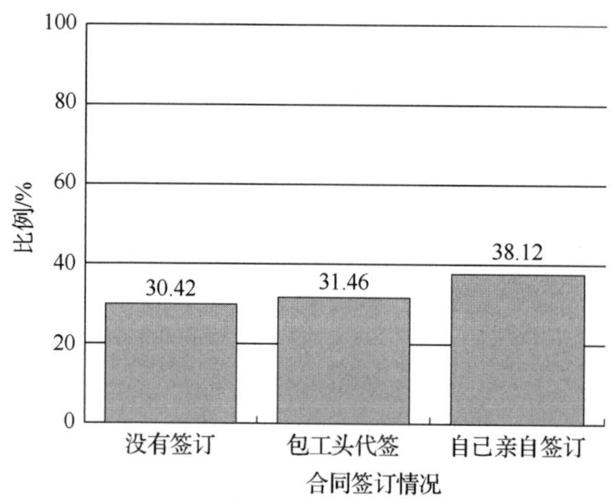

图 1.16　建筑业农民工劳动合同签订情况

（2）拖欠工资现象仍然多发。我国虽然采取工资保证金制度来约束建筑企业保证农民工工资支付，但在实际中大多形同虚设，在层层分包的过程中，农民工依然是没有工资保障的受害者。《2016 年农民工监测调查报告》显示，建筑业仍是拖欠农民工工资的多发行业，建筑业农民工被拖欠工资的比例为 1.8%，比制造业高 2 倍。

（3）社保缴纳率低。建筑业是安全事故多发的行业，农民工往往是直接受害群体，但针对建筑业农民工的工伤保险还没有实现全面覆盖。相对于国内其他行业，建筑业农民工的城镇社保参保比例最低，“五险一金”中的任意一项参保比例均排于末位（表 1.2），这种低参保率在年龄偏大的农民工群体中尤为突出[26]。

表 1.2 2014 年分行业农民工参加“五险一金”的比例 单位：%

行业	工伤保险	医疗保险	养老保险	失业保险	生育保险	住房公积金
制造业	34.2	22.1	21.4	13.1	9.3	5.3
建筑业	14.9	5.4	3.9	2.1	1.3	0.9
批发和零售业	19.2	15.0	14.4	9.9	7.8	3.5
交通运输、仓储和邮政业	27.8	19.2	17.6	12.8	9.2	8.0
住宿和餐饮业	17.2	10.8	10.0	5.4	4.0	2.6
居民服务、修理和其他服务业	16.3	12.1	11.8	6.6	5.2	3.1

（4）法律维权意识淡薄。由于用工不规范、劳动合同签订率低、社会保障落实较差、自身法律意识淡薄，农民工合法权益时常受到侵害。例如，农民工法律意识淡薄，在很多情况下只是与用工单位口头约定所做工种的价格，一旦产生纠纷，往往不懂得通过法律途径维权，最终导致自身权益无法得到保障。

2）农民工社会地位处于弱势，社会身份边缘化

农民工具有“农民”和“工人”的双重身份，却面临“城乡双重边缘化”的尴尬境地，这已经开始对社会稳定、经济可持续发展产生影响[27]。建筑业作业脏苦累，农民工往往受到更多的社会歧视，且合法权益容易受到侵害，是社会弱势群体。另外，进城后的农民工会发现城乡之间在工作生活方式、价值认识、文化观念、思维模式等方面均存在较大的差异，使之更习惯与同乡交往，从而主动将自己与城市居民相隔离。在这种恶性循环下，建筑业农民工在行业内乃至在全社会将愈加缺乏影响力，难以构建顺畅的权利主张渠道，日益成为社会基础性变迁中的无话语权阶层。

1.4 建筑业农民工产业工人化转型的现实意义

单纯依靠传统建筑业低技术、高密集的劳动力以及相对低廉的劳动力成本的体力型模式推动经济发展已然不合时宜，人口红利的终结也在倒逼建筑业尽快向工业化、标准化的现代产业过渡。将传统意义上的农民工转变为新的产业工人，培育一大批高水平工匠，是优化劳动力结构，进一步加快深化改革、推动产业升级的现实选择。同时，妥善解决建筑业农民工产业工人化转型问题是推进工业化健康发展、统筹城乡一体化发展的迫切需要，也是维护社会公平正义、保持社会和谐稳定、实现社会均等化发展的必然要求。

1.4.1 培养一大批高水平工匠的现实选择

近年来，建筑业用工荒现象逐渐凸显，尤其是高水平技术工人表现出较强的稀缺性。2016 年，李克强总理针对各行各业高水平工匠缺失的问题，在政府工作报告中提出：“鼓

励企业开展个性化定制、柔性化生产，培育精益求精的工匠精神。”建筑业是最能体现工匠精神的行业，早在我国战国时期，就将“能工巧匠”视作“济世圣人”。《考工记》记述：“知者创物，巧者述之守之，世谓之工。百工之事，皆圣人之作也。”[28]自古以来，我国就出现过诸如鲁班、宇文恺、阎立德、李诫、冯巧等一大批能工巧匠。可以说，流传后世的每一个经典建筑，都凝结着可贵的工匠精神。弘扬和延续工匠精神是建筑人的传统，更是新时代建筑企业和产业工人的使命担当。

随着我国经济发展进入新常态，建筑业面临着供给侧结构性改革。要实现建筑产品质量的全面提升，使全行业以体力为主导转向以智力为主导，使我国从一个建筑业大国成为建筑业强国，更迫切需要一大批具备高技能水平、高综合素质的建筑工匠起引领和支撑作用。因此，建筑业农民工向掌握现代科学技术、具备娴熟专业技能的新型产业工人转型，是培养一大批高水平工匠的现实选择。

1.4.2　建筑业发展转型升级的现实需要

经济发展进入新常态是中央审时度势作出的重大战略判断。新常态下经济发展速度必然要下降，结构调整必然有阵痛，建筑业的发展与国家经济走势变化密切相关，必然要主动适应与积极调整[29]。而稳定的、高素质的产业工人队伍是建筑业转型升级的重要基石。

建筑业发展方式正从规模速度型粗放增长转向质量效率型集约增长。传统的在现场进行原材料加工、墙体堆砌、混凝土浇筑等湿作业建造模式，正是粗放型发展方式的体现。而将建筑构配件在工厂进行预制、在施工现场进行装配的工业化建造模式，则是建筑业集约型发展方式的体现。建筑工业化具有设计标准化、生产工厂化、施工机械化、管理科学化的特点，以及高效率、高质量、低成本、可持续的优势[30]。种种迹象表明，建筑业转型升级已是大势所趋。传统建筑业面临的形势已逐渐清晰：市场竞争环境将日益净化、工程建设投资规模将逐步缩减、劳动力成本将大幅上涨。在过去 30 余年的粗放型发展中成长起来的建筑企业要想不断做大做强，在未来竞争中脱颖而出，必须选择走精益化、工业化的发展道路，以诚信赢得市场、以管理获取效益，方能成就基业长青[31]。而人力资本是任何一个行业发展的基石，建筑业转型升级需要一支高素质的产业工人队伍做支撑，如果一线操作工人技能素质不能满足技术进步的需要，产业转型升级的进程将受到严重阻碍[32]。

我国建筑业农民工已经无法满足建筑业现代化进程的需要，除年龄结构呈现老龄化趋势外，作者在调查中还发现年轻人因收入福利待遇低（73%）、工作太累（62.78%）、工作不稳定（34.46%）、工作环境差（42.24%）等原因不愿从事建筑业，建筑工人的后备力量明显不足。农民工的二元身份导致农民工的家庭属地与工作地点往往不一致，这部分人群占 61.01%，这使得农民工的流动性大，建筑企业在农忙期间很容易出现用工荒现象。另外，建筑业农民工的文化水平普遍较低，拥有专业技能的技术工人较少，对建筑业现代化进程形成了阻碍。因此，农民工转化为高素质的产业工人是我国建筑业实现现代化的有力保障。

建筑业构筑了城镇化的“物理骨架”，各类工程是城镇化的物质支撑，工程质量决定了建筑业的“硬”质量，而工程质量由一线工人决定，只有一线工人的技能提升了，工程质量才能提升，建筑产业的质量才会有保障。

1.4.3　实现社会均等化发展的必然要求

中国特色社会主义社会是以公平为基本特征、以正义为核心价值的社会。构建一个全民拥有均等化发展权利的社会是我国社会主义核心价值观的必然要求。虽然改革开放伊始，为了快速提升国家经济实力和社会总财富，我国在发展过程中秉持“效率优先，兼顾公平”的分配原则，将效率视作首要目标，取得了丰硕的发展成果。但随着改革开放的持续深入，大量涉及社会公平公正的问题逐渐涌现，诸如城乡二元结构突出、贫富差距拉大、阶层固化显现、资源分配不公等方面的不均衡发展现象已经开始影响社会的稳定和谐，而建筑业农民工的社会公平问题尤为突出。

目前的建筑业农民工是人随项目走，哪里有项目就到哪里去，他们并没有和用工单位签订有效的劳动合同，医疗、工伤、生育、养老、住房、教育等权益得不到保障；由户籍制度中农业户口与非农业户口的区分滋生的一些歧视性政策让农民工受到住房、就业、子女教育等方面的不公平待遇；农民工在传统的建筑业一直从事既脏累又危险的体力劳动，劳动时间非常长，强度很大；长期在建筑业工作，农民工的自身价值得不到有效实现，社会的认可度也较低。在调查中发现，有 70%的农民工最希望建筑企业为他们及时足额地发放工资，这本应该是企业的基本义务，也是农民工的基本权利，却成了农民工的最大心愿。如果农民工的这一基本权益都没有得到应有的保障，其他的福利诸如生活工作环境、技能培训以及更高层次的员工关怀等更将无从谈起。

因此，推进建筑业农民工向产业工人转化，不仅仅是为建筑业向现代产业转型注入源源不断的动力，实现对生产力的重新布局，更是将大量农村剩余劳动力从土地的桎梏中解放出来，让他们也能享受与城市职工相同的福利待遇和公共服务，是实现经济社会可持续发展与社会公平正义的重要途径。

当前，城镇人口中包含超过 1/3 的非户籍流动人口，甚至一些城镇中流动人口为户籍人口的数十倍。考虑到我国的城镇化水平还将持续提升，未来 15～20 年还将有 3 亿～4 亿农村人口流入城镇，如此大规模的城乡迁移，将使迁移流动人口的城市融入问题进一步凸显[32]。若不能妥善解决此问题，将激化城市内部矛盾，加深社会分裂，进而将限制劳动力的自由流动，使城镇化进程中的经济发展偏离公平公正和社会全面进步的目标。

虽然从一定意义上可以说，我国现阶段的城镇化带来了大量低成本的劳动力，甚至还构成了工业化发展的比较优势，但当我国城镇化进程进入中后期，这种带有对流动人口隔离和排斥特点的城镇化发展模式已显现出越来越大的负面影响，成为经济社会可持续发展的突出障碍[33]。城镇化不是简单的人口比例增加和城市面积扩张等“量”的增加，更重要的是实现产业结构、就业方式、人居环境、社会保障等一系列由“乡”到“城”的重要转变[34,35]。《中华人民共和国国民经济和社会发展第十三个五年规划纲要》提出，坚持以人的城镇化为核心来推进新型城镇化。因此，在人口城镇化的过程中促进人的城镇化和市民化，实现社会均等化发展，是从根本上解决我国长期存在的城乡二元结构、实现健康可持续城镇化的关键性举措[36]。

综上所述，农民工转型为产业工人，是我国新型城镇化进程的重要一环，是打破“城—乡”“本地—外地”的双重二元分割，重构农民工的市民身份认同的重要举措。但这一系列改革的最终目的，不仅仅是实现产业的进步和农民工的身份转型，更是构建全民均等化发展的社会，使所有公民享受到社会进步的福利，这将是一项漫长而复杂的系统工程，需要全社会的共同努力。

参考文献

[1] 钱志峰，陆惠民．对我国建筑工业化发展的思考[J]．江苏建筑，2008（S1）：71-73.
[2] 王俊，赵基达，胡宗羽．我国建筑工业化发展现状与思考[J]．土木工程学报，2016，49（5）：1-8.
[3] 刘伟，苏剑．“新常态”下的中国宏观调控[J]．经济科学，2014（4）：5-13.
[4] 严海宁，谢奉军．航空工业区域分工体系的重构：国际经验及比较[J]．云南财经大学学报，2011（6）：63-69.
[5] 习近平．决胜全面建成小康社会 夺取新时代中国特色社会主义伟大胜利：在中国共产党第十九次全国代表大会上的报告[M]．北京：人民出版社，2017.
[6] 叶明，武洁青．关于推动新型建筑工业化发展的思考[J]．住宅产业，2013（Z1）：11-14.
[7] 严薇，曹永红，李国荣．装配式结构体系的发展与建筑工业化[J]．重庆建筑大学学报，2004，26（5）：131-136.
[8] 叶浩文．新型建筑工业化的思考与对策[J]．工程管理学报，2016，30（2）：1-6.
[9] 纪颖波．建筑工业化发展研究[M]．北京：中国建筑工业出版社，2011.
[10] 顾勇新，王彤，应群勇．中国建筑业现状及发展趋势[J]．工程质量，2013，31（1）：3-8.
[11] 国务院研究室课题组．中国农民工调研报告[M]．北京：中国言实出版社，2006.
[12] 卓玛草，孔祥利．农民工留城意愿再研究：基于代际差异和职业流动的比较分析[J]．人口学刊，2016，38（3）：96-105.
[13] 魏礼群．正确认识和高度重视解决农民工问题[N]．人民日报，2006-04-26（11）.
[14] 李忠富，刘世青．我国建筑业劳动力短缺问题现状及其影响分析[J]．建筑经济，2015，36（2）：18-21.
[15] 刘怀廉．中国农民工问题[M]．北京：人民出版社，2005.
[16] 曹锦清．中国土地制度、农民工与城市化[J]．中国农业大学学报（社会科学版），2016，33（1）：24-39.
[17] 马克思．资本论（第一卷）[M]．北京：人民出版社，2004.
[18] 徐升艳．中国人口老龄化对经济增长的影响研究[D]．南京：南京大学，2011.
[19] 杨英，林焕荣．基于理性预期的第二人口红利与储蓄率[J]．产经评论，2013（2）：113-125.
[20] 吴书安，徐美银，闫志刚．建筑劳务用工老龄化：现状、成因和对产业的影响[J]．建筑经济，2012（12）：13-16.
[21] 中国建筑业协会．我国建筑劳务分包和劳务企业发展现状：促进建筑劳务企业发展的政策研究（上）[J]．建筑，2009（23）：24-29.
[22] 王晓峰，温馨．劳动权益对农民工市民化意愿的影响：基于全国流动人口动态监测8城市融合数据的分析[J]．人口学刊，2017，39（1）：38-49.
[23] 任宏，冯迎宾．透视城市化进程中的农民问题[J]．城市发展研究，2004，11（5）：39-44.
[24] 《我国农民工工作“十二五”发展规划纲要研究》课题组．中国农民工问题总体趋势：观测“十二五”[J]．改革，2010（8）：5-29.
[25] 欧阳力胜．新型城镇化进程中农民工市民化研究[D]．北京：财政部财政科学研究所，2013.
[26] 国家统计局．2014年全国农民工监测调查报告[R]．北京：国家统计局，2015.
[27] 李强．农民工与中国社会分层[M]．北京：社会科学文献出版社，2012.
[28] 闻人军．考工记译注（精）[M]．上海：上海古籍出版社，2008.
[29] 李里丁．新常态下建筑业面临的几个问题[J]．施工企业管理，2015（2）：28.
[30] 华一鸣．SSGF工业化建造体系与装配式建造体系及传统建造体系的对比[D]．大连理工大学，202.
[31] 任宏．产业持续发展的动力：领袖企业的作用[J]．建筑经济，2008（6）：15-19.
[32] 周游．培育建筑产业工人队伍的建议[J]．建筑，2015（5）：35-36.
[33] 任远．人的城镇化：新型城镇化的本质研究[J]．复旦学报（社会科学版），2014（4）：134-139.
[34] 任宏．新思路、新探索、新模式：重庆的统筹城乡发展实践[M]．重庆：重庆大学出版社，2011.
[35] 李长亮．中国省域新型城镇化影响因素的空间计量分析[J]．经济问题，2015（5）：111-116.
[36] 贺硕怡．新型城镇化背景下农村劳动力家庭化迁徙问题研究[D]．天津财经大学，2019.

第 2 章　世界主要国家农业剩余人口转移的历史概况

2.1　农业人口大规模向非农产业转移是历史的必然过程

2.1.1　人类社会的 3 次浪潮

美国著名社会思想家阿尔文·托夫勒在其经典著作《第三次浪潮》中将人类社会划分为三个阶段，即三次浪潮[1]。第一次浪潮是“农业革命”阶段（或称新石器革命）。它促使人类社会从原始野蛮的以采集和渔猎为主的社会进入以农业为基础的社会，人类经济从攫取性经济转变为生产性经济，人类生活方式从采集食物转变为生产食物，人类居住方式也开始从迁徙方式转变为定居方式。这一时期，社会生产发展极度依赖土地和人的体力，劳动力数量决定着社会生产规模和发展水平。第一次浪潮代表人类农业时代的到来，农业成为人类赖以生存的基础产业，为以后一系列的人类社会变革积累了物质基础，是人类社会发展进程中最基础、最古老、最必不可少的产业。第二次浪潮是“工业革命”阶段。它结束了古老的农耕时代，开启了新的工业文明时代。工业革命通过技术革新，不再以人力劳动为主，取而代之的是机械化的生产方式，即一种工厂化的大规模生产模式，个体工场手工生产逐渐退出历史的舞台。这种颠覆性的生产方式引起生产组织形式的变化，加强了产业结构非物质化和生产过程智能化的趋势，极大地推动了社会生产力的发展，显著提高了劳动生产率，使人类社会的面貌产生了翻天覆地的变化。这一阶段，社会生产发展依赖自然资源、能源和人的技能，劳动熟练度和智力影响生产效率。第二次浪潮代表着人类工业时代的到来，工业成为世界各国跨越式发展的支柱产业，创造出强大的生产力，改变了世界产业结构，使人类很快实现了从农业社会向现代工业社会的重要转变，并开启了城市化进程。它对推动人类的现代化进程起到不可替代的作用。第三次浪潮是信息化（或者服务业）阶段，以电子工业、宇航工业、海洋工程、遗传工程为代表。第三次浪潮文明的立足点是现代科技的发展，是一种超工业社会的存在形式。社会生产发展严重依赖于人的知识和智力。它将引起人类经济、社会和政治结构的大变动。第三次浪潮是人类从科技引领社会发展向社会引领技术发展方向的转变，要求我们必须引导新技术发展，表现出更加人性化的特点。纵观三次浪潮文明，人类社会的发展为先迈入农业文明时代，再走过工业文明时代，目前向后知识经济和信息化文明时代迈进；社会生产力水平逐步提高，产业先从农业（第一产业）开始，再到工业（第二产业），再到服务业（第三产业）为主；劳动力人口从农业大规模向非农产业迁移，从依靠体力向依靠智力转变，这是历史发展的必然趋势（图 2.1）。

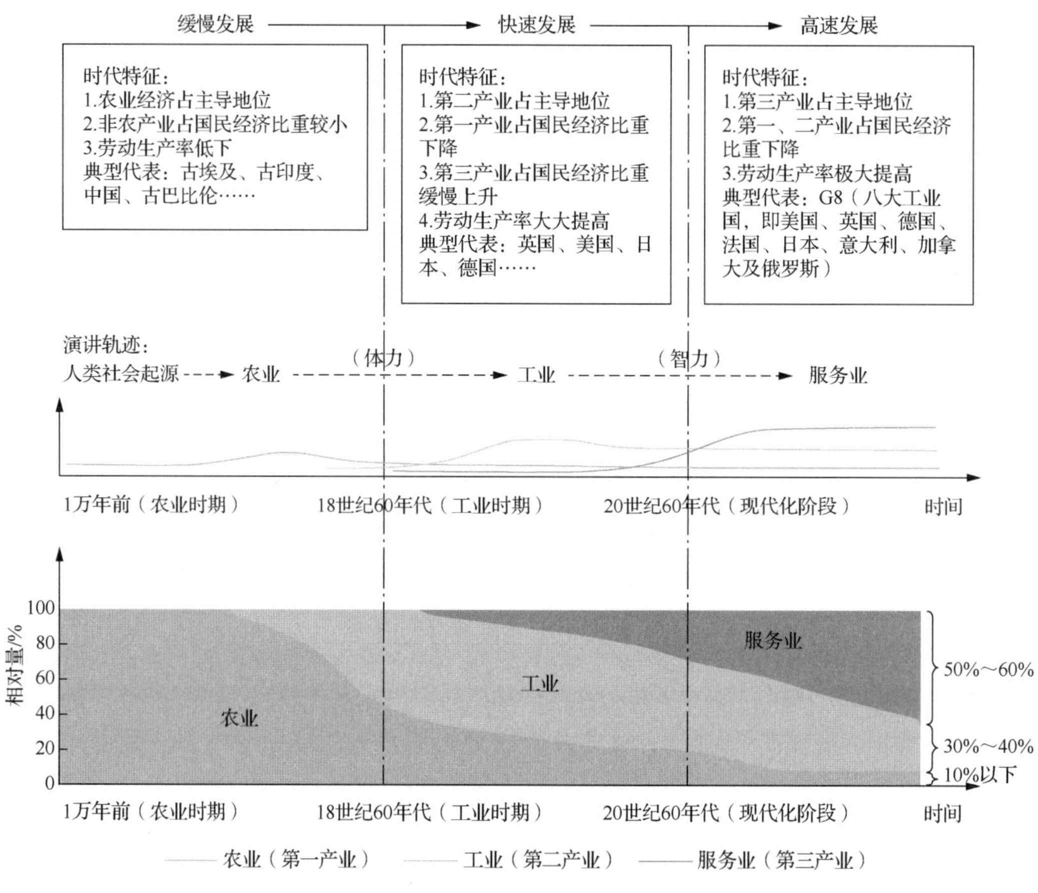

图 2.1　世界主要发达国家历史发展的演进轨迹示意图

具体来看，18 世纪 60 年代开始的工业革命导致现代工业的崛起，世界经济结构发生了根本性转变，突出特征是农业比例下降，工业比例上升，工业占比超过农业，世界以农业为主基调的产业格局被打破，工业化助推世界步入快速发展阶段。突出代表是英国通过工业化发展成为当时世界的“日不落”帝国。20 世纪 60 年代以来，随着信息革命的发生和发展，后工业社会的新兴产业日益发展，世界经济的产业结构和就业结构再次发生根本性转变，突出特征是工业比例下降，服务业比例上升，服务业占比超过工业。知识产业成为时代新宠，包括研究与开发、教育、通信和媒体、信息设施和信息组织。在成熟工业化和高度产业化推动下，世界经济步入高速发展阶段。从经济史发展的角度看，发达国家基本都经历了以工业化为主要内容的经济发展过程。可以说，工业的发达是奠定发达国家领先地位的基础力量[2]。正如著名经济学家钱纳里在《工业化和经济增长的比较研究》中所说：“从近代世界发展的历史来看，工业化一直是世界发展的中心内容。”[3]

2.1.2　人类社会发展和产业升级过程是人口向高附加值的产业结构转移的过程

在经济结构层面纵观世界各国的发展，八大处于主导地位的工业强国——美国、英国、德国、法国、日本、意大利、加拿大及俄罗斯形成联盟——八国集团。八国集团曾被称为“富国俱乐部”。根据国际货币基金组织《世界经济展望》报告[4]，2017 年八国集团经济增长继续走强，美国为 2.3%，英国为 1.8%，德国为 2.5%，法国为 1.8%，日本为 1.7%，意大利为 1.5%，加拿大为 3%，俄罗斯为 1.5%。具体来看，美国工业发达，其特征是庞大的生产规模、完整的产业结构、先进的生产技术；英国的工业发展水平在整个世界的横向比较中处于高度发达地位，原因是其创造了欧洲最大的石油产品生产量、军火制造量和电子产品制造量；德国的工业产品主要是以做工优良而享誉世界，作为世界第四大汽车生产国，拥多个著名汽车制造商；法国是世界上工业较发达的国家之一，在电力设备制造和石油工业技术方面仅次于美国；日本则是享誉世界的亚洲工业强国，其汽车制造业、钢铁业、机械工业及电子电器业非常强大；意大利作为传统工业大国，生产技术不仅较为先进，而且规模庞大，是西方七大工业国之一，并享有“中小企业王国”的美誉，有着“欧洲炼油厂”的称号；加拿大也是西方七大工业国之一，主要在矿产、纸张、木材的生产加工方面占有巨大市场份额，家具、军工、尖端药物制造享誉世界；俄罗斯作为当今世界工业较发达的国家之一，以重工业为主，其核工业和航空航天业处于世界领先地位。纵观这些国家发展的共同特点，关键点之一在于它们都是世界工业强国，都完成了充分的工业化和高度的产业化，实现了从农业国向工业国的华丽转变，跻身于世界强国之列，引领世界发展方向。

人类社会发展和产业升级的过程，是人口持续不断地向高附加值的产业结构转移的必然历史过程，具体表现为农业人口大规模向非农产业人口转移。正如刘易斯经济增长模型所描绘的，国家经济的发展总是伴随着农业剩余人口向非农产业的转移。这种农业人口在产业间的转移变动，实质是将大规模的农村剩余劳动力从土地的桎梏中解放出来，转变为稳定的产业工人，为第二、三产业发展注入源源不断的动力，形成巨大的比较优势，加快产业结构升级转型，推动社会发展。这种转移往往伴随着社会结构的更新及产业结构的优化，即农业和农村人口向城市转移，产业结构向第三产业调整与优化。在初期，农业和农村是剩余劳动力的蓄水池，随着科学技术的发展，第二、三产业和城镇必定将在后期承担剩余劳动力转移的主要任务，如表 2.1 和表 2.2 所示[5]。这主要是由生产力发展水平决定的。同时，作为转移的主体——人口和劳动力，总是在试图用最少的劳动达到目标，不断追求效率，实现一国经济社会发展所需的各要素资源在时间维度和空间维度上的协同调整和优化配置。可以说，劳动生产率是人类社会进步的基本动因。一方面，农业的机械化、现代化发展提高了劳动生产率，并释放出大量农村劳动力；另一方面，工业靠农村劳动力的聚集来提高劳动生产率。

表 2.1　主要发达国家三次产业产值占总产值的比例变化

国别	时间/年	第一产业/%	第二产业/%	第三产业/%
英国	1871～1983	14.2→2	38.1→32	47.8→66
法国	1847～1963	45→8.4	29→51	26→40.6
美国	1889～1983	25.8→2	37.7→32	36.5→66
日本	1885～1984	41→3	9→41	50→56
联邦德国	1850～1983	44.8→2	22.8→46	32.4→52

表 2.2 主要发达国家三次产业就业人口占就业总数的比例变化

国别	时间/年	第一产业/%	第二产业/%	第三产业/%
英国	1871～1971	15→2	40→40	45→58
法国	1881～1971	48→13	27→39	25→48
美国	1870～1971	50→4	25→31	25→65
日本	1872～1971	85→16	5→35	10→49
联邦德国	1882～1971	43→8	37→48	20→44

2.1.3 世界各国农业人口向非农产业转移的过程

世界各国农业人口向非农产业转移的过程大体上经历三个主要阶段。第一阶段为从农业向工业的过渡期，即工业化初期。在工业化初期，工业企业大规模兴建，但由于工业在初期自身积累能力较差，需依靠农业提供原料和资金，产生巨大的“拉力”，拉动农业剩余人口向城市工业部门转移，形成工业发展、农业相对停滞的局面。第二阶段为工业化中期。进入工业化中期，工业迅速发展，具备了自我积累、自我发展的能力，并开始反哺农业，为农业提供现代物质技术装备，机械化作业代替手工劳动，农业生产率大大提高，产生了较大的“推力”，推动农业人口大规模向非农产业转移，形成工业快速发展带动农业机械化发展的局面，掀起转移高潮。第三阶段为工业化中后期。在科学技术的推动下，第三产业蓬勃发展，产生了强大的“磁力”，吸引农业人口向第三产业大规模转移，形成第三产业化发展的局面，再次掀起转移高潮。农业人口大规模向非农产业转移是一场艰难的跋涉，需要经历痛苦的过程。特别是在最初进入城市之时，农业人口大多缺乏城市生活经验，经济、观念和技术“滞后”，与城市总是格格不入。他们在城市四处漂泊，从事着最繁重的体力劳动，生产条件差、工作时间长、工资薪酬低、生活环境恶劣，极易形成一个个贫民窟，引发一系列严峻的社会问题，对国家社会稳定造成严重威胁。随着农业人口转移步伐的加快，很容易出现城市公共服务供给不足、社会管理跟不上、农业资源外流、农村趋于凋敝等情况。如果不能通过积极有效的政策予以调节，将极有可能陷入所谓的“中等收入陷阱”，如拉美国家。由于经济社会制度、文化思想观念的差异，世界的发展是不平衡的，各个国家农业人口向非农产业转移的时间和历程也不同。英国花了近200年的时间才完成农业人口向非农产业强制转移的过程。美国花了 150 年左右的时间，完成了依靠工业化和科技驱动的自由迁移。日本从 20 世纪初开始采取政府有效干预和科技推动的方式，用较短的时间度过艰难的转移时期，完成了农业剩余人口的转移。

世界各国农业人口大规模向非农产业转移的时间与国家实现工业化、农业现代化和城镇化的时间相一致，而且随着工业化、农业现代化和科学技术的发展而加速。如 18 世纪中期，工业革命发源地英国成为农业人口向非农产业转移的首发国家。19 世纪末美国实现了工业化，农业人口向非农产业转移加速；20 世纪初期，农业机械化取得很大成就，再次掀起农业人口向非农产业的大规模转移。从整体来看，世界农业人口大规模向非农产业转移已经有 200 多年的历史，大体上可划分为：以工业化为主推动的起步阶段（18 世纪中期到 19 世纪中期），以美国、日本、欧洲等国家和地区为重点的局部发展阶段（19 世纪中期到 20 世纪中期），以及全球各国普遍发展阶段（20 世纪中期至今），范围覆盖了欧洲、美洲、亚洲、非洲和大洋洲。尽管有些农业大国经济规模更大，阻力更强，付出了沉痛的代价，但都在农业现代化、城镇化、工业化、信息化发展进程中实现了农业剩余人口的大规模转移，走的是一条农业人口向第二、三产业和城镇转移之路。农业人口向非农产业转移是传统农业社会向现代工业社会转变的必经之路，是世界各国现代化过程中的普遍现象，是不同思想文化、不同社会经济背景，乃至不同语言之间的冲突与交流最终达到融合的过程，是推进现代化建设的关键突破路径和核心动力，也是一项长期而复杂的任务。虽然世界各国农业人口大规模向非农产业转移的时间和特点不一样，但农业人口向非农产业转移的趋势却是不可逆转的，具有世界性的普遍规律。具体表现在以下几个方面。

（1）完成从农业国向工业国的伟大转变是世界各国进入经济社会高速发展的必由之路。

（2）一个国家的农业人口大规模向非农产业转移的时间、速度、规模与该国当前工业化、城镇化和农业现代化的程度密切相关。工业和非农产业的发展为农业人口大规模向非农产业转移创造了条件，同时农业的机械化、现代化为社会转型提供了技术支持，技术水平的提高释放了大量农业劳动力，进一步推动了农业人口向非农产业的转移。

（3）劳动生产率不断提高是农业人口大规模向非农产业转移的根本原因。劳动生产率是人类社会进步的基本动因。农村人口向城市聚集，城市人口增加，工业的劳动生产率得到提升；农村人口减少，机械化的生产方式带来农业劳动生产率的提高，进一步推动了农业人口向非农产业转移。

（4）农业剩余人口转移必然向高附加值的产业转移，即由第一产业向第二、三产业流动。在社会经济增长初期，是社会资本的原始积累期，农业吸纳了大量剩余劳动力，而随着社会科学技术的发展，到了社会经济增长后期，第二、三产业逐渐吸纳剩余劳动力。因此，农业剩余人口流入城市。产业工人必须要以优质的就业为依托，否则易导致城市的贫民窟化。根据人类历史发展经验，工业化提供优质岗位必然引起农村剩余劳动力转移，对农民向产业工人的转化具有强大的拉动作用。

（5）城乡间收入和福利的巨大差距是推动农业人口向非农产业和城市转移的重要原因。

（6）农业人口大规模向非农产业转移的过程是转移人口技能不断提高和城市文明化程度加速提升的过程。因此，技能和素质提升是促进农民转化成为产业工人的加速器。

（7）农业人口大规模向非农产业转移离不开国家包容性政策支持。因此，完善的产业工人社会保障网络和强大的制度政策保障是促进农民向产业工人转化的稳定器。

2.2　世界主要工业发达国家农业剩余人口转移的历史经验

2.2.1　英国：拉开了农业剩余人口向非农产业转移的序幕

1. 英国农业剩余人口转移总述

英国是世界上第一个启动现代意义上城市化的国家，也是第一个发生大规模农业剩余人口转移的国家。其农业剩余人口向城市转移伴随工业革命的发生而兴起，并使之在西方发达国家中率先实现了高度的城市化。

英国作为一个岛国，国土面积狭小，劳动者最早只能依附于农村土地，流动性很低，是一个传统农业经济占主导地位的国家。英国大规模的城市化始于 18 世纪中叶的工业革命。当时英国的社会经济结构发生了根本性变化：制造业、商业、交通运输业、建筑业和其他服务性行业迅速发展，导致农业在国民经济中的基础地位让位于第二产业和第三产业。而迅速发展的第二、三产业需要不断补充新的劳动力，进而引导农村劳动力向城镇和工矿区流动。英国的城市化历时 150 多年，城市化率从 1750 年的 24.1%增长到 1901 年的 78%。20 世纪以后，英国进入城市化成熟阶段，城市化率增速趋于平稳。如今英国城市化率基本保持稳定，2014 年为 82.35%。

2. 英国农业剩余人口转移历程

1）被动式的农业剩余人口转移阶段（16 世纪～18 世纪中叶）

英国在进入城市化快速发展阶段之前，长达几个世纪的农业革命和商业革命为之后大规模的农业剩余人口转移奠定了经济基础。农业革命中的圈地运动为英国的工业革命提供了充分的原材料、市场和劳动力储备，同时商业革命通过扩大的海外贸易为英国积累了雄厚的资本，为工业革命的爆发准备好了条件。

圈地运动摧毁了传统的农村小生产方式，大量资本投入到农业生产与资本主义农场制结合起来，使得农业生产率飞速跃升。圈地运动使得大量农民失去了赖以生存的土地，被迫向城镇转移，这为之后的工业革命做好了充分的劳动力储备，构成了未来产业工人的基础。同时，在圈地运动中，部分旧有的土地贵族成为大农场主，开启了农场化的生产模式与商品化的经营模式。英国在 1700 年完成了农业革命，彻底摆脱了“马尔萨斯低水平均衡陷阱”。

地理大发现和新航道的开辟，促成了该时期英国的商业革命。自 16 世纪中期起，英国的农业生产从自给自足的小农经济逐渐过渡到面向海外市场的商品化农业经济。大规模社会经济行动的结果是将粮食、牧草种植和畜牧业等全部投入商品化生产。英国农业商品化的发展为全社会提供了充裕的粮食，也导致了人力和资金大规模地流向工业部门。同时，强制圈占起来的大片土地被变成私有的大牧场、大农场，农业开始规模化经营，农业耕作制度、经验方式和土地关系等发生了根本性变革，生产力的提升产生了大量过剩的农业剩余人口，向城市转移成为他们谋生的唯一途径。

2）自发式的农业剩余人口转移阶段（18 世纪中叶～19 世纪中叶）

自 18 世纪中叶起，工业革命导致农业人口大规模进入城市。在此期间，迁移到城市的人口大于城市人口的自然增长，城市人口大幅度增加。尤其是从 19 世纪初开始，英国城市化水平迎来了突飞猛进的发展，城市人口占比从 1801 年的 27.5%激增至 1851 年的 51.0%，50 年的时间提高了 23.5 个百分点，如表 2.3 所示[6]，英国也成为当时世界第一强国。

表 2.3 16～19 世纪英国城市人口占总人口比例

年份	1520	1600	1670	1700	1750	1801	1851
城市人口占比/%	5.25	8.25	13.5	17.0	21.0	27.5	51.0

英国高速的农业剩余人口向城市转移，得益于工业革命。18 世纪 60 年代，机械大工业开始取代工场手工业，英国进入工业革命，使其在短短的几十年内由一个农业国一跃而成为世界工业强国，号称为“世界工厂”。工业革命期间出现的大量发明，对英国城市化进程起到巨大的推动作用，如表 2.4 所示[7]。正如马克思所说：“在工业革命这 100 年的时间里，资本主义的近代大工业创造了从未有过的生产力和巨大的财富。”工业革命的技术成果，在农业领域得到了很好的推广，工业技术的突飞猛进让农业机械化达到前所未有的深度，农业生产力得到迅猛的发展。结果就是，一方面，大农场经营体制带来了更多的农业剩余人口，构成农业剩余人口向城市转移的直接推动力；另一方面，工业革命的技术成果在非农产业领域得到更为全面的应用，使工业和服务业迎来突飞猛进的发展，带来英国整个社会经济结构的变化，创造了众多的非农产业岗位，成为农业剩余人口向城市转移的直接拉动力。

表 2.4 工业革命时期的发明

时间	重大发明	影响
18 世纪 60 年代	珍妮纺纱机	标志工业革命的开始
1785 年	改良蒸汽机	推动机器的普及，“蒸汽时代”到来
1807 年	蒸汽轮船	交通运输进入了以蒸汽为动力的时代
1814 年	蒸汽机车	
1866～1876 年	发电机、电动机、发电厂、电气产品	电力的广泛应用
1885 年	内燃机、新交通工具	内燃机被应用于工业生产

原本占统治地位的商业资本让位给工业资本，城市化与工业革命互动的结果带来了产业结构和就业结构的双重优化。亚当·斯密的《国富论》又为双重优化格局奠定了坚实的理论基础。经济集聚带来的强大能量使得一批新城市借助于资源、区位、交通等优势成长为工业城市。

此外，工业革命技术成果的发明与推广，极大地改善了交通条件。到 19 世纪中叶，英国已基本形成铁路运输网。交通网络把内陆与沿海城市连接起来，物流和人口流动带动了商贸服务业的发展，进一步减少了空间距离上的障碍，构建了更为完善的配套产业，助推了农业剩余人口向城市转移。

在 18 世纪中叶～19 世纪中叶这一城市化快速发展时期，城市经济虽然在规模上有了惊人的增长，但尚未发生质的飞跃。大量迁入城市的农业剩余人口暴露在新的环境中。由于他们大多缺乏城市生活经验，经济、观念和技术“滞后”，无固定职业、无生活保障，从事着繁重的体力劳动，生产条件差、工作时间长、工资薪酬低，生活环境恶劣，失业和贫困问题异常突出。尽管工业革命创造了众多的就业岗位，但自发式涌入的农业剩余人口仍超过了城市所能承载的极限，形成一个个贫民窟。城市环境污染严重，社会骚乱频繁发生，疫病和各种犯罪活动加剧，悬殊的贫富差距带来诸多不稳定因素。城市因承载过度而逐渐瘫痪，城市化进程受到严重的阻碍。政府通过立法等各种手段设置了一系列障碍，以阻止农民自发向城市转移，如下令禁止新建房屋，提高自由人的入会费，颁布了《济贫法》和《惩治欺诈犯、流民和有劳动能力的乞丐法》等，这些措施使进城农民的生活雪上加霜。马克思在《资本论》中写道："让自己的土地被暴力剥夺，被驱逐出来，并被迫转化为流浪人的农民，又依奇怪而有恐怖性的法律，被鞭打，被烙印，被虐待，被迫去接受工资劳动制度所必要的训练。"正是对这一时期残酷的社会现象的形象描述。

3）以优化调整为主的农业剩余人口转移阶段（19 世纪中叶～20 世纪）

随着大规模的城市化快速发展阶段进入中后期，英国政府逐渐认识到农民与土地的分离和流动是时代发展不可避免的，强制性政策无论如何严厉，都是行不通的。农业剩余人口向非农产业转移需要一个较长的适应过程。因此，英国政府开始逐渐减少对人口转移设置障碍，逐步引导农业剩余人口向非农产业转移。

针对流动人口多，城市发展滞后于工业发展，城市原有住房及其他配套设施不能满足新增人口需要的情况，英国政府通过设立专门机构，加大在公共住房与市政建设方面的投入和管理力度，以扩充城市对于流动人口的接纳能力。为满足大工业发展对劳动力的需求，英国政府颁布了一系列有利于农业剩余人口有序迁移和融入城市的法律法规，如《贫民迁移法（修正案）》《联盟负担法》等，进一步促进农民向非农产业工人转化，同时对原有的《定居法》做了重大修改，彻底废止了贫民迁移遣返制度，放宽了对人口流动的限制，同时采取提供居住地、最低生活保障等措施确保农民向产业工人顺利转化；1875 年通过的《公共卫生法》，建立了为贫困无助者提供居住地和工作的济贫制度；进入 20 世纪，英国又相继颁布了《工人赔偿法》《国民救助法》《工人住房法》《国民卫生保健服务法》等，解决进城农民的住房、医疗、贫困救助等问题，建立了包括进城农民在内的全国性养老保险制度，保障农业剩余人口向非农产业转移过程中的权益。

通过一系列的优化调整，自 20 世纪初期起，英国农业剩余人口开始有序、平稳地向工业与第三产业转移。20 世纪 60 年代，英国又主推农工综合体发展，在农村发展食品加工、农副产品精深加工等非农产业，更充分地保障了农民有序转化为非农劳动力。1975 年，英国农业劳动人口占全部就业人口的比例已下降到 2.7%，减少的劳动力有别于早期主要向工矿业和建筑业等第二产业流动，而是主要转入第三产业。此时，英国第三产业就业人口已经占到全国就业人口的一半以上。英国已全面进入以提高生活质量为主的城市化成熟阶段，通过财政、金融和产业等一系列措施来提供住房、教育、就业、社会保障等市场失灵的公共产品，有效抵消了之前大规模城市化进程中出现的众多负面效应，破解了农业剩余人口进入城市后产生的社会问题，实现了农民向产业工人的完全转化，成为真正意义上的市民。

3. 经验总结

英国是世界上第一个实现现代意义上城市化的国家，是它首先揭开了农业剩余人口向非农产业转移的序幕，引领了世界性城市化大潮。16～20 世纪，英国发生的农业剩余人口转移进程有其值得借鉴的经验，大致可以概括为以下三个方面。

1）农业剩余人口转移成为产业工人是一个分阶段的必然过程

城市是人类智慧的聚集地，代表着最为高效的生产生活方式，农业剩余人口向城市转移是符合社会发展规律的必然选择。但这一转移过程不可能一蹴而就，而是根据当时所处的社会背景、经济条件、技术水平，所能做出的最适宜的选择，是一个分阶段的过程。本书将英国农业剩余人口转移的过程分为被动式的转移、自发式的转移与优化调整式的转移三个阶段。

（1）被动式的转移。16 世纪～18 世纪中叶，圈地运动产生了数量众多的失地农民，为了谋求生计，他们不得不进入城市寻找工作。因此，这一阶段的转移并非农民自由选择的结果，而是在失去耕地的情况下被迫做出的选择，属于一种被动式的转移。

（2）自发式的转移。18 世纪中叶～19 世纪中叶，工业革命推动城市化进入快速发展阶段。这一阶段的农业剩余人口转移带有自发性的特点。农业生产力的提高，使农民不必长期束缚在土地上，而工业革命引致的城市非农产业岗位增多，使农民进城有了更多的就业选择。而且城市里更为丰厚的收入形成了比较利益，对农民产生强烈的吸引力，在城市拉力与农村推力的双重作用下，农业剩余人口由过去被迫地向城市转移逐渐过渡到自发进城谋求发展。政府在其中几乎没有进行任何干预，人口转移在此过程中自发地进行，但导致了城市发展的不平衡，如城市环境污染、住房紧张、交通拥堵等各种“城市病”的爆发，尤其突出的是进城农民难以融入城市、生活环境恶劣等一系列社会问题。

（3）优化调整式的转移。19 世纪中叶～20 世纪，英国政府开始意识到自由放任式城市化的消极影响，通过一系列法律法规和社会保障措施，对农业剩余人口的转移进行优化调整，为其营造更为适宜的工作生活环境，使这部分人口最终转化为高水平的产业工人，成为真正的市民，从而解决了转移过程中不同阶层融合导致的经济社会问题。

通过英国农业剩余人口转移的过程可知，进城农民要完全融入城市，需要一个漫长的过程。无论是圈地运动，还是工业革命，均为农业剩余人口的大规模转移提供了有利条件与充足动力，但最终要从单纯注重转移人口的数量逐渐过渡到重视转移人口的生活质量。同时，农业剩余人口必然向高附加值产业结构转移，即由第一产业向第二、三产业流动，这是不可逆转的趋势。最终实现进城农民向产业工人的转化，标志着真正完成“农村人”向“城市人”的转变。

2）工业革命加快了农业剩余人口转移的进程

英国是最早开始工业革命的国家，工业革命启动了英国的城市化进程，为大规模的农业剩余人口向城市转移提供了必要的社会经济条件。工业革命代表着人类科技水平的一次飞跃，它改变了传统的依靠人力、畜力的农业生产方式，机械化农业生产工具极大地提高了农业生产率，释放了大量的剩余劳动力；它改变了传统的依靠手工劳作的作坊式生产模式，以机器生产替代手工劳动，带来了工业的蓬勃发展，大量的现代化工厂涌现，创造了众多的非农产业岗位，极大地吸纳了农业转移人口，使农村人口可以源源不断地涌向城市。可以说没有工业革命，就没有英国如此大规模的人口转移。

得益于工业革命，从 1750 年到 1850 年，英国的城市化水平提高到 50%。1801 年，全英国人口超过百万的城市只有伦敦，伦敦人口是第二大城市利物浦人口的 11 倍。到了 1861 年，全英国就已经有 16 个城市人口超过 10 万。到了 1911 年，人口超过 10 万的城市增加到了 42 个[8]。据估计，1801～1851 年，英国纺织业城市人口的增长率排第一位，为 229%，港口城市为 214%，制造业城市为 186%[9]。在城市数量上，1851 年英国共有 580 座城镇，到了 1901 年英国万人以上的城市就达到 437 座，城市化水平达到 80%[10]。而欧洲大陆直到 1970 年才达到这个水平。工业革命对英国农业剩余人口转移的促进作用由此可见一斑。

此外，工业革命引致的生产方式的变革，还带来了产业结构的巨大变化。在工业革命初期，英国第一产业总产值在国民生产总值中占 32.5%，而第二产业仅占 23.4%。在工业革命后期，即 1871 年，第一产业的总产值占国民生产总值的百分比已经下降为 14.2%，而第二产业则占到 38.1%。因此，在城市化发展过程中，必须紧推工业化，变革生产方式，从而高质量完成农业剩余人口的转移。

3）政府的有效干预保障了农业剩余人口的成功转移

1936 年，经济学家凯恩斯在《就业、利息和货币通论》中提出完全自由的市场机制调节必然导致失业与生产过剩，他主张国家以财政货币政策为中心对经济实施宏观调控，以弥补市场机制配置资源的局限性所带来的城市社会问题；1942 年，“福利国家之父”威廉•贝弗里奇发表《社会保险及关联服务》报告，主张针对各类社会问题，建立以医疗保健和国民教育为核心的全国性社会保险制度。尽管工业革命推动了英国城市化高速发展，但也产生了一系列社会问题，尤其是新进入城市的农民，他们难以适应快节奏的城市生活，面临各种不平等的待遇和歧视，未得到应有的地位和权利，无法真正融入城市。这些由城市化带来的社会问题靠市场力量是无法解决的，必须由政府进行干预，通过政府颁布的政策法规和建立的社会保障体系，来消解城市化的负面效应。

因此，农业剩余人口的成功转移，转移人口由量到质的变化，离不开政府的有效干预，需要一系列的社会配套措施予以支持。英国在农业剩余人口转移过程中，一是利用“福利国家制度”弥补由市场力量配置资源的局限性带来的不和谐；二是由中央政府和地方政府通过政策法规共同承担社会保障，包括向居民提供基本生活保障、提供教育服务、提供符合体面生活的住房、提供医疗服务，从而保障农业剩余人口向市民的完全转化。

2.2.2 日本：实现了农业剩余人口向非农产业转移的飞跃

1. 日本农业剩余人口转移总述

日本农业剩余人口向非农产业的有效转移是采取政府有效干预的方式完成的。这种干预主要体现在政府出台以科技推动经济社会发展的系列政策、依靠非农产业高速发展的强大拉动机制，以及重视教育、培育人才的内生机制三个方面。日本用了不到 100 年的时间完成了农业剩余人口向非农产业转移的历程。其中，最突出的农业剩余人口转移阶段是明治维新时期、“二战”结束期及 20 世纪 70～90 年代。经过这三个时期的发展，到 1990 年，日本的农业就业人口占就业总人口的比例仅为 7.0%，城市化率已达到 77.4%，如表 2.5 所示[11]，基本实现了农业剩余人口向非农业产业的转移。

表 2.5　1880～1990 年日本农业剩余人口转移情况

年份	就业总人口/万人	农业就业人口/万人	农业就业人口占就业总人口的比例/%
1880	1954.2	1607.6	82.3
1890	2258.3	1719.8	76.2
1900	2476.8	1733.1	70.0
1910	2616.9	1648.9	63.0
1920	2696.5	1444.1	53.6
1930	2934.3	1448.9	49.4
1940	3178.3	1419.3	44.7
1950	3562.7	1720.8	48.3
1960	4369.1	1423.7	32.6
1970	5246.7	1016.4	19.4
1980	5580.9	611.1	10.9
1990	6249.0	439.1	7.0

2. 日本农业剩余人口转移历程

日本的农业剩余人口转移历程与其他发达国家一样，也是伴随着城市化进程发展起来的。这一历程开始于明治维新时期，随着以棉纺织业等轻工业为主的早期工业化的兴起，农村劳动力开始进城寻求就业机会，人口开始向京滨、阪神、中京和北九州四大工业带集聚，开始了农业剩余人口向非农产业转移的步伐，城市化率从 1890 年的 7.8%上升到 1940 年的 30.5%。“二战”后，工业化的飞速发展使日本进入了农业剩余人口向非农产业转移的迅猛发展期。到 1970 年，日本的城市化率已经达到 70.1%。“二战”后，日本用了大约 30 年的时间，完成了其他发达国家需要近百年才能完成的农业剩余人口向非农产业转移的任务[12]。20 世纪 70 年代，日本进入后工业化阶段，城市化进程逐渐平稳，进入了农业剩余人口向非农产业转移的低速阶段。1990 年，日本城市化率达到 77.4%[13]，基本完成了农业剩余人口向非农产业转移的历程。

1）明治时期：日本农业剩余人口的初始转移期

19 世纪中期以前，日本是一个落后的封建国家，农业经济占主导地位。19 世纪 60 年代的明治维新后，日本开始学习欧美的科学技术，建立了资本主义经济制度。日本通过有效干预政策和非农业产业的高速发展推动国家进入了农业剩余人口的初始转移期。

首先，明治政府废除了对劳动力自由迁移的限制，允许农民自由选择职业。明治政府在 1873 年开始实行地税改革，废除了原有的土地政策，允许土地买卖，农民开始从农村解放出来，逐渐进入城市自由选择职业。这一时期农村人口占总人口的比例大约降低了 20%[14]。其次，明治政府大力实施“殖产兴业”政策，鼓励学习和引进欧美技术，开始出现早期工业革命的浪潮，农业生产率得到提高，释放出的部分农村劳动力开始向城市转移，第二产业发展得到了充分的人力保障。日本的交通业迅速发展，国家开始兴建新式铁路、公路。1872 年，日本的第一条铁路东京（新桥）至横滨（樱木町）通车。到 1895 年，日本已经修建了约 3200 公里铁路，交通业的发展为农业剩余人口转移提供了有利条件。最后，值得注意的是，明治政府注意到教育的重要性，颁布了《五条誓文》《教育令》等法令，为农村劳动力适应城市生活打下了良好的基础，并选派优秀留学生到英国、法国、美国等国家进行深造，为日本工业化发展提供了人才保障，建立起以提高人口科学文化素质为目的的正规化教育体制。

随着明治维新改革措施的陆续完成，日本走上了初期工业化的发展道路，逐渐跻身于世界强国之列。传统的手工业逐渐被资本主义机器大生产所代替。交通体系的建立，使得原来分散在农村的工业开始向城市聚集。到 20 世纪初，随着以食品加工业和纺织业等轻工业为主的近代工业化的发展，日本进入工业革命的高潮，人口开始向京滨、阪神、中京和北九州四大工业带集聚。工业的迅速发展吸纳了大量的农业剩余人口，到 1940 年，日本农业就业人口占就业总人口的比例已经降低到 44.7%，城市化率达到 30.5%。

2）“二战”结束期：日本农业剩余人口的飞速转移期

“二战”后，日本经济陷入低迷状态，面临着严重的失业和通货膨胀问题，国内生产总值急剧下降。日本战败投降后，大量的军人被遣送回农村。同时，战后的粮食需求量较大，农业劳动者收入更为可观，使城市劳动力开始向农村转移，农业就业人口占就业总人口的比例从 1940 年的 44.7%增长到 1950 年的 48.3%。战后经济的复兴是极其困难的，但是日本经济却在战后 30 年内得到了快速发展，实现了工农业现代化，以及农业剩余人口向非农产业的飞速转移。这主要是由日本政府政策干预、美国战略需求及朝鲜战争的驱动所致。

首先，为恢复战后低迷的经济，日本政府采取了一系列措施对教育、经济、交通等领域进行改革。尤其是为了解决明治维新不彻底遗留下的土地问题，日本政府进行了农地改革，彻底废除了半封建的土地所有制，促使大批农村劳动力转向城市，为第二、三产业的发展提供了充足的劳动力保障[11]。同时，日本政府出台了一系列产业政策来推动经济发展，实行“倾斜式生产方式”，推动煤炭、钢铁、电力等工矿业、重化工业，以及铁路、海运等交通运输业的发展。并且，日本战后的产业政策较为灵活。为了能够有效利用资源，提高工业化水平，日本政府开始推行产业合理化政策，进一步推动了重化工业的发展。20 世纪 60 年代，日本政府颁布了《新长期经济计划》和《关于产业结构的长期展望》，明确提出以重化学工业为中心，实现产业结构高级化，大量引进先进技术，积极进行技术革新。1950～1970 年，日本共引进了 26 000 多项技术。在金融行业领域，日本政府成立了复兴金融库，对重点经济发放低息贷款，为经济发展提供资金保障，带动了多个行业的发展。此外，日本政府非常重视科技教育，分别于 1949 年颁布《社会教育法》和 1953 年颁布《青年振兴法》，要求充分利用图书馆等公共设施对农村人口开展教育，政府提供资金扶持，从而使农村职业技术教育正规化、制度化，农村人口的职业技术水平显著提高。到 1958 年，在日本处于经济上升期，亟须大量具备基本技能的产业工人之际，这批拥有职业技能的农村人口顺利进入城市，有效填补了人才缺口。结合《职业训练法》，他们通过培训进一步提高了自身的职业技能水平，逐渐转化为稳定的产业工人。

其次，受美国战略需求的影响。起初，美国占领日本后采取的是抑制政策，但是随着冷战的加剧，美国对日政策由抑制转变为扶持，为日本发展提供财力和物力的支持，如美国通过“占领地区救济资金”和“占领地区经济恢复基金”对日本进行资金援助。并且，由于美国对日政策转变，日本能够自主地开拓海外市场，为战后经济的复苏提供了保障。日本投降后，东南亚国家要求赔偿 300 亿美元，而日本通过自主的战争赔偿方式仅仅偿还了 17.286 亿美元，却把当时世界上先进的机械产品运输到东南亚国家，这些先进机械主要用于对被赔偿国资源的开发，保障了日本经济所需原材料的可靠供应。

此外，还有朝鲜战争的刺激。日本作为朝鲜的邻国成为美军的军事基地和战略物资供应基地。战争的“特需”促进日本经济起死回生，当时担任日本银行总裁的一万田尚登曾说，是战争拯救了日本的经济。可见朝鲜战争对日本经济发展起到了至关重要的作用。在此期间，日本向美国提供的“特需”高达 13 亿美元，这使日本的工厂、运输部门、劳动力都为了美国动员起来，并且美军对“特需”的要求较高，在一定程度上促进了日本技术水平的提升。朝鲜战争使日本的煤炭、电力、交通等行业得到了迅速发展，许多企业因此获得了高额利润，如日本的十大纺织业公司利润增加了 9～19 倍。由于资金的积累又在一定程度上促进了垄断资本的发展和扩大再生产，企业利用充足的资金购买世界上先进的技术设备，极大地提高了劳动生产率，在一定程度上促进了战后日本经济的发展[15]。总而言之，朝鲜战争是日本战后经济发展的助推器，它使日本战后低迷的经济起死回生。

在这一阶段，由于政府的政策主导、美国的战略需求及朝鲜战争的刺激，日本的经济高速发展，经济的高速发展又推动城市化和工业化的高速发展，城市工业为农村劳动者提供了大量的就业机会，从而催生出大规模的农村劳动力流出。伴随着工业化的发展，工业生产能力和工资水平大幅提升，又进一步吸引了农村劳动力向城市转移。充足的劳动力为第二、三产业发展提供了有力保障，到 1970 年，日本的第二产业就业人口占就业总人口的比例为 34.1%，第三产业为 46.6%，发展的重点已经转向第三产业（表 2.6）[11]，标志着日本的产业结构已经进入了成熟阶段。同时，日本的城市化水平越来越高，到 1970 年，城市化率已经达到 72.1%。

表 2.6　日本三次产业就业结构　　单位：%

年份	第一产业	第二产业	第三产业
1950	48.3	21.9	29.8
1955	41.0	23.5	35.5
1960	32.6	29.2	38.2
1965	24.6	32.3	43.1
1970	19.3	34.1	46.6
1975	13.8	34.1	52.1
1980	10.9	33.5	55.6
1985	8.9	34.1	57.0

3）20 世纪 70～90 年代：日本农业剩余人口的平稳转移期

20 世纪 70 年代初，日本的产业结构已经趋于成熟。但 1973 年后爆发的两次石油危机，使日本经济受到强烈冲击，工厂库存积压严重，开始减量经营，失业人口激增，国民经济进入产业调整时期。这一时期的农业剩余人口向非农产业转移主要得益于政府政策的有效干预。

为了恢复国民经济，20 世纪 70 年代，日本政府开始调整产业政策，减少了能源消耗型的重化工业的投资；加大了对知识密集型的高技术产业的投入，调整效果显著。据统计，日本的电子工业产值大幅增加，在 1981 年达到 10 万亿日元。随着高技术产业的迅速发展，日本的整体产业形态由劳动与资本密集型向技术与知识密集型转变。随后，日本政府又对产业结构进行了调整，在 1974 年提出了《产业结构长期设想》，明确指出产业结构向资源节约型转变，并将电子计算机、航空航天等高技术产业作为主导产业发展，通过发展能耗较小、附加价值高的产业来提升自己的国际竞争力[11]。20 世纪 80 年代，日本确立了“新技术立国”和“科学技术立国”的方针，更加突出了技术开发的重要性，决定依靠发展科技来实现战略转型，发展科技的重点开始从依靠进口技术向自我研发技术转变，发展经济的重点开始从制造业向非制造业转变，产业结构开始向高技术化、产业融合化及国际化转变，就业机构向服务产业转变，进入了工业化以后的新时期。

这一时期，日本政府也更加重视人才的培养，尤其是高素质科技人才的培养，实行“产学合作”的教育体制。在 20 世纪 80 年代，日本已经普及了高中教育，教育事业的繁荣为日本经济发展提供了大量的高级技术工人和科技人才，提高了劳动力队伍的质量，保证了日本就业结构和产业结构的优化。随着技术的进步和人才素质的提高，城市人口越来越集聚，农村人口越来越少。到 1985 年，日本三次产业的比例分别为 3.1%、36.3%和 60.7%，基本完成了农业剩余人口向非农产业的转移，实现了从传统型经济向现代服务型经济的转变，见表 2.7[11]。

表 2.7　1947～1985 年日本战后产业结构　　单位：%

年份	第一产业	第二产业	第三产业
1947	38.8	26.3	34.9
1955	19.2	33.7	47
1960	12.8	40.8	46.4
1965	9.5	40.1	50.3
1970	5.9	43.1	50.9
1975	5.3	38.8	55.9
1980	3.6	37.8	58.7
1985	3.1	36.3	60.7

3. 经验总结

经过明治维新、“二战”后及 20 世纪 70～90 年代三个时期的发展，日本完成了农业剩余人口向非农产业转移的飞跃。尤其是“二战”后，日本进入了农业剩余人口向非农产业的飞速转移期。这期间，日本主要从以下八个方面来实现农业剩余人口向非农产业转移的飞跃。

1）依靠制度改革，扫除农业剩余人口向非农产业转移的障碍

在明治维新期间，日本政府对教育、经济、交通等方面进行了全面改革，废除了“士农工商”封建身份的等级制度，建立资本主义制度，使人口自由流动变为可能，承认农民可以自由选择农业以外的职业。并且通过 1873 年的地税改革，废除了对农村劳动力自由迁移的限制，鼓励农村劳动力进入城市自由选择职业，扫除农业剩余人口向非农产业转移的部分障碍。“二战”后，日本又进行了农地改革，在 1961 年制定了《农业基本法》，实行“农业结构改革”政策。农地改革使日本半封建的土地所有制发生了根本性的变化，资本主义土地制度逐步建立，基本消除了地主制和地租，改善了农业经济，释放出一部分农村劳动力。同时，日本政府进一步推进农业改良、农业机械化等政策，极大地提高了农业生产率，释放出大量农村劳动力，加快了农业剩余人口转移的步伐。

2）推动工业化，调整产业结构，有效引导农业剩余人口向非农产业转移

日本向工业化时代的转变是爆发性的，而且发展极其迅速。这主要是通过政府有效推动工业化和积极调整产业结构实现的。明治维新时期，日本政府进行了一系列改革，开始了以棉纺织业等轻工业为核心的近代工业化进程。明治维新改革为农业剩余人口向非农产业的转移奠定了坚实的基础。“二战”后，日本政府通过“倾斜式生产方式”“产业合理化”等政策迅速重启工业化，利用产业政策有步骤地扶持钢铁、煤炭、电力等基础工业的发展，逐渐形成了京滨、阪神、中京、北九州四大工业带，工业的迅速发展吸纳了大量的劳动力，加速了农业剩余人口向非农产业转移的进程。20 世纪 60～70 年代，日本政府优化升级产业结构，把生产率提升快和技术进步明显的产业作为重点发展产业，通过选择发展重化工业来追求规模利益，逐渐地提高了国际竞争力，在实现产业现代化的同时，产业结构发生结构性转变，第一产业产值不断下降，到 1970 年第一产业占 GDP 的比例仅为 5.9%。

3）依靠科技创新，升级产业结构，加快农业剩余人口向非农产业转移速度

技术进步是日本推动产业结构转变的另一决定性因素，尤其是主导产业的技术进步对日本产业结构的优化升级起到了至关重要的作用。20 世纪 80 年代，日本产业政策的重点是加强自主研发，通商产业省在《80 年代通商产业政策构想》中提出了“技术立国”的方针，经济发展的重心由制造业向非制造业转变，以服务业为主的第三产业发展迅猛。第三产业占 GDP 的比例不断提高，到 1985 年已经达到 60.7%，详见表 2.7。第三产业的高速发展吸纳了大量非农人口。20 世纪 90 年代，日本提出了“创造型知识密集型”的产业政策，产业发展重点开始向知识密集型产业转移，产业结构呈现高技术化趋势，电子网络、电子控制及生物工程技术得到了广泛运用。同时，日本产业结构的融合化趋势越来越明显，在产业内部和产业之间通过技术进步相互融合，形成新的发展动力，进一步推进产业的发展。

4）政府有效干预，采取以兼业为主的转移方式，推动农业剩余人口向非农产业转移

1960 年，日本政府颁布了《国民收入倍增计划》，明确提出了农村劳动力动员计划。这一计划指出，在未来 10 年第二、三产业将增加劳动力 1669 万人，除了雇佣毕业生 1703

万人，还有 266 万人缺口。因此，该计划提出从第一产业中转移 200 多万人，通过转移农业劳动力的方式来弥补第二、三产业的劳动力不足。日本政府为促进地区间经济均衡发展，推动以兼业为主的转移方式[16]。从 1963 年开始，日本农村劳动力的转移途径发生了变化，由以异地转移为主转变为以通勤兼业为主，农户收入中农业收入和通勤兼业收入的地位发生逆转，尤其是兼业收入为主的农户（指以从事农业外劳动为主、农业劳动为辅，并以非农业收入为主要收入来源的兼业农户）占日本农户总数的比例，更是从 1960 年的 32.0%上升到 1985 年的 67.8%，这在保证其他产业劳动力需求、缩小城乡收入差距等方面起到了积极作用[17]。转移方式的改变使农民可以在完成农业生产的同时参与第二、第三产业的生产活动，为实现农业剩余人口的完全转移奠定了坚实基础。

5）支持中小企业，实现农村非农化发展，提高农业剩余人口向非农产业转移效率

日本政府十分重视中小企业对农村剩余劳动力的吸收作用。通过 1971 年颁布的《农村地区企业导入促进法》和《工业重新布局促进法》，积极引导中小企业以及大企业的分公司在农村地区建立工厂，既可以减轻城市的工业发展负担，又能促进农村的经济发展，降低剩余劳动力转移的成本和风险。20 世纪 50～70 年代，日本的中小企业发展迅速。1954 年，日本中小企业有 328.15 万个，从业人员 1477.58 万人；到 1971 年，中小企业发展到 508 万个，从业人员达到 3040 万人，中小企业的就业人数增加了 1 倍多，中小企业吸纳的劳动力占到农村转移的剩余劳动力的 90%以上。中小企业的发展加快了的农村剩余劳动力转移，1960～1975 年，日本的农业劳动力由 1228 万人减少到 589 万人[17]。

6）农业现代化解放了农村劳动力，增强了农业剩余人口向非农产业转移的推动力

日本的农业剩余人口向非农产业转移与农业现代化是密不可分的。首先，随着农业机械化的普及，农业生产率得到提高。20 世纪 60 年代中期，日本农业机械化发展迅速，到 70 年代已基本实现了农业机械化，进入 80 年代，日本已经成为全世界农业机械化水平较高的国家之一[18]。农业机械化使大量的农村劳动力开始转向非农产业。其次，日本的农业社会化服务体系十分完善，农民有充足的兼业时间。日本的农业社会化服务体系是由农业协同组合（以下简称农协）完成的。农协分布范围较广，农民的参加率基本达到了 100%[19]。农协的主要作用就是为会员提供配套服务，如农业产品购买、技术指导、农产品销售等服务均可以由农协提供，大大减少了农民对农业生产的劳动力投入。总之，农业现代化带来了农业生产率的大幅提升，农产品产量的提高让农民收入稳步增长，同时，农村剩余劳动力被激励去追求更高的收入，由此推动了农业剩余人口向非农产业转移。

7）提高农业劳动者的文化层次，增强向非农产业转移的适应性

日本政府一直强调教育的重要性，明治维新就是通过立法的形式来大力推行教育，建立起以提高人口科学文化素质为目的的正规化教育体制。明治维新以后，日本政府就通过以下措施来强化教育：普及初等教育，提高国民文化水平；设立高等教育机构，培养优秀管理人才；发展职业教育，学习先进科学技术。“二战”后，日本政府通过立法

使教育规范化，如《社会教育法》和《青年振兴法》，要求利用公共设施对农村人口进行教育，政府提供资金扶持，从而实现农村职业技术教育正规化、制度化，农村人口的职业技术水平显著提高。1963 年，日本政府发布《关于开发人的能力政策的咨询报告》，目的是通过提高劳动者的质量来解决可能出现的劳动力数量短缺问题。1965～1973 年，日本的公共教育投资年均增长 17.6%，超过了同期经济增长率。高中的升学率从 1955 年的 50%上升到 1970 年的 82%。20 世纪 70 年代后，随着科学技术的进步，日本政府更加重视高素质人才的培养，实行了“产学合作”的教育体制。20 世纪 80 年代，日本已经普及了高中教育。日本重视教育培养出较高文化层次的劳动者，培养出具有较高职业技能和强烈创业精神的工匠艺人，有利于增强农业剩余人口向非农产业转移的适应性，进一步优化日本的就业结构和产业结构。

8）构建社会保障政策体系，加强农业剩余人口向非农产业转移的保障力度

日本政府通过建立城乡一体化的社会保障体系，让农业剩余人口在转移时不再担心自己的医疗和养老问题，这一举措促进了农业剩余人口实现“农村非农转移”。早在 1946 年，日本就开始强调充分就业的思想，先后颁布了《职业安定法》和《失业保险法》，明确指出政府举办职业安定所，免费进行职业介绍和就业指导，这些法律对保障就业起到了重要作用。1955～1973 年，日本经济高速发展，消除了大量失业人口，但也出现了劳动力短缺的现象，日本政府通过颁布《最低工资法》及《雇用保险法》等法律来保障雇佣及就业稳定。1959 年，日本政府颁布了《国民健康保险法》，要求全国所有市町村中的个体农户经营者以及无稳定职业和收入的人必须强制参保，日本的全民医疗保险基本实现。1961 年，日本政府颁布了《国民年金法》，将原来并未参与养老保险的农户、个体经营者等群体纳入养老保险[17]。1973 年石油危机以后，日本政府颁布了《就业保险法》及《特定萧条行业离职者临时措施法》将过剩劳动力从萧条部门中转移出来[11]。20 世纪 80 年代后，日本政府通过颁布《男女就业机会均等法》为各类劳动者创造就业环境。此外，日本在保障就业方面创造了极具日本特色的终身雇佣制。终身雇佣制没有明确的法律规定，而是在长期的雇佣关系中形成的一种惯例，是指企业聘用员工后，只要不出现重大工作失误，这种雇佣关系就能保持到员工退休。日本的大中型企业基本实行终身雇佣制，即使在经济萧条时期，企业也不轻易解雇员工，而是通过调整工资水平和工作时间等方法来维持就业。另外，企业还通过内部培训的方法来提高员工的工作能力。总之，日本政府建立了城乡一体化的社会保障体系保障就业，加强了农业剩余人口向非农产业转移的保障力度。

2.3　中国农业剩余人口向非农产业转移概况

2.3.1　中国农业剩余人口向非农产业转移历程

我国正经历着世界上规模最大、速度最快的农业剩余人口向非农产业转移的历史进

程。农业剩余人口转移是我国在社会转型和体制转轨中面临的重大问题之一[20]。与其他国家比较，我国农业剩余人口向非农产业转移的任务非常艰巨，主要表现在以下四个方面：一是转移人口基数大；二是区域发展不平衡；三是转移时间跨度比较长；四是国际影响深远。加快农业剩余人口向非农产业转移，是推进我国现代化建设的需要，也是破解“三农”问题的根本所在。但我国有着特殊的国情，我国的农业剩余人口转移是在城乡区域发展不平衡的背景下推进的，转移起点低。同时，1958 年 1 月，全国人大常委会通过了《中华人民共和国户口登记条例》（以下简称《户口登记条例》）[21]，严格限制城乡人口自由流动，固化了长期存在的城乡二元经济结构，决定了我国必定走的是曲折发展的转移道路。我国农业剩余人口转移的历史沿革如图 2.2 所示。

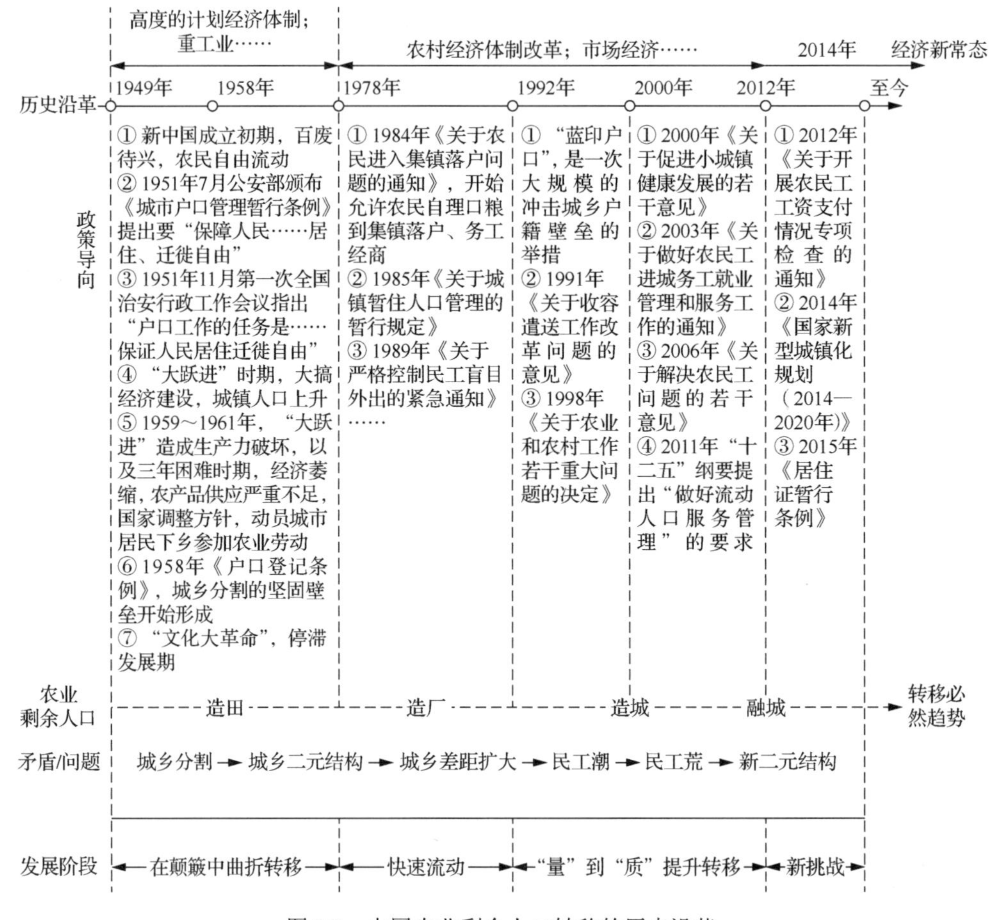

图 2.2　中国农业剩余人口转移的历史沿革

改革开放以来，农民工为我国经济社会发展做出了不可磨灭的贡献[22]。虽然他们从事着普通劳动，但是他们作为我国工业化、城镇化快速发展进程中的劳动大军，创造了我国经济发展的奇迹，收入水平日益提高，如图 2.3～图 2.7 和表 2.8 所示。

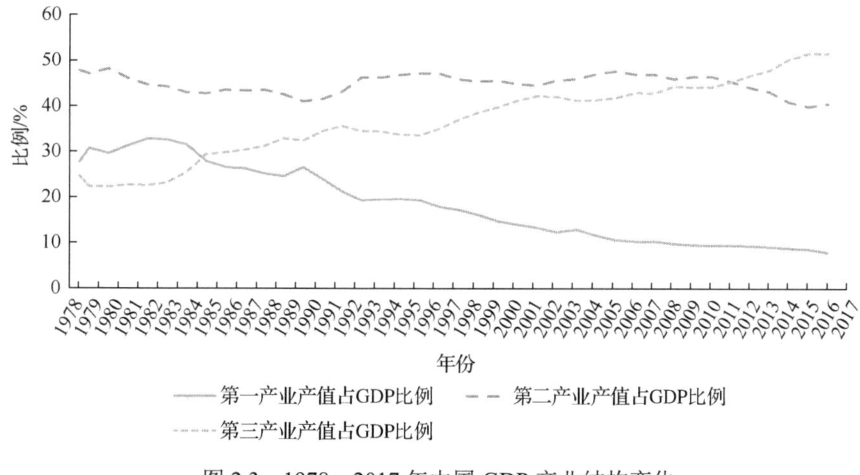

图 2.3　1978～2017 年中国 GDP 产业结构变化

注：第一产业是指农、林、牧、渔业（不含农、林、牧、渔服务业）；第二产业是指采矿业（不含开采辅助活动），制造业（不含金属制品、机械和设备修理业），电力、热力、燃气及水生产和供应业，建筑业；第三产业即服务业，是指除第一、第二产业以外的其他行业。

（资料来源：根据《中国统计年鉴》整理而得。）

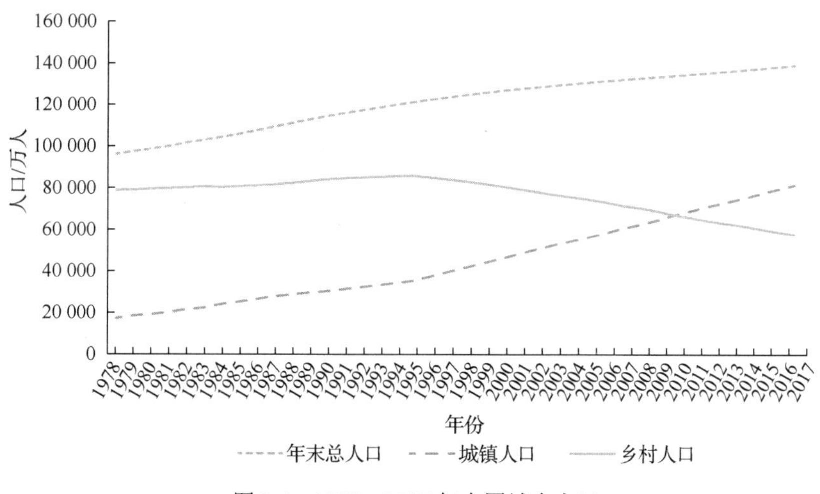

图 2.4　1978～2017 年中国城乡人口

注：1981 年及以前人口数据为户籍统计数；1982 年、1990 年、2000 年、2010 年数据为当年人口普查数据推算数；其余年份数据为年度人口抽样调查推算数据。

（资料来源：根据《中国统计年鉴》整理而得。）

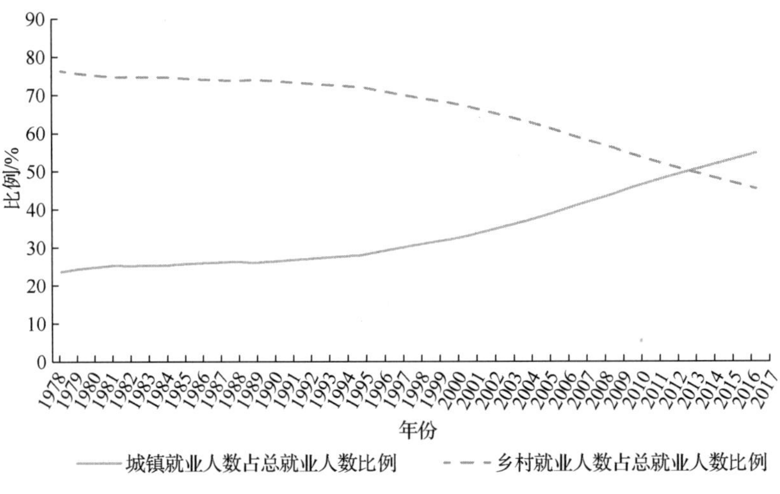

图 2.5　1978～2017 年城乡就业构成

（资料来源：根据《中国统计年鉴》整理而得。）

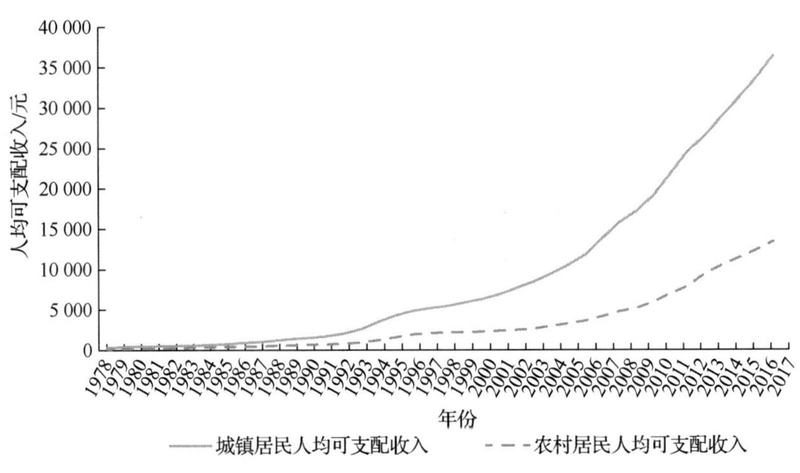

图 2.6　1978～2017 年中国城乡居民人均可支配收入

（资料来源：根据《中国统计年鉴》整理而得。）

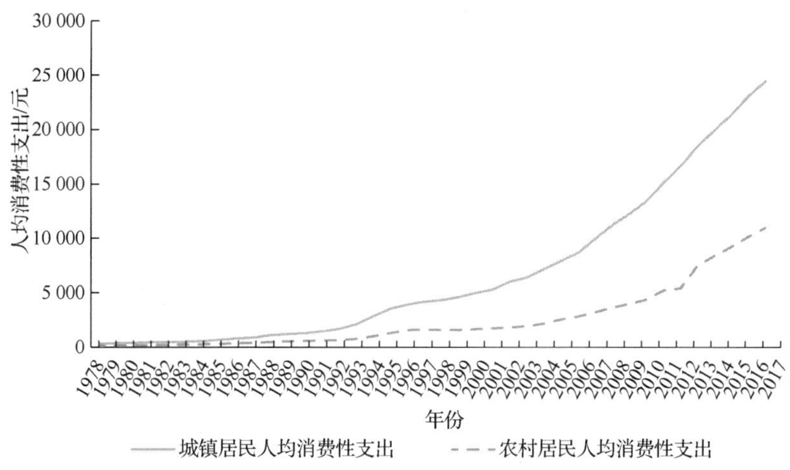

图 2.7　1978～2017 年中国城乡居民人均消费性支出

（资料来源：根据《中国统计年鉴》整理而得。）

表 2.8　1978～2017 年中国城乡就业构成

年份	指标				
	就业人员/万人	城镇就业人员/万人	乡村就业人员/万人	城镇就业人数占总就业人数比例/%	乡村就业人数占总就业人数比例/%
1978	40 152	9 514	30 638	23.69	76.31
1979	41 024	9 999	31 025	24.37	75.63
1980	42 361	10 525	31 836	24.85	75.15
1981	43 725	11 053	32 672	25.28	74.72
1982	45 295	11 428	33 867	25.23	74.77
1983	46 436	11 746	34 690	25.30	74.70
1984	48 197	12 229	35 968	25.37	74.63
1985	49 873	12 808	37 065	25.68	74.32
1986	51 282	13 292	37 990	25.92	74.08
1987	52 783	13 783	39 000	26.11	73.89
1988	54 334	14 267	40 067	26.26	73.74
1989	55 329	14 390	40 939	26.01	73.99
1990	64 749	17 041	47 708	26.32	73.68
1991	65 491	17 465	48 026	26.67	73.33
1992	66 152	17 861	48 291	27.00	73.00
1993	66 808	18 262	48 546	27.34	72.66
1994	67 455	18 653	48 802	27.65	72.35
1995	68 065	19 040	49 025	27.97	72.03
1996	68 950	19 922	49 028	28.89	71.11
1997	69 820	20 781	49 039	29.76	70.24
1998	70 637	21 616	49 021	30.60	69.40

续表

年份	指标				
	就业人员/万人	城镇就业人员/万人	乡村就业人员/万人	城镇就业人数占总就业人数比例/%	乡村就业人数占总就业人数比例/%
1999	71 394	22 412	48 982	31.39	68.61
2000	72 085	23 151	48 934	32.12	67.88
2001	72 797	24 123	48 674	33.14	66.86
2002	73 280	25 159	48 121	34.33	65.67
2003	73 736	26 230	47 506	35.57	64.43
2004	74 264	27 293	46 971	36.75	63.25
2005	74 647	28 389	46 258	38.03	61.97
2006	74 978	29 630	45 348	39.52	60.48
2007	75 321	30 953	44 368	41.09	58.91
2008	75 564	32 103	43 461	42.48	57.52
2009	75 828	33 322	42 506	43.94	56.06
2010	76 105	34 687	41 418	45.58	54.42
2011	76 420	35 914	40 506	47.00	53.00
2012	76 704	37 102	39 602	48.37	51.63
2013	76 977	38 240	38 737	49.68	50.32
2014	77 253	39 310	37 943	50.88	49.12
2015	77 451	40 410	37 041	52.17	47.83
2016	77 603	41 428	36 175	53.38	46.62
2017	77 640	42 462	35 178	54.69	45.31

注：全国就业人员 1990 年及以后的数据根据劳动力调查、人口普查推算，2001 年及以后数据根据第六次人口普查数据重新修订。城镇单位数据不含私营单位。2012 年行业采用新的分类标准。

（资料来源：根据《中国统计年鉴》整理而得）。

我国农民工规模之大、涉及面之广、情况之复杂，在世界范围内前所未有。加之城乡分割在根本上未被打破，城乡差距不断扩大，新二元结构问题日益突出，我国农业剩余人口向非农产业转移道路曲折复杂。从政策变迁的角度看，我国农业剩余劳动力转移经历了一个由限制到鼓励、由无序到规范、由歧视到公平的过程[20]。具体阶段划分如下。

1. 1949～1978 年：我国农业剩余人口在曲折中艰难转移

新中国成立初期，百废待兴，政府确定了优先发展重工业的经济发展战略，国家建设重心由农村转向城市，以农养工成为必然选择。国家允许人口的自由迁移，对人口迁移管制较为宽松。在国家工业化建设浪潮中，仅 1949～1952 年就有 300 余万农民进城就业，占到同期城市就业人数的 30%[23]。1952 年，农村劳动力占全国劳动力的比例为 83.5%[23]。同时为了保证城市人口的正常生活供应和工业发展原材料的积累，1954 年我国开始实行农产品的统购统销，严重影响了农民的生产积极性。工业化推动大批农民进入城市，转为企业工人，城市人口从 1952 年的 7000 万人增加到 1957 年的 9949 万人[20]。1950～1957 年，城市人口增加总量中，来自农村的人口占到了 60.8%，由于没有较严格的政策限制，农民转移以自由流动为主，并开始出现农村“盲流”问题。因此，1958

年，为限制农业人口在城乡比较利益的诱使下向城市大规模迁移，全国人大常委会通过了《户口登记条例》，明确提出农民从农村向城市转移必须拥有相关证明文件（城市劳动部门的录用证明、学习录取证明或城市户口登记机关的准迁入证明），并且要向常住地户口登记机关申请办理迁出手续。该条例的实施标志着以严格限制农业人口自由流动为核心的城乡户籍管理制度的形成，一条不可逾越的城乡鸿沟自此开启，从此城乡人口分布和劳动力配置开始凝固化，我国农业剩余人口转移进入严格限制阶段。除此之外，政府还设立了一系列与户籍制度相联系的福利制度，如住房、医疗、教育和其他基础设施等含有排他性补贴，以保证城市生活的低成本。至此，非农业户口、“国家粮”、就业、住房、医疗等构成城乡分割的坚固壁垒。政府从制度上将大量农业劳动力束缚在农村，严格限制农村人口的转移。1958 年，“大跃进”运动开始，在全国普遍建立人民公社组织，城市人口膨胀，农业生产大幅萎缩，工农业生产遭到极大破坏，国民经济比例严重失调。1960～1963 年为我国经济调整期，精减了一批城市职工回到农村，农村劳动力从 17 016 万人增至 21 966 万人，农业劳动力占全社会劳动力的比例从 65.7%升至 82.5%[23]。

总的来说，改革开放之前，长期的城乡隔离政策、人口的不断增长、耕地的相对减少，导致了大量农业人口在农村沉积下来。农业剩余人口转移受国家政策影响，经历了从“自由流动”到“严格限制”的过程，以严格控制为特征，进展相当缓慢。

2. 1978～1991 年：农业人口大量过剩，并快速向城镇流动

改革开放引发了人口的历史性流动，尤其是农民工的大规模流动。农民工的大规模流动是中国的一大特殊历史现象，兴起于 1978 年前后，蓬勃于 1984 年左右，约在 1988 年进入爆发期[23]。中国农民在忍受了 20 年城乡二元体制造成的隔绝之后，冲破了城与乡的障碍，到城市去，到工厂去，创造了一段伟大的历史，开辟了一个伟大的时代，给中国未来带来了无限的可能性。他们改变着自己的命运，也改变了整个中国的命运。

党的十一届三中全会以来，随着农村改革的不断深入，城乡之间的壁垒逐渐松动，但尚未从根本上打破。这一时期，我国的经济社会发展仍处在探索期，带有浓厚行政色彩的计划经济体制特征，农业剩余人口转移经历了从“控制流动”到“盲目流动”再到“逆转”三个基本阶段。

1）1979～1983 年，短暂的农业人口回流阶段

在计划经济体制下，迫于城市就业和经济发展落后的压力，政府对农业剩余人口转移采取严格限制政策。并且在农村开始进行经济体制改革，大力推行以包产到户为特征的家庭联产承包责任制，极大地提高了农民的生产积极性，农产品产量在这一时期迅速提高[24]。这一时期外出的农业人口以江浙一带的工匠和青年为主，他们凭借一技之长开始向城市流动。此后，1980 年，《关于进一步做好城镇劳动就业工作的意见》提出清退来自农村的计划外用工，明确要求城镇相关企业严格控制农村用工，对于必须要使用农村劳动力的需经当地人民政府批准[20]。1981 年，《关于广开门路，搞活经济，解决城镇就业问题的若干决定》强调要严格控制农村劳动力外流，对于农村剩余劳动力，可采取发展多种经营或兴办社队企业来就地安置[20]。经过一系列政策的引导，这一时期，中国的农业劳动力急剧上升。1981 年，中国农村就业人数达到了 32 672 万人，与 1978 年相

比，增加了 2000 多万人。这一时期的经济体制改革带来了农业的大丰收，农业收益明显提高，农业人口出现短暂回流。该时期政策导向消除了农民自主流动的部分体制性障碍，农民开始拥有了财产权和自身劳动力的支配权，揭示了我国长期被掩盖的农业剩余人口现象。这都为我国下一阶段的农业剩余人口转移做好了准备。

2）1984～1988 年，农业剩余人口高速转移阶段

20 世纪 80 年代中期，一方面，农村经济体制改革进一步推进，乡镇企业异军突起，农业生产率提高，大量农业剩余劳动力逐渐从土地中解放出来，农业剩余人口问题日益突出。另一方面，经济发展的重心从农村转向城市，社会分工日益细化，开始推动以城市为据点的工业化，大量农业剩余人口涌入城市，基本形成了以从事非农产业为主的“就近转移，就地进工厂”的局面[20]。1984 年，《关于 1984 年农村工作的通知》提出允许农民自由进入城镇经商或务工。这一政策的实施打破了我国限制城乡人口流动的管理制度。同年，《关于农民进入集镇落户问题的通知》提出对有固定生活场所且有一定经营能力的进城务工人员需办理入户手续，统计为城镇户口。经过一系列政策的实施，我国城镇人口在这一阶段急剧增加，1984 年，我国城镇就业人数已达到了 12 229 万人。1988 年，《关于加强贫困地区劳动力资源开发工作的通知》提出要加快组织剩余劳动力转移，盘活经济落后地区的剩余劳动力资源。随着一系列促进农村剩余劳动力转移政策的出台，到 1988 年我国城镇就业人数达到了 14 267 万人，与 1984 年相比，增加近 2000 万人。我国沿海地区尤其是珠三角、长三角地区，兴起了大批乡镇企业，成为就近吸收农村剩余劳动力的主渠道。但农民进厂不进城，工厂和“承包地”两头兼顾，成为“两栖人”，亦工亦农的身份日益稳固，不利于实现彻底的社会大分工。

3）1989～1991 年，社会问题显现，农业剩余人口缓慢转移阶段

随着上一阶段农业剩余人口转移利好政策的逐步实施，1989 年的农业剩余人口转移从 10 年前的 200 万人激增到 3000 万人，并开始跨省区域流动。大规模的人口流动，给经济社会带来了一系列安全隐患，如货币投放量减少、销售量骤降、市场疲软、企业萎缩、生产量压缩，以及基础设施不足、治安情况恶化等。为了加强对农业剩余人口转移的有序管理，控制农业剩余人口的盲目流动，1989 年《关于严格控制民工外出的紧急通知》和 1990 年《关于做好劳动就业工作的通知》，提出要引导农业剩余人口“离土不离乡”，就地消化和转移农业剩余人口；要办好乡镇企业，搞好农村建设，防止农业剩余人口盲目进城。20 世纪 90 年代，国家取消了“国家粮”和“农村粮”的区别，粮食购销一律进入市场。1991 年，针对海南和广东等沿海地区出现的自然灾害，民政部颁布《关于进一步做好劝阻劝返外流灾民工作的通知》，提出各地政府要做好劝阻劝返外流灾民工作。这一时期，我国农业剩余人口转移较为缓慢。据相关资料，我国共转移近 300 万农村剩余劳动力，农村劳动力非农化率约下降了 0.8 个百分点[23]。

3. 1992～2000 年：农业剩余人口转移渐入规范化轨道

1992 年以来，我国政府意识到农业剩余人口转移的客观规律，开始主动鼓励、引导农业剩余人口的有序流动，并逐步实施以就业证卡管理为核心的管理制度，逐步完善农业剩余人口转移的市场体系。这意味着我国农业剩余人口转移走上了规范化道路。特别

是 1992 年，城镇户籍管理出现的“蓝印户口”，放宽了农业人口移居城镇的政策，并使“户籍—就业—居住”统一起来，从而掀起了农民进城、造城的热潮。1992～1996 年，我国经济体制改革取得了阶段性成果，蓬勃发展的乡镇企业和第二、三产业开始大规模吸纳农业剩余人口，掀起了新一轮“打工潮”，开创了农业剩余人口“异地转移，离乡进工厂”的新局面。

为了实现农业剩余人口的有序转移，1993 年《关于建立社会主义市场经济体制若干问题的决定》开始鼓励农业剩余人口向第二、三产业转移。同年，劳动部（现人力资源和社会保障部）颁布《关于印发〈再就业工程〉和〈农村劳动力跨地区流动有序化——“城乡协调就业计划”第一期工程〉的通知》，提出要使农村劳动力流动规模较大的主要输入、输出地区实现农村劳动力流动有序化。1994 年，劳动部颁布《关于促进劳动力市场发展，完善就业服务体系建设的实施计划》，提出要建立起完善的就业服务体系[20]。1995 年，《关于加强流动人口管理工作的意见》强调要鼓励农业剩余人口就地、就近转移，发放统一的就业证和暂住证。1997 年，《关于进一步做好组织民工有序流动工作的意见》提出要加快劳动力市场规范化进程，维护劳动力市场正常秩序，农业剩余人口转移日益规范。

但在 1996～2000 年，一方面，受国内外各种因素影响，我国经济发展出现困难，影响和制约农村发展的一些深层次矛盾逐渐暴露出来，农业生产、农村发展、农民增收遇到了较大困难，“三农”问题越来越尖锐；另一方面，国家进行国有企业重组和改制，城市对农业剩余人口的吸纳能力被削弱，放慢了转移的步伐。为了确保农业剩余人口科学合理地转移，1998 年《关于切实做好国有企业下岗职工基本生活和再就业工作的通知》，鼓励和引导农业剩余人口有序流动。1998 年我国发生“世纪洪水”，《关于做好灾区劳动力就地安置和组织民工有序流动工作意见的通知》提出要进一步促进和引导灾区劳动力的有序转移。进入 21 世纪，劳动部颁布了《关于做好农村富余劳动力流动就业工作的意见》，提出建立流动就业信息预测预报制度，促进跨地区的农业剩余人口转移，同时要加强就业监管，保障农民工就业。

这一时期我国实现了农业剩余人口的大规模转移。但受政策体制的限制，城乡分割体制较严重，这使已经进城的农民在有了稳定的住所和工作以后，享受不到与同城城市居民一样的待遇，如劳保制度、退休制度、住房制度、医疗制度等，且差距不断扩大。农民进城就业的不合理限制仍然存在，造成的结果是他们不得不在原籍保留责任田和宅基地，作为自己的社会福利保障。特别是，城市中“苦、脏、累、险”的岗位主要由农民工承担，如在煤矿、非煤矿山、易爆易燃、危险化学品、建筑施工、道路交通、建筑爆破等高危行业中，农民工常常受到伤亡事故的侵害，但未能在城市中享受到平等的社会保障。

4. 2000～2012 年：农业剩余人口转移由“量”向“质”的提升转变

2000 年以来，我国综合国力日益提升，产业结构不断优化，农业剩余人口转移的数量不断增加，兴起了新一轮转移浪潮。这一时期，农民工问题突出，农业剩余人口转移更加注重过程的公平、融合问题，重视转移过程中涉及的工伤、医疗、养老、子女教育、住房等社会保障问题。如 2000 年，劳动和社会保障部（现为人力资源和社会保障部）、农业部（现为农业农村部）、水利部等多个部委联合颁布了《关于进一步开展农村劳动力开发就业试点工作的通知》，提出要改革城乡分割体制，保障农民进城就业的公平性。2001 年，九届全国人大四次会议批准了《中华人民共和国国民经济和社会发展第十个五年计划纲要》，提出要改革城乡分割体制，建立新型城乡关系，重点是要改革户籍制度，促进农业剩余人口的合理转移[20]。同年 3 月，《关于推进小城镇户籍管理制度改革的意见》提出要引导农业剩余人口有序转移，加快我国城镇化进程。为解决农民工群体的权益保障问题，2003 年，劳动和社会保障部《关于农民工适用劳动法律有关问题的复函》，提出将与用工企业有明确劳动关系的农民工纳入《中华人民共和国劳动法》（以下简称《劳动法》）与《企业职工工伤保险试行办法》的适用范围[13]。2003 年 12 月，《关于将农民工管理等有关经费纳入财政预算支出范围有关问题的通知》提出将涉及农民工管理的相关费用纳入财政预算支出范围，如农民工治安管理费。2004 年，建设部（现为住房和城乡建设部）颁布《建设部关于进一步解决拖欠农民工工资问题的紧急通知》，明确要求政府部门要落实责任分工，督促企业发放农民工工资，对恶意拖欠和拒不按计划偿付的，依法严肃处理。同年 12 月，劳动和社会保障部颁布《关于开展春风行动完善农民工就业服务的通知》，提出要解决进城农民工的就业问题，开始在全国范围内开展“春风行动”来完善农民工就业服务体系[20]。2005 年，劳动和社会保障部颁布《关于废止〈农村劳动力跨省流动就业管理暂行规定〉及有关配套文件的通知》，提出要取消农民工进城就业的限制。同年，劳动和社会保障部又出台了《关于进一步解决拖欠农民工工资问题的通知》，提出要建立相关机制改善拖欠农民工工资的现象；《关于加强建设等行业农民工劳动合同管理的通知》，通过规范签订劳动合同，加强对农民工劳动合同管理。2006 年，劳动和社会保障部《关于实施农民工培训示范基地建设工程的通知》《关于开展农民工参加医疗保险专项扩面行动的通知》《关于加强农民工安全生产培训工作的意见》提出要规范劳动力市场，保障农民工权益，提高农民工素质，解决农业剩余人口转移的瓶颈问题。

农民工流动就业蕴含着深刻的体制变革因素，在体制改革和机制创新中发挥了重要作用。我国农业剩余人口的大规模流动，冲破了城乡二元体制的枷锁。2008 年 10 月，在国际金融危机的冲击下，有 1140 万农民工离开城市返回农村；到 2009 年上半年，随着经济企稳向好，大部分返乡农民工又回到了城市，2009 年 11 月，基本恢复到金融危机前的水平。这相当于一个中等国家人口总量的劳动力大规模往来于城乡，避免了蜗居在城市，是世界上其他国家难以做到的，堪称奇迹。

此外，随着经济全球化、工业化、城镇化的快速发展，农民工的数量、素质都有了前所未有的提高，开创了农村劳动力“跨省转移，进厂又进城”的新发展时期。特别是党的十八大明确提出，加快改革城镇户籍制度，有序推进农民工市民化进程，提高公共服务水平，进一步促进农业剩余人口向非农产业和城镇转移。但仍存在城市建设滞后于转移速度（城市基础设施、公共服务设施、城镇住房建设远不适应转移人口增长）、身份转化滞后于职业转化、文化建设和生态建设滞后于实体建设、城市管理滞后于城市发展等问题。同时，还有一些影响较大的农民工事件需要关注。国际金融危机后，比较突出的事件有 2010 年 5 月的富士康事件和 2010 年 8 月的“加薪潮”事件①。这类事件的主体是以新生代农民工为主的青年群体，且诉求基本聚焦于加薪，大多集中在沿海发达地区。

5. 2012 年至今：正视新问题，迎接新挑战

新常态是经济转型升级和产业结构从低端向中高端的转型的必然结果。目前，我国进城务工人员主要从事第二产业，其中，建筑业和制造业吸纳了大部分劳动力。而随着我国经济结构的转型升级，需要大部分劳动力转移到以服务业为主的第三产业。尤其是我国正处于重要战略机遇期，正在由原来注重发展速度转变为注重发展质量，由原来快速扩张规模转变为提高发展质量和效益。农民工正面临由原来总量不断扩大的人力资源优势向技能素质不断提升的人力资本优势转变。

新时代，一方面，依靠劳动力廉价供给推动农业剩余人口快速转移的模式难以持续；另一方面，新生代农民工、新二元结构等新问题日益凸现，农业剩余人口转移面临新挑战。根据《2017 年农民工监测调查报告》，2017 年老一代农民工和新生代农民工占全国农民工总量的比例分别为 49.5%和 50.5%，新生代农民工占比与 2016 年相比提高了 0.8 个百分点。新生代农民工群体逐渐成为农民工的主要部分，成为我国经济转型中的宝贵人力资源。新生代农民工与老一代农民工相比有很大的不同，他们的文化水平更高，适应性更强，能够快速融入城市生活。他们一般通过互联网、电视、报纸等媒介来获取最新的信息，能够快速跟上时代潮流，很好地适应现代化生活。但是他们经历的困难较少，还需要一个成长的过程。为进一步做好新时期的农民工工作，2014 年《国务院关于进一步推进户籍制度改革的意见》《国家新型城镇化规划（2014—2020 年）》《国务院关于进一步做好为农民工服务工作的意见》等文件明确提出到 2020 年，持续增加农业剩余人口转移总量，加大农民工职业技能培训力度，提高农民工的综合素质，改善农民工的工作环境，解决农民工的欠薪问题，提高农民的保险覆盖率[25]。最终要引导约 1 亿农民工在中西部地区实现就近城镇化，实现约 1 亿人口在城镇落户，对于未落户的农民工，要解决其就业、子女上学等问题，这些都为实现农民工市民化创造了有利的政策条件[26]。2014 年 7 月，《国务院关于进一步推进户籍制度改革的意见》提出要实施差别化落户政策，取消了建制镇和小城市的落户限制，逐渐解除中等城市落户限制，合理制定大城市落户条件，严格限制特大城市人口数量[27]。2014 年，我国已经有一半的农村劳动力实现了就业转移，其中大部分选择进城经商，他们开拓了具有中国特色社会主义的农村劳动力转移道路。2015 年，国务院公布《居住证暂行条例》，并于 2016 年 1 月 1 日开始施行。该条例的施行，对促进我国农业剩余人口向非农产业的健康转移、推进城镇基本公共服务提升、保障公民合法权益、促进社会公平正义发挥了重要作用。新时代，我国政府在推动农业剩余人口向非农产业转移、缩小城乡二元差距方面，已经迈出了实质性的一步，正在进入一个崭新的发展时期，将面临更多更大的困难，迎来更加严峻的挑战。

① 加薪潮是指由富士康和广州本田引发的并像潮水一样迅速从中国南部地区向内地省份蔓延的工人要求增加工资的风潮。

2.3.2 现阶段中国农民工的规模、就业分布、流向及特征

1. 现阶段中国农民工的规模

1）农民工总量继续增加，增速有所滑落

20 世纪 80 年代以来，我国农民工规模逐渐扩大，到 2017 年，我国外出务工农民工总量已经达到了 17 185 万人，如图 2.8 所示。根据《农民工监测调查报告》历年数据可知，2009～2017 年农民工总量分别是 22 978 万人、24 223 万人、25 278 万人、26 261 万人、26 894 万人、27 395 万人、27 747 万人、28 171 万人和 28 652 万人。农民工总量在持续增加，但增速在 2010～2015 年却持续滑落，直至 2016 年增速才有所回升。2017 年比 2016 年增加 481 万人，增长了 1.7%，增速比 2016 年加快 0.2 个百分点，如图 2.9 所示。

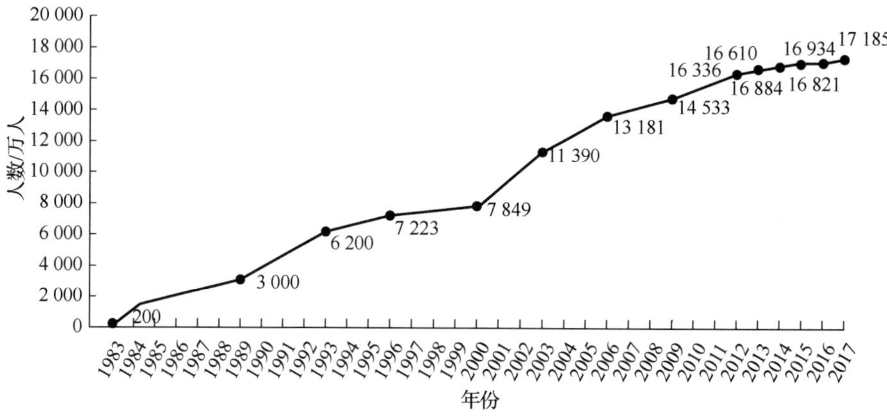

图 2.8 1983～2017 年农民工人数变化情况

（资料来源：根据 2009～2017 年《农民工监测调查报告》和参考文献[28]整理而得。）

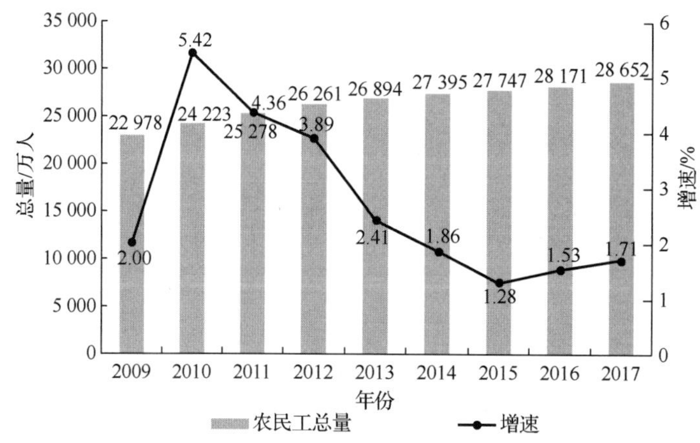

图 2.9 2009～2017 年农民工总量及增速

（资料来源：根据 2009～2017 年《农民工监测调查报告》整理而得。）

2）本地农民工增长较快，占比提高

2017 年，本地农民工 11 467 万人，比 2016 年增加 230 万人，增长 2.0%，增速快于外出农民工增速。本地农民工所占比例在 2009～2017 年持续增加，2017 年本地农民工比例已经由 2009 年的 36.75%上升到 40.02%，如图 2.10 所示。

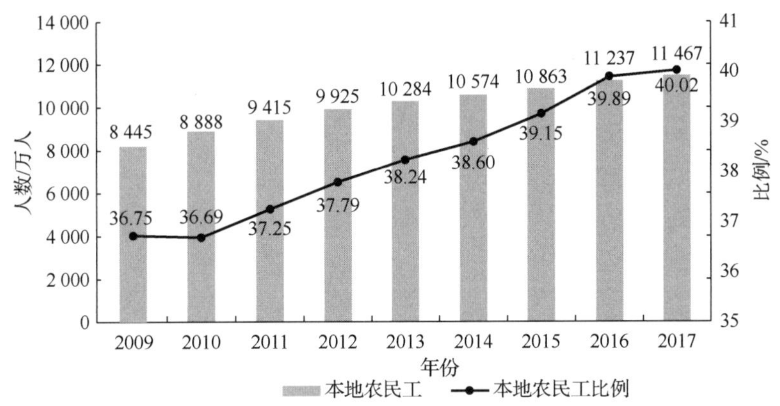

图 2.10　2009～2017 年本地农民工变化情况

（资料来源：根据 2009～2017 年《农民工监测调查报告》整理而得。）

2. 现阶段中国农民工的就业分布

2017 年我国农民工的就业分布为：第一产业占 0.5%，第二产业占 51.5%，第三产业占 48%。从发展趋势来看，第二产业就业比例持续减少，从 2013 年到 2017 年，第二产业农民工就业比例从 56.8%下降到 51.5%；第三产业农民工就业比例持续增加，从 2013 年的 42.6%上升到 2017 年的 48%。其中，2013～2017 年从事建筑业的农民工比例分别为 22.2%、22.3%、21.1%、19.7%和 18.9%，4 年下降了 3.3 个百分点，如表 2.9 和图 2.11 所示。

表 2.9　农民工从业行业分布　　单位：%

行业	2013 年	2014 年	2015 年	2016 年	2017 年
第一产业	0.6	0.5	0.4	0.4	0.5
第二产业	56.8	56.6	55.1	52.9	51.5
其中：制造业	31.4	31.3	31.1	30.5	29.9
建筑业	22.2	22.3	21.1	19.7	18.9
第三产业	42.6	42.9	44.5	46.7	48
其中：批发和零售业	11.3	11.4	11.9	12.3	12.3
交通运输、仓储和邮政业	6.3	6.5	6.4	6.4	6.6
住宿和餐饮业	5.9	6.0	5.8	5.9	6.2
居民服务、修理和其他服务业	10.6	10.2	10.6	11.1	11.3

（资料来源：2013～2017 年《农民工监测调查报告》。）

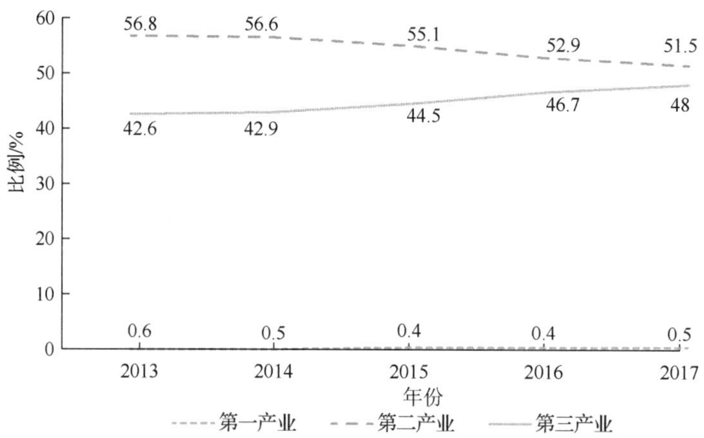

图 2.11　2013～2017 年农民工从业行业分布

（资料来源：根据 2013～2017 年《农民工监测调查报告》整理而得。）

3. 现阶段中国农民工的流向

1）西部地区农民工人数增长最多，吸纳能力逐渐增强

从输出地划分来看，2017 年，东部地区、中部地区、西部地区、东北地区农民工总量分别为 10 430 万人、9450 万人、7814 万人、958 万人，分别比 2016 年增加 30 万人、171 万人、251 万人、29 万人，同比分别增长 0.3%、1.8%、3.3%、3.1%；占农民工总量的比例分别为 36.4%、33.0%、27.3%、3.3%。总体看来，西部地区农民工人数增长较快，且均快于东部地区、中部地区和东北地区；2017 年，西部地区农民工新增人数占新增农民工总人数的比例为 52.2%。

从输入地划分来看，2017 年，东部地区、中部地区、西部地区、东北地区及其他地区农民工总量分别为 15 993 万人、5912 万人、5754 万人、914 万人和 79 万人，分别比 2016 年增加 33 万人、166 万人、270 万人、10 万人和 2 万人，同比分别增长 0.2%、2.9%、4.9%、1.1%和 2.6%，可见西部地区对农民工的吸纳能力日益增强，如表 2.10 所示。

表 2.10　农民工在输出地和输入地的区域分布

划分标准	地区	农民工总量/万人		增量/万人	增速/%
		2016 年	2017 年		
按输出地分	东部地区	10 400	10 430	30	0.3
	中部地区	9 279	9 450	171	1.8
	西部地区	7 563	7 814	251	3.3
	东北地区	929	958	29	3.1
按输入地分	东部地区	15 960	15 993	33	0.2
	中部地区	5 746	5 912	166	2.9
	西部地区	5 484	5 754	270	4.9
	东北地区	904	914	10	1.1
	其他地区	77	79	2	2.6

（资料来源：根据《2017 年农民工监测调查报告》整理而得。）

2）外出农民工增速持续回落

近年来，外出农民工增速和占比均逐年下降，呈持续回落态势。其中，外出农民工增速从 2009 年的 3.50%下降到 2017 年的 0.26%；外出农民工占比从 2009 年的 63.25%下降为 2017 年的 59.98%，如图 2.12 所示。

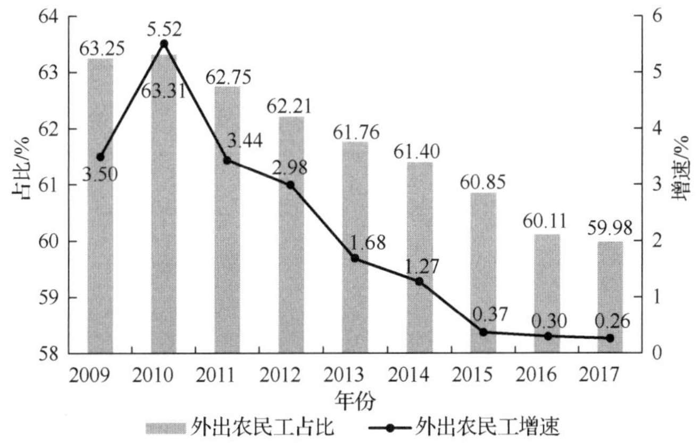

图 2.12　2009～2017 年外出农民工增速及占农民工总量的比例

（资料来源：根据 2009～2017 年《农民工监测调查报告》整理而得。）

3）跨省流动农民工占比不断减少

从外出农民工总体看来，2017 年，跨省流动农民工 7675 万人，占外出农民工总量的比例为 44.7%，比 2016 年少 0.6 个百分点。按区域划分，东部地区、中部地区、西部地区和东北地区跨省流动的农民工占比分别为 17.5%、61.3%、51.0%、23.6%，与 2016 年相比变化幅度分别为-0.3%、-0.7%、-1.2%、0.7%，如表 2.11 所示。

表 2.11　2016 年和 2017 年外出农民工地区分布及构成

年份	按输出地分	外出农民工总量/万人			构成/%		
		外出农民工	跨省流动	省内流动	外出农民工	跨省流动	省内流动
2016	合计	16 934	7 666	9 268	100	45.3	54.7
	东部地区	4 691	837	3 854	100	17.8	82.2
	中部地区	6 290	3 897	2 393	100	62.0	38.0
	西部地区	5 350	2 794	2 556	100	52.2	47.8
	东北地区	603	138	465	100	22.9	77.1
2017	合计	17 185	7 675	9 510	100	44.7	55.3
	东部地区	4 714	826	3 888	100	17.5	82.5
	中部地区	6 392	3 918	2 474	100	61.3	38.7
	西部地区	5 470	2 787	2 683	100	51.0	49.0
	东北地区	609	144	465	100	23.6	76.4

资料来源：根据 2016～2017 年《农民工监测调查报告》整理而得。）

4. 现阶段中国农民工的基本特征

1）女性农民工比例有所提高，但仍以男性农民工为主

从 2011 年开始，男性农民工占比始终保持在 60%以上，长期占主要部分。但女性农民工占比在 2014～2017 年有所提高，已经从 2014 年的 33%提升到 2017 年的 34.40%，如表 2.12 所示。

表 2.12　2011～2017 年农民工男女比例情况　　单位：%

性别	2011 年	2012 年	2013 年	2014 年	2015 年	2016 年	2017 年
男	65.90	66.40	66.50	67.00	66.40	65.50	65.60
女	34.10	33.60	33.50	33.00	33.60	34.50	34.40

（资料来源：根据 2011～2017 年《农民工监测调查报告》整理而得。）

2）农民工年龄不断提高，新生代农民工逐渐成为农民工主体

从现阶段农民工年龄看，仍以青壮年为主，但所占比例不断降低，2011～2017 年，16～40 岁农民工所占比例分别是 61.7%、59.3%、58.4%、56.5%、55.2%、53.9%和 52.4%，如图 2.13 所示。从年龄结构看，2017 年 40 岁以下农民工所占比例为 52.4%，50 岁以上农民工所占比例为 21.3%，新生代农民工已逐步成为农民工的主要组成部分，如表 2.13 所示。

图 2.13　16～40 岁农民工所占比例

（资料来源：根据 2012～2017 年《农民工监测调查报告》整理而得。）

表 2.13　农民工年龄构成比例　　单位：%

年龄结构	2011 年	2012 年	2013 年	2014 年	2015 年	2016 年	2017 年
16～20 岁	6.3	4.9	4.7	3.5	3.7	3.3	2.6
21～30 岁	32.7	31.9	30.8	30.2	29.2	28.6	27.3
31～40 岁	22.7	22.5	22.9	22.8	22.3	22.0	22.5
41～50 岁	24.0	25.6	26.4	26.4	26.9	27.0	26.3
50 岁以上	14.3	15.1	15.2	17.1	17.9	19.2	21.3

（资料来源：根据 2012～2017 年《农民工监测调查报告》整理而得。）

3）农民工受教育水平在逐渐提高，但整体教育水平仍偏低

2011～2017 年，农民工未上学比例分别为 1.5%、1.5%、1.2%、1.1%、1.1%、1.0%和 1.0%，整体来看农民工的教育水平在逐年提高，大专及以上学历的农民工比例也从 2011 年的 5.3%提高到 2017 年的 10.3%。但是，农民工的整体教育水平还是较低，初中及以下学历的农民工仍然占主要部分，如表 2.14 所示。

表 2.14 农民工受教育程度构成比例 单位：%

教育程度	2011 年	2012 年	2013 年	2014 年	2015 年	2016 年	2017 年
未上学	1.5	1.5	1.2	1.1	1.1	1.0	1.0
小学	14.4	14.3	15.4	14.8	14	13.2	13.0
初中	61.1	60.5	60.6	60.3	59.7	59.4	58.6
高中	13.2	13.3	16.1	16.5	16.9	17	17.1
中专	4.5	4.7	—	—	—	—	—
大专及以上	5.3	5.7	6.7	7.3	8.3	9.4	10.3

（资料来源：根据 2012～2017 年《农民工监测调查报告》整理而得。）

4）农民工整体技能水平偏低

2013～2017 年，未接受技能培训的农民工所占比例分别为 67.3%、65.2%、66.9%、67.1%和 67.1%，未接受技能培训的农民工仍然占大部分，如表 2.15 所示。2017 年接受过技能培训的农民工仅占 32.9%，与 2016 年持平。其中，接受非农职业技能培训的农民工占比为 30.6%，较 2016 年降低 0.1 个百分点。

表 2.15 接受过技能培训的农民工比重 单位：%

年份	接受农业技能培训	接受非农职业技能培训	接受技能培训	未接受技能培训
2013	9.3	29.9	32.7	67.3
2014	9.5	32	34.8	65.2
2015	8.7	30.7	33.1	66.9
2016	8.7	30.7	32.9	67.1
2017	9.5	30.6	32.9	67.1

（资料来源：根据 2013～2017 年《农民工监测调查报告》整理而得。）

2.3.3 现阶段中国农民工面临的突出问题

1. 农民工权益保障不足

1）农民工劳动时间和劳动强度情况严重

2013～2016 年，农民工年工作时间、月工作时间、日工作时间分别平均为 10 个月、25.2 天、8.8 个小时，整体工作时间均较长。从劳动强度来看，2016 年外出农民工日工作时间超过 8 小时、周工作时间超过 44 小时的占比分别为 37.3%、84.4%，整体工作强度较重，如表 2.16 所示。可见，我国大部分农民工仍然处在高强度的工作环境下。

表 2.16　外出农民工劳动时间和劳动强度

项目	2013 年	2014 年	2015 年	2016 年
全年平均工作时间/月	9.9	10.0	10.1	10.0
平均每月工作时间/天	25.2	25.3	25.2	25.2
平均每天工作时间/小时	8.8	8.8	8.7	8.7
日工作超过 8 小时的比重/%	41.0	40.8	39.1	37.3
周工作超过 44 小时的比重/%	84.7	85.4	85.0	84.4

（资料来源：根据 2013～2016 年《农民工监测调查报告》整理而得。）

2）农民工的劳动合同签订率持续下降

2013～2016 年，同雇主或单位签订劳动合同的农民工的比例分别为 38.1%、38%、36.2%和 35.1%，劳动合同签订比例在持续下降。其中，2016 年比 2015 年降低了 1.1 个百分点，如图 2.14 所示。同时，同雇主或单位签订劳动合同的外出农民工的比例分别为 41.4%、41.4%、39.7%和 38.2%，2016 年比 2015 年下降 1.5 个百分点；本地农民工与雇主或单位签订劳动合同的比例为 33.2%、33.3%、31.7%和 31.4%，2016 年比 2015 年下降 0.3 个百分点，如表 2.17 所示。

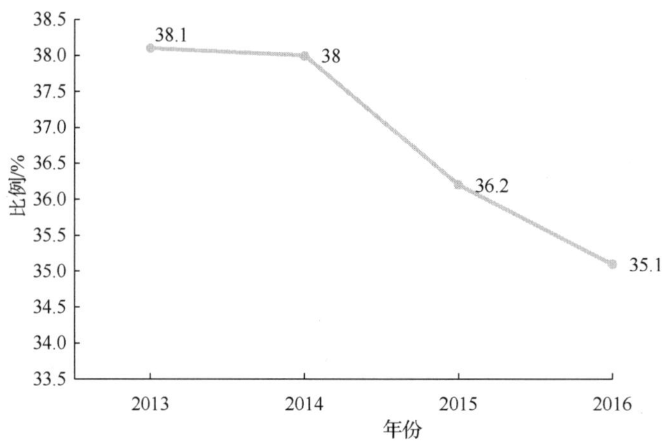

图 2.14　2013～2016 年签订合同的农民工比例变化

（资料来源：根据 2013～2016 年《农民工监测调查报告》整理而得。）

表 2.17　农民工签订劳动合同的比例　　单位：%

项目	无固定期限劳动合同	一年以下劳动合同	一年及以上劳动合同	没有劳动合同	有合同
2013 年合计	13.7	3.2	21.2	61.9	38.1
其中：外出农民工	14.3	3.9	23.2	58.6	41.4
本地农民工	12.9	2.1	18.2	66.8	33.2
2014 年合计	13.7	3.1	21.2	62	38
其中：外出农民工	14.6	3.7	23.1	58.6	41.4
本地农民工	12.5	2.3	18.5	66.7	33.3
2015 年合计	12.9	3.4	19.9	63.8	36.2

续表

项目	无固定期限劳动合同	一年以下劳动合同	一年及以上劳动合同	没有劳动合同	有合同
其中：外出农民工	13.6	4	22.1	60.3	39.7
本地农民工	12	2.5	17.1	68.3	31.7
2016 年合计	12	3.3	19.8	64.9	35.1
其中：外出农民工	12.4	4.2	21.6	61.8	38.2
本地农民工	11.5	2.2	17.7	68.6	31.4

（资料来源：根据 2013～2016 年《农民工监测调查报告》整理而得。）

3）农民工被拖欠工资现象频繁

2016 年，共有 236.9 万人农民工被拖欠工资，农民工人均被拖欠的工资为 11 433 元，其中，外出农民工和本地农民工人均被拖欠的工资分别为 11 941 元、10 518 元。从农民工就业比较集中的几个行业看，建筑业仍然是拖欠农民工工资的频发行业，2016 年所占比例为 1.8%，如表 2.18 所示。

表 2.18　2013～2016 年分行业农民工被拖欠工资的比例　　单位：%

项目	2013 年	2014 年	2015 年	2016 年
制造业	0.9	0.6	0.8	0.6
建筑业	1.8	1.4	2	1.8
批发和零售业	0.1	0.3	0.3	0.2
交通运输、仓储和邮政业	0.9	0.5	0.7	0.4
住宿和餐饮业	0.6	0.3	0.3	0.3
居民服务、修理和其他服务业	0.3	0.3	0.3	0.6

（资料来源：根据 2013～2016 年《农民工监测调查报告》整理而得。）

4）农民工工资水平较低

我国农民工的收入水平一直较低。改革开放以来，人民生活水平虽然得到很大改善，但是农民工的收入水平与其工作强度不匹配。2013～2017 年，农民工月均收入分别为 2609 元、2864 元、3072 元、3275 元和 3485 元，2017 年与 2016 年相比增长了 6.4%，增速比 2016 年回落 0.2 个百分点。整体来说，农民工工资水平在持续增加，但增速持续滑落。农民工工资水平依旧处于低位区间，例如，与同年城镇单位就业人员平均工资相比，其工资水平低约 40%，与北京、上海、广州、深圳等一线城市的职工平均工资相比差距则更大，如表 2.19、表 2.20 和图 2.15 所示。

表 2.19　分行业农民工月均收入　　单位：元

行业	2013 年	2014 年	2015 年	2016 年	2017 年
平均	2 609	2 864	3 072	3 275	3 485
制造业	2 537	2 832	2 970	3 233	3 444
建筑业	2 965	3 292	3 508	3 687	3 918
批发和零售业	2 432	2 554	2 716	2 839	3 048
交通运输、仓储和邮政业	3 133	3 301	3 553	3 775	4 048
住宿和餐饮业	2 366	2 566	2 723	2 872	3 019
居民服务、修理和其他服务业	2 297	2 532	2 686	2 851	3 022

（资料来源：根据 2013～2017 年《农民工监测调查报告》整理而得。）

表 2.20　全国城镇及一线城市月平均工资水平　　单位：元

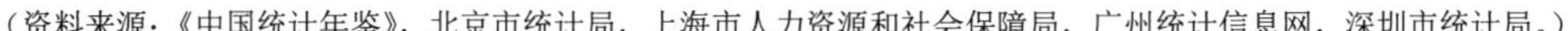

项目	2013 年	2014 年	2015 年	2016 年	2017 年
全国城镇	4 290	4 697	5 169	5 631	6 193
北京	5 793	6 463	7 087	7 706	9 240
上海	5 036	5 451	5 939	6 504	8 962
广州	5 716	6 094	6 628	7 345	7 409
深圳	5 218	6 054	6 737	7 457	8 315

（资料来源：《中国统计年鉴》，北京市统计局，上海市人力资源和社会保障局，广州统计信息网，深圳市统计局。）

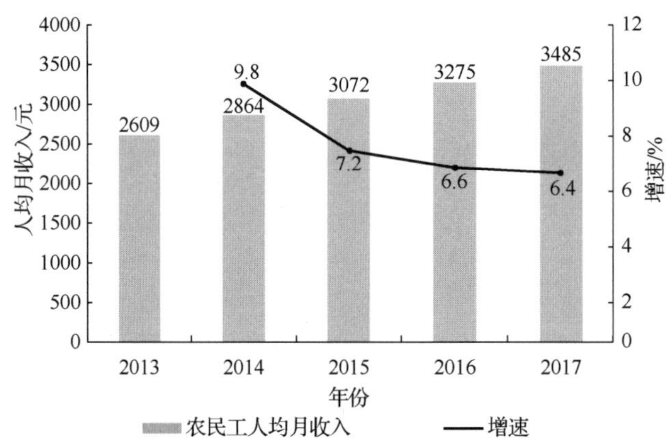

图 2.15　2013～2017 年农民工人均月收入及增速变化情况

（资料来源：根据 2013～2017 年《农民工监测调查报告》整理而得。）

2. 农民工技能和文化水平欠佳

我国农民工的技能水平和文化水平整体不高，已经成为制约其转化为产业工人的重要因素。目前，我国农民工的技能水平总体较低，且集中分布在一线操作的体力劳动层面，流动性大，不能真正融入城市。《2017 年农民工监测调查报告》显示，2017 年未接受技能培训的农民工占比为 67.1%，所占比例较大，农民工整体技能培训水平较低。

加强农民工的职业技能和文化培训是实现经济转型升级的需要。随着工业 4.0 时代的到来，产业结构的调整不仅仅是技术、管理等能力的提升，更是劳动者综合素质的提升。不少城市采用积分制落户政策的目的就是鼓励高技能和高文化水平的人落户。缺乏技能和文化水平欠佳是影响农民工真正融入城市的重要原因。当前亟须提高农民工特别是新生代农民工的技能和文化水平。通过提升技能促进农民工就业、提升文化水平来提高农民工融入城市的能力是破解现阶段农民工问题的突破口。

3. 农民工社会融合性不强

现阶段，大量进城农民工虽然已经在城市生活多年，但是与城市居民相比，他们依然处于社会底层，不能真正融入城市生活，很难真正与城市居民接轨。这一点可以从进城农民工的社会交往方式和参与工会组织的比例看出。

1）现阶段农民工的社会交往方式较少

在人际关系比例方面，2017 年《农民工监测调查报告》显示，进城农民工社交圈中老乡、当地朋友、基本不交往、同事、其他外来务工人员以及其他比例分别为 34.70%、24.60%、12.70%、22.60%、3.50%、1.90%，较 2016 年分别变化-0.5、0.3、0、0.4、0.4、-0.7 个百分点，如图 2.16 所示。从这些数据中我们可以看出，农民工的交友方式较少，很难与城市居民进行真正的接触，难以融入城市生活。

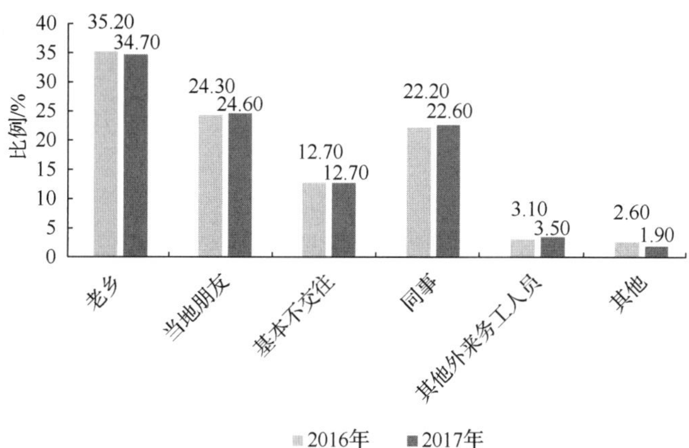

图 2.16　2016 年和 2017 年进城农民工业余时间交友选择情况

（资料来源：根据《2017 年农民工监测调查报告》整理而得。）

2）现阶段农民工参与工会组织比例较低

已就业的农民工参与工会组织的比例不高，《2016 年农民工监测调查报告》显示，已就业进城农民工中有 20.8%的人知道所在企业或单位有工会组织，59.6%的人知道所在单位和企业没有工会组织，不知道自己所在企业或单位是否有工会组织的人有 19.6%。同时，53.8%的农民工在知道自己所在企业或单位有工会组织后加入了工会。在加入工会的农民工中，经常参加工会活动的占 21.3%，偶尔参加的占 62.1%，没参加过的占 16.6%。

4. 农民工生活条件差，城市落户难

目前，我国农民工面临的较为突出的困难是缺乏住房保障。另外，他们对精神生活需求也越来越强烈，不仅仅希望收入增加，还希望能够真正融入城市，被城市所接纳。但是，现阶段我国农民工的生活条件较差，大多数农民工生活在地下室、集体宿舍、简易厂房以及工地等场所，居住条件差，生活质量低。由于我国的城乡户籍制度，农民工没有城市户口，无法享受与之相捆绑的养老、教育、医疗等福利。这严重影响农民工在城市的生活水平，致使他们经常游走在城乡之间，无形中增加了生活成本，成为城市的“边缘人”。2014 年 7 月，国务院发布了《关于进一步推进户籍制度改革的意见》，明确提出要实施差异化落户政策，全面放开小城市和建制镇落户限制，有序放开中等城市落户限制，合理确定大城市落户条件，严格控制特大城市人口规模。但是现阶段，由于大城市发展机会较多，农民工大多在大城市就业，受大城市人口规模约束而难以落户。

2.4　中国农民工的未来

2011 年，我国城镇人口达 69 079 万人，首次超过 65 656 万人的农村人口，但受转轨时期二元体制的限制，我国农村人口的转移是不完全的，这一不完全转移的典型代表为广大的农民工群体。根据《2017 年农民工监测调查报告》，2017 年，全国农民工总量为 28 652 万人，比 2016 年增加 481 万人，增长了 1.7%，增速比 2016 年加快 0.2 个百分点。其中，外出务工农民工总量已经达到了 17 185 万人，比 2016 年增加了 251 万人；本地农民工 11 467 万人，比 2016 年增加 230 万人，增长 2%。农民工是在我国改革开放和现代化进程中成长起来的一支劳动大军。未来 10～20 年，我国将有数亿人口从农村转移到城市，如此史无前例而规模庞大的人口转移以及农民工群体的存在成为我国城镇化和工业化进程中无法回避的难题。规模巨大的人口转移将极大地推动我国的经济社会发展进程，革新中国的现状与未来。目前有不少学者认为我国人口红利将基本消失，从而致使经济增长速度下降。这一观点没有考虑到未来中国农民工产业工人化的改革红利。基于此，我们认为今后 10～20 年农民工产业工人化的改革红利将是促进中国经济增长的重要因素。农民工向产业工人转化将成为当前及今后相当长一段时期内我国经济转型、产业结构调整和城镇化发展的基本落脚点。顺利完成农民工向产业工人转化，是中国乃至世界人类发展史上的大事。

现阶段，我国正处于工业化中后期，工业的发展将促使农业剩余人口大规模向非农产业转移。但由于我国国情特殊，农民工双重身份的问题至今仍未得到有效解决，已成为制约我国农业剩余人口大规模向非农产业转移的难题。虽然我国政府在推动农业剩余人口向非农产业转移和缩小城乡二元差距方面，已经迈出了实质性的步伐，但仍存在公共服务供给不足、社会管理水平不高、农业资源外流、农村趋于凋敝等共性问题，尚未消除农民工的“流动性”问题。这些问题是在特定的历史条件下逐渐形成的，已经有 30 多年的历史，要从根本上解决农民工问题是一项复杂的系统工程。首先，农民工问题涉及的内容较广。现阶段，我国农民工面临着就业不稳定、生活条件差、社会保障低、子女上学难、城市落户难等现实问题[29]。要想解决这些现实问题，最重要的就是要解决农民工的身份问题，加快农民工市民化进程。农民工市民化是指农民工能够按照自己的意愿进城落户，享受与城市居民一样的福利待遇，逐渐改变自己的思维方式、行为习惯，进而融入城市生活。其次，农民工问题涉及的政府部门较多。解决农民工问题需要很多政府部门的大力支持与配合，如教育部、农业农村部、国家乡村振兴局等，这就要求各有关部门要相互协调、相互配合。再次，农民工问题涉及的主体较多，需要农民工、城市居民及用工企业的配合。农民工要正确认识自身面临的问题，积极主动地改变思想观念、行为习惯，逐渐融入城市生活；城市居民应该改变对农民工的歧视观念，正确认识农民工为社会发展做出的贡献；用工企业应该遵守法律法规，切实保障农民工的合法权益。所以，要想从根本上解决农民工问题，我们需要借鉴英国、日本等发达国家的经验，需要依靠政府并立足于国家的长远发展和根本利益，做好顶层设计，同时制定一系列有效的政策和措施。正所谓“冰冻三尺，非一日之寒”，解冻和消融固有问题需要一个调控过程。要相信，在人类社会漫长的发展过程中，农民工这个概念从无到有，也必将逐步淡出人类历史舞台，产业工人是农民工的必然归宿。未来，在应对我国经济增速下行、保持经济平稳发展方面，农民工仍然发挥着不可替代的作用。尤其是新生代农民工，蕴藏着我国人力资源的巨大潜力。

建筑业是我国国民经济的支柱产业，回顾改革开放 40 多年的发展历程，建筑业在推动国民经济增长、促进社会全面发展方面发挥了重要作用。建筑业作为一个劳动密集型产业，较大的产业规模在增加就业特别是转移农村富余劳动力、统筹城乡发展等方面的作用尤为突出。建筑业已然成为城和乡之间复杂关系的主要结合点之一。目前，在我国建筑业中，工人队伍以农民工为主体，容纳了超过 5400 万的农民工，但他们仍游离于城与乡的边缘地带，因此建筑业必然成为我们研究农民工向产业工人转化的重要领域。长期以来，我国建筑业农民工面临着劳动效率低下、工作临时性强、流动性大、工作时间长、劳动强度大、老龄化现象显著、文化程度低、技能培训不足、劳动权益与社会保障不足等严峻问题。规模庞大的建筑业农民工的工作、生活、素质、地位及归属问题未得到有效解决，直接影响我国城镇化进程以及建筑业的健康发展，更关系到国计民生与社会稳定。随着中国逐步进入工业化的中后期，发展知识与技术密集型产业将成为我国产业结构调整升级的重要方向，需要技术过硬的产业工人作为支撑。因此，我国建筑业亟须发展升级，建筑业农民工也需要进行全方位的提升改造，向产业工人转化。未来，向产业工人转化的建筑业农民工将享受更好的教育、更稳定的工作、更满意的收入、更可靠的社会保障、更高水平的医疗卫生服务、更舒适的居住条件……

综上所述，本书拟从以下四个方面研究我国建筑业农民工向产业工人转化的问题。

1. 中国建筑业农民工身份转化研究基础理论的拓展

尽管建筑业农民工问题是中国独有的社会现实，但是农民工的出现与农村人口的转移、社会流动密切相关，因此农村剩余劳动力流动与迁移研究领域形成的众多经典理论成果一直以来都是研究农民工问题的基础。但由于这些理论研究的社会背景和着眼点不同，考虑到中国二元经济发展模式、户籍制度障碍、城乡社会生活方式与价值观的巨大差异，经典劳动力转移理论对建筑业农民工向产业工人转化的适应性和解释力较弱。而诸如动力机制、量子跃迁等新的理论的引入，可能会为解决建筑业农民工治理的路径依赖提供重要的线索与理论补充。

2. 中国建筑业农民工身份转型动力系统结构与机制的探索

建筑业农民工身份转型是一个关系到企业管理、行业治理、社会制度设计等方面的复杂系统工程，建筑业农民工治理陷入路径依赖的现实情况，使建筑业农民工身份转型成为一个有可能反复的、动态的过程，因此不可将其视为一种一次性的、静态的社会身份再分配过程。所以，必须深入到动力系统内部探究建筑业农民工转型动力系统形成的内在机理，探讨新的动力机制，以指导新的管理模式构建和制度设计。

3. 中国建筑业农民工转化为产业工人路径与制度的系统化设计

建筑业农民工身份转型问题是一个实践属性较强的问题，因此重要任务就是进一步研究“有利于形成建筑产业工人队伍的长效机制”相关的问题，特别是进行转型路径与政策框架的设计。因此，在深刻揭示建筑业农民工转化为产业工人动力机制在推动农民工身份转型发展过程中的作用过程和方式、了解其内在机理和规律的基础上，着重讨论如何基于已被验证的动力系统理论模型建立一种系统化的、能激励建筑业农民工向产业工人转化的制度安排显得尤为重要。

4. 中国建筑业农民工转化为产业工人研究方法的丰富

现有文献报道对于建筑业农民工问题的研究多采用理论演绎、案例分析的定性方法，定量研究较少。本书试图在识别建筑业农民工转化为产业工人的动力要素、理论解构建筑业农民工转化为产业工人的规律及动力系统的基础上，基于抽样调查法、解释结构模型（interpretative structural modeling method，ISM）、结构方程模型（structural equation modeling，SEM）等工具，开展建筑业农民工转化为产业工人的动力机制的实证研究与制度设计，以丰富建筑业农民工转化为产业工人的量化研究方法。

参考文献

[1] 阿尔文·托夫勒．第三次浪潮[M]．黄明坚，译．北京：中信出版社，2006.
[2] 李明超．工业化时期的英国小城镇研究[D]．上海：华东师范大学，2009.
[3] 霍利斯·钱纳里，谢尔曼·鲁宾逊，摩西·赛尔奎因．工业化和经济增长的比较研究[M]．吴奇，王松宝，译．上海：格致出版社，上海三联书店，上海人民出版社，2015.
[4] 国际货币基金组织．世界经济展望报告[R]．华盛顿：国际货币基金组织，2018.
[5] 李建建．中外农业剩余劳动力转移道路的比较研究[J]．福建师范大学学报：哲学社会科学版，1989（4）：16-23.
[6] WRIGLEY E A. People, cities, and wealth: the transformation of traditional society[M]. New York: Blackwell, 1989.
[7] 保尔·芒图．十八世纪产业革命[M]．杨人楩，陈希泰，吴绪，译．北京：商务印书馆，2011.
[8] 齐爽．英国城市化发展研究[D]．长春：吉林大学，2014.
[9] WALVIN J. English urban life 1776-1851[M]. London: Routledge, 2007.
[10] 肯尼思·O．摩根．牛津英国通史[M]．王觉非，等译．北京：商务印书馆，1993.
[11] 李仲生．日本人口经济[M]．北京：中国人事出版社，2016.
[12] 宋杰，赵韩强．战后日本农业劳动力的转移及其对中国的启示[J]．东北亚论坛，2001（4）：23-26.
[13] 启迪之星．日本城市化发展历程及经验借鉴[EB/OL]．（2011-01-11）[2018-10-10]. http://www.tusstar.com/index.php?app=web&m=Viewpoint&a=detail&id=1813.
[14] 姚晓阳．中日农业剩余劳动力转移比较研究[J]．国外社会科学，2009（3）：53-61.
[15] 隋淑英．朝鲜战争与日本的崛起[J]．烟台大学学报：哲学社会科学版，2003，16（3）：340-345.
[16] 常伟．日本近现代农村劳动力转移及其启示[J]．中国国情国力，2011（04）：49-52.
[17] 宋林，高小东，宋健等．日本农村剩余劳动力转移经验及启示[J]．西安交通大学学报：社会科学版，2014（3）：33-38.
[18] 张季风．战后日本农村剩余劳动力转移及其特点[J]．日本学刊，2003（2）：78-93.
[19] 黄维民，朱盛艳．借鉴日本经验探索我国农村剩余劳动力转移途径[J]．农业经济，2003（12）：45-46.
[20] 邓大松，孟颖颖．中国农村剩余劳动力转移的历史变迁：政策回顾和阶段评述[J]．贵州社会科学，2008（7）：4-12.
[21] 江怡．着力消除体制障碍加快构筑现代都市：重庆户籍改革对宁波的启示[J]．宁波经济：三江论坛，2011（5）：24-29.
[22] 黄祖辉，胡伟斌．中国农民工的演变轨迹与发展前瞻[J]．学术月刊，2019，51（3）：48-55.
[23] 周江洪．中国农村剩余劳动力转移研究[D]．武汉：武汉大学，2011.
[24] 蔡秀玲．中国城镇化历程、成就与发展趋势[J]．经济研究参考，2011（63）：28-37.

[25] 杨志明．新生代农民工托起中国制造[J]．中国人力资源社会保障，2015（5）：16-18.
[26] 谭崇台，马绵远．农民工市民化：历史、难点与对策[J]．江西财经大学学报，2016（3）：72-80.
[27] 郭少华．新型城镇化视域下农民现代化实现路径探析[J]．中州学刊，2014（4）：78-81.
[28] 王静，王欣．农民工城市就业发展路径及现状特征——基于 1983～2012 年的数据分析[J]．经济与管理研究，2013（9）：69-75.
[29] 蒋笃君．新生代农民工市民化的现状、困境与对策[J]．河南社会科学，2019，27（12）：115-120.

理 论 篇

第 3 章　建筑业农民工产业工人化的理论研究思路

3.1　建筑业农民工向产业工人转化面临的关键理论问题

关键问题 1：建构建筑业农民工转化为产业工人的动力因子体系

根据建筑业农民工向产业工人转化过程所涉利益干系人的诉求对动力因子进行分析归类，建立动力因子的结构体系。动力因子体系是分析建筑业农民工向产业工人转化的规律及动力系统理论假设的前提，该问题的关键性在于它是整个理论研究的基础。

建构建筑业农民工转化为产业工人的动力因子体系需要完成因子的识别、提取、体系构建与分析等步骤，这个过程既需要考虑现有文献的报道，又需要考虑行业内权威专家的主流意见；既需要梳理国内外用工管理的不同与差距，又需要顾及各利益相关方的诉求；既需要利用 ISM 模型构建动力因子的递阶结构模型，又需要借助理论分析因子体系的合理性等。可以说对关键问题 1 解答的完整程度关系到整个理论研究的成败。

关键问题 2：解构建筑业农民工转化为产业工人的规律及动力系统

想要解构建筑业农民工转化为产业工人的规律及动力系统，首先需要解构建筑业农民工转化为产业工人动力系统的理论模型。解构建筑业农民工转化为产业工人的规律及动力系统构成了本理论研究的假设。在本书中，研究假设的提出是 SEM 模型分析的基础。此外，理论假设的提出通常建立在客观事实或科学知识的基础之上，这就需要通过大量的文献研究对科学问题有一个透彻的理解，因此，理论模型的提出也是有一定难度的。

关键问题 3：提出并验证建筑业农民工转化为产业工人的动力机制理论模型

构建 SEM 分析的理论模型、确定动力系统的潜在变量与观测变量，继而收集相应数据并完成实证分析，在此基础上得出建筑业农民工向产业工人转化的关键路径。显然，这一关键理论问题是本书理论篇研究的瓶颈。由于中国建筑工人身份转型是个对未来事物的预期命题，研究建筑业农民工向产业工人转化问题的文献很少，更鲜见研究建筑业农民工向产业工人转化动力机制的文献报道，很难从现有研究成果中提取 SEM 可以直接量化的观测变量。因此，这一关键理论问题的解决也存在一定难度。

该问题的关键在于，它在很大程度上决定了实证模型的合理性、样本数据的可获取性及其实用价值，且实证结论也是后续章节各关键路径政策建议研究的风向标。

关键问题 4：解析建筑业农民工向产业工人转化的关键路径

将 SEM 分析结果和结论进行梳理与归纳，汇总后得出建筑业农民工向产业工人转化的关键路径，并对各关键路径进行详细的政策建议及制度设计。

该问题的关键在于，其兑现本书所承诺的研究成果的现实意义。本书研究主题为建筑业农民工的身份转化问题，具有很强的实践属性，所以研究的最终结果与结论必须落脚于具有很强操作性的政策建议，这样才算圆满完成研究预设目标。

3.2 理论研究逻辑框架

为了提高建筑业农民工向产业工人转化的效率与效果，应将转化过程视作一个整体系统框架，按动态发展的理念进行统筹安排与设计。有鉴于此，本书试图按照“调查—理论—实证—应用”的逻辑主线完成以下目标：①挖掘建筑业农民工身份转型的影响因素；②揭示建筑业农民工身份转型的规律；③构建适应建筑业农民工转型规律的动力系统；④给出合理的政策安排建议。具体理论研究逻辑框架如图 3.1 所示。

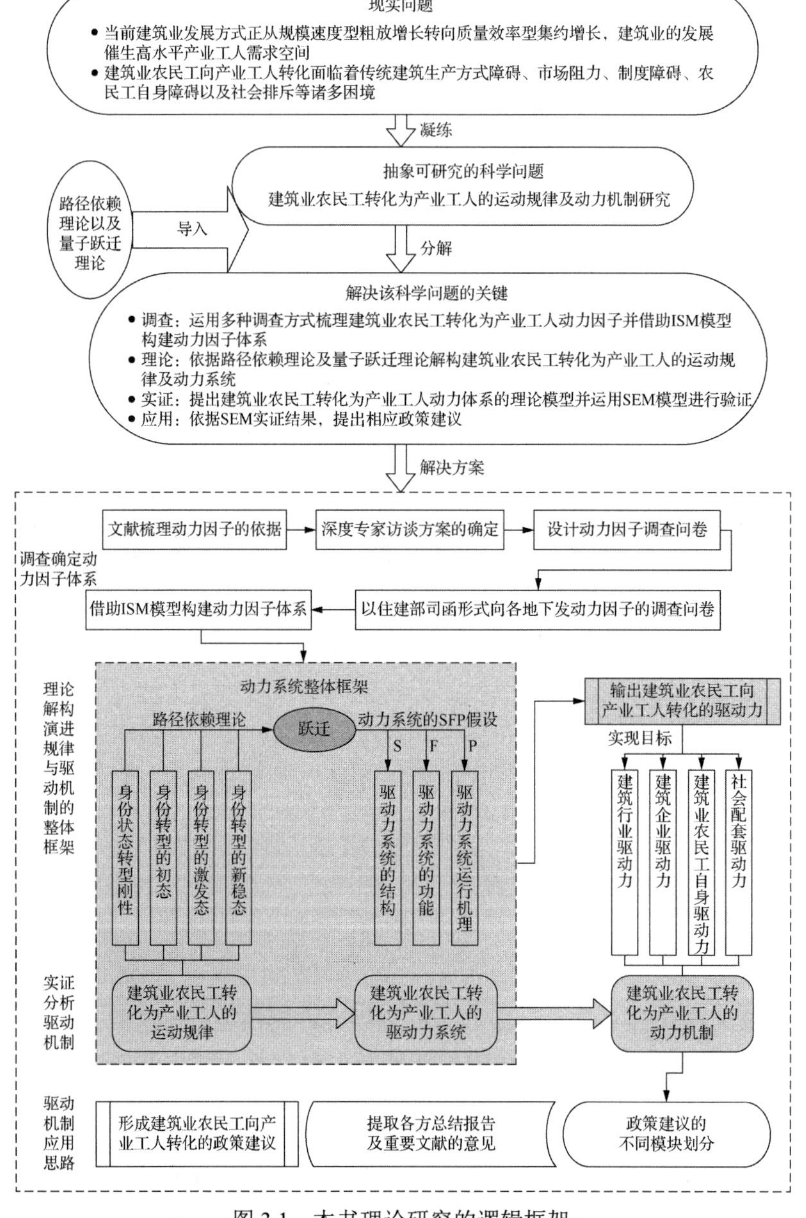

图 3.1　本书理论研究的逻辑框架

3.3　理论研究数据来源

考虑到建筑业农民工问题涉及诸多复杂因素，为了增强数据源的可靠性，保障研究的顺利进展，本书的数据采集目标是质性材料与量化数据的集成。采用集成式的数据采集方式，一方面，将有助于数据分析的客观性，这对准确描述建筑业农民工的身份状态变化情况具有重要作用；另一方面，集成方法可以对数据形成有效的三角检验，确保其可靠性。

本书的质性材料主要来源于文献与专家访谈。为了解国内外建筑劳务用工的差距，研究以实地考察与网络调查的方式获取发达国家的建筑用工情况；同时，为了充分了解目前建筑业农民工向产业工人转化的研究现状以期设计科学的调查问卷，全书采用文献整理法、专家访谈法收集相关文献报道等质性材料。

本书采集的量化数据主要包括三个部分：第一，关于建筑业农民工生产生活现状相关数据、建筑业农民工转化为产业工人影响因素相关数据、建筑业农民工转化为产业工人动力机制实证研究相关数据，研究背景等前期工作涉及的主要数据均来自国家统计局历年的《农民工监测报告》及中国建筑业协会的《建筑劳务用工方式研究报告》等。第二，由于我国幅员辽阔，对于建筑业农民工转化为产业工人的影响因素、利益各方相关诉求等数据调查的全面性难以实现，故本书采用抽样调查的方法采集此类量化数据。第三，为了保证建筑业农民工转化为产业工人动力机制的模型构建及论述更加有据可循、有理可依，本书第六章借助 SEM 模型进行验证性分析，该部分所需量化数据来源于调研问卷。有关具体调研情况将在随后的章节中逐一进行说明。除此之外，本书所使用的数据还来自历年的《中国统计年鉴》《中国劳动统计年鉴》及其他相关材料等资料。

作者总共进行了三次调研以保证研究的科学性以及数据的可靠性。①实地、网络调查了英国、德国、日本、新加坡和中国香港五个国家和地区的劳务用工管理情况，凝练出建筑业用工管理的一般规律与趋势。②全国范围内的抽样问卷调查。在住房和城乡建设部市场司的支持与帮助下，以住建部司函的形式向全国下发抽样调查问卷。采用这种全国范围内抽样调查的方法，可以充分掌握各方对于建筑业农民工向产业工人转化的现状认知与诉求，实现对建筑业农民工转型动力因子的全面识别。③支持 SEM 模型分析的问卷调查。向建筑领域政府部门、行业协会、企业及科研单位发放调查问卷，获取受访者对中国建筑业农民工产业工人化各驱动因素重要性的判断，实现对所构建的动力机制模型的检验。

其中，第一、第二次调研是为了获得充足的数据，以支持解决“建构建筑业农民工转化为产业工人的动力因子体系”这一关键理论问题；第三次调研是为了获得可靠的数据以解决“提出并验证建筑业农民工转化为产业工人的动力机制理论模型”这一关键理论问题，最终得到建筑业农民工向产业工人转化的关键路径。

3.4　理论研究方法的选择确定

本书采用研究方法包括社会科学研究的一些基本方法，如文献研究法、专家深度访谈法、理论推演法、李克特量表法等。也有针对关键理论问题的方法，具体包括以下几种。

1. 抽样调查法

抽样调查法用于解决关键理论问题“建构建筑业农民工转化为产业工人的动力因子体系”中动力因子的识别问题。建筑业农民工问题牵一发而动全身，必须充分了解各层级、各地域、建筑业内各专业等各参与方的利益诉求及相关建议。本书在住房和城乡建设部市场司的支持与帮助下，以住建部司函的形式向全国各省（自治区、直辖市）住建厅（局）、中央直属企业（建筑类）等部门下发抽样调查问卷，再由各地主管部门下发到建筑企业与农民工手中。采用这种全国范围内抽样调查的方法，期望可以充分掌握各方对于建筑业农民工向产业工人转化的现状认知、态度与诉求，实现对动力因子的全面识别与提取。

2. ISM 模型

ISM 模型用于解决关键理论问题“建构建筑业农民工转化为产业工人的动力因子体系”中动力因子体系的构建问题。建筑业农民工转化为产业工人的动力因子间相互作用、相互关联，形成了非常复杂的递阶因子链。本书拟采用 ISM 模型对所有动力因子进行层级分析，以期明确各动力因子间的层次关系，构建建筑业农民工转化为产业工人的动力因子体系。

3. 系统分析方法

系统分析方法用于解决关键理论问题“解构建筑业农民工转化为产业工人的规律及动力系统”中建筑业农民工转化为产业工人的动力系统分析问题。建筑业农民工向产业工人转化动力机制是一个复杂的系统，借助 SFP 分析范式剖析了动力系统的结构（structure）、功能（function）与运行机制（processing），并揭示系统内存在的相互耦合作用关系。

4. SEM 模型

SEM 模型用于解决关键理论问题“提出并验证建筑业农民工转化为产业工人的动力机制理论模型”中建筑业农民工转化为产业工人动力机制理论模型的验证问题。该动力机制的理论模型验证涉及多个潜在变量，采用 SEM 模型而非传统的统计量化方法可以有效应对上述变量多且难以直接度量的情况，并且 SEM 模型是一种能将统计分析与理论分析有机结合的证实性技术，是揭示建筑业农民工转化为产业工人动力系统内在机理的强有力工具。

第 4 章　建筑业农民工向产业工人转化的动力因子体系构建

本章基于大量的文献梳理、国内外用工情况调查、前期深度专家访谈与全国范围大规模问卷调研，并借助 ISM 模型，建立相对系统、全面的建筑业农民工转化为产业工人的动力因子体系，为建筑业农民工转化为产业工人的动力机制分析及最终的关键路径确立奠定基础。

4.1　动力因子体系的构建步骤

为了保证动力因子体系构建的系统性、科学性和完整性，本书在分析劳动力供给理论、劳动力需求理论、劳动力迁移理论的基础上，按照事故树分析理论的思路，给出建筑业农民工转化为产业工人的动力因子体系的构建步骤（图 4.1），具体如下。

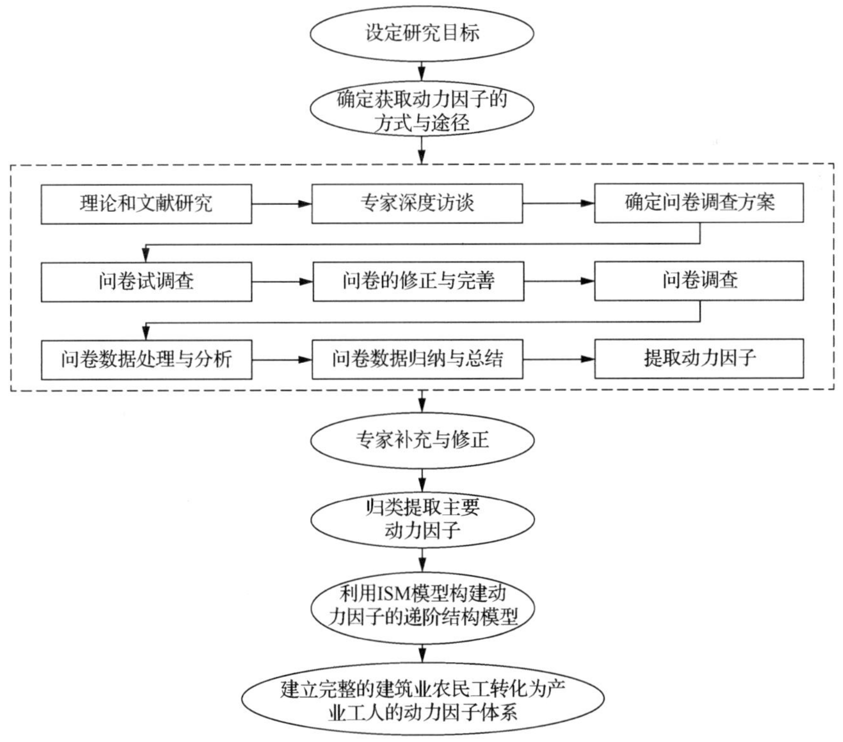

图 4.1　建筑业农民工转化为产业工人的动力因子体系的构建步骤

（1）设定研究目标。建筑业农民工转化为产业工人的动力因子体系建立的主要目标是构建建筑业农民工转化为产业工人的动力模型，有助于系统化解决当前建筑业农民工面临的问题。

（2）确定获取动力因子的方式与途径。本章主要通过深度专家访谈、全国范围内大规模问卷调查及理论研究和文献搜集等手段获取动力因子。

（3）专家补充与修正。主要是补充遗漏的动力因子或是剔除影响较小的因子，保证所选取的动力因子的科学合理性。

（4）归类提取主要动力因子。按不同利益关系人对动力因子进行分析归类，建立动力因子的初始结构。

（5）利用 ISM 模型构建动力因子的递阶结构模型。利用 ISM 模型对动力因子进行矩阵量化处理，进行区域化、骨干矩阵提取与级位化处理，建立建筑业农民工转化为产业工人的动力因子递阶结构模型。

（6）建立完整的建筑业农民工转化为产业工人的动力因子体系。确定动力因子间的相互关系，剖析影响建筑业农民工转化为产业工人的深层次原因及根本动力因子。

4.2　动力因子的识别

4.2.1　动力因子识别的预试研究

动力因子识别的预试研究是整个建筑业农民工转化为产业工人的动力机制及关键路径研究的第一轮工作，对影响建筑业农民工转化为产业工人的动力因子进行识别，通过理论和文献研究、专家深度访谈、确定问卷调查方案、问卷试调查、问卷的修正与完善、全国范围内问卷调查（调查问卷分建筑企业卷、建筑业农民工卷、政府主管机构卷）等阶段进行基础数据的收集，再利用因素分析法与专家访谈法对问卷数据进行处理分析与归纳总结并提取主要动力因子。

1. 近年来我国建筑业农民工转化为产业工人的动力因子的研究整理

开展问卷调研之前，需要充分研究近年来针对我国建筑业农民工问题的文献报道，了解影响我国建筑业农民工转化为产业工人的动力因子，为后续建筑业农民工转化为产业工人的动力系统与动力机制关键路径的研究提供基础。

对于影响建筑业农民工转化为产业工人的动力因子，已有相当一部分学者进行了分析和总结，但由于研究视角的不同，所提炼的动力因子存在一定的差异。本节采用文献沉淀的方法来确定影响建筑业农民工转化为产业工人的相关动力因子。利用万方数据库的知识脉络分析功能与学术统计功能，了解建筑业农民工问题研究趋势。如图 4.2 所示，近年来我国建筑业农民工问题研究大多聚焦在农民工保障、职业技能培训、职业道德、职业安全、行业生产方式、社会融入等诸多方面。

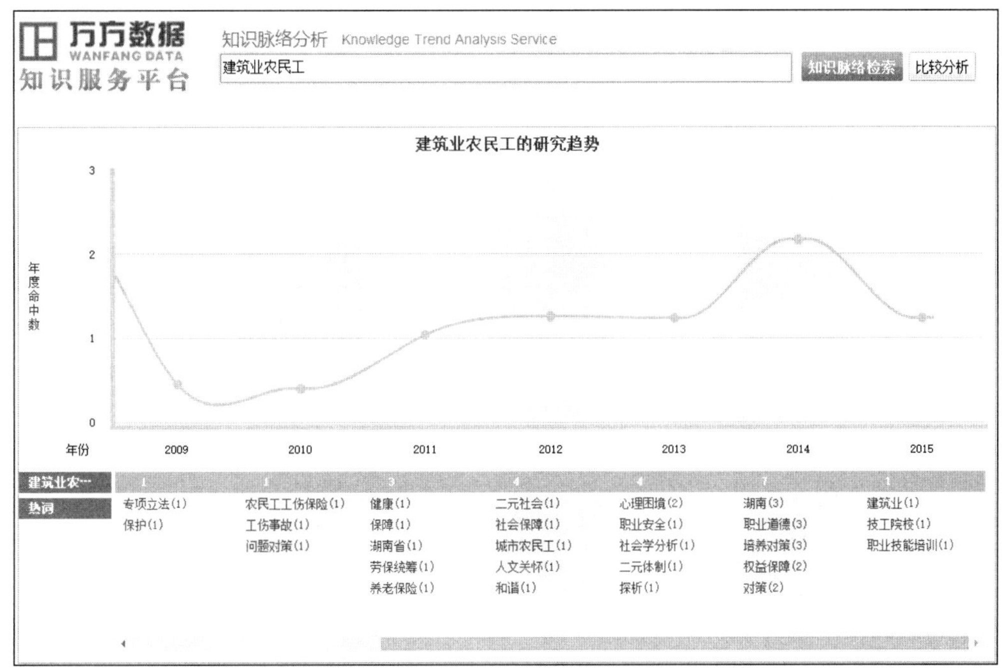

图 4.2　建筑业农民工研究领域趋势

截至 2016 年，在中国知网（CNKI）、万方数据库等电子数据库上检索主题词“建筑业农民工+产业工人”，共有 1612 篇文献。为保证文献分析的时效性与科学性，以我国建筑业劳务用工发展阶段为准（2001 年建设部推广劳务分包企业的概念），选取 2001 年以后被引用频次超过 5 次且检索级别为中文核心以上的文章以及博士学位论文，共计 70 篇文献；其次，分析研究这 70 篇文献，提取各学者研究影响建筑业农民工转化为产业工人的动力因子（由于建筑业农民工身份转化动力因子无明确定义且已有文献无统一命名标准，本书认为影响建筑业农民工管理的因素可称为建筑业农民工转化为产业工人的动力因子），如表 4.1 所示。

表 4.1　学者提出的影响建筑业农民工转化为产业工人的动力因子

学者	研究时间	文献名称	动力因子
方东平	2001 年	建立符合中国国情的建筑安全管理体制	①建设安全；②培训计划；③管理组织结构
柳君、黄吉欣、方东平	2004 年	北京建筑民工工作与生活状况调查	①生产生活条件；②工资水平；③工资支付方式；④工作强度；⑤医疗情况
任宏、冯迎宾	2004 年	透视城市化进程中的农民问题	①市民权；②进城资产；③土地制度改革；④农场化
王要武、尹贵斌、贺俊杰	2004 年	转移农村劳动力应注重解决好的几个问题	①职业转移；②身份转移；③培训；④土地流转

续表

学者	研究时间	文献名称	动力因子
郑磊、成虎	2004 年	我国工程总承包企业发展的几个问题	①工程总承包；②技术创新
石振、林锟	2005 年	建筑业农民工收入影响因素计量分析	①收入水平；②专业技能水平
宋宗宇	2006 年	建立建筑业农民工工资支付长效保护机制的思考	①工资支付；②法制建设
陈贵业	2007 年	浅议建筑业农民工职业技能培训的问题及对策	①农民工素质；②个人职业资格体系
李华一	2007 年	建筑业农民工问题研究	①完善的社会保障体系；②实行立法配套；③培训管理；④劳动合同管理；⑤农民工信息集成管理
吴孝堂、吴晓向	2007 年	北京市推行建筑业农民工实名制卡见实效	①实名制管理；②考勤管理；③工资发放
曹一雄	2008 年	最低工资制度对我国建筑业农民工就业的影响研究——以六省（市）为例	①最低工资制度；②城乡配套改革；③劳动力素质提升；④土地制度改革
陈砚祥	2008 年	建筑业农民工转移培训中存在的问题及对策研究	①转移培训；②行业技术创新；③实名制卡；④个人职业资格证制度
丁烈云、李亚雄	2008 年	从风险社会的权力视角看转型期的失业风险	①行业结构调整；②政府税费调整
富晓星	2008 年	北京市建筑业农民工组织流动特征	①职业化；②劳动力组织依附；③工程分包模式
关柯、王要武	2008 年	建筑业向现代化发展的几点思考	①产业结构调整；②法制建设；③工程分包模式；④个人职业资格证；⑤工人整体素质；⑥建筑业科技进步
李树茁、任义科、靳小怡等	2008 年	中国农民工的社会融合及其影响因素研究——基于社会支持网络的分析	①户籍改革；②身份认同；③城市住房；④社会保障；⑤子女教育
李忠富、范建双、王一越	2008 年	中国建筑业产业结构调整的研究	①产业结构调整；②发展小微型专业承包企业
王光甫	2008 年	自组织理论与建筑业农民工的组织化	①劳动合同；②收入水平；③劳务用工信息平台；④专业承包企业
谢芬芳、谢新会、李彤等	2008 年	建筑业农民工培训机制研究报告	①技能培训；②个人职业资格制度
赵少杰、曹蔚奇	2008 年	建筑业农民工队伍建设的实践与思考	①市民权；②职业技能培训；③劳务信息服务平台；④职务晋升通道
陈大伟、方东平、张延东	2009 年	我国建筑业安全生产长效机制构建对策研究	①安全培训；②行业科技水平；③职业伤害保险制度
陈斯冰、刘平	2009 年	建筑业农民工现状调查与对策	①工作强度；②工资水平；③职业培训；④工资保障制度；⑤社会保障
董润润、刘静	2009 年	建筑业农民工权益保障问题与对策研究	①劳务企业改革；②户籍改革；③教育培训；④社会保障；⑤工资水平

续表

学者	研究时间	文献名称	动力因子
黄好	2009 年	农民工社会保障制度探析——以常州建筑业农民工为例	①劳动强度；②安全管理；③城市住房；④子女教育；⑤社会保险；⑥职业培训
李莉	2009 年	建筑业农民工专项立法保护探析——以安徽省合肥市为例	①专项立法；②社会保障
潘毅、卢晖临、严海蓉等	2009 年	农民工：未完成的无产阶级化	①市民权；②生产方式变革
于飞、苏欣	2009 年	建筑业农民工职业技能培训探析	①农民工技能水平；②劳动力市场准入制度；③职业培训
陈琳、丁烈云、谭建辉等	2010 年	低收入家庭住房需求特征与住房保障研究——来自广州的实证分析	城市住房保障
陈圆、任宏	2010 年	美国建筑业劳工培训剖析与启示	①劳工培训；②个人资格认证和注册制度
乐云	2010 年	夸大的“民工荒”与农民工就业问题	①薪酬；②生产生活条件；③子女教育；④技能培训；⑤建筑业技术创新
何雪飞	2011 年	中国建筑业农民工工资权利救济制度研究——以建筑企业农民工工资垫偿制度构建为中心	①工资权利保障；②法制建设
李海明	2011 年	农民工欠薪问题的成因及其治理——以建筑业农民工工资拖欠及其法律救济为例	①分包体制；②劳动法制；③市民化；④社会信用体系
李静	2011 年	建筑业农民工在畸形合同下进退两难	①分包体制；②劳动合同签订；③生产生活条件
王春林	2011 年	建筑业农民工培训不足问题及其解决路径研究	①个人职业资格体系；②工资水平；③职务晋升通道
张学达	2011 年	分包制度对建筑工程项目的影响	①总承包模式；②发展专业分包企业
赵炜	2011 年	“灵活化”生产方式下建筑业的劳动关系和工会组织	①总承包模式；②发展专业分包企业；③工会组织
成虎	2012 年	文化建设不是梦	职业认同感
高祥	2012 年	浅谈劳务分包现状及发展趋势	①劳务工人技术水平；②职业素质；③职业资格准入；④劳动合同；⑤建筑新技术推广
胡浩森	2012 年	建筑业农民工的异化问题研究	①分包制度；②工作环境；③工资足额发放；④市民权
李树茁、悦中山	2012 年	融入还是融合：农民工的社会融合研究	①市民权；②社会融入
亓昕	2012 年	农民工社会认同的形成——基于建筑业农民工的考察	①职业化身份；②户籍制度改革；③农村资产转移
汤勇	2012 年	建筑业农民工人力资本产权结构研究	①职业发展体系；②职业介绍体系
陶然	2012 年	杭州市建筑业农民工职业流动的意愿及其影响因素研究	①职业技能；②劳动合同；③保险情况；④工作强度；⑤工资水平
汪源浩	2012 年	建筑业农民工合法权益应急处理机制研究	①工资水平；②工作条件；③培训；④社会保障；⑤法制建设

续表

学者	研究时间	文献名称	动力因子
王悦、光波	2012 年	从人力资源管理的视角看建筑业农民工实名制管理——以南京市为例	①实名制管理；②职业培训；③劳动合同
悦中山、李树茁、费尔德曼	2012 年	农民工社会融合的概念建构与实证分析	①职业化身份；②文化融合；③市民权；④城市住房
赵炜	2012 年	“双重特殊性”下的中国建筑业农民工——对于建筑业劳动过程的分析	①建筑工业化；②总承包模式；③专业分包
佚名	2013 年	天津：建筑业农民工启用工资卡结算制度	①最低工资标准；②专业承包；③工资银行代发
戴国琴	2013 年	建筑业劳动力未来供给趋势及影响因素研究——基于杭州市的实证与分析	①生产生活条件；②权益维护；③工资水平；④建筑工业化
李大君	2013 年	建筑业农民工职业安全调研报告	①职业安全；②分包制度；③生产生活条件；④培训
刘磊	2013 年	阶级视野的远去与回归——以《大工地：建筑业农民工的生存图景》为例展开	①工资发放；②劳动合同；③法制建设；④分包体制
任宏、潘俊、叶堃晖	2013 年	我国直辖市建筑业产业组织结构分析	①行业结构；②发展专业承包企业
吴书安	2013 年	基于人权视野推进建筑业农民工社会权益保障研究	①生产生活条件；②职业培训；③市民权；④规范的劳动合同制度
张英敏	2013 年	加强建筑业农民工培训推进农民工职业化进程	①职业化；②整体素质提升
朱计	2013 年	农民工城镇社会融入的影响因素研究——基于绍兴市建筑业农民工的调查分析	①职业化；②户籍制度改革；③子女教育；④社会保障；⑤住房保障
陈敏、李启明	2014 年	我国工人职业资格的收入效应分析——以江苏南通建筑工人为例	①个人职业资格体系；②持证上岗制度
贾胥永鑫	2014 年	建筑施工企业劳务分包制度体系的研究	①总承包模式；②专业分包；③用工合同签订
李树茁、王维博、悦中山	2014 年	自雇与受雇农民工城市居留意愿差异研究	①稳定职业；②收入水平；③文化融合；④社会参与
蔺颇	2014 年	稳定建筑业农民工的激励因素研究——基于天津市建筑劳务市场	①工作报酬；②工作环境；③职场培训；④生活环境；⑤人文因子
卢晖临、潘毅	2014 年	当代中国第二代农民工的身份认同、情感与集体行动	①劳动合同签订；②权益保障；③社会认同
潘毅、吴琼文倩	2014 年	建筑工人劳动合同签订状况调查	①劳动合同；②社会保险；③法制建设
魏丹	2014 年	建筑业农民工的工资水平差异及分化机制研究——基于福建省 L 工地的实地调查	①工资水平；②分包机制；③技能水平；④行业科技进步
张建设、侯芳、徐悠等	2014 年	建筑业农民工工资水平分析	①工资水平；②规范劳动合同；③福利保障
李忠富、刘世青	2015 年	我国建筑业劳动力短缺问题现状及其影响分析	①工人综合素质；②建筑业科技进步

续表

学者	研究时间	文献名称	动力因子
李忠富、刘世青、曹新颖	2015 年	住宅产业化对住宅建设劳动生产效率的影响测度分析	①住宅产业化；②总承包模式
刘世青	2015 年	住宅产业化对解决建筑劳动力短缺问题的作用分析	①住宅产业化；②生产生活条件
宋宁、梁成柱	2016 年	我国建筑工程专业分包市场现存问题及对策研究	①总承包模式；②壮大专业分包市场
夏侯遐迩、李启明、岳一搏等	2016 年	推进建筑产业现代化的思考与对策——以江苏省为例	①建筑工业化；②信息一体化管理平台
张建设、李瑚均	2016 年	建筑业农民工劳动合同签订率影响因素分析	①劳动合同签订；②工程分包模式；③法制建设

由于各位学者研究视角与观点的不同，这些动力因子无论在数量上还是结构上都存在显著的差异。2015 年，在第九届中国工程管理论坛上，作者就建筑业农民工转化为产业工人问题做了专题学术报告，提出：必须回归到“农民工”语义的本体来研究建筑业劳动力，才能从根本上解决目前建筑业农民工“亦工亦农”的双重身份导致的一系列问题。“农民工”这个词表示的是一种社会身份和职业身份的结合，其中“农民”表明的是他们的社会身份，“工”则表明他们的职业身份。推进建筑业农民工向产业工人身份转化应实现农民工的职业身份和社会身份同步转化。一方面，建筑业农民工的职业身份具有“工”和“农”的二元结构的特征，需要将这种“半工半农”的非稳定状态转化为职业化程度高的工人身份；另一方面，建筑业农民工的社会身份同样具有“亦城亦乡”“非城非乡”的二元结构的特征，需要保障这个群体同样享有平等市民权。因此，建筑业农民工向产业工人转型，本质上是其职业身份与社会身份的转化。该论断将建筑业农民工转型问题从本质上概括为两个方面的命题，一经提出即得到业内广大学者的高度认可。本节梳理影响建筑业农民工转化为产业工人的动力因子也正是以此结论为基础而展开的，建筑业农民工向产业工人转化是其职业角色的重新塑造，在这一行业变迁的历史进程中，职业化工人的塑造与被塑造都表征着一种社会结构的秩序化，需要全新的社会安排，即与市民化协同推进。

首先，将标签相同和字面意思相近的动力因子合并为一类。例如，“住宅产业化”“建筑工业化”在本书统一称为“建筑工业化”；“生产方式变革”“建筑业技术创新”“建筑业科技进步”，实质上都是指行业不断发展的结果，可归属于“建筑业科技进步”的范畴。其次，将含义过于笼统的动力因子进行拆分。比如，“市民权”可以拆分为“社会保障”“户籍改革”“子女教育”“城市住房”等农民工市民化过程中的权益保证。又如，“工人综合素质”、“农民工自身素质”可拆分为工人“技能水平”与“社会文明素质”。最后，剔除不符合中国建筑业特殊情况的因子，如“工会组织”等。合并、拆分、剔除后共得 23 个因子。最终按“职业化”与“市民化”两个维度统计各学者提出的动力因子，如表 4.2 所示。

统计各动力因子并按照出现的次数由大到小进行排序，如表 4.3 所示。

表 4.2　研究中涉及影响建筑业农民工转化为产业工人的动力因子

学者	动力因子																						
	职业化																	市民化					
	F_1	F_2	F_3	F_4	F_5	F_6	F_7	F_8	F_9	F_{10}	F_{11}	F_{12}	F_{13}	F_{14}	F_{15}	F_{16}	F_{17}	F_{18}	F_{19}	F_{20}	F_{21}	F_{22}	F_{23}
方东平		√	√	√																			
柳君、黄吉欣、方东平			√				√		√						√				√				
任宏、冯迎宾																		√	√	√	√	√	√
王要武、尹贵斌、贺俊杰	√	√																		√	√		
郑磊、成虎					√										√								
石振、林锟	√						√																
宋宗宇									√				√										
陈贵业	√									√	√												
李华一		√						√					√	√					√				
吴孝堂、吴晓向									√			√											
曹一雄	√						√		√	√											√		
陈砚祥		√									√	√			√								
丁烈云、李亚雄				√																			
富晓星		√		√	√	√																	
关柯、王要武	√			√	√	√					√		√		√								
李树茁、任义科、靳小怡等																	√	√	√	√		√	
李忠富，范建双、王一越				√		√																	
王光甫						√	√	√						√									
谢芬芳、谢新会、李彤等		√									√												
赵少杰、曹蔚奇		√															√	√	√	√		√	
陈大伟、方东平、张延东		√													√				√				

续表

学者	动力因子																						
	职业化																	市民化					
	F_1	F_2	F_3	F_4	F_5	F_6	F_7	F_8	F_9	F_{10}	F_{11}	F_{12}	F_{13}	F_{14}	F_{15}	F_{16}	F_{17}	F_{18}	F_{19}	F_{20}	F_{21}	F_{22}	F_{23}
陈斯冰、刘平			√				√								√				√				
董润润、刘静		√		√		√	√												√	√			
黄好			√												√			√					
李莉													√						√				
潘毅、卢晖临、严海蓉等															√			√	√	√		√	
于飞、苏欣	√	√									√												
陈琳、丁烈云、谭建辉等																		√					
陈圆、任宏		√									√												
乐云		√	√				√								√							√	
何雪飞							√		√				√										
李海明					√					√			√					√	√	√		√	
李静			√		√			√															
王春林							√				√						√						
张学达					√	√																	
赵炜					√	√																	
成虎																	√						
高祥	√							√		√	√				√								
胡浩森			√		√				√									√	√	√		√	
李树茁、悦中山																		√	√	√		√	
亓昕	√	√	√				√	√	√	√							√			√	√		
汤勇														√			√						
陶然	√		√				√	√							√				√				
汪源浩		√	√				√						√						√				

续表

学者	动力因子																						
	职业化																	市民化					
	F_1	F_2	F_3	F_4	F_5	F_6	F_7	F_8	F_9	F_{10}	F_{11}	F_{12}	F_{13}	F_{14}	F_{15}	F_{16}	F_{17}	F_{18}	F_{19}	F_{20}	F_{21}	F_{22}	F_{23}
王悦、光波		√						√				√											
悦中山、李树茁、费尔德曼	√	√	√				√	√	√								√	√	√	√		√	
赵炜					√	√										√							
佚名					√		√		√														
戴国琴			√				√									√			√				
李大君		√	√		√																		
刘磊					√			√	√				√										
任宏、潘俊、叶堃晖				√		√																	
吴书安		√	√															√	√	√		√	
张英敏	√	√	√				√	√	√	√	√						√						
朱计	√	√	√				√	√	√	√	√						√	√	√	√		√	
陈敏、李启明											√												
贾胥永鑫					√	√		√															
李树茁、王维博、悦中山	√		√				√	√	√	√	√												
蔺颇		√	√				√			√			√							√		√	
卢晖临、潘毅								√					√				√	√	√	√		√	
潘毅、吴琼文倩								√					√						√				
魏丹							√	√										√	√			√	
张建设、侯芳、徐悠等							√	√										√	√			√	
李忠富、刘世青、曹新颖	√									√													
李忠富、刘世青等					√											√							
刘世青			√													√							
宋健	√	√	√							√						√		√	√	√		√	

续表

学者	动力因子																						
	职业化																	市民化					
	F_1	F_2	F_3	F_4	F_5	F_6	F_7	F_8	F_9	F_{10}	F_{11}	F_{12}	F_{13}	F_{14}	F_{15}	F_{16}	F_{17}	F_{18}	F_{19}	F_{20}	F_{21}	F_{22}	F_{23}
宋宁、梁成柱					√	√																	
夏侯遐迩、李启明、岳一搏等														√		√							
张建设、李瑚均					√			√					√										
频次统计	15	22	20	7	16	11	21	18	13	11	12	3	12	4	11	6	10	16	24	16	4	16	1

注：F_1—技能水平；F_2—职业培训；F_3—生产生活条件；F_4—建筑业行业架构；F_5—工程分包模式；F_6—发展专业分包企业；F_7—工资水平；F_8—签订规范劳务合同；F_9—工资支付保证；F_{10}—社会文明素质；F_{11}—工人职业资格体系建设；F_{12}—实名制管理；F_{13}—法制建设；F_{14}—信息一体化平台；F_{15}—建筑业科技进步；F_{16}—建筑工业化；F_{17}—职业上升通道；F_{18}—城市住房；F_{19}—社会保障；F_{20}—户籍改革；F_{21}—土地流转；F_{22}—子女教育；F_{23}—农场化。

表 4.3　各动力因子出现次数统计

因子	次数	因子	次数	因子	次数	因子	次数	因子	次数
社会保障	24	工程分包模式	16	工资支付保证	13	建筑业科技进步	11	土地流转	4
职业培训	22	城市住房	16	工人职业资格体系建设	12	职业上升通道	10	实名制管理	3
工资水平	21	户籍改革	16	法制建设	12	建筑业行业架构	7	农场化	1
生产生活条件	20	子女教育	16	发展专业分包企业	11	建筑工业化	6		
签订规范劳务合同	18	技能水平	15	社会文明素质	11	信息一体化平台	4		

从各因子的统计频次上可见，“社会保障”“职业培训”“工资水平”“生产生活条件”“签订规范劳务合同”“工程分包模式”“城市住房”“户籍改革” “子女教育”等被已有研究视为影响建筑业农民工向产业工人转化的重要动力因子。

2. 建筑业农民工转化为产业工人动力因子的提炼（深度访谈）

深度访谈是调查问卷设计前期的重要工作，访谈分两部分开展。

1）中国香港、新加坡的建筑业专家访谈

研究期间，作者赴新加坡、中国香港，就建筑劳务用工制度与实践进行了调研。其间，作者与新加坡建设局、人力部，中国香港发展局、劳工处、建造业议会等政府部门进行了座谈，对两地建筑工人培训基地及在建工程项目进行实地调研，并与相关企业领导进行了访谈交流。尽管新加坡和中国香港建筑业的发展情况与劳务用工管理制度不同，但是通过此次专家访谈仍可以发现两地建筑业用工管理在很多方面都有共同点。新加坡、中国香港两地建筑业专家总结的建筑业用工管理的经验如图 4.3 所示。

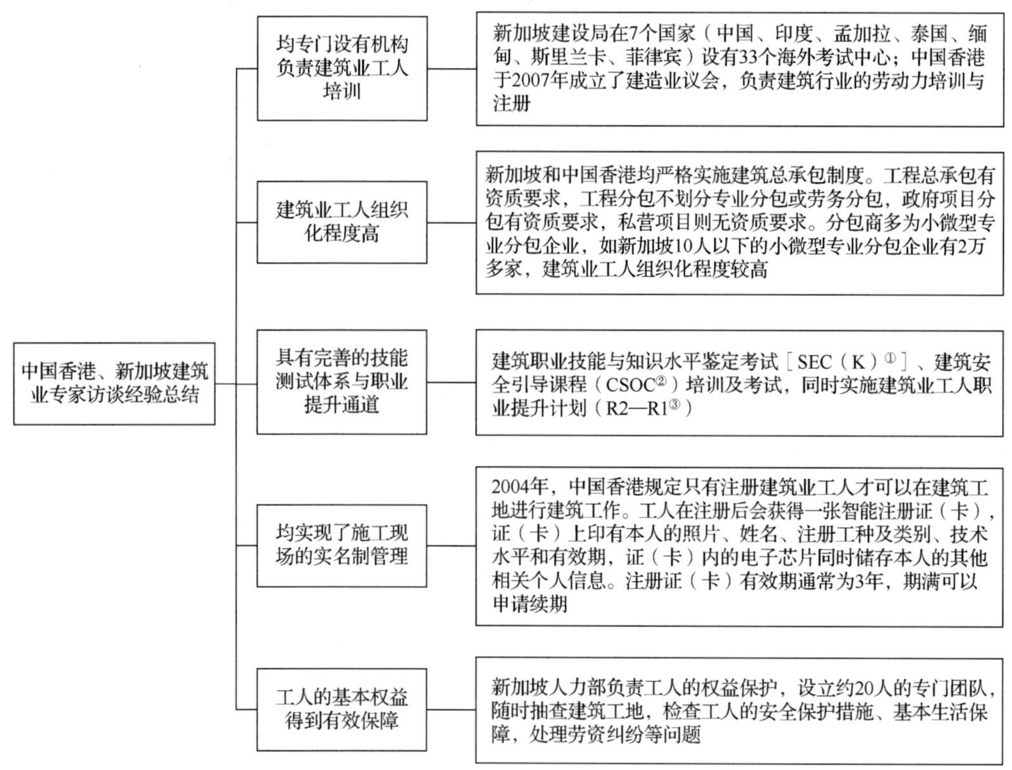

图 4.3　新加坡、中国香港两地建筑业用工管理经验总结

2）中国内地建筑业的专家访谈

访谈对象主要来自政府、科研机构、建筑企业，访谈对象均在建筑业有丰富的实践经验、对建筑业农民工问题有深刻的认识和体会。通过深度访谈发现：政府、建筑企业、

① SEC（K）为 skills evaluate certificate（knowledge）的缩写。

② CSOC 为 construction safety orientation course 的缩写。

③ R2—R1 指由基本技能提升至高级技能。

部分科研机构专家认为提高建筑业机械化水平、推行建筑工业化、调整建筑业行业结构、对建筑业工人进行系统化培训、推行工人薪酬总付一体化，实名制管理、推行建筑用工信息一体化平台建设是建筑业农民工向产业工人转型最重要的影响因素；部分科研机构专家则认为，在建筑业农民工转化为产业工人过程中，必须重视工人平等市民权的获得与农村资产的货币化转移。总结而言，专家认为建筑业农民工转化为产业工人的动力来源于八个方面，如图 4.4 所示。

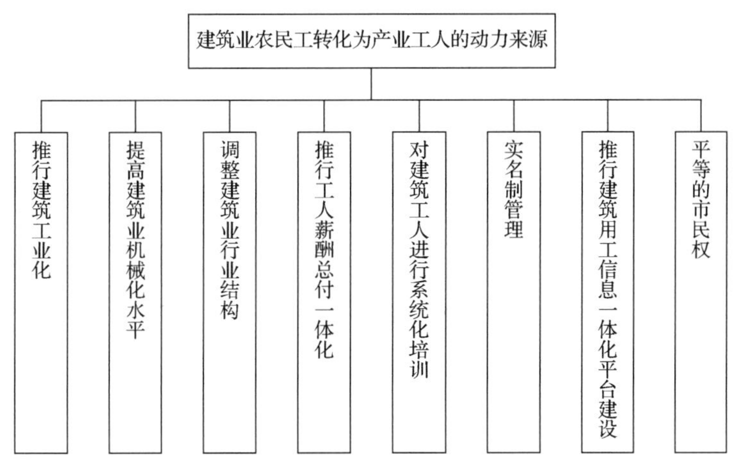

图 4.4　建筑业农民工转化成产业工人的动力来源

4.2.2　问卷调查 I

问卷调查是预试研究后的阶段工作。本节主要基于建筑业农民工转化为产业工人过程中涉及的不同利益相关者分别设计问卷调查，旨在为设计建筑业农民工转化为产业工人制度政策提供实践指导。主要探寻建筑业农民工在身份转换、生产生活条件改善、福利待遇及权益保障等方面的利益诉求；收集施工企业、劳务企业、房地产企业在促进农民工身份转换、保障工人权益、稳定产业工人队伍等方面的实践经验和相关建议；收集行业协会在劳动力市场监督、协调管理方面的建议；挖掘政府部门在制度政策设计方面的需求。问卷对每个问题的设计基础来自文献综述（表 4.2 和表 4.3）以及专家深度访谈的结果（图 4.3 和图 4.4）。问卷设计完成后，为了检验问卷中问题的接受度和有效性，作者及研究团队赴重庆建工集团等企业建设工地组织 10 名项目经理和 100 名农民工分别试填写“建筑业农民工产业工人化情况调查问卷——企业卷”和“建筑业农民工产业工人化情况调查问卷——农民工卷”，发现问卷设计不足之处，进而改进对影响建筑业农民工向产业工人转化动力因子的调查问卷。正式问卷调查以住房和城乡建设部司函的形式，向全国各省、自治区住房和城乡建设厅，直辖市建委，新疆生产建设兵团建设局，有关行业协会下发调查问卷，请各单位分别组织不少于 50 家施工总承包企业、50 家专业承包企业（其中，中央建筑企业组织下属总承包和专业承包企业 20 家）、50 家劳务企业进行调查，分别完成 1 份“建筑业农民工产业工人化情况调查问卷——企业卷”和不少于 15 份“建筑业农民工产业工人化情况调查问卷——农民工卷”。各地将问卷统一收集后，连同对构建有利于形成建筑产业工人队伍的长效机制方面开展的工作、面临的问题以及相关建议形成书面材料一并反馈。此轮问卷调查共计发放 5 万余份调查问卷，回收 42 263 份有效问卷。

4.2.3 动力因子的提取与分析

作者对回收的 42 263 份有效问卷进行因素分析，结合专家意见将所得因子整合、拆分、剔除，最终提取得到影响建筑业农民工转化为产业工人的动力因子共计 36 个，结果如图 4.5 所示。

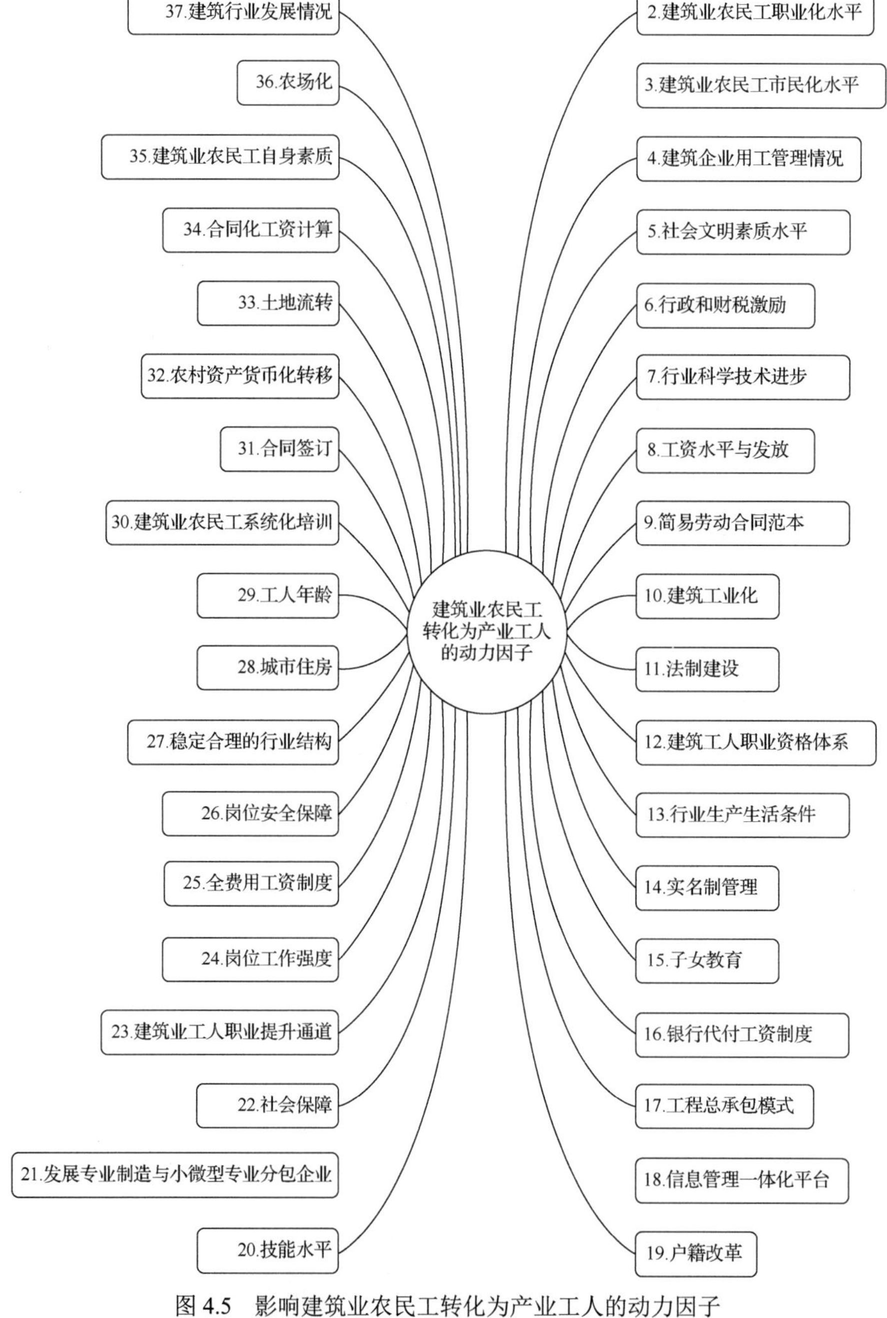

图 4.5 影响建筑业农民工转化为产业工人的动力因子

4.3　基于 ISM 模型的动力因子体系构建

建筑业农民工转化为产业工人动力因子相互作用、相互关联，形成了非常复杂的递阶因子链。作者拟采用 ISM 模型对所有动力因子进行层级分析，以期明确各动力因子间的层次关系，构建建筑业农民工转化为产业工人的动力因子体系。

4.3.1　ISM 模型概述

美国沃菲尔德教授于 1973 年首次提出用于分析复杂社会经济系统结构问题的 ISM 模型，其基本思想是：通过一定的技术、手段，分析识别目标结果的影响因素或组成因素；分析因素间的相互关系，根据相互关系绘制有向图；根据有向图提取各因素的邻接矩阵、可达矩阵；经过矩阵的区域化、层级化，梳理出各要素间无规律、杂乱无章的关系；最后分解成结构清晰的要素层级结构模型，进而提高对问题的认识与理解[1,2]。

影响建筑业农民工向产业工人转化的动力因子较多，并且许多动力因子难以直接量化，各动力因子间存在相互作用、相互影响的关系，所以 ISM 模型可以很好地建立各动力因子间的层级关系。基于 ISM 模型的理论思想，建筑业农民工转化为产业工人动力因子的 ISM 理论模型如图 4.6 所示。

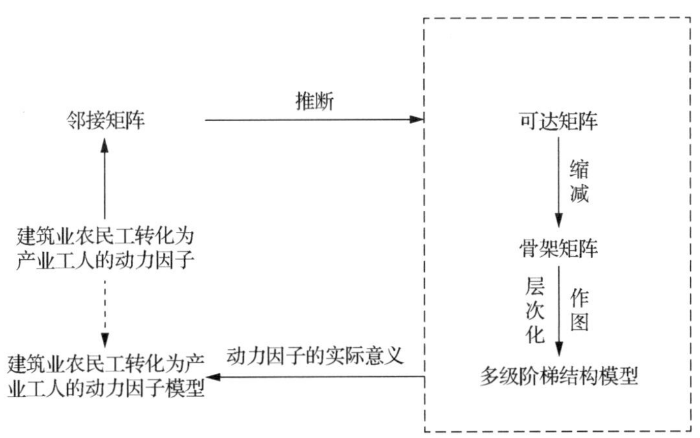

图 4.6　建筑业农民工转化为产业工人动力因子的 ISM 理论模型

4.3.2　动力因子的 ISM 模型

1. 建筑业农民工转化为产业工人动力因子变量

对于任何构建的系统 S，系统总是由两个以上的相互影响、相互作用的要素（S_1，S_2，S_3，…，S_n）组成的有机整体。设系统由 n（$n\geqslant 2$）个要素（S_1，S_2，S_3，…，S_n）组成，集合为 S，则有

$$S=(S_1, S_2, S_3, \cdots, S_n) \tag{4.1}$$

1）建筑业农民工转化为产业工人的动力因子变量集合

将建筑业农民工向产业工人转化过程看作一个有机的、复杂的系统结构体，影响农民工转化的动力因子变量作为动力系统的组成要素，如表 4.4 所示。

表 4.4　建筑业农民工转化为产业工人的动力因子变量集合

变量	动力因子	变量	动力因子
S_1	建筑业农民工转化为产业工人	S_{20}	技能水平
S_2	建筑业农民工职业化水平	S_{21}	发展专业制造与小微型专业分包企业
S_3	建筑业农民工市民化水平	S_{22}	社会保障
S_4	建筑企业用工管理情况	S_{23}	建筑业工人职业提升通道
S_5	社会文明素质水平	S_{24}	岗位工作强度
S_6	行政和财税激励	S_{25}	全费用工资制度
S_7	行业科学技术进步	S_{26}	岗位安全保障
S_8	工资水平与发放	S_{27}	稳定合理的行业结构
S_9	简易劳动合同范本	S_{28}	城市住房
S_{10}	建筑工业化	S_{29}	工人年龄
S_{11}	法制建设	S_{30}	建筑业农民工系统化培训
S_{12}	建筑工人职业资格体系	S_{31}	合同签订
S_{13}	行业生产生活条件	S_{32}	农村资产货币化转移
S_{14}	实名制管理	S_{33}	土地流转
S_{15}	子女教育	S_{34}	合同化工资计算
S_{16}	银行代付工资制度	S_{35}	建筑业农民工自身素质
S_{17}	工程总承包模式	S_{36}	农场化
S_{18}	信息管理一体化平台	S_{37}	建筑业发展情况
S_{19}	户籍改革		

注：为方便计算，将建筑业农民工转化为产业工人设定为 S_1，为系统的汇元素。

选取影响建筑业农民工转化为产业工人的动力因子 36 个，其中 S_1 为目标因子，所以此系统由 37 个动力因子构成，即 n=37。建立动力因子集合：

$$S=\{S_1,\ S_2,\ S_3,\ \cdots,\ S_{37}\} \tag{4.2}$$

2）建立二元关系集合

二元关系是根据研究目的需要而建立的集合中任意两个因素（S_i，S_j）间的关系（R_{ij}），包括影响关系、包含关系、隶属关系、因果关系等。当 S_i 与 S_j 无二元关系时记为 $S_i\bar{R}S_j$，当二者存在上述二元关系时记为 S_iRS_j，当二者关系不明时记为 $S_i\tilde{R}S_j$。将满足二元关系 R 的集合，称为二元关系集合，记作 R_b：

$$R_b=\{(S_i,\ S_j)\,|\,S,\ S_j\notin S,\ S_iRS_j,\ i,\ j=1,\ 2,\ 3,\ \cdots,\ n\} \tag{4.3}$$

根据表 4.4 的结果确定各动力因子之间关系，建立二元关系集合：

$$
R_b=\left\{\begin{array}{c}
(S_2,\ S_1)\ (S_3,\ S_1)\ (S_4,\ S_2)\ (S_5,\ S_{35})\ (S_6,\ S_{17})\ (S_7,\ S_{21})\ (S_7,\ S_{26}) \\
(S_8,\ S_4)\ (S_9,\ S_8)\ (S_{10},\ S_7)\ (S_{11},\ S_{24})\ (S_{11},\ S_{26})\ (S_{12},\ S_{30}) \\
(S_{13},\ S_{37})\ (S_{14},\ S_{27})\ (S_{15},\ S_3)\ (S_{16},\ S_8)\ (S_{17},\ S_{21})\ (S_{17},\ S_{27}) \\
(S_{18},\ S_{14})\ (S_{19},\ S_{22})\ (S_{20},\ S_{35})\ (S_{21},\ S_{17})\ (S_{22},\ S_3)\ (S_{22},\ S_{19}) \\
(S_{23},\ S_{31})\ (S_{24},\ S_{13})\ (S_{25},\ S_{31})\ (S_{26},\ S_{13})\ (S_{27},\ S_{37})\ (S_{28},\ S_{32}) \\
(S_{29},\ S_{35})\ (S_{30},\ S_5)\ (S_{30},\ S_{20})\ (S_{31},\ S_4)\ (S_{31},\ S_{23})\ (S_{32},\ S_3) \\
(S_{32},\ S_{28})\ (S_{33},\ S_{32})\ (S_{34},\ S_8)\ (S_{35},\ S_2)\ (S_{36},\ S_{33})\ (S_{37},\ S_2)
\end{array}\right\} \tag{4.4}
$$

由式（4.4）可知，二元关系 R_b 存在强连通关系，即两个动力因子之间相互影响，如户籍改革与社会保障，工程总承包模式与发展专业制造、小微型专业分包企业等。

3）绘制建筑业农民工转化为产业工人动力因子有向图

基于式（4.4）梳理建立的二元关系集合，绘制影响建筑业农民工转化为产业工人动力因子的有向图（图 4.7），以此表示各动力因子间的相互关系和整体体系结构。

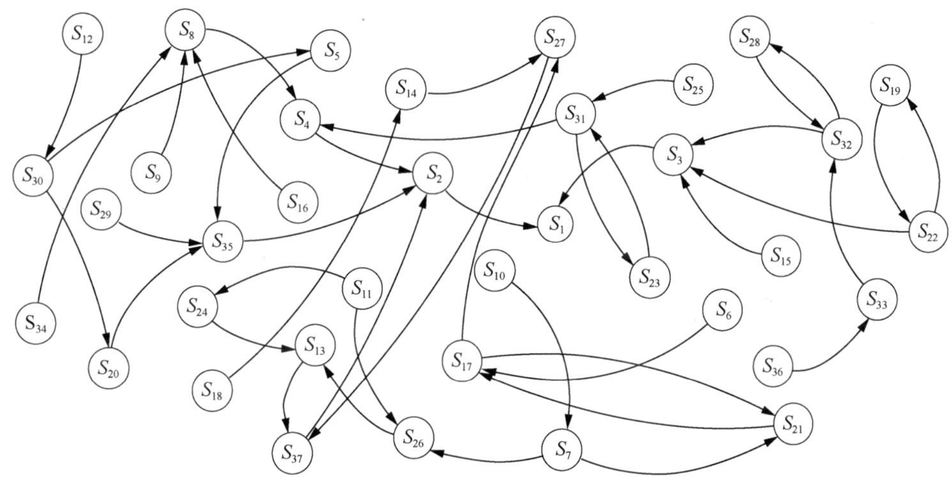

图 4.7　影响建筑业农民工转化为产业工人动力因子有向图

2. 建筑业农民工转化为产业工人动力因子矩阵表达

1）动力因子变量邻接矩阵

将影响建筑业农民工向产业工人转化的动力因子间的相互关系进行量化，拟采用邻接矩阵 $\boldsymbol{A}$ 的形式表示各动力因子两两之间的相互关系，采用以下方式定义：

$$
\boldsymbol{A}=(a_{ij})_{n\times n} \tag{4.5}
$$

$$
a_{ij}=\begin{cases}1, & S_i R S_j \\ 0, & S_i \tilde{R} S_j\end{cases} \tag{4.6}
$$

根据式（4.5）和式（4.6），得出建筑业农民工转化为产业工人动力因子的邻接矩阵 $\boldsymbol{A}$：

上述矩阵第 1 行元素全为 0，称 S_{1j} 因素为系统的汇元素，即建筑业农民工转化为产业工人动力。

2）可达矩阵

通过 ISM 模型建立的建筑业农民工转化为产业工人动力的相互关系具有传递性：

$$\left.\begin{matrix} S_i R S_j \\ S_j R S_k \end{matrix}\right\} \Rightarrow S_i R S_k \tag{4.7}$$

二元关系的传递次数称为路长，记为 R^t，通过传递关系相互联系的因子关系称为间接关系。可达矩阵是指因子间通过任意次传递所具有的二元关系，或者是在有向图中通过任意路长可以到达的关系矩阵。当在 i 与 j 之间存在着经过 r 次传递可以到达的通路时：$\boldsymbol{M}$=（m_{ij}=1）；如果不存在这样的通路时：$\boldsymbol{M}$=（m_{ij}=0）。利用布尔代数运算可以计算可达矩阵[3-5]：

$$\boldsymbol{M}=(\boldsymbol{A}+\boldsymbol{I})^r \tag{4.8}$$

在式（4.8）中，$\boldsymbol{I}$ 是与 $\boldsymbol{A}$ 同阶次的单位矩阵，路长的计算公式：

$$(\boldsymbol{A}+\boldsymbol{I})\neq(\boldsymbol{A}+\boldsymbol{I})^2\neq\cdots\neq(\boldsymbol{A}+\boldsymbol{I})^r=(\boldsymbol{A}+\boldsymbol{I})^{r+1}=\cdots=(\boldsymbol{A}+\boldsymbol{I})^n \tag{4.9}$$

矩阵（$\boldsymbol{A}+\boldsymbol{I}$）非对角线上的元素为 0 表示元素之间不可到达，为 1 表示元素之间可以到达；矩阵（$\boldsymbol{A}+\boldsymbol{I}$）对角线上的元素为 1 表示元素本身的自反性，在有向图中表示 0 步到达，即不需要经过传递。

经过以上步骤对邻接矩阵的计算，$(\boldsymbol{A}+\boldsymbol{I})^5=(\boldsymbol{A}+\boldsymbol{I})^6$，则可达矩阵 $\boldsymbol{M}$：

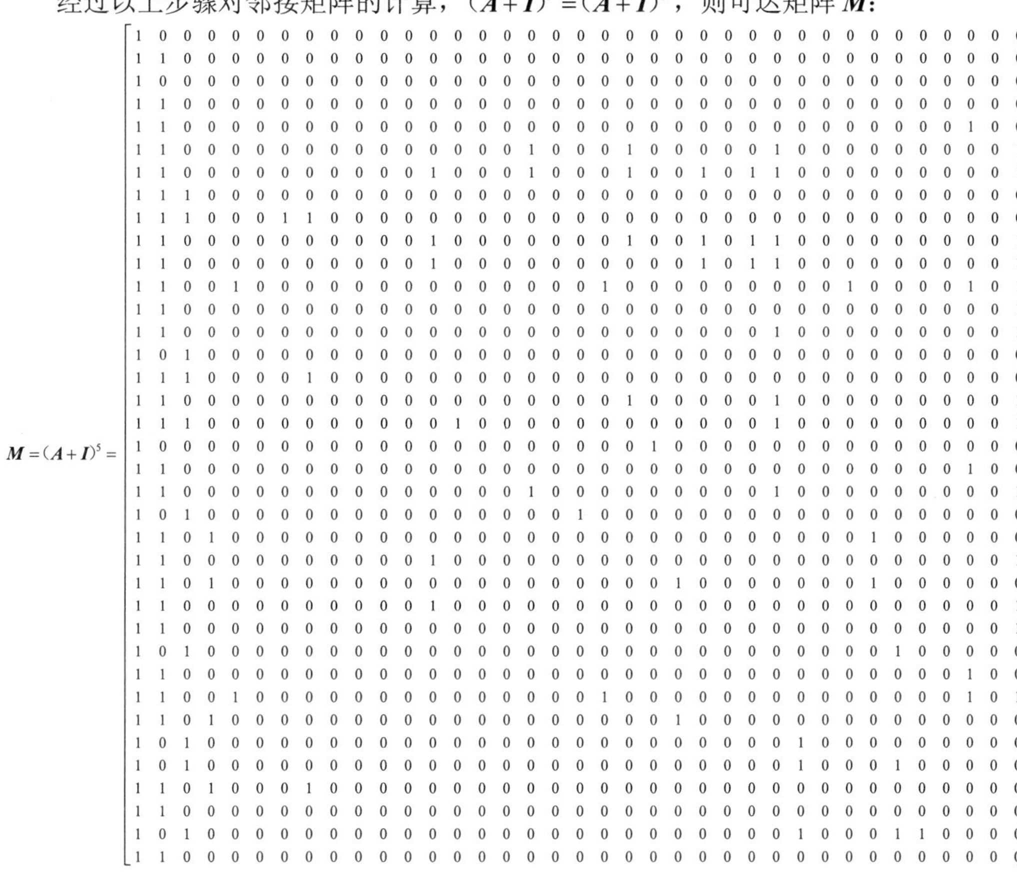

3. 规范化求解建筑业农民工转化为产业工人动力因子结构模型

1）动力因子区域划分

将影响建筑业农民工向产业工人转化的动力因子变量集合 S 划分为几个独立区域：可达集、先行集、共同集、起始集、终止集。

（1）可达集 R（S_i）。可达集 R（S_i）是受到 S_i 影响的所有其他元素构成的集合，是指在可达矩阵中 S_i 所在行为 1 的元素所对应的第 j 列元素构成的集合，即

$$R(S_i)=\left\{S_i \middle| S_i\in S,\ m_{ij}=1\right\} \quad i,\ j=1,\ 2,\ \cdots,\ n \tag{4.10}$$

（2）先行集 A（S_i）。先行集 A（S_i）是指可达矩阵 $\boldsymbol{M}$ 中 S_i 所在列为 1 的元素所对应的第 j 行元素构成的集合，即

$$A(S_i)=\left\{S_i \middle| S_i\in S,\ m_{ji}=1\right\} \quad i,\ j=1,\ 2,\ \cdots,\ n \tag{4.11}$$

（3）共同集 C（S_i）。共同集 C（S_i）是可达集 R（S_i）与先行集 A（S_i）的交集，表示的是因素间相互影响，即

$$C(S_i)=R(S_i)\cap A(S_i)=\left\{S_j \middle| S_j\in S,\ m_{ij}=1\right\} \quad i,\ j=1,\ 2,\ \cdots,\ n \tag{4.12}$$

（4）起始集 B（S_i）。起始集中的元素是指只影响其他元素而不受其他元素影响的元素所构成的集合，即影响建筑业农民工向产业工人转化的动力源因素，即

$$B(S_i)=\{S_i \in S，C(S_i)=A(S_i)\} \quad i，j=1，2，\cdots，n \tag{4.13}$$

（5）终止集 E（S_i）。终止集中的元素是指受其他元素影响而不影响其他元素的因素所构成的集合，即 S_i 为影响建筑业农民工转化为产业工人动力因子的汇元素，即

$$E(S_i)=\{S_i | S_i \in S，C(S_i)=R(S_i)\} \quad i，j=1，2，\cdots，n \tag{4.14}$$

（6）区域划分：根据式（4.10）～式（4.14）进行建筑业农民工转化为产业工人动力因子的区域划分，将可达矩阵 $\boldsymbol{M}$ 中的 S_1、S_2 所对应的行和列的元素删除，得到的结果如表 4.5 所示。

表 4.5　区域划分

动力因子 S_i	先行集 A	可达集 R	共同集 C	起始集 B
3	3，15，19，22，28，32，33，36	3	3	
4	4，8，9，16，23，25，31，34	4	4	
5	5，12，30	5，35	5	
6	6	6，17，21，27，37	6	6
7	7，10	7，13，17，21，24，26，27，37	7	
8	8，9，16，34	4，8	8	
9	9	4，8，9	9	9
10	10	7，10，21，24，26，17，27，13，37	10	10
11	11	11，24，26，13，37	11	11
12	12	12，30，5，20，35	12	12
13	13，7，10，11，24，25	13，37	13	
14	14，18	14，27，37	14	
15	15	15，3	15	15
16	16	4，8，16	16	16
17	6，7，10，17，21	17，27，37，21	17，21	
18	18	18，14，27，37	18	18
19	19，32	19，22，3	19	
20	20，12，30	20，35	20	
21	6，7，10，17，21	21，17，27，37	17，21	
22	19，22	19.22.3	19，22	22
23	23，25，31	23，31，4	23，31	
24	7，10，11，24	24，13，37	24	
25	25	25，31，4	25	25
26	7，10，11，26	26，13，37	26	
27	6，7，10，14，17，18，21，27	27，37	27	
28	28，32，33，36	28，32，3	28，32	
29	29	29，35	29	29
30	12，30	30，5，20，35	30	
31	23，25，31	31，23，4	23，31	
32	28，32，33，36	32，3	32	
33	33，36	33，32，3	33	
34	34	34，8，4	34	34
35	5，12，20，29，30，35	35	35	
36	36	36，33，32，28，3	36	36
37	6，7，10，11，13，14，17，18，21，24，26，27，37	37，2	37	

根据表 4.5 可知：

$$R(6)\cap R(10)\cap R(11)\cap R(18)\neq\varnothing \tag{4.15}$$

$$R(9)\cap R(16)\cap R(25)\cap R(34)\neq\varnothing \tag{4.16}$$

$$R(15)\cap R(22)\cap R(36)\neq\varnothing \tag{4.17}$$

$$R(12)\cap R(29)\neq\varnothing \tag{4.18}$$

根据式（4.15）～式（4.18）的分析可知，整个系统可以分为以下几个子区域。

$$\{S_6, S_7, S_{10}, S_{11}, S_{13}, S_{14}, S_{17}, S_{18}, S_{21}, S_{24}, S_{26}, S_{27}, S_{37}\}$$

$$\{S_3, S_{15}, S_{19}, S_{22}, S_{28}, S_{32}, S_{33}, S_{36}\}$$

$$\{S_5, S_{12}, S_{20}, S_{29}, S_{30}, S_{35}\}$$

$$\{S_4, S_8, S_9, S_{16}, S_{23}, S_{25}, S_{31}, S_{34}\}$$

上述四个子区域内部因素相互影响，而区域之间的因素不存在相互影响关系，进行对角化处理，得到对角矩阵 $\boldsymbol{M}(P)$：

$\boldsymbol{M}(P)=$

<table>
<tr><th></th><th>S_{3}</th><th>S_{15}</th><th>S_{19}</th><th>S_{22}</th><th>S_{28}</th><th>S_{32}</th><th>S_{33}</th><th>S_{36}</th><th>S_{4}</th><th>S_{8}</th><th>S_{9}</th><th>S_{16}</th><th>S_{23}</th><th>S_{25}</th><th>S_{31}</th><th>S_{34}</th><th>S_{5}</th><th>S_{12}</th><th>S_{20}</th><th>S_{29}</th><th>S_{30}</th><th>S_{35}</th><th>S_{6}</th><th>S_{7}</th><th>S_{10}</th><th>S_{11}</th><th>S_{13}</th><th>S_{14}</th><th>S_{17}</th><th>S_{18}</th><th>S_{21}</th><th>S_{24}</th><th>S_{26}</th><th>S_{27}</th><th>S_{37}</th></tr>
<tr><td>S_{3}</td><td>1</td><td>0</td><td>0</td><td>0</td><td>0</td><td>0</td><td>0</td><td>0</td><td colspan="8" rowspan="8">0</td><td colspan="6" rowspan="8">0</td><td colspan="13" rowspan="8">0</td></tr>
<tr><td>S_{15}</td><td>1</td><td>1</td><td>0</td><td>0</td><td>0</td><td>0</td><td>0</td><td>0</td></tr>
<tr><td>S_{19}</td><td>1</td><td>0</td><td>1</td><td>1</td><td>0</td><td>0</td><td>0</td><td>0</td></tr>
<tr><td>S_{22}</td><td>1</td><td>0</td><td>1</td><td>1</td><td>0</td><td>0</td><td>0</td><td>0</td></tr>
<tr><td>S_{28}</td><td>1</td><td>0</td><td>0</td><td>0</td><td>1</td><td>1</td><td>0</td><td>0</td></tr>
<tr><td>S_{32}</td><td>1</td><td>0</td><td>0</td><td>0</td><td>1</td><td>1</td><td>0</td><td>0</td></tr>
<tr><td>S_{33}</td><td>1</td><td>0</td><td>0</td><td>0</td><td>1</td><td>1</td><td>1</td><td>0</td></tr>
<tr><td>S_{36}</td><td>1</td><td>0</td><td>0</td><td>0</td><td>1</td><td>1</td><td>1</td><td>1</td></tr>
<tr><td>S_{4}</td><td colspan="8" rowspan="8">0</td><td>1</td><td>0</td><td>0</td><td>0</td><td>0</td><td>0</td><td>0</td><td>0</td><td colspan="6" rowspan="8">0</td><td colspan="13" rowspan="8">0</td></tr>
<tr><td>S_{8}</td><td>1</td><td>1</td><td>0</td><td>0</td><td>0</td><td>0</td><td>0</td><td>0</td></tr>
<tr><td>S_{9}</td><td>1</td><td>1</td><td>1</td><td>0</td><td>0</td><td>0</td><td>0</td><td>0</td></tr>
<tr><td>S_{16}</td><td>1</td><td>1</td><td>0</td><td>1</td><td>0</td><td>0</td><td>0</td><td>0</td></tr>
<tr><td>S_{23}</td><td>1</td><td>0</td><td>0</td><td>0</td><td>1</td><td>0</td><td>1</td><td>0</td></tr>
<tr><td>S_{25}</td><td>1</td><td>0</td><td>0</td><td>0</td><td>1</td><td>1</td><td>1</td><td>0</td></tr>
<tr><td>S_{31}</td><td>1</td><td>0</td><td>0</td><td>0</td><td>1</td><td>0</td><td>1</td><td>0</td></tr>
<tr><td>S_{34}</td><td>1</td><td>1</td><td>0</td><td>0</td><td>0</td><td>0</td><td>0</td><td>1</td></tr>
<tr><td>S_{5}</td><td colspan="8" rowspan="6">0</td><td colspan="8" rowspan="6">0</td><td>1</td><td>0</td><td>0</td><td>0</td><td>0</td><td>0</td><td colspan="13" rowspan="6">0</td></tr>
<tr><td>S_{12}</td><td>1</td><td>1</td><td>1</td><td>0</td><td>1</td><td>1</td></tr>
<tr><td>S_{20}</td><td>0</td><td>0</td><td>1</td><td>0</td><td>0</td><td>1</td></tr>
<tr><td>S_{29}</td><td>0</td><td>0</td><td>0</td><td>1</td><td>0</td><td>1</td></tr>
<tr><td>S_{30}</td><td>1</td><td>0</td><td>1</td><td>0</td><td>1</td><td>1</td></tr>
<tr><td>S_{35}</td><td>0</td><td>0</td><td>0</td><td>0</td><td>0</td><td>1</td></tr>
<tr><td>S_{6}</td><td colspan="8" rowspan="13">0</td><td colspan="8" rowspan="13">0</td><td colspan="6" rowspan="13">0</td><td>1</td><td>0</td><td>0</td><td>0</td><td>0</td><td>0</td><td>1</td><td>0</td><td>1</td><td>0</td><td>0</td><td>1</td><td>1</td></tr>
<tr><td>S_{7}</td><td>0</td><td>1</td><td>0</td><td>0</td><td>1</td><td>0</td><td>1</td><td>0</td><td>1</td><td>1</td><td>1</td><td>1</td><td>1</td></tr>
<tr><td>S_{10}</td><td>0</td><td>1</td><td>1</td><td>0</td><td>1</td><td>0</td><td>1</td><td>0</td><td>1</td><td>1</td><td>1</td><td>1</td><td>1</td></tr>
<tr><td>S_{11}</td><td>0</td><td>0</td><td>0</td><td>1</td><td>1</td><td>0</td><td>0</td><td>0</td><td>0</td><td>1</td><td>1</td><td>0</td><td>1</td></tr>
<tr><td>S_{13}</td><td>0</td><td>0</td><td>0</td><td>0</td><td>1</td><td>0</td><td>0</td><td>0</td><td>0</td><td>0</td><td>0</td><td>0</td><td>1</td></tr>
<tr><td>S_{14}</td><td>0</td><td>0</td><td>0</td><td>0</td><td>0</td><td>1</td><td>0</td><td>0</td><td>0</td><td>0</td><td>0</td><td>1</td><td>1</td></tr>
<tr><td>S_{17}</td><td>0</td><td>0</td><td>0</td><td>0</td><td>0</td><td>0</td><td>1</td><td>0</td><td>1</td><td>0</td><td>0</td><td>1</td><td>1</td></tr>
<tr><td>S_{18}</td><td>0</td><td>0</td><td>0</td><td>0</td><td>0</td><td>1</td><td>0</td><td>1</td><td>0</td><td>0</td><td>0</td><td>1</td><td>1</td></tr>
<tr><td>S_{21}</td><td>0</td><td>0</td><td>0</td><td>0</td><td>0</td><td>0</td><td>1</td><td>0</td><td>1</td><td>0</td><td>0</td><td>1</td><td>1</td></tr>
<tr><td>S_{24}</td><td>0</td><td>0</td><td>0</td><td>0</td><td>1</td><td>0</td><td>0</td><td>0</td><td>0</td><td>1</td><td>0</td><td>0</td><td>1</td></tr>
<tr><td>S_{26}</td><td>0</td><td>0</td><td>0</td><td>0</td><td>1</td><td>0</td><td>0</td><td>0</td><td>0</td><td>0</td><td>1</td><td>0</td><td>1</td></tr>
<tr><td>S_{27}</td><td>0</td><td>0</td><td>0</td><td>0</td><td>0</td><td>0</td><td>0</td><td>0</td><td>0</td><td>0</td><td>0</td><td>1</td><td>1</td></tr>
<tr><td>S_{37}</td><td>0</td><td>0</td><td>0</td><td>0</td><td>0</td><td>0</td><td>0</td><td>0</td><td>0</td><td>0</td><td>0</td><td>0</td><td>1</td></tr>
</table>

2）动力因子级位划分

级位划分是对各子区域内的元素进行层次化处理，其基本方法如下。

（1）找出子区域中最高级要素（L）将其删除。

（2）找出剩余元素中的最高级要素将其删除。

（3）重复上述步骤直到划分到最大级次 1 为止。

根据上述步骤对子区域元素进行级位划分，如表 4.6 所示。

表 4.6　P_1 子区域的级位划分过程

要素集合	S_i	$A(S_i)$	$R(S_i)$	$C(S_i)$	$B(S_i)$	$C(S_i)=R(S_i)$	$\prod P_1$
P_1-L_0	6	6	6，17，21，27，37	6	6		$L_1=S_{37}$
	7	7，10	7，13，17，21，24，26，27，37	7			
	10	10	7，10，21，24，26，17，27，13，37	10	10		
	11	11	11，24，26，13，37	11	11		
	13	13，7，10，11，24，25	13，37	13			
	14	14，18	14，27，37	14			
	17	6，7，10，17，21	17，27，37，21	17，21			
	18	18	18，14，27，37	18	18		
	21	6，7，10，17，21	21，17，27，37	17，21			
	24	7，10，11，24	24，13，37	24			
	26	7，10，11，26	26，13，37	26			
	27	6，7，10，14，17，18，21，27	27，37	27			
	37	6，7，10，11，13，14，17，18，21，24，26，27，37	37	37		√	
P_1-L_0-L_1	6	6	6，17，21，27	6	6		$L_2=S_{13}$，S_{27}
	7	7，10	7，13，17，21，24，26，27	7			
	10	10	7，10，21，24，26，17，27，13	10	10		
	11	11	11，24，26，13	11	11		
	13	13，7，10，11，24，25	13	13		√	
	14	14，18	14，27	14			
	17	6，7，10，17，21	17，27，37，21	17，21			
	18	18	18，14，27	18	18		
	21	6，7，10，17，21	21，17，27	17，21			
	24	7，10，11，24	24，13	24			
	26	7，10，11，26	26，13	26			
	27	6，7，10，14，17，18，21，27	27	27		√	
P_1-L_0-L_1-L_2	6	6	6，17，21	6	6		$L_3=S_{14}$，S_{17}，S_{21}，S_{24}，S_{26}
	7	7，10	7，17，21，24，26	7			
	10	10	7，10，21，24，26，17	10	10		
	11	11	11，24，26	11	11		
	14	14，18	14	14		√	
	17	6，7，10，17，21	17，27，37，21	17，21			
	18	18	18，14	18	18		
	21	6，7，10，17，21	21，17	17，21		√	
	24	7，10，11，24	24	24		√	
	26	7，10，11，26	26	26		√	

续表

要素集合	S_i	$A(S_i)$	$R(S_i)$	$C(S_i)$	$B(S_i)$	$C(S_i)=R(S_i)$	$\prod P_1$
P_1-L_0-L_1-L_2-L_3	6	6	6	6	6	√	$L_4=S_6$，S_7，S_{11}，S_{18}
	7	7，10	7	7		√	
	10	10	7，10	10	10		
	11	11	11	11	11	√	
	18	18	18	18	18	√	
P_1-L_0-L_1-L_2-L_3-L_4	10	10	10	10	10	√	$L_5=S_{10}$

由表 4.6 得到子区域级位划分结果：

$$\prod P_1 = L_1,\ L_2,\ L_3,\ L_4,\ L_5=\{S_{37}\},\{S_{13},\ S_{27}\},\\ \{S_{14},\ S_{17},\ S_{21},\ S_{24},\ S_{26}\},\ \{S_6,\ S_7,\ S_{11},\ S_{18}\},\ \{S_{10}\} \tag{4.19}$$

依据相同方法对其他子区域进行级位划分得到以下结果：

$$\prod P_2 = L_1,\ L_2,\ L_3=\{S_4\},\{S_8,\ S_{23},\ S_{31}\},\ \{S_9,\ S_{16},\ S_{25},\ S_{34}\} \tag{4.20}$$

$$\prod P_3 = L_1,\ L_2,\ L_3,\ L_4=\{S_3\},\{S_{15},\ S_{19},\ S_{22},\ S_{28},\ S_{32}\},\ \{S_{33}\},\ \{S_{36}\} \tag{4.21}$$

$$\prod P_4 = L_1,\ L_2,\ L_3,\ L_4=\{S_{35}\},\ \{S_5,\ S_{20},\ S_{29}\},\ \{S_{30}\},\ \{S_{12}\} \tag{4.22}$$

此时，根据以上级位划分将对角矩阵转化为级位对角矩阵 **M**（*L*）：

$$\boldsymbol{M}(L)=\begin{array}{cc|c|c|c|c}
L_1 & 3 & 1\ 0\ 0\ 0\ 0\ 0\ 0\ 0 & & & \\
 & 15 & 1\ 1\ 0\ 0\ 0\ 0\ 0\ 0 & & & \\
 & 19 & 1\ 0\ 1\ 1\ 0\ 0\ 0\ 0 & & & \\
L_2 & 22 & 1\ 0\ 1\ 1\ 0\ 0\ 0\ 0 & 0 & 0 & 0 \\
 & 28 & 1\ 0\ 0\ 0\ 1\ 1\ 0\ 0 & & & \\
 & 32 & 1\ 0\ 0\ 0\ 1\ 1\ 0\ 0 & & & \\
L_3 & 33 & 1\ 0\ 0\ 0\ 1\ 1\ 1\ 0 & & & \\
L_4 & 36 & 1\ 0\ 0\ 0\ 1\ 1\ 1\ 1 & & & \\
\hline
L_1 & 4 & & 1\ 0\ 0\ 0\ 0\ 0\ 0\ 0 & & \\
 & 8 & & 1\ 1\ 0\ 0\ 0\ 0\ 0\ 0 & & \\
L_2 & 23 & & 1\ 0\ 1\ 1\ 0\ 0\ 0\ 0 & & \\
 & 31 & 0 & 1\ 0\ 1\ 1\ 0\ 0\ 0\ 0 & 0 & 0 \\
 & 9 & & 1\ 1\ 0\ 0\ 1\ 0\ 0\ 0 & & \\
L_3 & 16 & & 1\ 1\ 0\ 0\ 0\ 1\ 0\ 0 & & \\
 & 25 & & 1\ 0\ 1\ 1\ 0\ 0\ 1\ 0 & & \\
 & 34 & & 1\ 1\ 0\ 0\ 0\ 0\ 0\ 1 & & \\
\hline
L_1 & 35 & & & 1\ 0\ 0\ 0\ 0\ 0 & \\
 & 5 & & & 1\ 1\ 0\ 0\ 0\ 0 & \\
L_2 & 20 & 0 & 0 & 1\ 0\ 1\ 0\ 0\ 0 & 0 \\
 & 29 & & & 1\ 0\ 0\ 1\ 0\ 0 & \\
L_3 & 30 & & & 1\ 1\ 1\ 0\ 1\ 0 & \\
L_4 & 12 & & & 1\ 1\ 1\ 0\ 1\ 1 & \\
\hline
L_1 & 37 & & & & 1\ 0\ 0\ 0\ 0\ 0\ 0\ 0\ 0\ 0\ 0\ 0\ 0 \\
 & 13 & & & & 1\ 1\ 0\ 0\ 0\ 0\ 0\ 0\ 0\ 0\ 0\ 0\ 0 \\
L_2 & 27 & & & & 1\ 1\ 1\ 0\ 0\ 0\ 0\ 0\ 0\ 0\ 0\ 0\ 0 \\
 & 14 & & & & 1\ 0\ 1\ 1\ 0\ 0\ 0\ 0\ 0\ 0\ 0\ 0\ 0 \\
 & 17 & & & & 1\ 0\ 1\ 0\ 1\ 1\ 0\ 0\ 0\ 0\ 0\ 0\ 0 \\
L_3 & 21 & & & & 1\ 0\ 1\ 0\ 1\ 1\ 0\ 0\ 0\ 0\ 0\ 0\ 0 \\
 & 24 & 0 & 0 & 0 & 1\ 1\ 0\ 0\ 0\ 0\ 1\ 0\ 0\ 0\ 0\ 0\ 0 \\
 & 26 & & & & 1\ 1\ 0\ 0\ 0\ 0\ 0\ 1\ 0\ 0\ 0\ 0\ 0 \\
 & 6 & & & & 1\ 0\ 1\ 0\ 1\ 1\ 0\ 0\ 1\ 0\ 0\ 0\ 0 \\
L_4 & 7 & & & & 1\ 1\ 1\ 0\ 1\ 1\ 1\ 1\ 0\ 1\ 0\ 0\ 0 \\
 & 11 & & & & 1\ 1\ 0\ 0\ 0\ 0\ 1\ 1\ 0\ 0\ 1\ 0\ 0 \\
 & 18 & & & & 1\ 0\ 1\ 1\ 0\ 0\ 0\ 0\ 0\ 0\ 0\ 1\ 0 \\
L_5 & 10 & & & & 1\ 1\ 1\ 0\ 1\ 1\ 1\ 1\ 0\ 1\ 0\ 0\ 1
\end{array}$$

3）骨架矩阵提取

对于级位对角矩阵中具有强联通关系的两个元素，选择其中一个删除其所在的行和列，保留其中一个元素，得到的矩阵再进行检出处理后，可以建立起级位对角矩阵 $\boldsymbol{M}(L)$ 的骨架矩阵 $\boldsymbol{A}'$，计算级位对角矩阵 $\boldsymbol{M}$（L）的缩减矩阵和检出处理的步骤如下。

（1）检查级位对角矩阵中是否存在强联通关系的元素，如果存在则选择其中一个元素作为代表元素，删除其他元素所在的行和列，形成缩减矩阵 $\boldsymbol{M}'$（L）。

（2）删除缩减矩阵 $\boldsymbol{M}'$（L）中存在的越级二元关系，即将缩减矩阵 $\boldsymbol{M}'$（L）中的越级二元关系的元素 1 改为 0，得到缩减矩阵 $\boldsymbol{M}''$（L）。

（3）将 $\boldsymbol{M}''$（L）矩阵的表示元素自反性的 1 改为 0，即矩阵对角线上的元素由 1 改为 0，得到具有最少二元关系并且能够实现系统目标的骨架矩阵 $\boldsymbol{A}'$。

$\boldsymbol{A}'=$

<table>
<tr><td>L_1</td><td>3</td><td>0</td><td>0</td><td>0</td><td>0</td><td>0</td><td>0</td><td colspan="7" rowspan="6">0</td><td colspan="6" rowspan="6">0</td><td colspan="13" rowspan="6">0</td></tr>
<tr><td rowspan="3">L_2</td><td>15</td><td>1</td><td>0</td><td>0</td><td>0</td><td>0</td><td>0</td></tr>
<tr><td>22</td><td>1</td><td>0</td><td>0</td><td>0</td><td>0</td><td>0</td></tr>
<tr><td>32</td><td>1</td><td>0</td><td>0</td><td>0</td><td>0</td><td>0</td></tr>
<tr><td>L_3</td><td>33</td><td>0</td><td>0</td><td>0</td><td>1</td><td>0</td><td>0</td></tr>
<tr><td>L_4</td><td>36</td><td>0</td><td>0</td><td>0</td><td>0</td><td>1</td><td>0</td></tr>
<tr><td>L_1</td><td>4</td><td colspan="6" rowspan="7">0</td><td>0</td><td>0</td><td>0</td><td>0</td><td>0</td><td>0</td><td>0</td><td colspan="6" rowspan="7">0</td><td colspan="13" rowspan="7">0</td></tr>
<tr><td rowspan="2">L_2</td><td>8</td><td>1</td><td>0</td><td>0</td><td>0</td><td>0</td><td>0</td><td>0</td></tr>
<tr><td>31</td><td>1</td><td>0</td><td>0</td><td>0</td><td>0</td><td>0</td><td>0</td></tr>
<tr><td rowspan="4">L_3</td><td>9</td><td>0</td><td>1</td><td>0</td><td>0</td><td>0</td><td>0</td><td>0</td></tr>
<tr><td>16</td><td>0</td><td>1</td><td>0</td><td>0</td><td>0</td><td>0</td><td>0</td></tr>
<tr><td>25</td><td>0</td><td>0</td><td>1</td><td>0</td><td>0</td><td>0</td><td>0</td></tr>
<tr><td>34</td><td>0</td><td>1</td><td>0</td><td>0</td><td>0</td><td>0</td><td>0</td></tr>
<tr><td>L_1</td><td>35</td><td colspan="6" rowspan="6">0</td><td colspan="7" rowspan="6">0</td><td>0</td><td>0</td><td>0</td><td>0</td><td>0</td><td>0</td><td colspan="13" rowspan="6">0</td></tr>
<tr><td rowspan="3">L_2</td><td>5</td><td>1</td><td>0</td><td>0</td><td>0</td><td>0</td><td>0</td></tr>
<tr><td>20</td><td>1</td><td>0</td><td>0</td><td>0</td><td>0</td><td>0</td></tr>
<tr><td>29</td><td>1</td><td>0</td><td>0</td><td>0</td><td>0</td><td>0</td></tr>
<tr><td>L_3</td><td>30</td><td>0</td><td>1</td><td>1</td><td>0</td><td>0</td><td>0</td></tr>
<tr><td>L_4</td><td>12</td><td>0</td><td>0</td><td>0</td><td>0</td><td>1</td><td>0</td></tr>
<tr><td>L_1</td><td>37</td><td colspan="6" rowspan="13">0</td><td colspan="7" rowspan="13">0</td><td colspan="6" rowspan="13">0</td><td>0</td><td>0</td><td>0</td><td>0</td><td>0</td><td>0</td><td>0</td><td>0</td><td>0</td><td>0</td><td>0</td><td>0</td><td>0</td></tr>
<tr><td rowspan="2">L_2</td><td>13</td><td>1</td><td>0</td><td>0</td><td>0</td><td>0</td><td>0</td><td>0</td><td>0</td><td>0</td><td>0</td><td>0</td><td>0</td><td>0</td></tr>
<tr><td>27</td><td>1</td><td>1</td><td>0</td><td>0</td><td>0</td><td>0</td><td>0</td><td>0</td><td>0</td><td>0</td><td>0</td><td>0</td><td>0</td></tr>
<tr><td rowspan="5">L_3</td><td>14</td><td>0</td><td>0</td><td>1</td><td>0</td><td>0</td><td>0</td><td>0</td><td>0</td><td>0</td><td>0</td><td>0</td><td>0</td><td>0</td></tr>
<tr><td>17</td><td>0</td><td>0</td><td>1</td><td>0</td><td>0</td><td>1</td><td>0</td><td>0</td><td>0</td><td>0</td><td>0</td><td>0</td><td>0</td></tr>
<tr><td>21</td><td>0</td><td>0</td><td>1</td><td>0</td><td>1</td><td>0</td><td>0</td><td>0</td><td>0</td><td>0</td><td>0</td><td>0</td><td>0</td></tr>
<tr><td>24</td><td>0</td><td>1</td><td>0</td><td>0</td><td>0</td><td>0</td><td>0</td><td>0</td><td>0</td><td>0</td><td>0</td><td>0</td><td>0</td></tr>
<tr><td>26</td><td>0</td><td>1</td><td>0</td><td>0</td><td>0</td><td>0</td><td>0</td><td>0</td><td>0</td><td>0</td><td>0</td><td>0</td><td>0</td></tr>
<tr><td rowspan="4">L_4</td><td>6</td><td>0</td><td>0</td><td>0</td><td>0</td><td>1</td><td>1</td><td>0</td><td>0</td><td>0</td><td>0</td><td>0</td><td>0</td><td>0</td></tr>
<tr><td>7</td><td>0</td><td>0</td><td>0</td><td>0</td><td>1</td><td>1</td><td>1</td><td>1</td><td>0</td><td>0</td><td>0</td><td>0</td><td>0</td></tr>
<tr><td>11</td><td>0</td><td>0</td><td>0</td><td>0</td><td>0</td><td>0</td><td>1</td><td>1</td><td>0</td><td>0</td><td>0</td><td>0</td><td>0</td></tr>
<tr><td>18</td><td>0</td><td>0</td><td>0</td><td>1</td><td>0</td><td>0</td><td>0</td><td>0</td><td>0</td><td>0</td><td>0</td><td>0</td><td>0</td></tr>
<tr><td>L_5</td><td>10</td><td>0</td><td>0</td><td>0</td><td>0</td><td>0</td><td>0</td><td>0</td><td>0</td><td>0</td><td>1</td><td>0</td><td>0</td><td>0</td></tr>
</table>

4）多级阶梯结构模型图

根据骨架矩阵 $\boldsymbol{A}'$可以绘制动力因子的多级阶梯有向图 D（$\boldsymbol{A}'$），得到建筑业农民工转化为产业工人动力因子的多级阶梯结构模型。

（1）根据 $\boldsymbol{A}'$所表达的区域划分以及级位划分，从上到下按次序对各动力因子进行排序，绘制出骨架矩阵的各区域级位划分，如图 4.8 所示。

（2）根据二元关系 R_b 可知，S_{19} 与 S_{22}、S_{17} 与 S_{21}、S_{23} 与 S_{31} 存在直接相关关系。根据级位划分方法将上述删除因子重新加到级位划分图中，同时在操作过程中删除的强联通关系元素也加入到级位划分图中，通过有向弧进行连接，得到最终的元素级位划分。

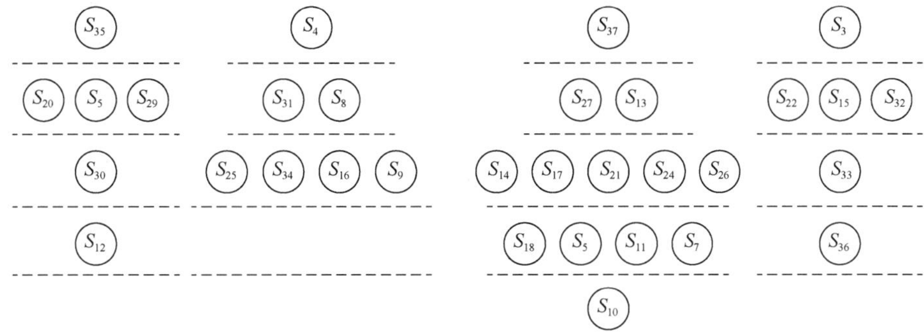

图 4.8　骨架矩阵的各区域级位划分

（3）将上述划分好的因子级位图中存在相互关系的因子用有向弧进行连接。最后得到多级阶梯结构模型 $D(\boldsymbol{A}')$，如图 4.9 所示。

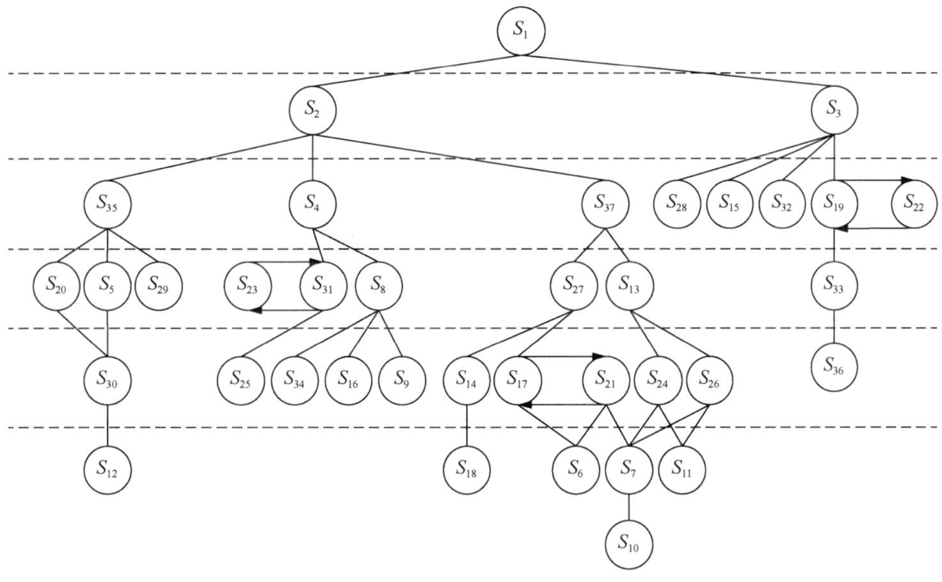

图 4.9　建筑业农民工转化为产业工人动力因子多级阶梯结构（ISM）模型

4.3.3　建筑业农民工转化为产业工人的动力因子体系

对建筑业农民工转化为产业工人动力因子的二元关系以及图 4.9 影响建筑业农民工转化为产业工人动力因子的 ISM 模型进行分析可知：影响建筑业农民工转化为产业工人动力因子主要分为建筑业农民工市民化水平、建筑业农民工自身素质、建筑业发展情况、建筑企业管理情况四个独立区域，这些动力因子位于建筑业农民工转化为产业工人动力因子的 ISM 模型各自区域的最高级位置。

建筑业农民工转化为产业工人的动力因子体系是一个具有多层级递阶结构的复杂系统。

（1）表层直接动力因子。如图 4.10 所示，建筑业农民工职业化水平、建筑业农民工

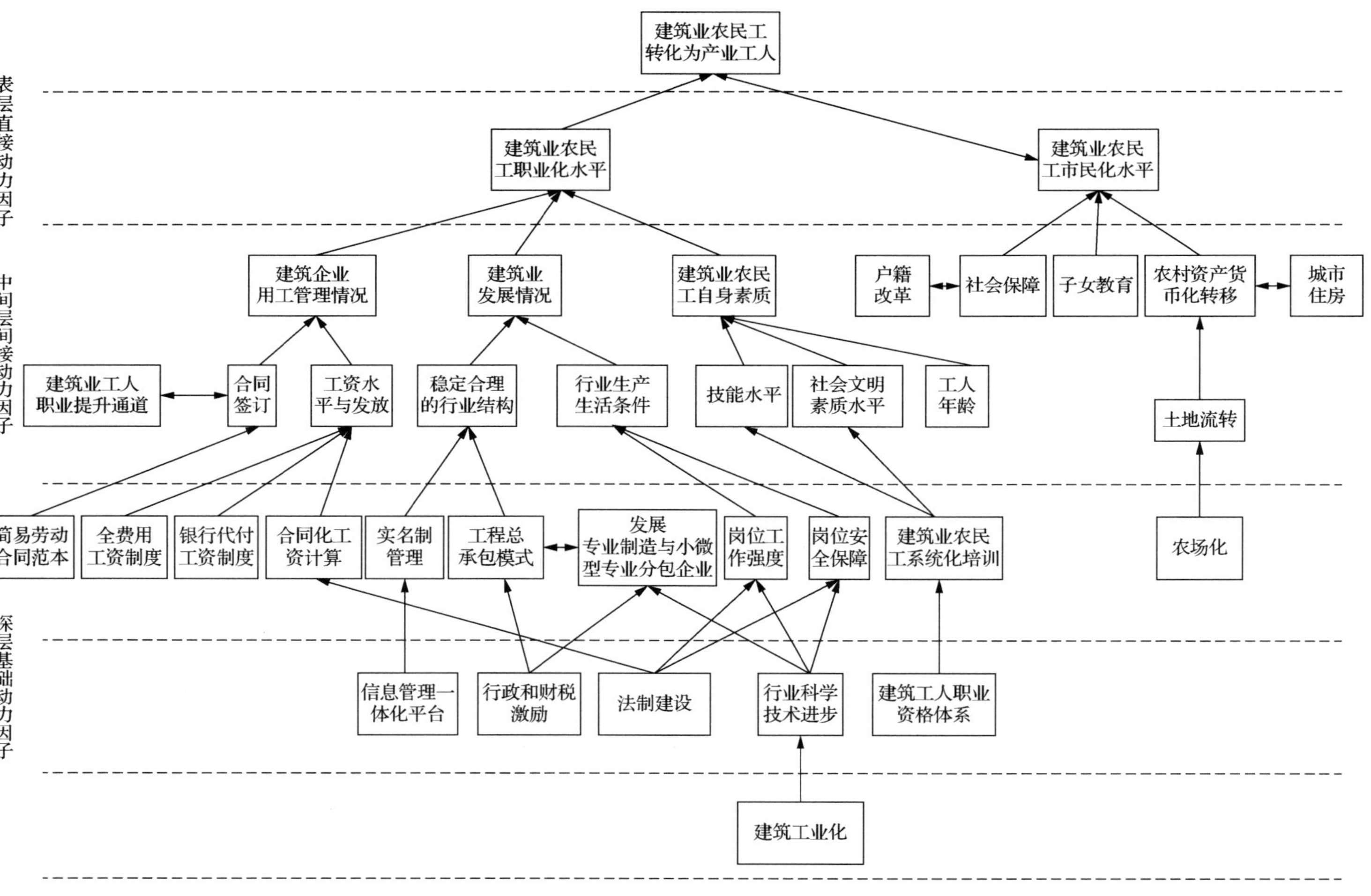

图 4.10　建筑业农民工转化为产业工人的动力因子体系

市民化水平是建筑业农民工向产业工人转化的最表层直接动力因子。而建筑业农民工职业化水平与建筑业农民工自身素质、建筑业发展情况、建筑企业用工管理情况等动力因子直接相关；户籍改革、社会保障、子女教育、农村资产货币化转移以及城市住房等动力因子直接决定建筑业农民工市民化水平。

（2）建筑工人劳动合同签订、建筑工人职业提升通道和工资水平与发放对于建筑企业用工管理情况至关重要；建筑业生产生活条件、稳定合理的行业架构可以显著影响建筑业发展情况；农村土地流转决定了建筑工人农村资产的货币化转移程度。

（3）位于各区域底层的是影响建筑业农民工转化为产业工人的基础动力因子，这些因子对于建筑业农民工转化为产业工人具有基础且深远的影响。因此，需要从这些动力因子着手，构建科学的路径，加快建筑业农民工向产业工人转化。

（4）处于 ISM 模型最底层的建筑工业化是建筑业农民工转化为产业工人的最根本动力因子。发展建筑工业化将彻底改变工人生产方式，使建筑生产的主战场由“工地”转移到“工厂”，从根本上促进建筑业农民工转化为产业工人。

4.4　动力因子体系的分析与修正

根据建筑业农民工转化为产业工人动力因子的 ISM 模型的运算结果，借助激励理论、人力资源理论以及技术创新等理论工具的分析，将建筑业农民工转化为产业工人的动力因子体系修正为“2-4-12 体系”，即 2 个驱动维度（建筑业农民工职业化水平、建筑业农民工市民化水平）、4 个驱动力模块（建筑业农民工内在驱动力模块、建筑业驱动力模块、建筑企业驱动力模块与社会配套驱动力模块）、12 个关键驱动力（建筑业工人职业提升通道、简易劳动合同范本、薪酬总付一体化、实名制管理信息一体化平台、工程总承包模式、发展专业制造与小微型专业分包企业、建筑工业化、建筑业农民工系统化培训、建筑工人职业资格体系、工人年龄、户籍改革、农场化），如图 4.11 所示。需要注意的是，该结论与建筑业农民工转化为产业工人动力因子的 ISM 模型运算结果略有不同，详细分析过程如表 4.7 所示。

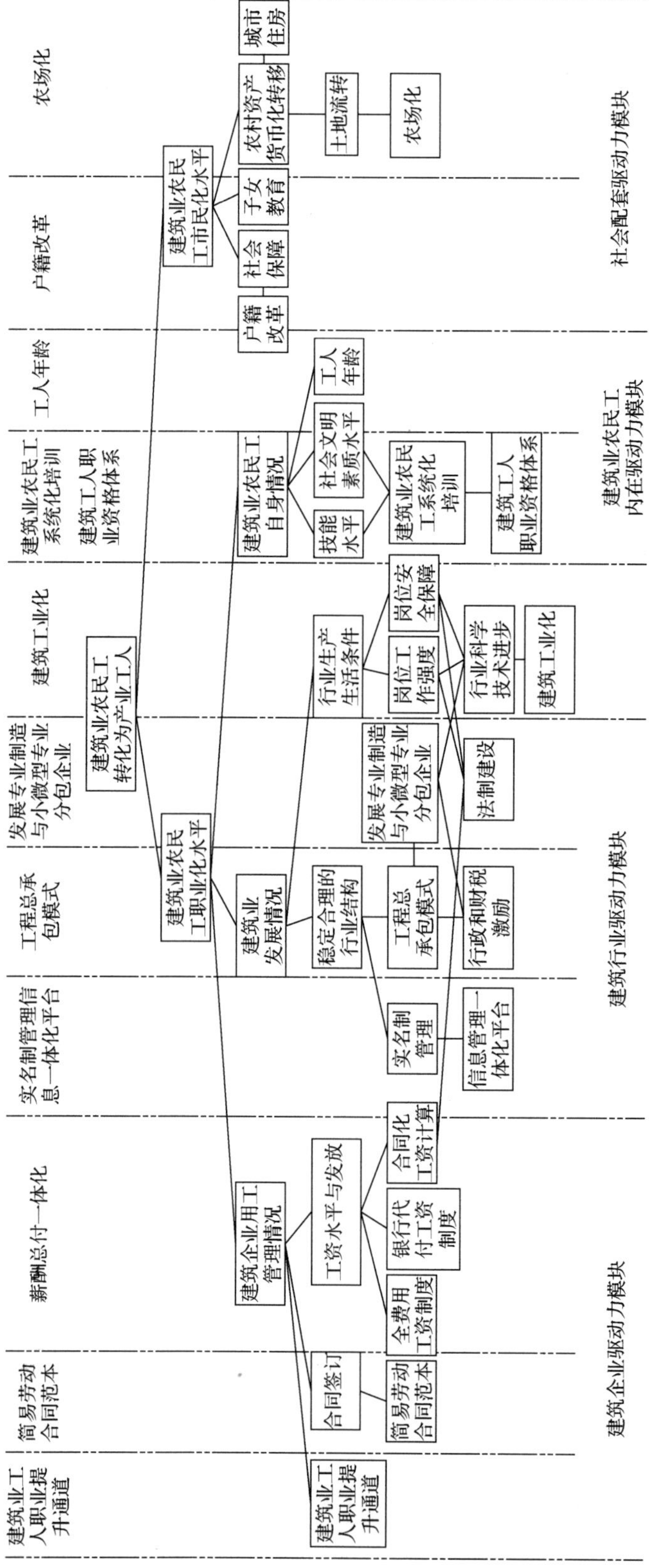

图 4.11　建筑业农民工转化为产业工人动力来源划分

表 4.7　建筑业农民工转化为产业工人动力因子体系分析

驱动力体系	归类原因分析	
2 个驱动维度	建筑业农民工向产业工人转型，其实质是完成其身份的转化，包括职业身份与社会身份，即建筑业农民工转化为产业工人来源于职业化与市民化两个驱动力维度	
4 个驱动力模块	根据建筑业农民工向产业工人转化的 ISM 模型的区域划分结论，建筑业农民工转化为产业工人动力因子来源于 4 个区域：建筑业农民工自身素质、建筑企业用工管理情况、建筑业发展情况以及市民化。4 个驱动力模块基本与动力因子的 4 个区域保持一致，即建筑业农民工内在驱动力模块、建筑企业驱动力模块、建筑业驱动力模块以及社会配套驱动力模块。其中因市民化概念略微笼统且不完全聚焦于建筑业农民工问题，且该区域内的户籍改革、社会保障、子女教育、城市住房以及农村资产货币化转移均为社会配套政策的范畴，故本书略作调整以社会配套驱动力模块对应市民化区域	
12 个关键驱动力	关键驱动力是依据建筑业农民工转化为产业工人动力因子的 ISM 模型对各区域最底层动力因子进行整合归类，根据文献分析与专家访谈的结论以及动力因子现实意义分析的结论，对 ISM 模型分析结果进行微调，得到的 12 项关键驱动力	
	1. 建筑业工人职业提升通道	由人本主义需要理论可知，人的需求是从低级向高级逐级发展的。当建筑业工人工资达到预期以后，想激励他们积极工作、强化建筑业的职业吸引力，必须重视与工作本身有关的激励因素。按照赫茨伯格双因素理论的解释，获得赏识以及成长和发展的机会，是与工作内容本身和个体对于工作的正面感觉相关的，是调动建筑业工人工作积极性的重要因素。因此，建筑业农民工转化为产业工人的重要一环便是建筑企业需形成与工人技能等级、工龄相关联的职业提升通道[6]
	2. 简易劳动合同范本	针对建筑业用工具有工种繁多、流动性大、季节性强的特点，以及建筑业农民工学历普遍较低、对劳动法和劳动合同法了解较少的现状，建筑业推广使用简易劳动合同范本，是提高建筑业工人组织化程度、稳定建筑业工人队伍的重要举措。简易合同范本主要是保障劳动报酬、实名制管理、社保待遇。简易劳动合同范本需要设立专门明确工资以及针对培训的项目，用工单位还必须依法给农民工购买保险
	3. 薪酬总付一体化	维克托·H. 弗鲁姆（Victor H. Vroom）于 1964 年在《工作与激励》一书中提出的期望理论认为，工人提高相应的绩效所能获得的预期薪酬水平会进一步增强自己的工作动机并提高自己的工作效率。影响建筑业农民工薪酬水平的因素很多，影响工人个人薪酬水平的因素有工作质量、职称（或工种）、技术和文化水平、年龄和工龄等。影响建筑行业整体薪酬水平的因素有建筑企业工资支付能力、地区和行业市场环境、劳动力市场供求状况等。当建筑业农民工工资高于农民工种地所获得的收入时，大批农民工进入建筑行业；当产业工人的工资保障好于农民工现状时，农民工会迫切要求转化为产业工人。因此，建筑工人薪酬总付一体化应包括全费用工资制度、合同化工资计算及银行代付工资制度。另外，全费用工资制度应设计合理的工资增长机制

续表

驱动力体系	归类原因分析	
12 个关键驱动力	4. 实名制管理信息一体化平台	现代信息通信技术为经济社会带来了巨大的变革，曼纽尔•卡斯特尔（Manuel Castells）在 2006 年提出的信息技术范式理论认为，数字革命正在重塑世界，并且克服了以往产业革命的不足，注定具有深远的影响。建筑业劳务层基本为“包工头”形式的作业队，短期合同工、派遣工等临时性务工人员，尤其是“包工头”形式的劳务用工方式一直存在，造成了建筑劳动力市场的无序竞争，出现了一批“有资质，无队伍”“有企业，无管理”的劳务企业，管理责任无法有效落实，导致违法分包、挂靠、极端讨薪行为屡屡发生，拖欠农民工工资隐患依然存在。部分省市期待借助实名制管理来根治建筑业用工管理混乱的现象，但由于存在数据孤岛现象，收效甚微。因此，整合实名制管理与信息管理一体化手段，建立覆盖全国的实名制信息管理共享系统，是建筑业信息化管理的必然趋势。实名制管理一体化平台，即一个涵盖实名制信息管理、工资发放监管及信息服务（就业信息、法律服务、政策信息及企业信息）等在内的集成信息管理系统，以充分的信息管理为目标，为农民工建立基本信息数据库，坚持推行建筑劳务实名制管理，同时为农民工提供其他各种信息服务
	5. 工程总承包模式 6. 发展专业制造与小微型专业分包企业	产业组织理论的基本体系由市场结构（structure）、企业行为（conduct）和市场绩效（performance）3 个基本范畴构成，它们 3 个之间的关系讨论构成了 SCP 分析范式。S 是指在特定的市场中，企业间在数量、市场份额、企业规模上的相互关系，这些关系形成市场上不同类型的竞争形式；C 是指企业如何确定发展目标和战略，企业采取的竞争行为；P 是指企业采取竞争行为后在市场上的收益与运营效果。SCP 分析范式中，市场结构决定企业行为，企业行为导致不同的市场绩效。按照 SCP 分析范式可以看出，中国建筑业发展落后的首要原因在于建筑市场结构。发达国家的建筑市场结构多是大型总包企业为龙头、小型专业分包企业为主体，为“金字塔结构”，一家大型企业的下面往往形成一批比较固定的小型专业分包企业。例如，英国 20 多万个建筑公司中 85%以上的公司雇员少于 5 人；美国专业承包企业承担全美 80%以上的工程施工作业，平均每家企业雇用员工 8.3 人；德国中小型企业吸纳行业从业人员占 90%以上；日本建筑专业分包公司占建筑公司总量的 82.7%。而中国建筑业则是以大型总包企业构成了行业架构的主体，呈现“倒金字塔结构”。截至 2017 年，劳务分包企业数量占建筑企业总数的比例为 6.35%；专业承包企业数量占建筑企业总数的比例为 33.13%；总承包企业数量占建筑企业总数的比例为 60.52%，总承包企业产值占建筑业产值的比重为 89.43%。建筑业的“倒金字塔”结构使行业中劳务企业专业化程度与科技含量低，农民工成为主力军，产业工人化动力不足。我国建筑业必须推广工程总承包模式，大力发展专业制造、小微型专业分包企业协同推进，实现劳务企业向专业制造、分包企业的转化，既可以显著提高建筑工人的组织化程度，也可以强化建筑工人专业技能提升的需求。行政和财税激励只是推广总承包模式与发展专业制造与小微型专业分包企业的辅助手段，虽然处于 ISM 模型的底部区域，但不是所属区域的关键驱动力
	7. 建筑工业化	约瑟夫•熊彼特（Joseph Alois Schumpeter）指出，技术是创新活动得以产生和发展的源泉，这一思想演变为经典的技术推动论。根据 ISM 模型分析结论，建筑工业化是建筑业农民工转化为产业工人的最基础推动力。要使广大建筑业农民工转化为产业工人，未来中国建筑业必然要大力推进“工业化”生产，推进“工厂生产+工地装配”的构筑方式，走建筑工业化之路。这一工业化之路，从根本上改变了生产方式，生产的不是传统的建筑产品，而是具有绿色、低碳、智能等特征的高科技含量的工业化新产品。新的产品科技含量越高，对建筑工人专业技能的要求越高，农民工产业工人化水平也会越高

续表

驱动力体系		归类原因分析
12 个关键驱动力	8. 建筑业农民工系统化培训	加里·S. 贝克尔（Gary S. Becker）在论述人力资本的知识效应时指出，技术进步使人力资本的投资增加，且提高了“技术人员的相对供给”，所以工人可以在工作过程中学习新技术提高自身的生产率，提出个人的人力资本。随着建筑工业化时代的到来，建筑行业作业方式必将发生翻天覆地的变化，为顺利完成建筑业农民工向产业工人的转化，建筑工人必将接受各种旨在提高劳动生产率及社会融入的系统化培训。长久以来建筑业的脏乱差形象导致建筑业农民工社会认知与社会融入程度较低，所以与其他领域的职业培训不同，建筑业农民工系统化培训除了强调工人技能培训提升以外，需全面改变农民工对于工作、生活、社会文明的认知状态，做到在城市里的无差异化生活，实现社会文明培训与技能培训并举的系统化推进。因此，该驱动力虽然不在 ISM 模型最底层，但本书仍将其纳为建筑业农民工向产业工人转化的关键驱动力
	9. 建筑工人职业资格体系	美国社会心理学家戴维·C. 麦克利兰（David C. McClelland）研究成就动机理论时提出，具有较高成就动机的个体更容易成功。因此，构建与建筑工人职业提升、工资等级、工资增长及职业认同感相匹配的建筑工人职业资格体系将显著增强农民工参与建筑业农民工系统化培训的学习动机。建筑工人职业资格体系包括健全的工人职业技能等级制度、完善的个人执业资格信用体系、以执业人员为主体的工程责任保险制度
	10. 工人年龄	有学者认为，影响人们社会行为的动机因素受年龄因素决定的偏差可以被显著观察到。建筑业农民工随着年龄增长，参与职业培训、接纳建筑工业化及获得平等市民权的意愿显著下降：根据问卷调查结果显示，建筑业农民工不适应新技术发展（建筑工业化）的原因，选择“年龄太大，不想学习”的有 14 948 人，占 39.9%；关于农民工对培训不感兴趣的原因，选择“年龄太大，学不动”的有 12 545 人，占 33.48%。因此可以认为年龄是影响建筑业农民工转化为产业工人的重要因素
	11. 户籍改革	加快户籍制度改革，有利于实现农民工由常住人口向户籍人口转变，消除对农民工的制度性歧视。传统的发展战略及户籍制度安排限制了潜在的转移行为，制度改革在促进劳动力转移方面将更为重要。中国户籍制度在改革前是政府控制城乡人口转移的最直接、最有效的手段。尽快改革户籍制度，放宽对人口流动的各种限制，对于建筑业农民工获得平等市民权尤为重要
	12. 农场化	拉尼斯和费景汉提出的拉尼斯-费景汉劳动力迁移模式认为，农业由于生产率提高而出现剩余产品应该是农业中的劳动力向工业流动的先决条件。推行农场化、集约化经营，不仅可以显著提高农业现代化水平，增加农村富余劳动力的供给，还可以推动建筑业农民工农村资产的货币化转移。只有进行农村土地农场化改革，才可加速农村土地流转，增加建筑业农民工迁移和身份转化的财富资本，让他们带着自信进城

参考文献

[1] 关维娟，何刚，陈清华，等．基于解释结构模型的煤矿安全主要影响因素分析[J]．统计与决策，2010（19）：178-180．

[2] 王猛，张永安，王燕妮．企业原始创新影响因素解释结构模型研究[J]．科技进步与对策，2013（6）：70-75．

[3] Ammu S, AJAI A. VLSI implementation of Boolean algebra based cryptographic algorithm[C]// 2016 International Conference on Electrical, Electronics, and Optimization Techniques (ICEEOT). IEEE, 2016.

[4] NOLA A D, FERRAIOLI A R, GERLA B. Combining Boolean algebras and l-groups in the variety generated by chang's MV-algebra[J]. Mathematica Slovaca, 2016, 66(2): 1-17.

[5] KUDRYAVTSEVA G, LAWSON M V. Boolean sets，skew Boolean algebras and a non-commutative Stone duality[J]. Algebra Universalis, 2016, 75(1):1-19.

[6] 张德．人力资源与管理[M]．3 版．北京：清华大学出版社，2007．

第 5 章 建筑业农民工产业工人化的运动规律与多维空间动力系统分析

本书第 4 章完成了构建与分析建筑业农民工转化为产业工人的动力因子体系工作，但是解决建筑业农民工问题是个关系到企业管理、行业治理、社会制度设计等方面的复杂性系统工程，建筑业农民工向产业工人的转化是一个有可能反复的、动态的过程，不可将其身份转化视为一次性的、静态的社会身份再分配过程。所以，必须深入到机制层面探究建筑业农民工转型动力系统形成的内在机理，探讨新的理论体系用以指导新的管理模式构建和制度设计。

有鉴于此，本章将借助路径依赖理论分析建筑业农民工转化为产业工人的规律，并在此基础上按“结构—功能—运行机理”（SFP 范式）分析在这种运动规律下建筑业农民工转化为产业工人的动力系统，以期最终构建建筑业农民工转化为产业工人动力系统的理论模型。

5.1 建筑业农民工管理政策的梳理

建筑业农民工问题由来已久。过去十几年，多起建筑业农民工的欠薪与讨薪、安全与权益、培训与技能事件从原本简单的纠纷，演变放大为社会焦点，成为广泛参与的热点话题。在此背景下，自 2003 年以来，仅仅是国务院及各部委层面便出台了大量政策文件以期集中解决建筑业农民工的问题，如表 5.1 所示。

表 5.1 有关建筑业农民工政策文件（仅整理国务院及部委文件）

发文单位	出台的农民工管理文件	发文字号	发文日期
国务院办公厅	《国务院办公厅转发农业部等部门 2003—2010 年全国农民工培训规划的通知》	国办发〔2003〕79 号	2003 年 9 月 18 日
劳动和社会保障部、建设部	《关于切实解决建筑企业拖欠农民工工资问题的通知》	劳社部发〔2003〕27 号	2003 年 9 月 30 日
劳动和社会保障部	《关于农民工参加工伤保险有关问题的通知》	劳社部发〔2004〕18 号	2004 年 6 月 1 日
劳动保障部、建设部	《关于印发〈建设领域农民工工资支付管理暂行办法〉的通知》	劳社部发〔2004〕22 号	2004 年 9 月 6 日
劳动和社会保障部	《关于加强建设等行业农民工劳动合同管理的通知》	劳社部发〔2005〕9 号	2005 年 5 月 11 日
国务院	《国务院关于解决农民工问题的若干意见》	国发〔2006〕5 号	2006 年 1 月 31 日
国务院	《国务院关于同意建立农民工工作联席会议制度的批复》	国函〔2006〕19 号	2006 年 3 月 31 日
教育部	《教育部关于教育系统贯彻落实〈国务院关于解决农民工问题的若干意见〉的实施意见》	教职成〔2006〕6 号	2006 年 5 月 17 日

续表

发文单位	出台的农民工管理文件	发文字号	发文日期
劳动和社会保障部	《关于实施农民工“平安计划”加快推进农民工参加工伤保险工作的通知》	劳社部发〔2006〕19号	2006年5月17日
劳动和社会保障部、建设部	《关于做好建筑施工企业农民工参加工伤保险有关工作的通知》	劳社部发〔2006〕44号	2006年12月5日
建设部、中央精神文明建设指导委员会、教育部、中华全国总工会、中国共产主义青年团中央委员会	《关于在建筑工地创建农民工业余学校的通知》	建人〔2007〕82号	2007年3月20日
建设部	《关于印发〈建设部近期农民工工作要点〉的通知》	建人函〔2007〕200号	2007年6月11日
住房和城乡建设部、人力资源和社会保障部	《关于印发建筑业农民工技能培训示范工程实施意见的通知》	建人〔2008〕109号	2008年6月17日
住房和城乡建设部办公厅	《住房和城乡建设部办公厅关于开展建筑业“千万农民工同上一堂课”安全培训活动的通知》	建办人函〔2008〕601号	2008年9月28日
人力资源和社会保障部、公安部	《关于全国优秀农民工在就业地落户的通知》	人社部发〔2008〕97号	2008年11月5日
教育部办公厅	《教育部办公厅关于中等职业学校面向返乡农民工开展职业教育培训工作的紧急通知》	教职成厅〔2008〕6号	2008年11月24日
国务院办公厅	《国务院办公厅关于切实做好当前农民工工作的通知》	国办发〔2008〕130号	2008年12月22日
教育部	《教育部关于切实做好返乡农民工职业教育和培训等工作的通知》	教职成〔2009〕5号	2009年2月20日
国务院办公厅	《国务院办公厅关于进一步做好农民工培训工作的指导意见》	国办发〔2010〕11号	2010年12月21日
国务院办公厅	《国务院办公厅关于切实解决企业拖欠农民工工资问题的紧急通知》	国办发明电〔2010〕4号	2010年2月5日
住房和城乡建设部、中央精神文明建设指导委员会办公室、教育部、中华全国总工会、中国共产主义青年团中央委员会	《关于深入推进建筑工地农民工业余学校工作的指导意见》	建人〔2012〕200号	2012年12月14日
国务院办公厅	《国务院办公厅关于成立国务院农民工工作领导小组的通知》	国办发〔2013〕60号	2013年6月14日
人力资源社会保障部	《人力资源社会保障部关于印发〈农民工职业技能提升计划——“春潮行动”实施方案〉的通知》	人社部发〔2014〕26号	2014年3月31日
住房和城乡建设部办公厅	《住房和城乡建设部办公厅关于开展建筑业“千万农民工同上一堂课”安全培训活动的通知》	建办人函〔2014〕249	2014年4月30日
国务院	《国务院关于进一步做好为农民工服务工作的意见》	国发〔2014〕40号	2014年9月30日
国务院农民工工作领导小组办公室	《国务院农民工工作领导小组办公室关于印发〈国务院关于进一步做好为农民工服务工作的意见〉宣传提纲的通知》	国农工办发〔2014〕3号	2014年10月14日

续表

发文单位	出台的农民工管理文件	发文字号	发文日期
人力资源社会保障部、住房城乡建设部、安全监管总局、全国总工会	《关于进一步做好建筑业工伤保险工作的意见》	人社部发〔2014〕103 号	2014 年 12 月 29 日
交通运输部	《交通运输部关于做好交通运输行业为农民工服务工作的实施意见》	交公路发〔2015〕39 号	2015 年 3 月 25 日
人力资源社会保障部办公厅	《人力资源社会保障部办公厅关于开展建筑业"同舟计划"——建筑业工伤保险专项扩面行动计划的通知》	人社厅发〔2015〕43 号	2015 年 3 月 27 日
住房和城乡建设部办公厅	《住房和城乡建设部办公厅关于建筑工人职业培训合格证有关事项的通知》	建办人〔2015〕34 号	2015 年 6 月 16 日
国务院办公厅	《国务院办公厅关于支持农民工等人员返乡创业的意见》	国办发〔2015〕47 号	2015 年 6 月 21 日
国务院办公厅	《国务院办公厅关于全面治理拖欠农民工工资问题的意见》	国办发〔2016〕1 号	2016 年 1 月 19 日
教育部、中华全国总工会	《教育部 中华全国总工会关于印发〈农民工学历与能力提升行动计划——"求学圆梦行动"实施方案〉的通知》	教职成函〔2016〕2 号	2016 年 3 月 15 日
人力资源社会保障部办公厅	《人力资源社会保障部办公厅关于加快推进建筑业工伤保险工作的通知》	人社厅发〔2016〕43 号	2016 年 3 月 24 日
人力资源社会保障部办公厅、农业部办公厅、国务院扶贫办行政人事司、共青团中央办公厅、全国妇联办公厅	《人力资源社会保障部办公厅 农业部办公厅 国务院扶贫办行政人事司 共青团中央办公厅 全国妇联办公厅关于实施农民工等人员返乡创业培训五年行动计划（2016—2020 年）的通知》	人社厅发〔2016〕90 号	2016 年 6 月 13 日

（资料来源：http://www.gov.cn/）

从表 5.1 可以看出，我国政府长期以来在建筑业农民工工资、建筑业农民工培训、建筑业农民工权益保障等方面开展了大量工作，尽管农民工问题总体上得到缓解，但建筑业农民工的工作、生活、素质、地位以及归属问题长期以来未得到根本性有效解决。分析其原因，除《国务院办公厅转发农业部等部门 2003—2010 年全国农民工培训规划的通知》之外，其他政策公文的出台均在某一类特定热点问题集中爆发的时期，虽然在短期之内可以缓解矛盾，但并没有达到根治问题的效果，导致建筑业农民工问题陷入"一直在治理却收效甚微"的困境。

5.2　建筑劳务用工管理的路径依赖

道格拉斯 • C. 诺斯（Douglass C. North）指出：社会制度变迁形成固定的特有路径，无论该路径是好是坏，制度变迁沿着这条路径继续惯性发展，而路径依赖的结果，往往使该制度回到旧有的轨道。路径依赖理论描述的是一种社会行为，一个系统的实现体现为一种社会行为的实施，因为一条特定的路径、系统或行为已经自然而然地产生了一种惯性，所以会依赖以前的选择和路径[1]。

建筑业农民工向产业工人转化问题既包括新的产业工人管理制度的改革和更新，又包括旧有劳务用工模式的淘汰过程。在这个制度变迁过程中，建筑业的改革具有明显的路径依赖，以传统价值观为主体影响着建筑企业与建筑业农民工的行为选择，并且对农民工身份状态的转型发展和改革设置障碍。要想克服路径依赖以寻求科学合理的制度创新，就需要回归到路径依赖理论的来源。20 世纪 70 年代初，美国古生物学家斯蒂芬·杰伊·古尔德（Stephen Jay Gould）和奈尔斯·埃尔德雷奇（Niles Eldredge）在研究物种进化时提出了路径依赖的概念，克服路径依赖需要借助“跃迁”，他们认为偶然的随机突变因素会影响物种进化路径，且物种变化通常是以跳跃方式而不是渐变方式进行的。所以，可引入“跃迁”概念分析建筑业农民工管理问题的路径依赖现象。

建筑业农民工身份转化跃迁存在初态、激发态、稳态三个级别。随着我国城镇化历史进程的不断深化、建筑业农民工老龄化日益严重的现实情况以及建筑工业 4.0 时代的来临，建筑业农民工不仅要实现对自我职业瓶颈的突破，还要不断克服社会身份转化带来的诸多阻碍，吸收跃迁能量，形成新的产业工人的身份。因此，建筑业农民工身份转化跃迁就是指建筑工人的身份在关键驱动力的综合作用下从初态（建筑业农民工）向更高能量级别的激发态跃迁，并最终达到稳态（建筑业产业工人）的过程。建筑工人身份转化跃迁的动力系统模型为：通过建筑工人身份转化跃迁动力机制的运行，产生四个转型驱动力模块跃迁的动力，为转型驱动力模块的持续跃迁提供能量，建筑工人身份状态的原有平衡被不断打破，实现产业工人特征对农民工特征的全面替换；通过技术创新、资源、管理能力的获取、整合、重置和释放的过程，建筑工人的身份状态重新达到平衡状态——形成一支稳定的产业工人队伍，如图 5.1 所示。

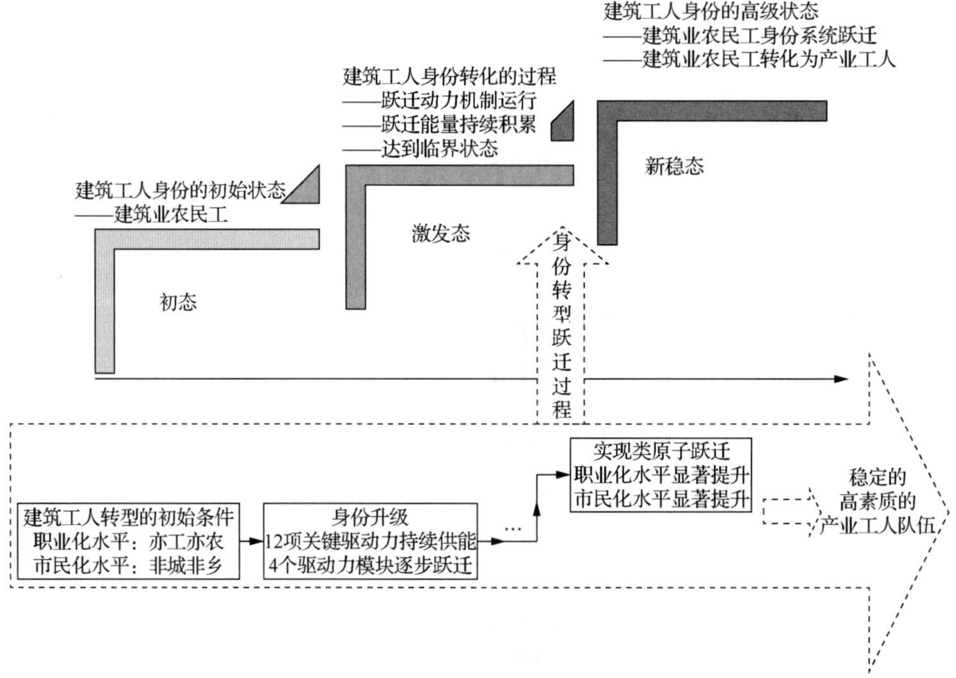

图 5.1　建筑工人身份转化跃迁的动力系统模型

5.3　建筑业农民工转化为产业工人动力系统的结构

根据系统动力学的相关理论，动力系统是形成动力机制的基础和关键，因此对建筑业农民工转化为产业工人的动力系统进行全方位、多角度的分析是准确分析其动力机制的前提。1911 年，美国科学家泰勒首先从科学管理的角度，提出了“系统”这一概念：系统由若干既有区别又相互联系、相互作用的要素所组成，处在一定的环境之中，为达到规定的目的而存在的有机集合体[2]。也就是说系统包含三个最基本要素：系统的结构、系统的功能和系统的运行机制。因此，本章 5.3 节～5.5 节将在分析建筑业农民工转化为产业工人动力系统要素的基础上，着重从动力系统的结构、动力系统的功能、动力系统运行的机制三个角度分析建筑业农民工转化为产业工人的动力系统。

5.3.1　建筑业农民工转化为产业工人动力机制的概念

1. 建筑业农民工转化为产业工人跃迁动力的概念

管理力学思想认为，动力是引起事物发生变化的原因，是推动和引导事物发展的力量。现有对建筑业农民工的研究主要集中于农民工社会保障、职业培训和工资水平等方面（详见表 4.3），而对其人力资本成长和演化的动力研究较少。因此，本书在现有人力资本演化与劳动力迁移理论基础上，结合建筑工人身份状态跃迁及动力的概念，认为建筑业农民工转化为产业工人的跃迁动力是指激发四个驱动力模块，促使其发生由低能级向高能级跃迁，并最终完成由农民工身份向产业工人身份转化的动力因素。

2. 建筑业农民工转化为产业工人跃迁动力机制的概念

动力机制就是动力与机制在概念上的综合，是指推动事物形成和发展的动力要素，以及由动力要素所构成的动力系统在事物发展的过程中发挥作用的方式、方法等[3]。根据动力机制的概念以及建筑业农民工转化为产业工人跃迁的内涵，建筑业农民工转化为产业工人跃迁的动力机制是类似于机械的动力装置，也有结构、功能与原理。因此，建筑业农民工转化为产业工人跃迁的动力机制就是通过产生促进四个驱动力模块跃迁的动力并促使动力充分发挥作用的动力装置，而该动力装置运行的基础则是城市化、建筑行业、建筑企业和农民工在现阶段初始稳态条件下的能力基础、环境基础及资源基础。

5.3.2　建筑业农民工转化为产业工人动力系统的结构模型

系统论侧重于系统运动轨道的线性，尤其是渐进性的研究，借助于动力系统认识和分析建筑业农民工向产业工人转化系统的运动轨迹的性态和全局结构，能够更好地揭示农民工身份状态运行的内在机理和转型运动过程中更为复杂和深层次的问题，更好地了解建筑业农民工向产业工人跃迁的客观规律。王其蕃对系统的定义：系统是由相互区别、相互作用的各部分有机地联结，为共同目标完成特定功能的集合体[4]。根据本书对动力及建筑业农民工转化为产业工人动力概念的分析与界定，融合动力与系统的定义，认为建筑业农民工向产业工人转化的动力系统是建筑业农民工内在驱动力模块、建筑企业驱动力模块、建筑业驱动力模块及社会配套驱动力模块的有机结合，是为了建筑业农民工向产业工人转化跃迁这一特定的目标而相互作用所形成的系统。通过对建筑业农民工身份跃迁的动力系统要素的分析，本书认为建筑业农民工转化为产业工人的四个驱动力模块的动力来源于建筑业工人职业提升通道、简易劳动合同范本、薪酬总付一体化、实名制管理信息一体化平台、工程总承包模式、发展专业制造与小微型专业分包企业、建筑工业化、建筑业农民工系统化培训、建筑工人职业资格体系、工人年龄、户籍改革、农场化 12 个关键驱动力。

建筑业农民工转化为产业工人的动力系统的结构模型如图 5.2 所示。在建筑业农民工向产业工人转化跃迁的动力系统中，12 个关键驱动力组合而形成四个驱动力模块，即建筑业农民工内在驱动力模块、建筑企业驱动力模块、建筑业驱动力模块及社会配套驱动力模块。其中，社会配套驱动力模块是建筑业农民工转化为产业工人的行业外部力量，主要起着外部激发作用，是动力系统的外部助动力；而建筑业农民工内在驱动力模块、建筑企业驱动力模块、建筑业驱动力模块则是隐含于建筑业内部，对建筑业农民工转化为产业工人起着内在自发的动力作用，是动力系统的主动力。建筑业农民工转化为产业工人动力系统的不断提升和能量集聚来自建筑工人身份转化跃迁的动力机制，通过动力机制的运行提供建筑业农民工身份跃迁的动力，并不断积聚跃迁能量，进而实现由建筑业农民工向产业工人的转化跃迁。

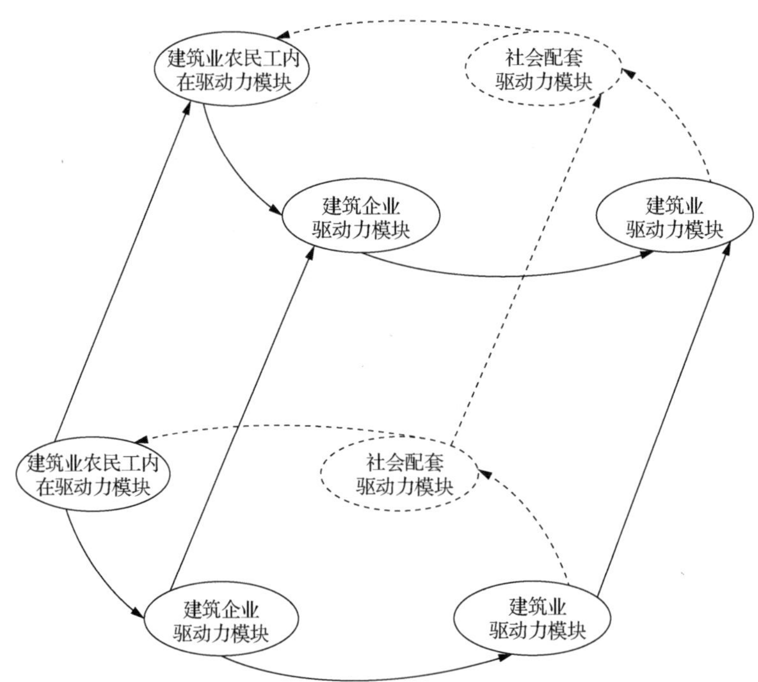

图 5.2　建筑业农民工转化为产业工人动力系统的结构模型

5.3.3　建筑业农民工转化为产业工人动力系统的内部耦合

结构是组成整体的各个部分之间的搭配、排列、组织等耦合关系。所以，研究建筑业农民工转化为产业工人动力系统的结构就需要确定动力系统结构内部各部分之间的耦合关系。建筑业农民工内在驱动力模块、建筑企业驱动力模块和建筑业驱动力模块属于动力系统的主动力，社会配套驱动力模块属于动力系统的外部助动力。参照齿轮联动的原理，主动力内部呈现联动关系、主动力与外部助动力之间也存在齿轮耦合互动关系。

1. 主动力内部各模块间的耦合互动

主动力包括建筑业农民工内在驱动力模块、建筑企业驱动力模块和建筑业驱动力模块，三者之间相互影响、相互促进。由图 4.11 可知，主动力的三个动力模块由建筑工业化、工程总承包模式、发展专业制造与小微型专业分包企业、简易劳动合同范本、建筑业农民工系统化培训、工人年龄、薪酬总付一体化、建筑工人职业资格体系、建筑业工人职业提升通道及实名制管理信息一体化平台十项关键驱动力组成。技术创新是社会变革产生和发展的源泉，由建筑业农民工转化为产业工人动力因子 ISM 模型的分析结果可知，推行建筑工业化是建筑业农民工转化为产业工人最基础的动力，改变生产方式从根本上倒逼建筑业农民工向产业工人转化。第 4.2.2 节调查结果显示，建筑业农民工随着年龄增长，参与职业培训、接纳建筑工业化及获得市民权的意愿显著下降。建筑业农民工工资问题一直是困扰建筑业发展的老大难问题，推行建筑工人薪酬总付一体化可以有效配合建筑工业化时代的到来，合同化工资价格核定制度、全费用工资制度和银行代付工资制度可以有效消除克扣农民工工资的中间环节，与职业资格体系配合可以设计出合理的工资增长机制。为完善建筑业用工制度，对建筑业从业人员实现有效管理，形成稳定、高素质的新型建筑业产业工人队伍，可通过将工人技能分级、资格认证与社保、身份有效结合，三位一体地构建建筑工人职业资格体系，不仅可以实现对工人与企业权益的双保证，还是建筑企业构建建筑工人职业提升通道的重要依据。按照信息方式理论的解释，只有数字技术才能克服产业革命自身的不足，因此整合实名制管理与信息管理一体化手段，建立覆盖全国的实名制管理信息一体化平台，是建筑工业化时代行业用工信息化管理的必然趋势。

2. 主动力与外部助动力之间的耦合联动

建筑业农民工转化为产业工人的主动力与外部助动力并非孤立的个体，而是一个相互依存、相互影响的整体。总体来说，建筑业农民工转化为产业工人的主动力与外部助动力之间的关联包括两个层面。

一是建筑业农民工转化为产业工人的主动力对外部助动力的影响，主要体现为建筑业农民工内在驱动力模块和建筑业驱动力模块对社会配套驱动力模块的影响。推行建筑工业化可以显著改变传统建筑业脏、累、危险、效率低下的生产生活条件，显著提高建筑业的职业认同感，提升建筑业农民工对城市生活的归属感。建筑业农民工系统化培训则可以改变以往普遍受教育程度低、缺乏职业技能培训、工作技能相对不足等限制建筑业农民工向产业工人转化的障碍，消除城乡文化差异，提高建筑业农民工对城市生活的适应性。建筑业农民工对城市生活的归属感和适应性的提升，会显著增强农民工获得平等市民权的意愿，从而促进户籍改革与农场化改革的推进。

二是建筑业农民工转化为产业工人的外部助动力对主动力的影响。户籍改革有助于消除长期以来由于农业户口与非农业户口区分滋生的一些歧视性政策，改变农民工在城市住房、就业、子女教育等方面受到的不公平待遇。推行农场化进行集约化经营，不仅可以推动农村富余劳动力向城市的转移，还可以加快建筑业农民工农村资产的货币化转移，让农民工带着资本和自信进城。享受与城市职工相同的福利待遇和公共服务则会提高农民工职业身份转化的主动性，强化其参与系统化职业培训与职业提升的意愿。

5.3.4　建筑业农民工转化为产业工人动力系统的结构分析

本书认为，若想实现建筑业农民工身份向产业工人身份转化跃迁就必须借助强有力的动力机制克服身份转型的刚性，从而实现身份状态的跃迁。同时，建筑业农民工身份状态跃迁动力机制必须较为灵活，从而能够克服在运行过程中逐渐增强的转型刚性。因此，本小节构建建筑业农民工转化为产业工人的动力机制球形模型来阐述在克服转型刚性的过程中，四个驱动力模块作用的发挥过程，如图 5.3 所示。

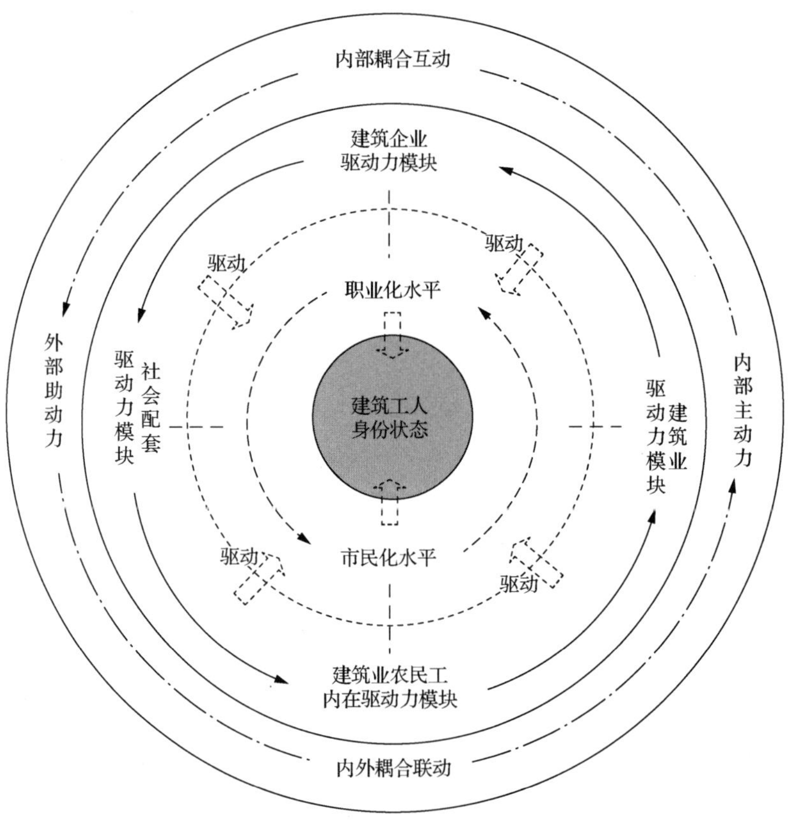

图 5.3　建筑业农民工转化为产业工人动力机制球形模型

建筑业驱动力模块、建筑企业驱动力模块与建筑业农民工内在驱动力模块构成建筑业农民工转化为产业工人动力机制的内部主动力，社会配套驱动力模块构成动力机制的外部助动力，内部主动力与外部助动力相互影响、相互作用形成一种具有球形外壳的动力系统，该动力系统以滚动为主要作用发挥方式。由于球形物理属性的特殊性，建筑业农民工转化为产业工人的动力机制能够比普通的轮式或轨道式的动力机制更加稳定，能够更加灵活地发挥作用。球形应是最符合建筑业农民工身份变化运转的结构。如果没有转型刚性的存在，球形动力机制就能促进建筑业农民工身份状态的持续跃迁转型，但是由于核心刚性的存在，该动力机制持续的运行就需要环境基础、资源基础的战略保障及能力基础的指引。球形动力机制的灵动特性决定了建筑业农民工转化为产业工人要么处于蓄势待发的状态，要么处于运动的状态，球形动力机制模型就是一个不断创新、永续发展、持续产生建筑工人身份转型动力的有机系统。

由图 5.3 可以看出，在建筑业农民工转化为产业工人的动力机制中，社会配套驱动力模块和建筑企业驱动力模块是动力机制运行的资源基础、建筑业驱动力模块是动力机制运行的环境基础，而建筑业农民工内在驱动力模块是动力机制运行的能力基础。四个驱动力模块通过各自效应的传导，在充分发挥动力机制的激发、响应、传递、反馈、维持、功能的基础上产生建筑工人身份转化的动力，最终实现农民工身份状态向产业工人身份状态跃迁。值得说明的是，建筑业农民工转化为产业工人动力机制在建筑业农民工转型过程中是多重交叉运行的。

5.4　建筑业农民工转化为产业工人动力系统的功能

系统的功能是指系统能够满足使用者需求的一种属性。概括来说，建筑业农民工转化为产业工人动力系统的功能包括激发功能、响应功能、传递功能、反馈功能与维持功能五个方面。

5.4.1　建筑业农民工转化为产业工人动力系统的激发功能

建筑业农民工转化为产业工人动力系统符合一般系统的稳定性原理。但是，很多时候即使系统在整体上是稳定的，系统之中也可能存在局部的不稳定因素。系统中存在的不稳定因素最初是个别的，逐步形成局部的不稳定因素，最终当影响建筑业农民工转化为产业工人的 12 个关键动力因子全部被驱动，形成激发建筑业农民工在能量最低的初态跃迁到能量最高的稳态的离心力，该跃迁动力在一定条件下得以放大，超出了系统在原先条件下保持自身稳定的条件，激发系统整体上失稳，从而进入新的稳态。

目前，我国建筑业农民工超过 5400 万，这个庞大群体并非普遍存在身份转化的能力，每个建筑业农民工因具体情况的不同，个体成功实现向产业工人转化的目标有一定概率。本章所探讨的建筑业农民工身份转化跃迁过程是一个突变的过程，是建筑工人身份状态从农民工向更优化的产业工人转变的过程，而突变过程的发生需要一定的外界因素激发，因此，建筑业农民工转化为产业工人动力机制的基本功能就包括激发功能。动力机制借助激发功能，促进建筑业农民工转化为产业工人的动力系统运转，实现身份状态由农民工向高素质产业工人的转化跃迁。

5.4.2　建筑业农民工转化为产业工人动力系统的响应功能

根据自组织理论，系统中要素的平衡是相对的，不平衡才是绝对的[5]。系统中要素的突变时常发生，突变成为系统发展过程中的非平衡性因素，是稳定之中的不稳定。现阶段建筑工人身份状态就处在能量最低的初态——农民工，当身份核吸收外界能量时，建筑工人身份受到激发进入转型状态。当这种激发信号得到动力系统中其他子系统要素的响应并在整个系统内得到放大时，子系统之间的差异进一步扩大，便加大了系统内的非平衡性。特别是当它得到整个系统的响应时，涨落放大，整体系统联动，产生质变，系统就被诱导进入新的或更有序的状态。因此，建筑业农民工转化为产业工人动力机制的基本功能就包括响应功能。动力机制借助响应功能，促进建筑业农民工转化为产业工人的动力系统的启动。

5.4.3　建筑业农民工转化为产业工人动力系统的传递功能

建筑业农民工转化为产业工人动力机制通过一定的结构将各部分有序联结，形成如同机械的动力装置。因此，建筑业农民工转化为产业工人的跃迁动力也会像机械动力一样，它的运行需要传递动力和运动的装置，也可用来分配能量、改变转速和运动形式。在建筑业农民工转化为产业工人的动力系统中，四个驱动力模块之间形成类齿轮联结，动力结构内部交互流动、传递信息，从一个模块传递至另一个模块，促进系统动力的整体提升。因此，建筑业农民工转化为产业工人动力系统具有传递功能。

5.4.4　建筑业农民工转化为产业工人动力系统的反馈功能

反馈是系统科学的基本概念，反馈将系统运行下游输出的信息流又反过来作用于系统运行的上游，从而对系统的再输入产生影响，进而影响系统的整体功能。一个系统，无论是技术装置、生物机体，还是社会系统、经济政治系统乃至文化认知系统，都是通过反馈对系统组织性、复杂性进行重新规制，调节系统的结构功能与行为，从而最高效地发挥系统的作用的。

通过建筑业农民工转化为产业工人动力系统的作用，建筑工人身份上升到一个新的能级。建筑业所面临的环境发生改变，建筑企业的管理水平逐步提升，建筑业农民工内在提升意愿不断增强，在社会配套助动力的作用下，工人、企业、行业与社会相互关联，直接体现了建筑业农民工转化为产业工人动力系统的反馈功能。因此，建筑工人身份状态在转型动力机制的作用下发生改变，一方面通过激发、响应与传递功能开启动力系统的运行；另一方面通过反馈功能从外部环境有选择地吸收物质、能量及信息，从而不断促进动力系统的优化升级，保证建筑工人身份状态进入新的稳态。

5.4.5　建筑业农民工转化为产业工人动力系统的维持功能

建筑业农民工转化为产业工人动力系统的维持功能是其反馈功能的补充。动力系统的维持功能是指，在外界作用下开放系统具有一定的自我稳定能力，能够在一定范围内进行自我调节，从而保持和恢复原来的有序状态，保持和恢复原有的结构和功能。由于转型刚性的存在，建筑业农民工身份转化过程中会面临诸多阻力，故而在建筑业农民工身份状态跃迁成长演化的每一个阶段，工人身份状态所达到的每一个新稳态，都需要维持。因此，建筑业农民工转化为产业工人动力系统还需具有维持功能，使建筑业农民工能够克服转型刚性，最终实现身份状态的转化跃迁。

5.5　建筑业农民工转化为产业工人动力系统的运行机制

任何系统的运行都是作为过程在时间轴上展开的，包括系统的发生、发育过程，系统的生存延续，系统的运行，系统功能的发挥都是作为过程而进行的。在这个意义上，建筑业农民工转化为产业工人动力系统的运行机制可以作为过程来研究。过程必定具有过程结构，每个过程都由若干子过程阶段、步骤、程序等组成。通过本章 5.3 节、5.4 节对建筑业农民工转化为产业工人动力机制的结构与功能的分析，建筑业农民工转化为产业工人动力系统的运行过程主要包括四个环节，即启动环节—传动环节—维持环节—反馈环节。

5.5.1　建筑业农民工转化为产业工人动力系统的启动环节

启动环节是建筑业农民工转化为产业工人动力机制运行的首要环节。建筑业驱动力模块在感知到外部环境（技术变革等）变化后，迅速通过响应能力对外部变化进行响应，启动动力机制。建筑工人身份状态由农民工向产业工人转型跃迁并非一个持续的事件，而是经过一定时间阶段的积累，在某个时间点发生的突变事件，建筑工人身份状态从一个能级向另一个能级的跃迁即为动力机制运行的结果。动力机制的启动往往由外部环境的变化以及建筑业技术进步等因素激发，并通过特定的动力因子来实现。概括来说，建筑业农民工转化为产业工人动力机制的启动动力因子主要包括建筑工业化、工程总承包模式、发展专业制造与小微型专业分包企业及实名制管理信息一体化平台。建筑业农民工转化为产业工人动力机制的启动环节如图 5.4 所示，启动过程如表 5.2 所示。

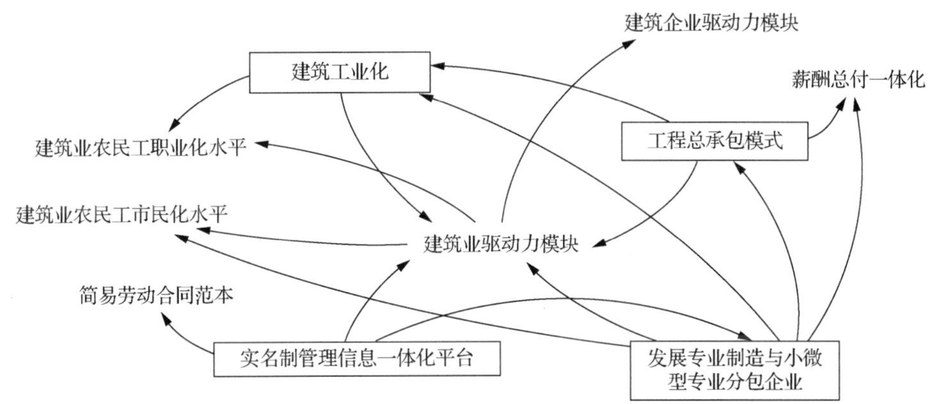

图 5.4　建筑业农民工转化为产业工人动力机制的启动环节

表 5.2　建筑业农民工转化为产业工人动力系统的启动环节

启动环节关键动力因子	动力因子的启动过程
建筑工业化	建筑业农民工转化为产业工人动力机制的启动需要技术变革来“点火”，通过推行建筑工业化，将外界生产环境和产业环境的变化经由行业通道传递到企业内部，建筑企业做出相应的转变以应对外界环境中的有利的或不利的变化；同时，建筑企业也将生产方式变革的信息传递给每个建筑业农民工个体，通过建造方式变革倒逼建筑业农民工向产业工人转化，从而实现建筑业农民工转化为产业工人动力机制的启动。建筑工业化是建筑业的一场革命，是生产方式的彻底变革，必然会带来生产力与生产关系的变革。传统建筑业是劳动密集型产业，交叉作业多，项目目标要求高，施工环境条件差、扬尘大、危险多，管理粗放，而新生代农民工在从事建筑业之前已经在价值取向、衣着打扮、社会认知等方面趋向于城市居民，建筑业工作环境的落差导致新生代农民工对建筑业的职业认同感较低。建筑工业化能够实现工厂化生产，减少施工现场作业，工厂环境整洁、舒适，工人工作环境与安全都有很大改善。大量的“高空作业”转向“地面作业”、“现场作业”转向“室内作业”、“人工作业”转向“机械作业”，降低了工人的劳动强度，改善了工人的工作环境，逐渐创造现代化程度较高的环境，为有效改变传统建筑业农民工流动性强、老龄化严重的现状创造了有利条件。与传统建筑业湿作业相比，建筑工业化的生产方式现场干作业可达 90%。建筑工业化将原来粗放的劳动密集型生产方式转化为科技密集型的“工厂生产+工地装配”生产方式[6]，这种生产方式将涉及新的施工工艺、施工流程和构件安装等专业性知识，这就意味着建筑工业化施工项目要求工人掌握与之相关的工作技能、新技术。如果技术工人不了解相关的施工工艺或施工技术不熟练，将无法适应建筑工业化的发展，会大大限制建筑工业化项目的顺利实施，因此他们不得不熟悉图纸、专业施工、安全、质量等知识，最终促进传统的建筑业农民工由传统的手工、体力劳动型向“机械加工+安装（体力+智力）型”工人转化。同时，由于产业化建造更加精益化，使得施工现场环境、施工安全都有很大的提高，可以显著增加建筑工人对于职业的认同感，因此对于建筑业农民工的工作积极性以及提升整个建筑行业的职业吸引力有很大促进作用[7]
工程总承包模式	推行工程总承包模式既是规范建筑业劳务管理的需要，也是推行建筑工业化的重要配套举措。目前，建筑施工劳务作业项目中多是“以包代管”的管理模式，企业对工程管理不善甚至是无管理现象极为常见，这也是建筑业劳务管理混乱的主要原因之一，推行工程总承包模式可以强化建筑企业对于劳务企业“空壳化”现象的管控、落实劳务人员合法权益追索的企业责任[8]。同时，由于长期以来劳务分包企业难以承担培育建筑业产业工人的重担和责任，推行工程总承包模式，有利于提高劳务人员质量安全意识和职业技能水平[9]。相比传统建造方式，建筑工业化在施工和生产方式上发生了较大转变，对承包企业在施工技术和管理方式上提出了更高要求。推行适合建筑工业化的工程总承包项目管理模式，整合设计、生产、施工等整个产业链，实现人力、物力和财力的最佳配置，提高了全产业链整体的生产效率和相互之间的协同关系，减少了在建筑工业化项目各方之间的沟通协调障碍，有利于业主对项目投资、进度和质量的控制。因此，构建适合建筑工业化的管理模式对推广和应用建筑工业化极为重要[10]

续表

启动环节关键动力因子	动力因子的启动过程
发展专业制造与小微型专业分包企业	发展专业制造与小微型专业分包企业是与推行工程总承包模式相配套的行业结构调整方向，也是推行建筑工业化的必备环节之一，更是提升建筑工人组织依附度的重要举措。发达国家建筑行业架构多是以大型总包企业为龙头、小型专业分包企业为主体。建筑业为“金字塔结构”，一家大型企业的下面往往形成一批比较固定的分包企业。未来我国建筑业应该是由大型工程总承包企业的依托和引领，推动分包企业的专业化和附属化。大型建筑施工企业经过两层分离和用工缺乏两个阶段以后，目前都在思考如何建立企业稳定的劳动关系。专业分包企业吸收并固定专业性强的技术工人队伍，有助于促进自己与大型施工总承包企业建立长期稳定的合作关系，实现新的“两层结合”。因此，发展专业制造与小微型专业分包企业是与推行工程总承包模式相配套的行业结构调整方向。我国建筑业农民工流动性强，绝大多数建筑业农民工是以工程建设周期为合同周期流动的，年均流动在两次以上，钢筋工、混凝土工、架子工等专业技术工人的流动更为频繁。另外，建筑业农民工受施工地点等因素的影响，跨省、跨地区流动的现象也比较普遍。根据发达国家建筑行业的发展规律，小微型专业分包企业占建筑行业的绝大多数，且其雇佣大部分建筑业劳动力。我国建筑业劳务分包企业数量占建筑企业总数的比例为 6.35%，劳务分包企业从业人员数量占建筑企业从业人员总数的比例为 5.14%，劳务分包企业的劳务收入占建筑业产值的比重仅为 1.52%。专业分包企业数量占建筑企业总数的比例为 33.13%，专业分包企业从业人员数量占建筑企业从业人员总数的比例为 10.38%，专业分包企业总产值占建筑业产值的比重为 9.19%。总承包企业无论是在数量上、从业人员上还是在产值上，都占据了市场份额的绝大多数，直接反映出建筑行业的产业集中度低，与发达国家建筑行业发展的一般规律——以小微型分包企业为主体的行业架构是相悖的。大力发展专业制造与小微型专业分包企业，提升建筑业农民工的组织依附度，对于建筑业农民工转化为产业工人意义重大
实名制管理信息一体化平台	信息经济时代，建筑企业所处的竞争环境日新月异，对信息的掌握决定了企业在市场中的竞争力[11]。特别是随着建筑工人由农民工向产业工人转化之后，对劳务信息掌控的有效性成为影响建筑企业发展的关键环节，所以推行实名制管理信息一体化平台也成为影响建筑业农民工转化为产业工人动力机制启动的重要因素之一。实名制管理信息一体化平台可以解决数据多头采集、重复录入、真实性核实、工人数据缺失、诚信信息难以采集、市场运行与行政管理脱离、“市场与现场”两场无法联动等问题，保证数据的全面性、真实性、关联性和动态性，全面实现全国建筑工人“数据一个库，监管一张网，管理一条线”的信息化监管目标。建筑工人是推行实名制管理信息一体化平台的直接参与者、最终受益者，也是实名制管理信息一体化平台能否落实的关键。基于信息化的实名制管理将为每一个参与其中的建筑业农民工建立个人信息库，提供完整的职业行为记录，成为自己独一无二的职业“名片”，同时也为其保护自身合法利益、维护自身合法权益提供有利依据。因此，每一个建筑业农民工都有责任和义务参与到实名制管理当中，登记真实有效的信息，提升诚信履职意识，督促自己更好地履职和参与各项培训，提升业务能力，为个人长期发展留下良好的记录。此外，建筑业农民工应充分发挥工地主人翁作用，自己积极参与实名制管理的同时，监督企业行为，督促各项培训活动的开展，及时反馈意见，为营造和谐施工现场和生活区环境而努力[12]

基于上述，提出以下研究假设：

（1）建筑业驱动力模块与建筑业农民工职业化水平之间具有正相关关系；

（2）建筑业驱动力模块与建筑企业驱动力模块之间具有正相关关系；

（3）建筑业驱动力模块与建筑业农民工市民化水平之间具有正相关关系。

5.5.2 建筑业农民工转化为产业工人动力系统的传动环节

建筑业农民工转化为产业工人动力机制的启动是一个阶段性的过程，建筑企业驱动力模块动力因子并不会在同一时间启动，而是有一定的过程。传动环节就是建筑业农民工身份状态跃迁能量积聚及其从一个模块转移到另一个模块的过程。在这个过程中，建筑企业需要适应建筑工业化时代的来临，逐步向总承包企业与专业分包企业转型，建筑工人自身技术创新，资源、管理能力的获取、整合、重置和释放的过程，促使其身份状态的跃迁。可以说，传动环节是建筑业农民工转化为产业工人动力机制的重要环节之一，动力机制启动后，借助传动环节，动力运转能量从一个环节传导至另一个环节，从而在激发动力下实现动力机制的持续运转。具体来说，建筑业农民工转化为产业工人动力机制的传动环节包括三个关键动力因子：简易劳动合同范本、建筑业工人职业提升通道和薪酬总付一体化。建筑业农民工转化为产业工人动力机制的传动环节如图 5.5 所示，传动过程如表 5.3 所示。

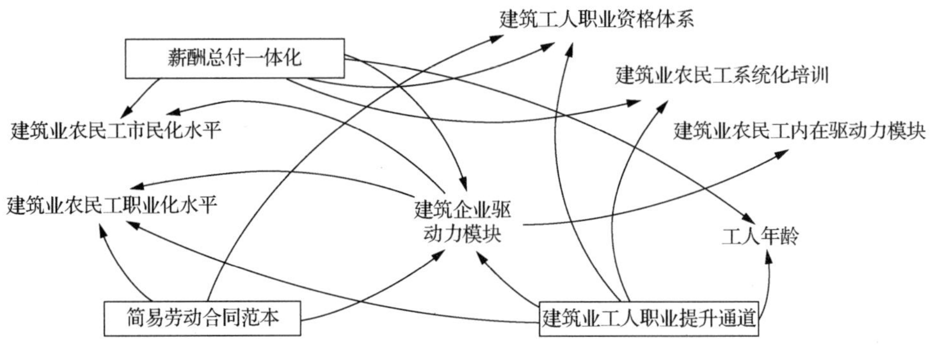

图 5.5　建筑业农民工转化为产业工人动力机制的传动环节

基于上述，提出以下研究假设：

（1）建筑企业驱动力模块与建筑业农民工职业化水平之间具有正相关关系；

（2）建筑企业驱动力模块与建筑业农民工内在驱动力模块间具有正相关关系；

（3）建筑企业驱动力模块与建筑业农民工市民化水平之间具有正相关关系。

表 5.3　建筑业农民工转化为产业工人动力系统的传动环节

传动环节关键动力因子	动力因子的传动过程
简易劳动合同范本	推行简易劳动合同范本是推进建筑业农民工向产业工人转化的必要环节之一。建筑工程具有流动性、一次性、工序繁杂和规模不固定的特点，加上我国建筑业目前采用的是劳务分包制度，使建筑业农民工很多是通过亲戚朋友介绍被临时聘用的，其没有与建筑企业直接形成劳动合同关系。作者前期调查结果显示，目前建筑业农民工的劳动合同签订率并不理想，在接受调查的 33 659 名农民工中，有 10 240 人没有签订劳动合同，占 30.42%；有 10 590 人的劳动合同是由包工头代签的，占 31.46%。总体看来，目前我国建筑业农民工的有效合同签订率还很低。而劳动合同签订率低的原因中，农民工认为最主要的是“由于合同烦琐看不懂”（占 30.34%），以及“签了也没用，合同条款得不到执行”（占 32.43%）。农民工对劳动法律关系根本就不清楚，复杂的合同文书更是让他们不知所措。建筑企业不以书面形式与农民工签订合同，只是口头约定工资、工时等，一旦发生纠纷，由于缺乏书面文字证据，农民工往往有口难辩。因此，推行简易劳动合同范本以提高建筑工人劳动合同签订率，对于增强建筑业劳动力组织依附度与保护劳动关系双方合法权益具有重大现实意义
建筑业工人职业提升通道	建筑业农民工进城务工多是在农闲时期，具有季节性和兼业性。大多数建筑业农民工没有职业发展意识，只是单纯地希望获得比在农村更高的工资，干完一种工作，就换另一种工作，工作职位和地点不固定，没有形成一定的职业技能积累。老一代农民工的农民属性较强，只把建筑工人的工作当作是一种谋生、增加收入的手段，因此企业、社会也只把其看作城市的临时工，未曾提供相应的职业发展和提升通道。新生代农民工接受的城市思想较多，渴望得到和城市工人相同的职业待遇和职业发展，期待通过培训等手段提升自身能力，进而提高职业地位。缺乏合理的职业提升通道降低了建筑业的职业认同感，也间接导致了建筑业农民工社会地位较低。建立建筑业农民工职业发展通道，意味着建筑企业对建筑工人主体地位的认可、对各工种工人及其职业发展需求的尊重，能够增强建筑工人的归属感，有效地激励建筑业农民工借助所在企业及其社会资源，通过努力提高自身专业技能和整体素质，其自身人力资本积累也随之增加，不必一直从事最基础的体力劳动，而是加入到拥有技术的产业工人行列，并获得相应的经济回报和社会地位的提升。同时，职业地位的提升有助于建筑业农民工生活方式和价值观念城镇化，有利于其融入城市和实现自我价值
薪酬总付一体化	“建筑业农民工向产业工人转化，您最希望政府或企业做些什么？”的调查结果显示，“定时足额发放工资”居首位，“拥有各种社会保险与社会福利”居第二，可见对建筑业农民工而言，首要关切的还是工资、社会福利等与自身直接相关且比较现实的利益。也就是说，转化为产业工人对于建筑业农民工最直接的吸引力是工资水平及社会保障体系的完善程度。对于建筑业农民工来说，薪酬除了具有经济性特点之外，还与农民工的成就感、贡献感及社会地位紧密相连，它既是一种保障因素也是一种激励因素。因此建立合理的薪酬体系是建筑业农民工向产业工人转化的重要路径之一。梳理美国、德国、英国及日本等发达国家的工资水平及机制，发现国外建筑工人的工资机制跟我国其他行业的工资机制类似：一是薪酬的组成大体包含“基本工资+福利”，如美国和德国建筑工人的工资收入；二是建筑工人的工资均有合理的调节机制，如英国和日本，建筑工人的工资会根据从业年限、年龄、持有资质证书等情况按照一定比例合理调节。我国建筑工人薪酬体系并未像发达国家那样明确。我国建筑工人大多由农民工组成，这样一个特殊群体的存在导致我国建筑工人薪酬体系存在两个典型问题：一是薪酬形式多样；二是调节机制缺失。建立薪酬总付一体化工资体系（包括合同化工资核定制度、全费用工资制度、银行代付工资制度与合理的工资增长机制），即在我国建筑业中，针对从事体力劳动为特征的农民工群体，实行与其他职业类似的“基本工资+福利”的薪酬体系，并将薪酬福利水平与其在建筑业的服务年限、职业技能等级等相关联，逐步实现多劳多得的薪酬制度。合同化工资核定制度与银行代付工资制度将有效根治建筑行业拖欠工资的顽疾，而全费用工资制度与合理的工资增长机制可以显著增强建筑工人参加技能提升培训的意愿

5.5.3 建筑业农民工转化为产业工人动力系统的维持环节

本书认为，建筑业农民工需要全新、稳定的社会身份（市民化）以维持新的职业身份状态。建筑业农民工职业化是市民化的前提和基础，而市民化是职业化的根本动力和最终目标。没有产业工人化的市民化是没保障的，没有市民化的产业工人化是不彻底的。建筑业农民工市民化的根本目标是顺应历史潮流，改革现有不适宜法律法规、政策制度，推动城乡社会经济一体化和公共服务均等化，让农民工带着资本和自信进城。

农民进城务工推进了城市化进程，城市化的扩大又需要大批农民工加入进来。新生代农民工虽然身份是农民，但他们期盼着在自己挥洒智慧和汗水的城市里有他们生存和发展的空间。由于各方面的差异，现阶段建筑业农民工进城务工的流动性大、身份不稳定，只是在进城务工期间成为暂时性的城市居民，大量的农民工在城市中尚处于城市发展过渡时期的“不稳定”阶段，必须降低农民工的流动性，提高农民工的稳定性，推动农民工由“过渡人”向“稳定人”的转化。若想真正顺利实现建筑业农民工产业工人化，就需要融合城乡文化，改革不适宜的政策制度，打破有形和无形壁垒，化解城乡矛盾，切实保障建筑业农民工市民化权益，推进建筑业农民工有序市民化，从而消除农民工向产业工人转化的后顾之忧。具体来说，建筑业农民工转化为产业工人动力机制的维持环节包括两个关键动力因子：户籍改革与农场化。建筑业农民工转化为产业工人动力机制的维持环节如图 5.6 所示，维持过程如表 5.4 所示。

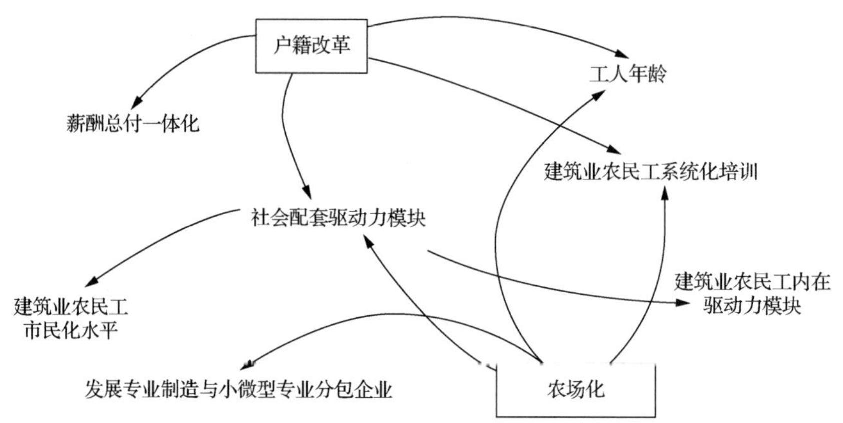

图 5.6　建筑业农民工转化为产业工人动力机制的维持环节

基于上述，提出以下研究假设：

（1）社会配套驱动力模块与建筑业农民工内在驱动力模块之间具有正相关关系；

（2）社会配套驱动力模块与建筑业农民工市民化水平之间具有正相关关系。

表 5.4　建筑业农民工转化为产业工人动力系统的维持环节

维持环节关键动力因子	动力因子的维持过程
户籍改革	改革城乡二元户籍制度，实现国民待遇平等化是维持建筑业农民工向产业工人持续转化的重要动力。农民工由于户籍制度和农民身份，受到社会职业歧视，地方性歧视政策使其无法自由地进入城市的劳动力市场，即使被接纳，也只能被限制在次级劳动力市场“脏、险、累、苦”的工作岗位上。而建筑一线工人大量来自农民工群体，使社会缺乏将建筑业农民工转化为产业工人的动力。同时，城乡二元户籍制度使部分城市居民形成了城市中心主义的心理优越感，部分城市居民在思想和行为上排斥外来人口，而个别外来人口违法犯罪、不遵守社会公德的行为，又加重了部分城市居民对外来人口的社会排斥。这其中既有在户籍、就业、教育、医疗、社会保障等方面显性的制度排斥，又有在思想观念、社会认同等方面隐性的心理排斥。各城市在接收农业转移劳动力的同时，排斥作为社会成员的外来人口享受城市的各种权益。改革城乡二元户籍制度，逐步消除户籍人口与非户籍人口之间的不平等待遇和差距，进一步探索福利与户籍脱离的人口社会管理制度，对于推进建筑业农民工的市民化进程意义重大
农场化	建筑业农民工向产业工人转化实现的是建筑业农民工“有活干”“有学上”“有房住”“有保障”，这是农民工逐渐市民化的过程。建筑业农民工转化为稳定的产业工人意味着从此在城市里生活，而转变为市民的主要障碍便是经济因素，如何盘活农村资源让农民工带着资本和自信进城是维持建筑业农民工向产业工人持续转化的关键。就业成本、生活成本、交通成本、住房成本、子女就业成本及制度约束成本等农民工市民化的高昂成本是农民工市民化的重要经济障碍。本书认为，建筑业农民工向产业工人转化是建筑业农民工由“亦工亦农”向“全职非农”转变、由“城乡双向流动”向“融入城市”转变、由“寻求谋生”向“追求平等”转变，在这个过程中建筑业农民工获得与城市居民一样的身份和权利，既完成从农民到市民的“角色转换”，又与城市户籍居民平等地享受流入地政府所提供的基本公共服务，这是一个长期的、循序渐进的过程，需要一个可持续的成本投入机制予以支持。通过推行农场化改革，盘活农民工在农村被压抑的资产，使中国农民真正富裕起来，不仅仅有利于解决农民工向产业工人转化的经济成本问题，更有利于农业现代化、农村经济繁荣、农民收入和生活水平提高，促进城乡一体化，让农民工带着资本和自信进城，彻底消除建筑业农民工向产业工人转化的后顾之忧

5.5.4 建筑业农民工转化为产业工人动力系统的反馈环节

建筑业农民工转化为产业工人动力机制的持续高效率运行离不开动力机制的反馈环节。借助建筑业农民工转化为产业工人动力机制有效及时的反馈，能够实现对动力机制各个环节运转情况的监督和管理，保障各个动力模块能够充分正常地发挥其应有的效能，政府主管部门根据反馈情况对动力机制的运行做出相应的调整，从而实现该动力机制的正常运转。建筑业农民工转化为产业工人动力机制在运行的过程中各种动力作用的发挥是否正常，动力资源的利用是否合理、充分，运行路径是否有效，都需要通过动力机制的反馈来调节。建筑业农民工转化为产业工人动力机制的最终作用对象是建筑业农民工，其作用效能只有通过农民工自身的变化情况来检验，其主要体现在建筑业从业人员年龄结构，综合素质水平。因此，本小节主要从工人年龄、建筑业农民工系统化培训和建筑工人职业资格体系三个角度来分析建筑业农民工转化为产业工人动力机制的反馈环节。建筑业农民工转化为产业工人动力机制反馈环节如图 5.7 所示，反馈过程如表 5.5 所示。

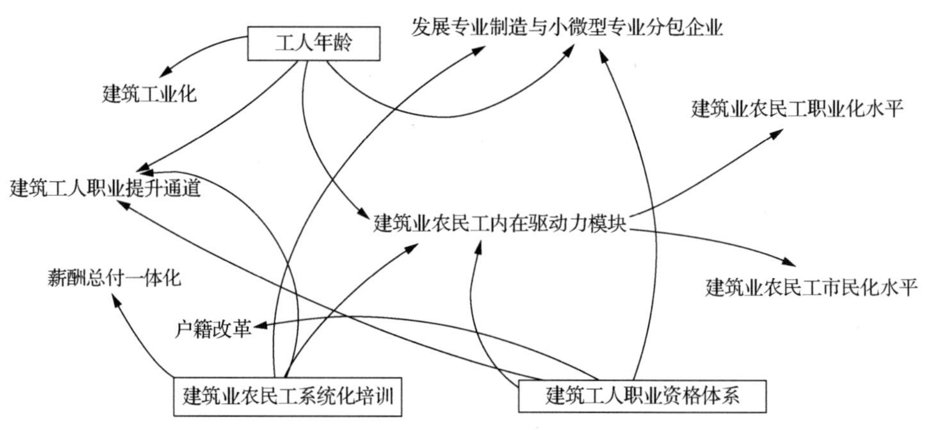

图 5.7　建筑业农民工转化为产业工人动力机制的反馈环节

基于此，提出以下研究假设：

（1）建筑业农民工内在驱动力模块与建筑业农民工职业化水平之间具有正相关关系；

（2）建筑业农民工内在驱动力模块与建筑业农民工市民化水平之间具有正相关关系。

表 5.5　建筑业农民工转化为产业工人动力系统的反馈环节

反馈环节关键动力因子	动力因子的反馈过程
工人年龄	我国建筑业劳务人员老龄化现象、招工难现象日趋严重。80 后、90 后的新生代农民工不愿意加入建筑行业，在接受调查的 33 659 名建筑业农民工中，25 岁以下的占农民工总数的 7.34%，25～35 岁的占农民工总数的 29.58%。由于建筑业是典型的劳动密集型产业，对劳动者的体力、反应灵敏度和操作精确度都有比较高的要求，因而青年工人从事这些工作时，劳动生产率较高；当进入中年后，劳动者的体力、反应灵敏度和操作精确度下降，劳动生产率便会逐年降低。另外，年长劳动者技能更新相对较慢，不容易接受新的知识和技术，随着科学技术的不断发展和进步，他们难以适应施工机械化水平和劳动者知识及技能不断提高的要求。因此，建筑工人年龄结构直接影响着工人群体的职业技能和就业创业能力，是反映产业工人就业素质、就业质量的重要指标，也就是说可以借助建筑工人年龄结构的变化调节建筑业农民工转化为产业工人动力系统的动力输出[13]
建筑业农民工系统化培训	提高建筑业农民工职业素质、稳定建筑产业工人队伍最根本、最直接、最有效的途径就是广泛开展建筑业农民工系统化培训。建筑业农民工系统化培训指“职业技能提升培训”与“文化水平培训”并举进行的职业培训。加强对建筑业农民工职业技能的提升培训，让农民工在城市有相对稳定的工作，作为城市工人进行工作，是促进农民工收入增长和市民化的基础，是企业提高劳动效率、推动技术进步的保障，是国家经济结构调整的人力资本支撑，也是工业化发展的核心竞争力；加强对建筑业农民工文化水平的培训，有助于解决农民工社会身份问题，帮助农民工形成城市化的生活、行为方式和价值观念，让其作为城市人更好地生活，加快向城市的社会融合，解决城与乡的“新二元结构”问题。系统化培训可以解决产业工人化过程中农民工“职业”与“社会”的双重身份转化难题。因此，开展建筑业农民工系统化培训的顺利与否直接反映建筑工人素质提升意愿的强弱；系统化培训的力度可以调节建筑业农民工转化为产业工人动力系统的作用效能
建筑工人职业资格体系	结合我国特殊的国情，单一实施执业资格制度无法规范建筑行业。为完善建筑行业用工制度，对建筑业从业人员实现有效管理，形成稳定、高素质的新型建筑业产业工人队伍，需要通过执业资格认证、社保信息与身份信息有效结合形成三位一体的建筑工人职业资格体系，来实现对工人与企业权益的双保证。实现执业资格认证、社保信息、身份信息的三位一体，不仅有利于强化执业人员在工程建设中的权利、义务和法律责任，有助于市场健康发展，还能够保证建筑工人队伍业务素质和职业道德水平的提高，对规范建筑行业，提高劳动力供给效率有重要意义。因此，建筑工人职业资格体系的完备程度、运行情况是检验建筑业农民工转化为产业工人动力系统的重要指标

5.5.5　建筑业农民工转化为产业工人动力系统运行的结果假设

启动、传动、维持与反馈是构成建筑业农民工转化为产业工人动力系统运行过程的四个环节，输入是过程运转的依据，输出是过程运转的结果。转化则是将输入转化为输出的一系列按时序、空间展开的活动。建筑业农民工转化为产业工人动力系统的运行机制的运行过程是动力系统作用发挥的重要阶段，在这个过程中以建筑业农民工的技能、生存环境、资源和社会地位等初始身份状态资源与条件为基础，通过四个驱动力模块的12个关键动力因子之间的相互作用，产生建筑工人身份转型的不竭动力，促进其身份状态由低能级向高能级的跃迁，实现农民工向产业工人的持续转化。建筑业农民工转化为产业工人动力系统运行的结果假设如图5.8所示。

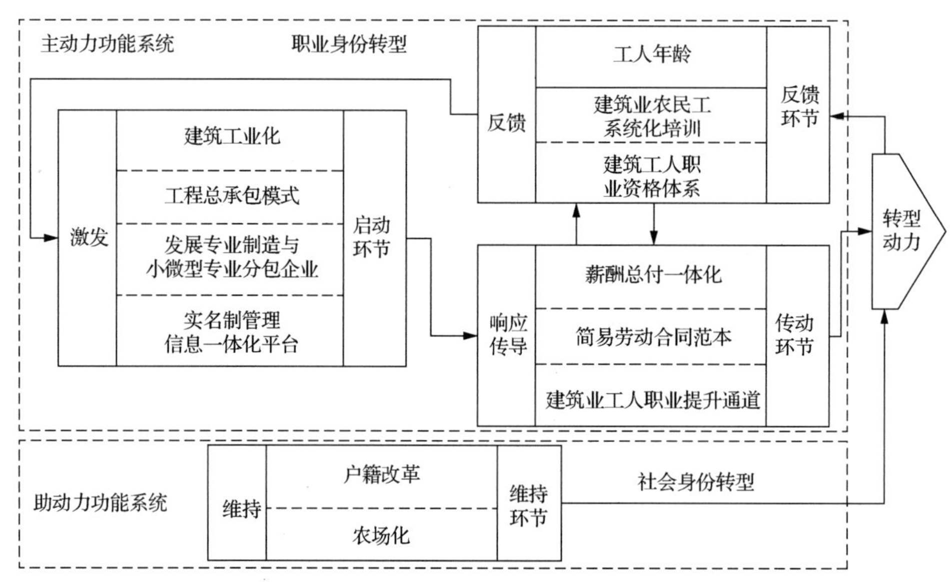

图5.8　建筑业农民工转化为产业工人动力系统运行的结果假设

基于此，提出以下研究假设：

（1）建筑业农民工职业化水平与建筑业农民工产业工人化程度之间具有正相关关系；

（2）建筑业农民工市民化水平与建筑业农民工产业工人化程度之间具有正相关关系。

至此，本章解决了研究设定的关键问题2，开展了解构建筑业农民工转化为产业工人的规律及动力系统等工作。借助路径依赖理论与跃迁理论分析建筑业农民工转化为产业工人的规律，并在此基础上按SFP范式分析在这种规律下建筑业农民工转化为产业工人的动力系统，具体包括建筑业农民工转化为产业工人动力系统的结构、建筑业农民工转化为产业工人动力系统的功能、建筑业农民工转化为产业工人动力系统的运行机理等内容，最终构建一个以跃迁为核心运动特征的具有动态性的动力系统整体框架。

参考文献

[1] 刘汉民．路径依赖理论研究综述[J]．经济学动态，2003（6）：65-69．

[2] 彭克宏．社会科学大词典[M]．北京：中国国际广播出版社，1989．

[3] 王为．东北地区制造业产业自主创新动力机制研究[D]．哈尔滨：哈尔滨工程大学，2011．

[4] 王其藩．高级系统动力学[M]．北京：清华大学出版社，1995．

[5] 张艳玲，张爱丽．从自组织理论看社会的可持续发展[J]．河北学刊，2006（5）：90-93．

[6] 辛希．建筑工业改革是大势所趋[N]．建筑时报，2018-09-27（006）．

[7] 刘世青．住宅产业化对解决建筑劳动力短缺问题的作用分析[D]．大连：大连理工大学，2015．

[8] 逄宗展．加强建筑劳务管理的新思路与新举措[J]．建筑，2013（22）：33-35．

[9] 佚名．住房城乡建设部关于进一步加强和完善建筑劳务管理工作的指导意见[J]．建筑市场与招标投标，2014（5）：13-14．

[10] 刘贵文，郭攀．基于 EPC 的建筑工业化项目管理模式应用研究[J]．项目管理技术，2016（9）：91-95．

[11] 孙国帅，冯娇，左娜，等．建筑企业农民工实名制管理障碍与实施途径研究[J]．辽宁工业大学学报（社会科学版），2019（5）：34-36．

[12] 李亚静，刘玉明．建筑业劳务人员实名制管理现状及对策研究[J]．建筑经济，2016（6）：14-18．

[13] 陈动福，李颜娟，敖珍英．影响建筑农民工向产业工人转移因素的分析[J]．湖北工业大学学报，2019，34（6）：112-116．

第 6 章　建筑业农民工转化为产业工人动力机制的验证分析

前面章节通过对建筑业农民工转化为产业工人动力因子的系统分析与体系构建，以及相应的动力机制研究，详细分析了建筑业、建筑企业、建筑业农民工自身及社会配套等方面各要素在建筑业农民工转化为产业工人过程中发挥的重要作用。为了使前面的模型构建及论述更加有据可循、有理可依，本章对建筑业农民工转化为产业工人的动力机制进行了验证性分析。考虑到影响建筑业农民工转化为产业工人的动力因素较多，且动力因素之间相互关联和相互作用，变量之间具有一定的主观性，难以直接度量，很难用传统统计学方法来分析因素之间的相互关系[1,2]，而 SEM 模型能够弥补上述传统方式的不足[3-5]，本章采用结构方程建模方法，对整个转化过程的动力机制进行验证性分析。

6.1　SEM 模型构建

结合本书中建筑业农民工转化为产业工人动力系统的结构、功能与运行机理，确定动力机制因素包括建筑业驱动力、建筑企业驱动力、建筑业农民工内在驱动力、社会配套驱动力、建筑业农民工职业化水平、建筑业农民工市民化水平、建筑业农民工产业工人化程度七个潜变量。结合第 5 章对建筑业农民工转化为产业工人动力系统的阐述，在提出相应研究假设的同时，构建了建筑业农民工转化为产业工人动力机制验证的 SEM 模型，如图 6.1 所示。

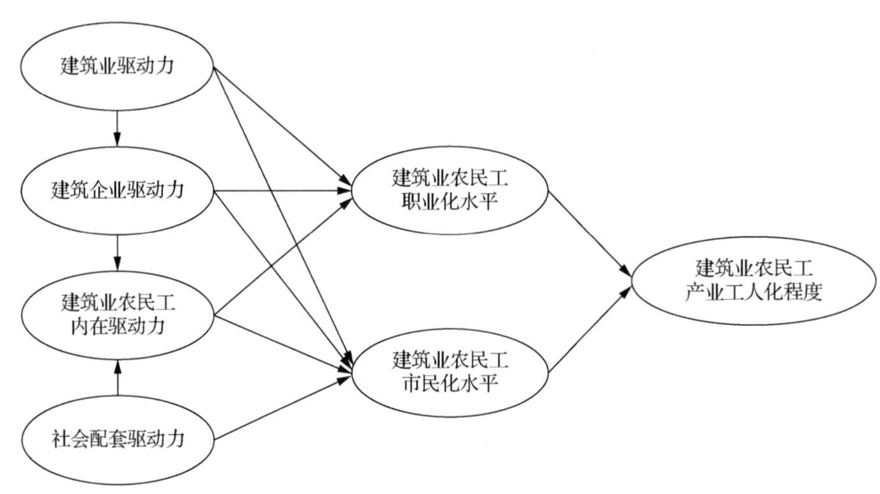

图 6.1　建筑业农民工转化为产业工人动力机制验证的 SEM 模型

SEM 模型包括建筑业驱动力、社会配套驱动力两个外生潜变量，建筑企业驱动力、建筑业农民工内在驱动力、建筑业农民工职业化水平、建筑业农民工市民化水平、建筑业农民工产业工人化程度五个内生潜变量，对变量的测量从受访者感知角度进行操作。

SEM 实证研究共提出 12 条主要研究假设，如表 6.1 所示。

表 6.1　SEM 实证研究假设汇总表

标号	研究假设
H_1	建筑业驱动力与建筑企业驱动力之间具有正相关关系
H_2	建筑企业驱动力与建筑业农民工内在驱动力之间具有正相关关系
H_3	社会配套驱动力与建筑业农民工内在驱动力之间具有正相关关系
H_4	建筑业驱动力与建筑业农民工职业化水平之间具有正相关关系
H_5	建筑企业驱动力与建筑业农民工职业化水平之间具有正相关关系
H_6	建筑业农民工内在驱动力与建筑业农民工职业化水平之间具有正相关关系
H_7	建筑业驱动力与建筑业农民工市民化水平之间具有正相关关系
H_8	建筑企业驱动力与建筑业农民工市民化水平之间具有正相关关系
H_9	建筑业农民工内在驱动力与建筑业农民工市民化水平之间具有正相关关系
H_{10}	社会配套驱动力与建筑业农民工市民化水平之间具有正相关关系
H_{11}	建筑业农民工职业化水平与建筑业农民工产业工人化程度之间具有正相关关系
H_{12}	建筑业农民工市民化水平与建筑业农民工产业工人化程度之间具有正相关关系

根据 SEM 模型和研究假设，七个潜变量之间存在一定的因果关系，其中建筑业驱动力、建筑企业驱动力、建筑业农民工内在驱动力及社会配套驱动力，分别用 CID、CED、CWD 和 SSD 来表示；建筑业农民工职业化水平、建筑业农民工市民化水平、建筑业农民工产业工人化程度，分别用 CWPL、CWCL 和 IWL 表示。因果关系用以下回归方程式表示：

$$\mathrm{IWL} = \alpha_1 \mathrm{CWPL} + \alpha_2 \mathrm{CWCL} + \xi_1 \tag{6.1}$$

$$\mathrm{CWPL} = \beta_1 \mathrm{CID} + \beta_2 \mathrm{CED} + \beta_3 \mathrm{CWD} + \xi_2 \tag{6.2}$$

$$\mathrm{CWCL} = \eta_1 \mathrm{CID} + \eta_2 \mathrm{CED} + \eta_3 \mathrm{CWD} + \eta_4 \mathrm{SSD} + \xi_3 \tag{6.3}$$

$$\mathrm{CED} = \mu_1 \mathrm{CID} + \xi_4 \tag{6.4}$$

$$\mathrm{CWD} = \varepsilon_1 \mathrm{CED} + \varepsilon_2 \mathrm{SSD} + \xi_5 \tag{6.5}$$

式中，α_1、α_2 分别代表 CWPL、CWCL 对 IWL 产生的驱动影响程度；β_1、β_2、β_3 分别代表 CID、CED、CWD 对 CWPL 产生的驱动影响程度；η_1、η_2、η_3、η_4 分别代表 CID、CED、CWD、SSD 对 CWCL 产生的驱动影响程度；μ_1 代表 CID 对 CED 产生的驱动影响程度；ε_1 代表 CED 对 CWD 产生的驱动影响程度；ε_2 代表 SSD 对 CWD 产生的驱动影响程度；ξ_1、ξ_2、ξ_3、ξ_4、ξ_5 分别代表了 5 个方程的残差项。

6.2　变量的测量

6.2.1　CID 的测量

本书对 CID 的分析主要从工业化、承发包模式、工作强度、岗位安全、实名制的角度来进行。因此，本节根据 4.4 节、5.5 节的分析，总结得出了以下初始测量题项。其中，

CID 的初始测量题项如表 6.2 所示。

表 6.2　CID 的初始测量题项

题目代码	测量题项
N_{11}	加强工业化建造方式在行业的发展力度
N_{12}	大力推行工程总承包模式
N_{13}	鼓励发展专业制造与小微型专业分包企业
N_{14}	大幅降低建筑业农民工的工作强度
N_{15}	积极推行各项举措保障农民工岗位安全
N_{16}	全面实施建筑业农民工实名制管理

6.2.2　CED 的测量

CED 的初始测量题项如表 6.3 所示。

表 6.3　CED 的初始测量题项

题目代码	测量题项
N_{21}	企业有完善的建筑工人职业提升通道
N_{22}	农民工的劳动合同由本人亲自签订
N_{23}	企业针对农民工推行可读性强、便于理解的简易劳动合同范本
N_{24}	企业依据跟农民工签订的劳务合同，进行薪酬的核算发放
N_{25}	企业薪酬按全费用工资形式发放，劳动期间的保险费用包含于全费用工资
N_{26}	农民工工资由银行直接代发
N_{27}	建立完善合理的建筑工人工资增长机制

6.2.3　CWD 的测量

CWD 是实现影响 CWPL 和 CWCL 的关键，本节通过总结得出 CWD 的初始测量题项，如表 6.4 所示。

表 6.4　CWD 的初始测量题项

题目代码	测量题项
N_{31}	全面提升建筑业农民工的专业技能水平
N_{32}	大力提高农民工文化水平，使其具有城市化的生活行为方式和价值观念
N_{33}	对建筑业农民工进行系统化的培训，包括社会文明培训与技能培训
N_{34}	建筑业农民工具有完善的职业资格体系
N_{35}	优化建筑业农民工的年龄结构

6.2.4　SSD 的测量

在深入总结各学者研究的基础上，结合研究实际，提出以下 SSD 的初始测量题项，如表 6.5 所示。

表 6.5　SSD 的初始测量题项

题目代码	测量题项
N_{41}	改革目前的城乡二元户籍制度
N_{42}	农民工享受到与城市居民相同的医疗、养老等社会保障
N_{43}	农民工的子女能够享受到和城市居民子女相同的教育
N_{44}	农民工有充足的进城初始资本
N_{45}	农村大规模地采用农场式的现代化生产模式
N_{46}	农民工在城市中拥有自己的住房

6.2.5　CWPL 的测量

本书所研究的 CWPL 主要包括职业技能与职业道德两方面，因此本节结合研究的实际需要，设计初始测量指标，如表 6.6 所示。

表 6.6　CWPL 的测量指标

题目代码	测量题项
N_{51}	建筑业农民工具有很强的职业技能
N_{52}	建筑业农民工具备很高的职业道德

6.2.6　CWCL 的测量

本书在借鉴以往研究的基础上，请教了相关的专家，从福利待遇、工作生活方式、道德观、价值观等维度设计了 CWCL 的初始测量指标，如表 6.7 所示。

表 6.7　CWCL 的测量指标

题目代码	测量题项
N_{61}	建筑业农民工与城市居民享受同等待遇
N_{62}	建筑业农民工的工作、生活方式与城市居民相同
N_{63}	建筑业农民工的道德观、价值观等与城市居民相似

6.2.7　IWL 的测量

IWL 是上述各驱动力模块作用的最终目标，其表现为企业拥有的稳定的产业化建筑工人队伍，测量指标如表 6.8 所示。

表 6.8　IWL 的测量指标

题目代码	测量题项
N_{71}	企业拥有一支稳定的产业化建筑工人队伍

6.2.8 要素量表构建

在本节中对各变量的初始测量指标都进行了初始设计，量表涉及 CID、CED、CWD、SSD、CWPL、CWCL、IWL 等七个潜变量共 30 个问题，其测量题项如表 6.9 所示。

表 6.9 中国建筑业农民工转化为产业工人动力机制验证要素量表

要素	代码	测量题项
CID	N_{11}	加强工业化建造方式在行业的发展力度
	N_{12}	大力推行工程总承包模式
	N_{13}	鼓励发展专业制造与小微型专业分包企业
	N_{14}	大幅降低建筑业农民工的工作强度
	N_{15}	积极推行各项举措保障农民工岗位安全
	N_{16}	全面实施建筑业农民工实名制管理
CED	N_{21}	企业有完善的建筑工人职业提升通道
	N_{22}	农民工的劳动合同由本人亲自签订
	N_{23}	企业针对农民工推行可读性强、便于理解的简易劳动合同范本
	N_{24}	企业依据跟农民工签订的劳务合同，进行薪酬的核算发放
	N_{25}	企业薪酬按全费用工资形式发放，劳动期间的保险费用包含于全费用工资
	N_{26}	农民工工资由银行直接代发
	N_{27}	建立完善合理的建筑工人工资增长机制
CWD	N_{31}	全面提升建筑业农民工的专业技能水平
	N_{32}	大力提高农民工文化水平，使其具有城市化的生活行为方式和价值观念
	N_{33}	对建筑业农民工进行系统化培训，包括社会文明培训与技能培训
	N_{34}	建筑业农民工具有完善的职业资格体系
	N_{35}	优化建筑业农民工年龄结构
SSD	N_{41}	改革目前的城乡二元户籍制度
	N_{42}	农民工享受到与城市居民相同的医疗、养老等社会保障
	N_{43}	农民工的子女能够享受到和城市居民子女相同的教育
	N_{44}	农民工有充足的进城初始资本
	N_{45}	农村大规模地采用农场式的现代化生产模式
	N_{46}	农民工在城市中拥有自己的住房
CWPL	N_{51}	建筑业农民工具有很强的职业技能
	N_{52}	建筑业农民工具备很高的职业道德
CWCL	N_{61}	建筑业农民工与城市居民享受同等待遇
	N_{62}	建筑业农民工的工作、生活方式与城市居民相同
	N_{63}	建筑业农民工的道德观、价值观等与城市居民相似
IWL	N_{71}	企业拥有一支稳定的产业化建筑工人队伍

6.3 问卷调查Ⅱ

问卷数据的收集情况决定了结构方程是否能够良好运行，而问卷设计直接影响了问卷调查指标的信度与效度。所以，为了提高问卷设计的可信度、有效性，作者基于大量文献展开了问卷设计和扩展。调查问卷的设计流程如图 6.2 所示。

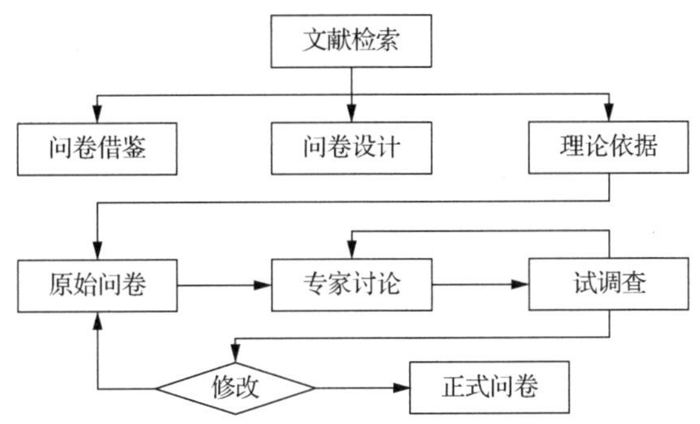

图 6.2　建筑业农民工转化为产业工人动力机制验证问卷的设计流程

本章采用五级李克特量表对变量进行统计分析，采用 1～5 代表受访者对测量项的判断。该五级量表的使用考虑了研究的范围和规模，保证了数据在统计检验中的区分度，具体含义如表 6.10 所示[4]。本章研究采用两种方式收集数据：一是现场回收；二是网络发放。

表 6.10　五级李克特量表

级别	1	2	3	4	5
对测量项的判断	很不重要	较不重要	一般	较重要	非常重要

6.4　数据描述性统计分析

6.4.1　调查问卷回收分析

作者采用了两种问卷发放方式，在实际操作过程中，很难做到对每个人进行详细的问卷说明，加之无法保证每个调查对象均认真作答，所以回收问卷中存在部分无效问卷。在调查过程中可统计的问卷发放数是 250 份，最终回收 246 份，删除回答不全、答案雷同、回答时间太短的问卷，共得 183 份有效问卷，有效回收率为 73.20%，回收的样本统计数据如表 6.11 所示。

表 6.11　问卷样本回收统计情况

问卷发放途径	发放问卷数/份	回收问卷数/份	有效问卷数/份	回收率/%	有效回收率/%
现场发放	100	96	89	96.00	89.00
网络发放	150	150	94	100.00	62.67
总计	250	246	183	98.40	73.20

6.4.2 调查问卷数据分析

描述性统计分析是数据分析的基础，借助于数据内部规律选择相应统计方法，本书涉及的描述性统计分析包括变量的平均值和标准差。利用 SPSS18.0 统计软件计算每个测量指标的平均值和标准差，结果如表 6.12 所示。

从表 6.12 中可以看出，测量指标的平均值在 3.06～4.11，标准差在 0.983～1.390，整个数据样本具备较好的离散性，适合做进一步的数据分析。

表 6.12　变量的平均值与标准差

变量	平均值	标准差	变量	平均值	标准差
	CID		N_{34}	3.95	1.051
N_{11}	3.79	1.075	N_{35}	3.66	0.983
N_{12}	3.39	1.176		SSD	
N_{13}	3.61	1.051	N_{41}	3.75	1.068
N_{14}	3.40	1.140	N_{42}	4.00	1.165
N_{15}	3.87	1.155	N_{43}	4.11	1.002
N_{16}	3.89	1.105	N_{44}	3.67	1.096
	CED		N_{45}	3.59	1.060
N_{21}	3.80	1.285	N_{46}	3.64	1.118
N_{22}	3.72	1.143		CWPL	
N_{23}	3.83	1.110	N_{51}	3.41	1.075
N_{24}	3.77	1.210	N_{52}	3.19	1.142
N_{25}	3.60	1.152		CWCL	
N_{26}	3.48	1.390	N_{61}	3.32	1.189
N_{27}	3.98	1.127	N_{62}	3.12	1.179
	CWD		N_{63}	3.06	1.204
N_{31}	3.96	1.126		IWL	
N_{32}	3.72	1.111	N_{71}	3.77	1.013
N_{33}	3.96	1.056			

6.5 效度与信度分析

6.5.1 调查问卷的效度分析

在本章中，探索性因子分析被用来测量动力要素的结构效度，验证 SEM 模型中的每个题项的适当性。探索性因子分析结果如表 6.13 所示。

表 6.13　探索性因子分析结果

动力要素	代码	因子载荷	KMO	Bartlett 球形检验卡方值	累计方差贡献率/%	显著性水平
CID	N_{11}	0.757	0.852	397.887	68.528	0.000
	N_{12}	0.561				
	N_{13}	0.625				
	N_{14}	0.513				
	N_{15}	0.803				
	N_{16}	0.811				
CED	N_{21}	0.658	0.864	596.113	69.057	0.000
	N_{22}	0.753				
	N_{23}	0.744				
	N_{24}	0.825				
	N_{25}	0.731				
	N_{26}	0.595				
	N_{27}	0.785				
CWD	N_{31}	0.853	0.863	494.084	68.748	0.000
	N_{32}	0.788				
	N_{33}	0.877				
	N_{34}	0.748				
	N_{35}	0.625				
SSD	N_{41}	0.687	0.856	494.331	71.828	0.000
	N_{41}	0.800				
	N_{43}	0.890				
	N_{44}	0.647				
	N_{45}	0.596				
	N_{46}	0.633				
CWPL	N_{51}	0.680	0.759	432.701	66.555	0.000
	N_{52}	0.862				
CWCL	N_{61}	0.790	0.787	422.553	74.807	0.000
	N_{62}	0.918				
	N_{63}	0.665				

KMO 是一种抽样适宜性检验，其值在 0～1，这是判断题项是否可以进行因子分析的一个重要指标。当 KMO 值接近 1 时，题项之间的共同要素多，适合做因子分析；当 KMO 值小于 0.5 时，不宜做因子分析，因子分析宜保证 KMO 值至少为 0.6。Bartlett 球形检验主要测试变量之间是否相互独立，如果该统计量的值大，则因子分析法是适用的。从表 6.13 中可以看到，各动力要素的因子载荷均大于 0.5，KMO 值均大于 0.7，Bartlett 球形检验是显著的，累计方差贡献率均大于 60%，结果表明样本较好，问卷题项设计具有较高的效度。

6.5.2　调查问卷的信度分析

信度分析也称为可靠性分析，用来测试问卷调查的可靠性。信度（可靠性）是指测量结果的一致性或稳定性，它是针对同一或相似的现象或群体进行不同形式或不同时间的测量，以验证其结果的一致性。任何测量观测值都包括实际值和误差值，误差越低，信度越高，即观测值不因形式或时间变化，所以有一定的稳定性。目前，内部一致性系数 Cronbach's α 主要用来检验量表的信度。

$$\alpha = \frac{k}{k-1}\left[1-\frac{\sum_{i=1}^{k}\sigma_i^2}{\sum_{i=1}^{k}\sigma_i^2+2\sum_{i}^{k}\sum_{i}^{k}\sigma_{ij}}\right] \tag{6.6}$$

式中，k 为测量一个特定观念的题目数量；σ_i 为题目 i 的方差；σ_{ij} 为相关题目的协方差。

Cronbach's $\alpha \geqslant 0.70$，该问卷具有较高的信度；$0.35 \leqslant$ Cronbach's $\alpha < 0.70$，问卷的信度尚可；Cronbach's $\alpha < 0.35$，问卷的信度低。

通过使用 SPSS18.0 软件来检验问卷的信度，各潜变量的 Cronbach's α 值、删除相应题项的 CITC 值、项目已删除的 Cronbach's α 值等如表 6.14 所示。表中的“项目已删除的 Cronbach's α 值”是指如果删除该题项，该潜变量下其余测量题项的 Cronbach's α 值大小，如果“项目已删除的 Cronbach's α 值”小于“Cronbach's α 值”，则表示去除该题项后的 Cronbach's α 值低于原值，不能删除该题项。换句话说，如果“项目已删除的 Cronbach's α 值”结果是大于“Cronbach's α 值”，应考虑作为删除的题项。表 6.14 中的“判断”一栏，如果“项目已删除的 Cronbach's α 值”小于潜变量“Cronbach's α 值”的结果，那么用“√”表示保留题项，否则用“×”表示删除题项。

表 6.14　信度分析结果

要素	变量代码	Cronbach's α 值	CITC 值	项目已删除的 Cronbach's α 值	判断	评价结果
CID	N_{11}	0.837	0.672	0.799	√	合理
	N_{12}		0.524	0.829	√	合理
	N_{13}		0.598	0.813	√	合理
	N_{14}		0.500	0.833	√	合理
	N_{15}		0.686	0.795	√	合理
	N_{16}		0.705	0.792	√	合理
CED	N_{21}	0.875	0.601	0.865	√	合理
	N_{22}		0.638	0.860	√	合理
	N_{23}		0.694	0.853	√	合理
	N_{24}		0.790	0.839	√	合理
	N_{25}		0.665	0.856	√	合理
	N_{26}		0.551	0.874	√	合理
	N_{27}		0.690	0.853	√	合理

续表

要素	变量代码	Cronbach's α 值	CITC 值	项目已删除的 Cronbach's α 值	判断	评价结果
CWD	N_{31}	0.886	0.772	0.850	√	合理
	N_{32}		0.735	0.859	√	合理
	N_{33}		0.804	0.842	√	合理
	N_{34}		0.714	0.863	√	合理
	N_{35}		0.598	0.885	√	合理
SSD	N_{41}	0.869	0.633	0.852	√	合理
	N_{42}		0.687	0.843	√	合理
	N_{43}		0.767	0.830	√	合理
	N_{44}		0.684	0.843	√	合理
	N_{45}		0.621	0.854	√	合理
	N_{46}		0.619	0.855	√	合理
CWPL	N_{51}	0.745	0.564	0.670	√	合理
	N_{52}		0.649	0.567	√	合理
CWCL	N_{61}	0.830	0.696	0.758	√	合理
	N_{62}		0.764	0.689	√	合理
	N_{63}		0.611	0.821	√	合理

从表 6.14 中可以看出，所有潜变量（动力要素）的α值都大于 0.7，这意味着观测变量各样本数据具有良好的可靠性，信度足以满足本研究的需要，各题项“项目已删除的 Cronbach's α 值”小于“Cronbach's α 值”，故保留建筑业农民工转化为产业工人的动力机制测量表所有 30 个题项（表 6.9）。

6.6 模型假设检验

在本章中，样本数据通过了效度和信度检验，因此可以用 SEM 模型来检验前面做出的 12 条假设（表 6.1）。本章中有效问卷的样本量为 183，样本数与题项比超过 5，样本数符合 SEM 模型拟合的要求。SEM 模型中有两个外生潜变量，即 CID、SSD；有五个内生潜变量，即 CED、CWD、CWPL、CWCL、IWL。本章即以这七个潜变量进行 SEM 全模型的假设检验。

6.6.1 原始 SEM 模型分析

原始 SEM 模型路径图如图 6.3 所示，使用 AMOS17.0 软件进行分析，运行结果如表 6.15 所示。

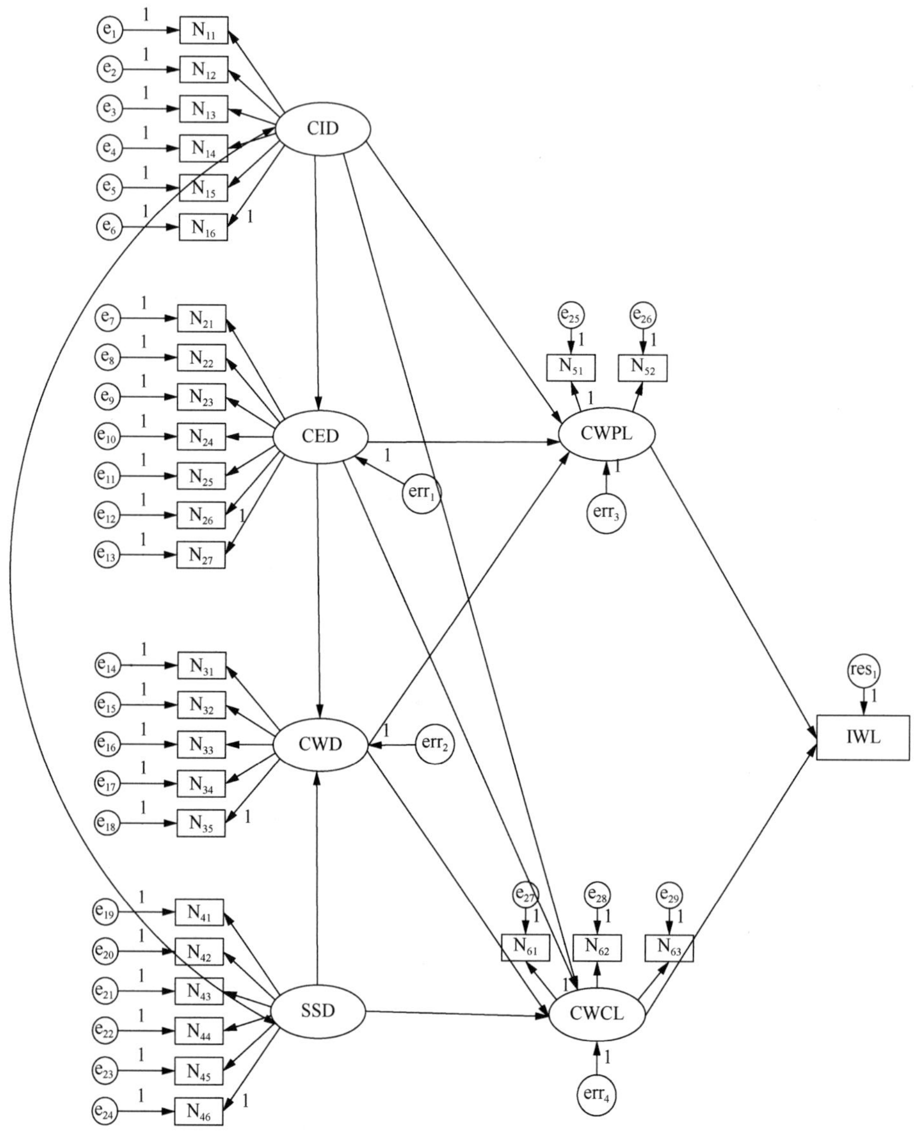

图 6.3　建筑业农民工向产业工人转化动力机制 SEM 模型路径图

表 6.15　SEM 模型的拟合指标

项目	拟合指标	建议值	DCP 模型指标值	判断
绝对适配度指标	卡方值（*P*）	＞0.05	0.206	很好
	近似误差均方根（RMSEA）	＜0.08	0.018	很好
	拟合优度指数（GFI）	＞0.9	0.887	可接受
	调整拟合优度指数（AGFI）	＞0.8	0.850	很好
	均方根残差（RMR）	＜0.05	0.047	很好
增值适配度指标	比较拟合指数（CFI）	＞0.9	0.993	很好
	规范拟合指数（NFI）	＞0.9	0.901	很好
	相对拟合指数（RFI）	＞0.9	0.975	很好
	增量拟合指数（IFI）	＞0.9	0.994	很好

续表

项目	拟合指标	建议值	DCP 模型指标值	判断
简约适配度指标	卡方与自由度之比 χ^2/df	<3	1.062	很好
	简约拟合优度指数（PGFI）	>0.5	0.666	很好
	简约规范拟合指数（PNFI）	>0.5	0.722	很好

从表 6.15 可以看出，原始 SEM 模型卡方与自由度之比 χ^2/df 是 1.062，低于建议值 3；RMSEA 是 0.018，低于建议值 0.08；AGFI 为 0.850，大于建议值 0.8；NFI、CFI、IFI、RFI 等指数均高于 0.9；PGFI 和 PNFI 分别为 0.666、0.722，高于建议值 0.5；GFI 为 0.887，略低于建议值 0.9，但它仍然在指数可接受值的范围内。整体模型拟合程度较好。

从图 6.3 可以看出，原始 SEM 模型有 12 条路径（假设）要检验，根据原始 SEM 模型参数估计结果（表 6.16），可以看到，有 11 条路径的显著性水平达到了显著性测试的标准，但 CWCL←CID 的路径不符合显著性假设。从分析结果来看，CID 与 CED 对 CWPL、CED 与 SSD 对 CWCL 均有负向的影响关系，与原假设的正相关关系不符。而 CWD 对 CWPL 与 CWCL 虽有显著的正向影响关系，但影响系数均大于 1，与标准化路径系数小于 1 的要求不符。通过对整个模型的验证，原有理论的部分假设被拒绝，表明最初的理论假设有问题，并不能完全反映建筑业农民工向产业工人转化的动力机制的实际情况，所以要根据运行参数，修正动力机制模型。

表 6.16　原始 SEM 模型的参数估计结果分析

假设与路径	标准化路径系数	显著性 P
CED←CID	0.895	***
CWD←CED	0.559	***
CWD←SSD	0.474	***
CWPL←CID	−0.826	0.020
CWPL←CED	−0.882	0.018
CWPL←CWD	2.051	***
CWCL←CID	−0.142	0.679
CWCL←CED	−2.324	0.006
CWCL←CWD	4.098	0.002
CWCL←SSD	−1.609	0.025
IWL←CWPL	0.307	***
IWL←CWCL	0.298	***

注：***表示在 1%的水平上显著。

6.6.2　原始 SEM 模型的修正

对于动力机制原始 SEM 模型的修正，可以通过路径系数相关检验的数值进行分析。其中 CWCL←CID 的 t 检验值为 0.414，是 t 值中最低值，显著性 P 值为 0.679，表明建筑业的驱动力在直接影响建筑业农民工市民化水平上不显著，能视作两者没有直接关系，考虑删除该路径。原始 SEM 模型的每次路径修正均应通过相应的参数进行校验。在删除 CWCL←CID 路径后，继续按 t 检验值，由小到大，重复上面的步骤，对各条不显著路径予以删除。在删除 CWPL←CID、CWCL←SSD、CWPL←CED 及 CWCL←CED

等四条路径后，剩余路径均至少达到了 0.05 显著水平。

原始 SEM 模型经过五次修正各项拟合指标变化如表 6.17 所示，结果表明拟合指标已与修正前相比有较大改善，因此本文最终确定如图 6.4 所示的修正模型，路径系数和显著性水平如表 6.18 所示。

表 6.17　原始 SEM 模型修正后的拟合指标

项目	拟合指标	建议值	DCP 模型指标值	判断
绝对适配度指标	卡方值（*P*）	＞0.05	0.146	很好
	近似残差均方根（RMSEA）	＜0.08	0.021	很好
	拟合优度指数（GFI）	＞0.9	0.880	可接受
	调整拟合优度指数（AGFI）	＞0.8	0.840	很好
	平均方根残差（RMR）	＜0.05	0.048	很好
增值适配度指标	比较拟合指数（CFI）	＞0.9	0.992	很好
	规范拟合指数（NFI）	＞0.9	0.901	很好
	相对适合度指数（RFI）	＞0.9	0.975	很好
	增量拟合指数（IFI）	＞0.9	0.992	很好
简约适配度指标	卡方与自由度之比 χ^2/df	＜3	1.077	很好
	简约拟合优度指数（PGFI）	＞0.5	0.662	很好
	简约规范拟合指数（PNFI）	＞0.5	0.722	很好

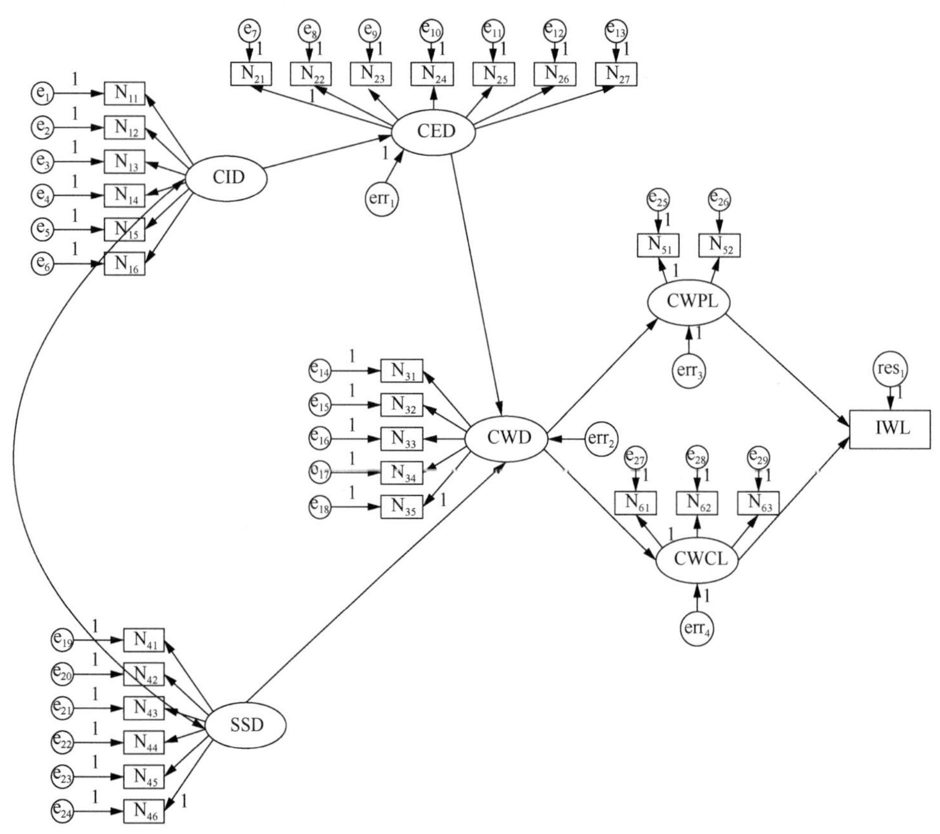

图 6.4　修正后的原始 SEM 模型路径图

表 6.18　原始 SEM 模型修正后的参数估计结果

假设与路径	标准化路径系数	显著性 P
CED←CID	0.882	***
CWD←CED	0.414	***
CWD←SSD	0.576	***
CWPL←CWD	0.289	***
CWCL←CWD	0.170	0.042
IWL←CWPL	0.193	0.007
IWL←CWCL	0.352	***

注：***表示在 1%的水平上显著。

6.7　验证结果与分析

6.7.1　验证结果

在修正的 SEM 模型路径系数和路径相关显著性水平的基础上，进行如下假设检验。

H_1 的假设检验。分析结果显示，建筑业驱动力与建筑企业驱动力间的路径系数为 0.882，说明建筑业驱动力与建筑企业驱动力之间存在显著的正相关关系。建筑业的进步驱使建筑企业持续变革以适应这一变化，因此，SEM 实证研究支持假设 H_1。

H_2 的假设检验。分析结果表明，建筑企业驱动力与建筑业农民工内在驱动力间的路径系数为 0.414，说明建筑企业驱动力与建筑业农民工内在驱动力之间存在显著的正相关关系。这是因为建筑企业在适应建筑业变革的同时，建筑工人自身的技术创新，资源、管理能力的获取、整合、重置和释放过程，促使其不断提升自我能力和素养，以应对企业的新要求，因此，SEM 实证研究支持假设 H_2。

H_3 的假设检验。分析结果显示，社会配套驱动力与建筑业农民工内在驱动力间的路径系数为 0.576，这说明社会配套驱动力与建筑业农民工内在驱动力间存在着显著的正相关关系。社会配套驱动力为农民工进城提供了保障，也促使农民工尽快提高自身文明素质，融入城市生活。因此，SEM 实证研究支持假设 H_3。

H_4 的假设检验。分析结果显示，建筑业驱动力对建筑业农民工职业化水平不存在显著的直接影响。这主要是因为建筑业驱动力作为建筑业农民工转化为产业工人动力系统的启动环节，其对职业化水平的作用，需通过建筑企业驱动力进一步传导于建筑业农民工内在驱动力上，而非直接作用于农民工自身。因此，SEM 实证研究拒绝假设 H_4。

H_5 的假设检验。分析结果显示，建筑企业驱动力对建筑业农民工职业化水平不存在显著的直接影响。这是因为建筑业农民工职业化水平的提升归根结底来源于农民工自身能力的提高，建筑企业驱动力更多是作为传动环节，将行业驱动力的作用传导于农民工内在驱动力上。因此，SEM 实证研究拒绝假设 H_5。

H_6、H_9 的假设检验。分析结果表明，建筑业农民工内在驱动力在建筑业农民工职业化水平、市民化水平上的路径系数为 0.289、0.170，说明建筑业农民工内在驱动力与建筑业农民工职业化水平、市民化水平间存在显著的正相关关系。建筑业农民工内在驱动力的提升，代表农民工自身能力和素养的全面发展，最终反映在其职业化与市民化水平的提高。因此，SEM 实证研究支持假设 H_6、H_9。

H_7、H_8 的假设检验。分析结果显示，建筑业驱动力、建筑企业驱动力对建筑业农民工市民化水平不存在显著的直接影响。建筑业与建筑企业的变革，更多地影响于建筑业农民工内在驱动力模块，进而带动其职业化水平的提升。因此，SEM 实证研究拒绝假设 H_7、H_8。

H_{10} 的假设检验。分析结果显示，社会配套驱动力对建筑业农民工的市民化水平没有显著的直接影响。这是因为社会配套驱动力作为建筑业农民工转化为产业工人动力系统的维持环节，其根本作用在于保障农民工的权益，消除农民工产业工人化的后顾之忧，其对于农民工市民化水平的提升更多的是通过对农民工内在驱动力的直接作用而得以体现。因此，假设 H_{10} 被拒绝。

H_{11}、H_{12} 的假设检验。分析结果表明，建筑业农民工职业化水平、建筑业农民工市民化水平在建筑业农民工产业工人化程度上的路径系数分别为 0.193、0.352，这说明农民工职业化、市民化水平对产业工人化程度影响显著。农民工职业化、市民化水平越高，建筑企业的产业工人化程度越高。因此，SEM 实证研究支持假设 H_{11}、H_{12}。

在本章检验的所有假设情况如表 6.19 所示。

表 6.19　假设检验汇总

标号	研究假设	是否支持
H_1	建筑业驱动力与建筑企业驱动力之间具有正相关关系	支持
H_2	建筑企业驱动力与建筑业农民工内在驱动力之间具有正相关关系	支持
H_3	社会配套驱动力与建筑业农民工内在驱动力之间具有正相关关系	支持
H_4	建筑业驱动力与建筑业农民工职业化水平之间具有正相关关系	不支持
H_5	建筑企业驱动力与建筑业农民工职业化水平之间具有正相关关系	不支持
H_6	建筑业农民工内在驱动力与建筑业农民工职业化水平之间具有正相关关系	支持
H_7	建筑业驱动力与建筑业农民工市民化水平之间具有正相关关系	不支持
H_8	建筑企业驱动力与建筑业农民工市民化水平之间具有正相关关系	不支持
H_9	建筑业农民工内在驱动力与建筑业农民工市民化水平之间具有正相关关系	支持
H_{10}	社会配套驱动力与建筑业农民工市民化水平之间具有正相关关系	不支持
H_{11}	建筑业农民工职业化水平与建筑业农民工产业工人化程度之间具有正相关关系	支持
H_{12}	建筑业农民工市民化水平与建筑业农民工产业工人化程度之间具有正相关关系	支持

6.7.2　SEM 模型的关键路径分析

根据表 6.19，可以分析出驱动建筑业农民工向产业工人转化的关键路径：IWL←CWPL←CWD←CED←CID、IWL←CWCL←CWD←CED←CID、IWL←CWPL←CWD←SSD 和 IWL←CWCL←CWD←SSD（①建筑业驱动力→建筑企业驱动力→建筑业农民工内在驱动力→建筑业农民工职业化水平→建筑业农民工产业工人化程度；②建筑业驱动力→建筑企业驱动力→建筑业农民工内在驱动力→建筑业农民工市民化水平→建筑业农民工产业工人化程度；③社会配套驱动力→建筑业农民工内在驱动力→建筑业农民工职业化水平→建筑业农民工产业工人化程度；④社会配套驱动力→建筑业农民工内在驱动力→建筑业农民工市民化水平→建筑业农民工产业工人化程度）。这四条关键线路可作为推进建筑业农民工转化为产业工人的政策安排切入点，如图 6.5 所示。

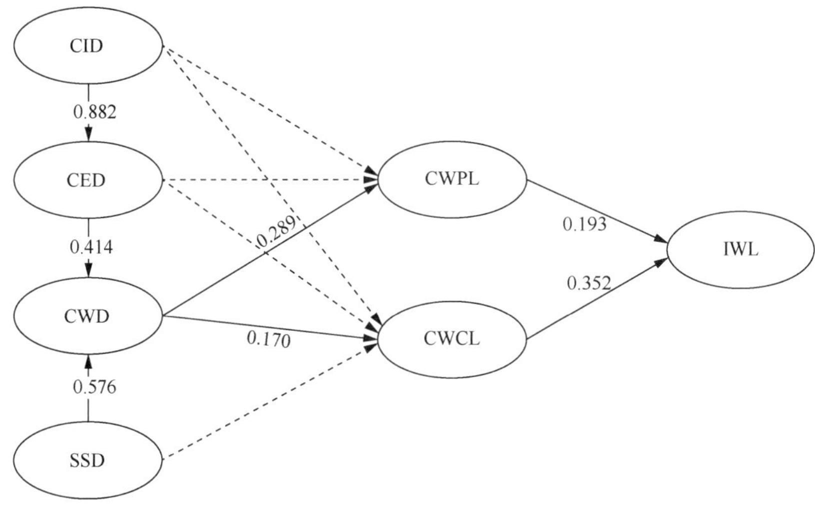

图 6.5　建筑业农民工转化为产业工人动力机制的关键路径

从关键路径上可以看出，建筑业驱动力和社会配套驱动力是两个源头性主导因素，也反映了政府和行业在推动建筑业农民工转化为产业工人过程中两大主体的重要作用。

从 SEM 模型所得的结果来看，值得一提的是建筑业驱动力对建筑企业驱动力的影响极大，这也验证了本书第 5 章将建筑业驱动力模块作为动力系统启动环节的假设；建筑业农民工市民化水平对建筑业农民工转为产业工人的影响超过了职业化水平对其的影响，这一效果的出现也说明了，我国快速推进建筑业农民工市民化对于建筑业农民工转为产业工人尤为重要。

通过第 4 章中提出的“2-4-12 体系”，以及第 5 章和本章得出的四条关键路径可知，在建筑业农民工向产业工人转化的过程中，来自四个驱动力模块（建筑业农民工内在驱动力模块、建筑业驱动力模块、建筑企业驱动力模块与社会配套驱动力模块）的 12 个关键驱动力（建筑业工人职业提升通道、简易劳动合同范本、薪酬总付一体化、实名制管理信息一体化平台、工程总承包模式、发展小微型专业制造与专业分包企业、建筑工业化、建筑业农民工系统化培训、建筑工人职业资格体系、工人年龄、户籍改革、农场化）是建筑业农民工向产业工人转化的动力来源。建筑业驱动力模块的驱动力主要来源于稳定的行业结构和行业的生产生活条件两方面，而未来我国建筑业必然要大力推进“工业化”生产，打造“工厂生产+工地装配”的建造方式，走建筑工业化之路。这一工业化之路，未来将从根本上改变建筑业生产方式，产生的不是传统的建筑产品，而是能体现绿色、低碳、智能等内涵的高科技含量的工业化新产品，随着生产方式的改变，行业架构也需要进行变革，所以本书第 7 和第 8 章分别对建筑工业化和变革行业结构两方面内容进行了详细解读。建筑业农民工内在驱动力模块的驱动力来源于农民工自身文化素质和技能素质的提升，所以本书的第 9 章详细介绍了系统化培训、全方位提升建筑业农民工从业素质的内容。建筑企业驱动力模块的主要驱动力来源是建筑业工人职业提升通道、简易劳动合同范本和薪酬总付一体化。对于当前相关部门采取的有关农民工职业提升通道和推广简易劳动合同范本的政策来看，其最终目的是解决农民工工资拖欠问题和保障农民工工资的梯度增长权益，这些权益的实质总结起来就是薪酬问题，所以本书第 10 章着重对薪酬总付一体化体系进行了详细设计。社会配套驱动力模块的终极目的是保障建筑业农民工自身的权益，实现建筑业农民工市民化，所以第 11 章重点对建筑业农民工向产业工人转化过程中的市民化权益保障问题进行了分析。

参 考 文 献

[1] 侯杰泰，成子娟．结构方程模型的应用及分析策略[J]．心理学探新，1999（1）：54-59．
[2] 林嵩，姜彦福．结构方程模型理论及其在管理研究中的应用[J]．科学学与科学技术管理，2006（2）：38-41．
[3] 霍再强，李增欣，郝玉柱．结构方程模型在风险管理中的应用综述[J]．商业时代，2011（15）：71-72．
[4] 罗玉波，王玉翠．结构方程模型在竞争力评价中的应用综述[J]．技术经济与管理研究，2013（3）：21-24．
[5] 辛士波，陈妍，张宸．结构方程模型理论的应用研究成果综述[J]．工业技术经济，2014（5）：61-71．

实 践 篇

第 7 章　走建筑工业化之路，从根本上变革生产方式

7.1　我国建筑业生产效率较低的原因与思考

7.1.1　我国建筑业生产效率较低的原因

发达国家农村劳动力转移的历史表明，工业化是农村剩余劳动力转移的直接推动力，工业化过程中必然会引起产业结构的变动，而产业结构的变动又会对农村剩余劳动力转移产生影响。生产力的调整将形成社会文明与社会进步，有利于形成稳定的产业链与产业队伍。近年来，随着工业化与城市化的快速推进和城市建设规模的不断扩大，我国建筑业得到了迅猛的发展，建造能力不断提升，产业规模不断扩大，吸纳了大量农村转移劳动力，带动了大量关联产业，对经济社会发展、城乡建设和民生改善做出了重要贡献。

然而建筑业整体生产效率较低，我国建筑业的发展水平与发达国家以及其他行业相比，仍存在较大差距。主要表现在：一是我国建筑业的技术效率偏低。建筑业技术相对落后、机械化水平不足，标准化、流程化作业程度较低，依然为劳动密集型产业。图 7.1 是建筑业和高新技术行业的技术效率对比图[1]，可以明显看出建筑业整体技术效率较低。二是建筑业的劳动生产率和建造效率偏低。我国建筑业的人均年竣工面积仅为美国和日本等发达国家的 1/5～1/4，同样一栋 18 层的住宅，国内要花 13～14 个月的建造时间以毛坯房来交付，而日本等发达国家仅需 9～10 个月的建造时间以精装修房交付[2]。三是劳动力成本上升，不可控因素多。新生代农民工已不再青睐劳动条件较恶劣、劳动强度大的建筑施工行业，施工企业已频现“民工荒”现象[3]。传统施工方式容易受气候、人力、环境等诸多不可控因素的影响，进一步加大了工期拖延的风险，降低了生产效率。究其原因，主要在于建筑产品的一次性、非标准化等特征以及建筑业传统的生产方式，如现场的湿作业、劳动密集、流动式、半手工半机械化的建造方式等；另一个重要原因是建筑业较少用到高新技术和数字化工具，依然为劳动密集型产业，如建筑业每年的数字化投入占全行业总产值的 1.2%，而制造业每年的数字化投入占全行业总产值的 3.5%，是建筑业的 3 倍。

伴随着我国新型城镇化的逐步推进和“一带一路”倡议的实施，我国建筑业正在转型升级，积极走出国门。在这样一个技术变革的转型期，创新技术将引领建筑业未来的建造与设计方式，“互联网＋”、大数据、物联网等新技术将成为建筑业变革的强大催化剂[4]。未来，要彻底改变我国建筑业的落后面貌，实现建筑业的可持续发展，需要从根本上变革建筑业的生产方式，加大“智力投入”和“科技投入”，依靠技术创新，以大工业生产方式代替传统手工操作方式，走新型工业化和数字化的建筑业发展道路，最终

实现我国建筑业从“建造”到“智造”的成功转型。

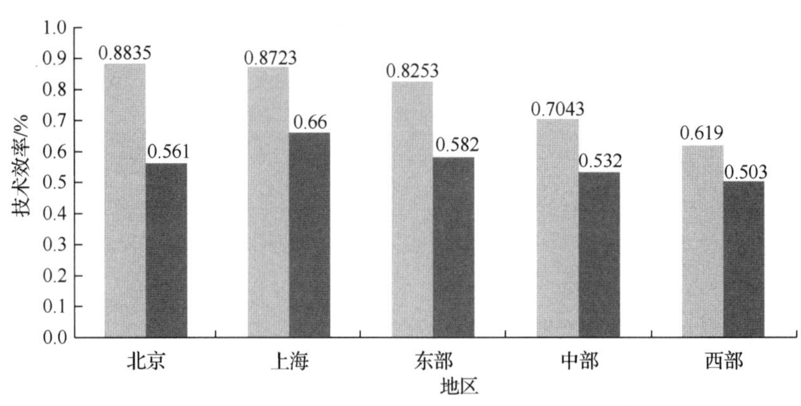

图 7.1　建筑业和高新技术产业的技术效率（10 年平均）对比图

7.1.2　建筑业工业化、数字化的主要障碍

1. 建筑产品多样性和标准化之间的矛盾

对于工业化建筑而言，标准化、模数化是实现批量化生产的前提。然而建筑业产品的一次性、复杂性、非标准化特征，使现有的工业化、数字化技术难以在建筑业大规模地推广和发展。现在的建筑大师们，除了注重满足了建筑物基本的功能、质量需求外，更加注重对建筑物艺术感和独特性的追求。建筑本身（尤其是公共建筑）不仅仅是一件工业产品，更是一件满足功能需求的艺术品，更加注重个性化。人们的生活方式和思想理念也越来越强调个性化与多样化，表现在建筑业上即为消费者会仔细比较价格、面积、户型、环境等因素，然而，我国建筑工业化还处于前期发展阶段，标准化体系设计方面还处于设计定型、构件统一、规格少且强调标准化与通用化，以便于工业化生产和机械化施工的阶段。多样性和标准化之间的矛盾限制了建筑业工业化的发展。

2. 工业化建筑标准、规程的缺乏

为配合装配式建筑的发展，我国已经出台了《装配式混凝土结构技术规程》（JGJ 1—2014）等预制装配式施工的技术规范，但总体上，我国建筑工业化的标准尚不完善，建筑工业化生产过程中的各个环节，如设计、生产、安装等相关规程尚未建立完善的体系[5]。装配式建筑从施工项目设计、审批、工程施工到项目验收各环节仅部分环节有地方性技术标准，没有可遵循的系统的国家级行业规范标准，既阻碍了建筑工业化大规模发展，也给相关配套政策落实带来了困难。这是建筑工业化、产业化大规模推广之前必须解决的一个问题。

3. 建筑构配件笨重导致的物流成本高

工业化构件需要从工厂运输到项目建设地，增加的构件运输费用与运输效率有密切关系，构件的运输效率受运输距离及构件重量和大小的影响，构件工厂化生产因模具限制及运输（水平、垂直）限制，构件尺寸不能过大，否则将导致较高的物流成本。而且构件笨重，对现场垂直运输机械要求较高，需使用较大型的吊装机械，也将额外增加垂直运输费用。

4. 传统建造方式的边设计、边施工模式

在传统的建造方式中，实际施工过程存在大量的设计变更甚至边设计、边施工，构建的 BIM 模型也处于不断的、动态的更改过程中，常常出现施工过程与 BIM 建模过程同步进行，弱化了 BIM 对施工的指导性作用。模型最终成型时，施工过程也趋于结束，难以实现 BIM 的可持续应用，无法实现标准化。

5. 工业化建筑的总体建造成本较高

日本是一个住宅产业体系较为完善的国家，工业化程度高，平均成本低。但在我国，按现阶段的产业链情况，工业化程度低，无法形成批量生产体系。例如，万科中粮假日风景项目 B3、B4 号楼便采取了住宅工业化方式运作。但实际上，这两栋建筑的成本较其他楼座反而高出 400～500 元/平方米[6]。住宅工业化原本是为了压缩成本，而目前情况下国内项目的成本却不降反升。

建筑工业化采用工厂生产、现场装配的生产方式，不需要传统施工方式的大规模现场施工，但是对于构件生产基地要求较高，这需要企业对生产模具、构件养护、构件运输、专业安装等过程进行较大的一次性投资，致使构件摊销费用高。装配式建筑结构体系试点在项目设计、生产及安装协同运作方面存在难度，这就需要具有专业技能的施工人员来操作，工人技能培训也会增加装配式建筑的成本。此外，由于目前国内缺乏统一的构件生产标准，构件生产企业对构件随意提价造成了预制构件价格偏高，与传统结构体系相比，装配式结构体系在成本上有一定增加，根据测算，混凝土预制装配技术增加建设成本 300～500 元/平方米[7]，过高的成本会阻碍装配式建筑的发展。另外，目前国内建筑市场劳动力成本仍相对低廉，装配式建筑结构体系对项目劳动力成本的节约有限，与传统现浇结构体系相比在综合成本上不占优势。

7.1.3　破解建筑业痛点的关键是标准化

标准化、批量化生产是推动建筑业工业化和数字化的关键。工业化和数字化是一种高效率的生产方式，但需要大量资源，只有依靠标准化批量生产，才能实现规模经济效应。标准化是一种模式[8]，正如制造业中的汽车和电子行业中的电脑，模式可以是多样化的，也可以将多样化的模式再组合，根据用户的需求进行个性化的定制。标准化是规模化、批量化生产的前提，只有标准化才能批量生产，才能更好地建立工业化和数字化联动机制。

波音 777 是一款由美国波音公司制造的中远程双引擎宽体客机，是目前全球最大的双引擎宽体客机，最大载客量可达 550 人，起飞重量达到 247～352 吨，如此庞大且高精尖的科技产品其制造过程都是通过制造工厂的生产线将零件批量化生产出来，然后在固定的装配工厂进行装配的，一架飞机的装配周期一般是 3～4 个月。移动生产线在波音公司应用得很广泛，以往生产飞机是完成一道工序才移动到下一个工位，使用移动生产线后，让每一个工位的时间变得固定（防止工人偷懒），变相提高了生产效率，在耗费同样的工资和能源下，提高了产量，从而降低了生产成本。像波音 777 这样的客机（图 7.2），波音公司在 2013 年月均产量 8.3 架。波音 777 采用标准化设计、流水线组装和批量化生产，从设计师的设计方案到零配件的生产过程，都可以重复性、批量化使用，建造一架复杂的波音 777 客机只需对零件进行简单的重复装配，标准化可以有效地减少设计更改、超差及返工，提高了产品质量，在实现批量化生产、提高劳动生产效率的同时，显著降低了生产成本。

图 7.2　庞大复杂、井然有序的波音 777 客机生产车间

再以医院科室为例，医院一般分为内科、外科、儿科等八大科室，再将这八大科室进行细分，如内科又分为普通内科、心血管内科、呼吸内科、消化内科、血液科、内分泌科、感染科、免疫科、神经内科等，如此细化科室可以提高救治效率，当病人到达医院后可根据其初步病情送往相应的大科室进行检查，经相关医师检查后可明确病人应该前往哪一个具体的科室进行医治。医院的科室设置实质是按照人体的功能进行标准化划分的体现。人体本质上是若干功能的组合，如听觉功能、视觉功能、消化功能等，根据人体的这些功能将人体拆分为若干标准化部分，再按照标准化后的部分设置相应科室，每个科室各司其职，可以实现流程化医治，大大提高就医效率。这样既可以使医疗资源得到有效配置，发挥医生的专长，又可以大大降低病人的就医成本，实现精准、高效就医。

我国传统建筑业的生产活动都是“一次性”的，每个建设项目的设计和施工都需要单独完成，同时建筑功能的需求多样，建筑产品缺乏标准化，导致建筑业产品重复性低，无法实现批量化生产，造成建筑业劳动生产效率低。从函数模型角度对比分析高科技行业与建筑业产品，高科技行业产品是典型的阶段函数，通过不同阶段的发展，逐渐将整体碎化为各种较小的种类，随着各阶段量的发展积累，逐渐实现质的发展，当标准化程度达到一定水平，产品的组成构件就会形成几种固定的标准形式，如铁轨、螺丝、集装箱尽管数量成千上万，但只有几种标准形式，几种标准形式的组合即可实现相应产品的直接装配，为批量化规模生产提供前提；而建筑业产品的表现形式、空间尺度根据不同建筑师的主观性设计具有较大随意性，这种非标准化、多样化的生产方式，也就决定了建筑业产品的函数表现形式为连续函数［图 7.3（a)］，建筑业产品没有明显的质变过程，建筑构件具有尺寸、规格等方面的连续性。建筑工业化的目标就是减少非标准化的内容，消除构件尺寸的连续性，将建筑结构体系合理地碎化，形成标准化的阶段函数［图 7.3（b)］，统一建筑模数，实现产品标准化，从而保证标准化大规模、高效地生产，使建筑构件能在建筑市场上像普通商品一样流通，从根本上解决建筑工业化的问题。

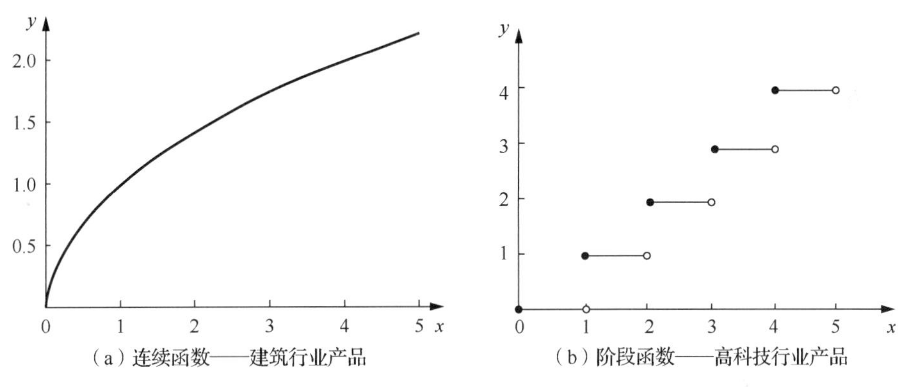

（a）连续函数——建筑行业产品　（b）阶段函数——高科技行业产品

图 7.3　高科技行业与建筑业的产品“函数模型”示意图

7.2　建筑工业化促进农民工产业工人化的必要性分析

7.2.1　建筑工业化改革是农民工转化为产业工人的根本途径

建筑工业化能够创建更具现代化的生产作业环境，能更好地促进将农民工纳入正式职工的管理模式，农民工将会与正式职工享有同样的工资待遇、福利待遇、文化待遇和政治待遇，农民工的权益受损问题也就得以解决。实现与城市职工同工同酬，增加建筑工人对于职业的认同感，并形成适应行业发展的产业工人队伍，使建筑工人的整体劳动强度降低、劳动生产率大幅度提高，使建筑业走上质量效益型道路。

7.2.2　未来“工厂生产+工地装配”的构筑方式将倒逼农民工向产业工人转化

传统企业往往出于自身利益最大化考虑，大都愿意保留管理型的技术人员，而对过去在册的建筑工人一般采用内部退养、待岗、解除劳动合同、辞退等办法分流。而建筑工业化后会增加更多高技能就业岗位，原有的建筑施工模式将得到根本转变，例如，相较于传统建筑业以湿作业模式为主，建筑工业化下的现场干作业环境可达 90%[2]。这种全新的生产模式，将倒逼农民工主动接受专业培训，提升自我的素质与技能，撕掉“农民工”的标签，向新型建筑业产业工人转化，成为城市化建设的重要组成部分。

7.2.3 工业化建造方式使工人的工作更加稳定，生活质量得以保证

建筑工业化将极大地提高建筑业的劳动生产率，缩短建造工期，绝大多数项目无须工人加班加点也能按时完成。根据相关调查发现，在建造过程中采用工业化生产方式与传统的粗放型生产方式相比，可节省50%左右的劳动力资源，同时还可以缩短40%以上的建设周期。大地集团曾对工业化生产方式与传统生产方式做过对比，采用现浇施工方式建设某幢建筑需要劳动力140人左右，完成一层楼的施工需要7天；而采用装配式则仅需要劳动力70人左右，平均5天完成一层楼的施工和外装饰，工业化生产方式节约了大约50%的劳动力[9]，提高了生产效率。同时，建筑工业化改善了建筑业的组织管理模式，科学的管理有助于提高工人的生产效率，工人的上下班时间固定，生活更加规律化，生活质量得以保证。与现场湿作业相比，施工现场临时工的用工数量将明显降低，一部分农民工将进入建筑业的生产工厂，转变为产业工人，减少了临时工的数量和流动性，从而可有效减少因劳动报酬、夫妻两地分居等因素导致的社会不稳定现象，有利于促进社会的和谐稳定。总之，建筑工业化能够为建筑工人创造更为稳定的工作模式，保证更高的生活质量。

7.3 未来的建筑工业化展望

“像造汽车一样造房子”，已经逐渐成为我国建筑业的流行语。2016年2月6日，《中共中央 国务院关于进一步加强城市规划建设管理工作的若干意见》指出，大力推广装配式建筑，减少建筑垃圾和扬尘污染，缩短建造工期，力争用10年左右时间，使装配式建筑占新建建筑的比例达到30%。可见，建筑工业化成为建筑业迈向新型工业化道路的必然趋势，并且大力发展建筑工业化，已上升为推进经济发展的国家意志。建筑工业化将为我国传统建筑业带来一场重大变革，其深远影响和意义将超越秦砖汉瓦和钢筋混凝土这两次我国居住建筑建造方式的革命，使我国落后的传统建筑业从高能耗、高污染、高消耗、低寿命和劳动密集型迈进新型工业化和数字化的现代化产业轨道。建筑工业化将以技术集成型的规模化工厂生产取代劳动密集型的手工生产方式，以工业化制品现场装配取代现场湿作业施工模式，实现住宅部品部件生产的工厂化、施工现场的装配化的绿色建造模式。

7.3.1 建筑工业化将制造崭新的建筑产品

未来的建筑工业化、数字化实现的目标不只是“新瓶装旧酒”，它将提供一个全新的技术平台。建筑工业化并不是简单地“现场搭积木”，而是集设计、生产、装配于一体的新型建造模式，是新型建筑工业化和数字化的联动配合，是技术创新和管理创新的双轮驱动，是现代科学技术和现代化管理的完美结合。未来的建筑工业化将运用很多全新的技术，制造崭新的建筑产品。

1. 结构技术的应用

（1）抗震、减震技术。未来的工业化建筑中将会运用很多创新、先进的消能减震技术。例如，在建筑物中放置的各种球体结构，地震发生时可以吸收能量，达到减震的目的，让建筑物在地震晃动中集中在一个地方造成损害，而其他地方不会发生损毁。其可在大地震发生时使房屋内家具不倒、人不受伤，理论极限可以达到使房屋彻底不震的程度。未来工业化的房屋本身将是一个“弹性体”，房屋的四周将由弹簧相连，起到“保险丝”的作用，当地震来临时，房屋的上下平面平行晃动，而不会倒塌。

（2）建筑物中的安全屋。在房屋中设置“黑匣子”避难室，类似于飞机的黑匣子，具有极高的结构强度，烧不坏、压不烂，有水、有氧、有药，作为建筑中的安全区，同时可以充当定位仪的功能，当发生地震或者其他自然灾害时，人们可以进入“黑匣子”避难，使救援人员能够精准救援，构成生命的最后一道防线。

2. 节能减排技术的应用——打造零能耗建筑

零能耗建筑，其特点是不消耗常规能源，完全依靠太阳能或者其他可再生能源。将建筑能源需求转向太阳能、风能、浅层地热能、生物质能等可再生能源，为人类、建筑与环境和谐共生寻找到最佳的解决方案。例如，在装配式建筑中运用先进的绿色节能技术，如热风集热式供热技术、太阳能光伏发电技术、光电池、地源热泵供热技术等，使每栋房屋通过结构本身的材料、太阳能装置、雨水收集设施来获取自然界的太阳能、风能、地热能，再通过高效转化成为可利用的电、热等能源，满足居民生活需求，以建筑“自给自足”的形式，实现零建筑能耗[10]。同时，工业化建筑的通风系统也可实现能源利用的最大化。例如，在建筑顶端设置风帽，一个通道将新鲜空气输送进来，另一个通道排出屋内的污浊空气，在此过程中，废气中的热量同时对室外寒冷的新鲜空气进行预热，最多能挽回 70%的热通风损失。装配式建筑为实现零碳节能目标，还可采用热电联产系统提供用电和热水，该系统的发电站使用木材废弃物发电。以英国第一个能源自给自足、零碳排放社区——贝丁顿零碳社区为例，该社区的木材需求量为 1100 吨/年，其木材来源包括周边地区的木材废料和邻近的速生林，社区周边有一片三年生的 70 公顷速生林[11]，每年砍伐其中的 1/3，并补种树苗，以此循环来满足发电需求，同时树木成长过程中吸收了在木材燃烧过程中产生的二氧化碳，实现零温室气体排放。未来的工业化建筑会在建设、使用、维修、改造、拆除等建筑全寿命周期的各个环节中运用节能技术，保护环境和节约各类能源、建筑材料、水资源、土地资源等。这些技术不仅可以大大提高工业化建筑的性能，还可以满足住户多样化、个性化的居住需求。

3. 能够重复、可持续使用的新型建筑材料的应用

未来的工业化建筑中将使用很多能够重复、可持续使用的材料。例如，木材作为一种可持续、可再生、可循环的材料，质轻而坚固。木制房屋亲和自然，是适宜人类居住的建筑之一。钢材也是未来工业化建筑青睐的一种材料。高效轻型的薄壁型材，自重轻、强度高、占用面积小，抗震，环保节能，可个性化定制，舒适度高，而且钢材可以重复

使用，很适合工业化建筑的生产。同时，未来的工业化建筑会使用大量的新型节能材料，如各种新型墙体材料、保温隔热材料、防水密封材料、节能门窗和玻璃等。这些绿色节能材料促使建筑能效提升、环境改善。

4. 绿色施工技术的应用

未来工业化建筑的施工过程将充分体现绿色施工的机械化、低碳化、信息化与智能化。在保证质量、安全等基本要求的前提下，通过科学管理和技术进步，最大限度地节约资源并减少对环境的负面影响，如基于 BIM 和大数据应用的现场管理技术、施工降水和雨水回收再利用技术、现场喷淋降尘技术、垃圾回收处理再利用及分类外运技术、3D 打印技术、建筑机器人技术等。实现施工过程的“四节一环保”，即“节能、节地、节水、节材和环境保护”，在对环境影响最低的基础上，最终实现文明施工、高度机械化施工、高度智能化施工和人性化管理。

5. 智能技术的应用

未来装配式建筑将构建一个能全程主动对环境做出智能调节的虚拟管家智能系统。智慧建筑通过物联网化、“互联网＋”化、智能化的方式，使建筑中各个系统功能相互协调运作，形成人与物、物与物相联，实现信息化、远程控制和智能化，如物联网+互联网技术、人工智能运营技术、面部识别技术、视频分析技术、虚拟现实技术、立体停车技术等。

总之，未来的建筑工业化、数字化不是简单的“现场搭积木”，简单的预制配件的装配，而是以设计标准化、生产工厂化、现场装配化、主体装饰机电一体化、全过程信息管理为特征，能够整合设计、生产、施工整个行业链，实现建筑产品节能环保、健康智能、全寿命周期价值最大化的可持续发展的新型建筑生产方式。

7.3.2　建筑工业化与传统建造方式的区别

目前，建筑业还是以现浇钢筋混凝土的建造方式为主，这种建造方式的典型特征是现场湿作业，劳动力需求密集，施工过程的工作分解相对灵活。建筑工业化则是以工厂生产+现场装配为建造方式，该建造方式可以加快施工进度、节约劳动力，还可以有效确保施工安全和建筑质量，传统建造方式与工业化建造方式各方面差别较大，具体有以下几个方面的不同。

在施工进度方面，建筑工业化多属于室内作业，工期不会因雨季或者冬季等气候因素而受到影响；工业化建造方式属于批量化生产，构件可复制化生产，统一、批量化的生产，保证了建筑活动的高效性；在部品集成化方面，工业化建造方式可以一次性集成预制部品和装修部分，而传统的建造方式需要主体结构完工后才能进行结构抹灰、贴面、装修等工序。由于工业化的建造方式属于流水化作业，分工细致，施工工人均为专业人员，其技能熟练，施工进度能够得到有效保障，而现场施工方式的工人以临时工较多，技能不稳定，这种非流水化的生产线作业方式会使工人之间存在更多的工作界面，使工人的生产效率降低。

在成本方面，与传统建造方式相比，工业化建造方式的投资回收期短，构件成本在批量生产的条件下能够得到有效控制，同时机械化程度较高，对于工人需求量大大减少，人工成本大大降低。而传统建造方式属于劳动密集型，大量现场作业均靠人工完成，对工人的需求量较大，人工成本较高。另外，工业化建造方式属于精细化施工，与传统的粗放型建造方式相比，材料用量少，可以节约材料成本。

在能源与资源消耗方面，工业化建造方式采用批量化生产，水、电、钢材等消耗量可以得到有效控制。例如，工业化建造方式在混凝土养护过程中，通过仪器对用水量进行统一控制，其精确度高，可有效控制用水量，避免了由于粗放式生产造成的大量浪费；由于批量化生产，节约了施工时间，无须夜间施工，且人工减少，照明用电减少；生产集成化和标准化，充分合理地利用建材资源，减少了施工耗材等。

建筑工业化的建造方式目的之一是提高劳动生产率，提高劳动生产率就会对建筑业劳动力需求产生影响，工业化建造方式与传统建造方式在劳动力需求方面的比较如表 7.1 所示[9]。

表 7.1　工业化建造方式与传统建造方式在劳动力需求方面的比较

特征要素	影响因素	工业化建造方式	传统建造方式
劳动力需求	就业情况	工厂批量制造，劳动力需求量较小，需要对农民工进行技能培训	劳动力需求量巨大，能缓解农民工的就业压力
	劳动力技能水平	对劳动力专业技能要求较高，需要对工人进行专业技能培训，才可上岗	对劳动力无技能要求，多以临时农民工居多
	需求	工业化生产，劳动力需求量较小，其只需要对机械进行操作	需要大量的劳动力进行手工现场作业，但劳动力不足问题出现，供需失衡问题出现

在可持续性能方面，英国皇家特许建造学会（Chartered Institute of Building，CIOB）将工业化建造方式与传统建造方式在生产实践中进行比较[12]，工业化建造方式的优势归纳起来有十条：一是工厂中具有较好的工作环境；二是较好的施工方法；三是施工操作的简易化；四是重复性工作的确定性；五是一般操作人员只需要掌握有限的技术即可；六是作业人员高效的工作连续性；七是施工工艺划分细，便于技术的进一步改进；八是现场吊车工时的高效使用；九是减少了其他作业面造成的损害；十是便于引用新的专用工具和工艺。经济方面，与传统建造方式相比，工业化建造方式的施工总工期能够缩短 20%，全生命周期成本降低 0.3%～1%；社会方面，工业化建造方式标准化程度较高，施工安全性能够提高 63%；环境方面，工业化建造方式在劳工需求压力、噪声污染、固体废弃物污染、温室气体排放以及建材和资源消耗方面与传统建造方式相比都具有较大的优势，如工业化建造方式比传统建造方式能够节约 30%～40%的劳动力[6]。

通过上述的分析可以看出，工业化建造方式在施工进度与成本、能源与资源消耗、劳动力需求以及可持续性能等方面具有较大的优势。综合以上分析，对两种建造方式进行了详细对比[9]，如表 7.2 所示。

表 7.2　工业化建造方式与传统建造方式的对比

特征要素	工业化建造方式	传统建造方式
生产方式	建筑构配件在工厂进行预制，运输至现场进行装配式施工，整体性能优良	现场手工湿作业，后期质量问题突出
劳动生产率	机械化程度较高，节省了大量劳动力，生产效率大幅度提高	从业人员专业技能水平低，流动性较高，生产效率较低
资源消耗	有效节约水、电、材料等资源	施工过程中资源消耗巨大，且整个生命周期能源消耗较高
建造成本	对生产器具要求较高，前期成本较高，但后期经济效益明显	需要大量的模板、脚手架，人工成本也较高
建设周期	构件生产较快，且装配施工周期较短，极大地缩短了建造周期	设计与施工分离，导致施工时容易出现返工等问题；现场施工干扰因素较多，建造周期较长
环境污染	工厂统一生产，有效减少建筑废弃物数量、废水排放、噪声干扰等	施工现场尘土飞扬，污染严重，施工的噪声对周边居民造成严重影响

总之，工业化的建造方式，是把不同类型的房屋作为工业产品，分别采用统一的结构形式和成套的标准构配件，采用先进的工艺，按专业分工，集中在工厂进行大批量生产，然后在现场进行机械化的施工安装。这种建造方式，可以克服现场手工操作的很多缺点，提高建筑构配件的生产精度，减少尺寸误差后续处理造成的质量隐患。从效益方面而言：在经济效益方面，工业化建造方式具有工期短、人工成本低、运维费用少、建筑耐久性强等特点。环境效益方面，建筑工业化资源和能源消耗较少，能够实现“四节一环保”的目标。有关数据显示，工业化建造方式在劳动力、能源、建筑废弃物及污水排放方面，比传统湿作业生产分别节约 47.35%、37.15%、58.89%、64.75%[9]。在社会效益方面，工业化的建造方式可促进农民工转变为产业工人，解决目前存在的诸多现实瓶颈问题，如农民工整体素质不高、呈现老龄化趋势、社会歧视、民工荒、建筑工程存在质量安全隐患等。因此，工业化建筑相比传统建筑具有很大的优势。

7.4　我国建筑工业化的总体改革思路

建筑工业化是以构件预制化生产、装配式施工为生产方式，以设计标准化、构件部品化、施工机械化、管理数字化为特征，能够整合设计、生产、施工等整个产业链的一种新型的生产方式。建筑工业化改革是一项复杂的系统工程，不仅涉及建筑的每一个“零部件”，建筑的整体结构体系，还涉及建筑业整体的生产模式。因此，本书认为对未来的建筑工业化可从以下三个方面进行改革：工业化建筑的标准体系、工业化建筑的技术体系和建筑业的生产体系。

1. 建立工业化建筑的标准体系

建筑工业化的目标是做到批量化生产，从而产生规模效应。标准化是批量化的前提，没有标准化，就不能实现批量化。然而由于建筑产品的一次性特征，传统以现场浇筑为主的“连续函数”形式的建筑构件建造方式是实现标准化的最大阻碍。因此，第一步是根据不同建筑功能的需求“碎化”建筑体系，形成标准化的构配件生产“阶段函数”，在此基础上建立统一的建筑工业化生产标准规范，建立标准产品目录，以供设计、生产选用。然后利用模块化的思路形成标准图集，建立标准化模块库。

2. 构建工业化建筑的技术体系

首先，建立支撑体-填充体（skeleton-infill）相分离的建造体系，在施工过程中只需要对支撑体部分进行标准化装配，对填充部分可根据用户需求进行个性化设计。在结构技术体系的基础上运用新型的建筑材料，如亲和自然的木材、环保耐久的钢材、绿色节能的新型材料等。然后，引入先进的新型技术，如抗震技术、节能减排技术、智能技术等。最后，创新引入 BIM 技术，打造各种专业分支 BIM，形成体现专业性的 BIM，让 BIM 成为设计、造价、成本、进度、采购、物流和全过程的交换中心平台。

3. 建立建筑业的生产体系

首先，建立设计施工一体化的集成建设体系，工程总承包—专业制造分包周围布局的组织架构。未来的建筑业组织架构将和制造业一样，总承包公司负责总体把控，周围布局各个构配件的专业制造企业，这样就形成了相对集中生产的构配件生产网。然后建立构配件商品配送的物流体系，将各个构配件运输到现场，进行现场装配。最后是一体化的全球采购体系，用户可以根据住宅供应商提供的产品目录，进行菜单式住宅形式及构配件选择。最终建立起未来建筑工业化的集成建设体系，如图 7.4 所示。

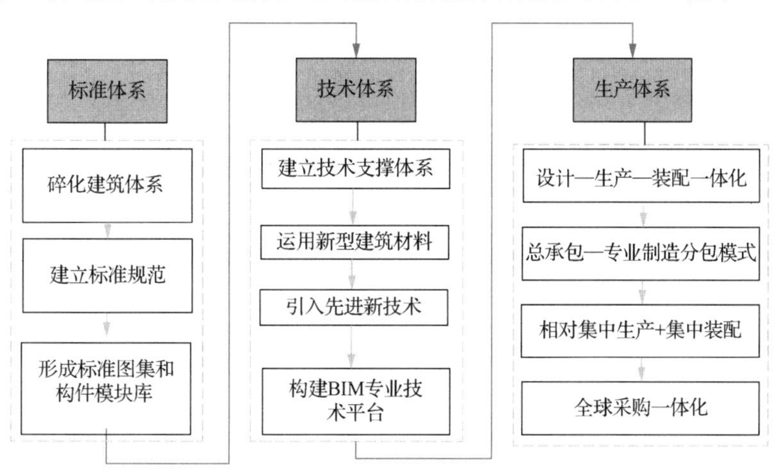

图 7.4　建筑工业化集成建设体系构建

建筑工业化集成建设体系的建立是建筑业农民工转化为产业工人的关键环节，建筑工业化集成建设体系的成功建立，将会催生出大量的构配件制造、现场装配等工作岗位，农民工自然会进入构配件专业制造工厂，成为“技术工人”，从而实现从建筑工地的“农民”到工厂的“产业工人”的转化，使农民工能够享受到更好的工作环境和福利待遇，提高人力资源的利用率，提高工人的技术水平，最大限度地减少浪费，节约资源，提高劳动生产率，真正实现建筑产业的可持续发展。当然，农民工转化为产业工人是一个漫长的过程，不可能一蹴而就。由于我国人口基数大，农民工数量庞大，并且技术水平参差不齐，行业以及权益保障方面还有很多障碍，需要通过行业架构改革、农民工培训、薪酬体系改革及农民工权益保障制度改革等一系列举措共同保证农民工产业工人化的最终实现。

7.5　我国建筑工业化改革的具体路径

7.5.1　构建建筑工业化标准体系

1. 合理“碎化”建筑体系

建筑构配件及部品的标准化是实现建筑工业化的前提，只有实现了标准化，才能实现批量化、系列化生产。实现标准化，首先要将建筑体系进行功能拆分，即“碎化”，拆分得越彻底，构配件的尺寸越小，构件的标准特征就越强烈，就越容易简化建筑产品的生产过程，就越容易实现批量生产，建筑构件工业化生产成本就越低，随之而来的工业化效益也就越高。然而建筑体系碎化度的增加也会带来一定的问题。随着建筑体系碎化度的增加，建筑构件种类将会更加复杂，而这将增加建筑构件在装配阶段的难度，难度的增加势必会提高建筑构件装配成本，造成装配式建筑在安装阶段效益降低。因此，碎化度的合理确定是实现工业化建筑批量生产、最优生产的关键。未来建筑工业化改革的任务便是找到建筑体系碎化度的“平衡点”，如图 7.5 所示，使建筑工业化的生产阶段和安装阶段的效益达到最大化。

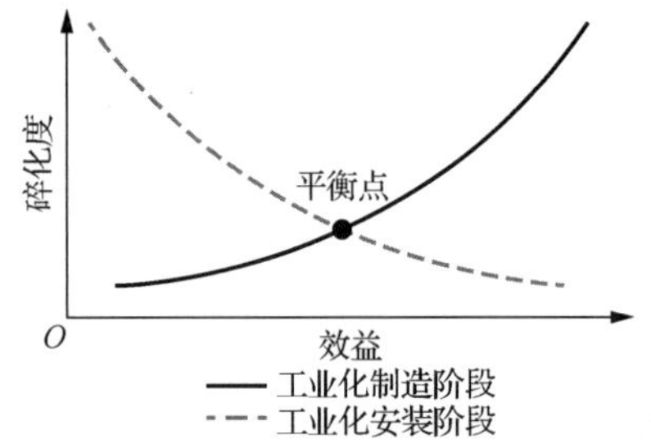

图 7.5　建筑结构体系碎化度与效益关系

2. 建立统一的工业化生产标准规范

设计标准化是实现建筑工业化的前提，但是目前我国在设计、制造和技术方面的标准都不完备，没有全国统一的标准体系，也没有相关强制性准则。企业每做一个项目，都要重新定制一套模具和施工方案，并且重复利用率低，造成极大浪费。国家应牵头组织各部门、各行业专家学者进行研究，逐步完善建筑工业化设计、生产、装配式施工、竣工验收、使用维护、评价认定、循环再利用等环节相关的法规、设计规范与标准、定额与指标等标准，以及各级标准中的指标体系，建立标准的反馈机制，从而实现对新技术、新材料、新工艺的吸纳。对不能满足工业化建筑生产要求的建筑产品的标准应加快修订并编制相应的新标准规范。可以借鉴先进国家的经验，结合我国当前工业化建筑标准方面的现状，在梳理相关标准体系的基础上，根据已经出台的工业化建筑国家标准、行业标准，初步建立工业化建筑标准规范体系。根据外部要求选择建立全面具体的建筑工业化生产标准规范，从分部分项工程、专业、构配件、材料设备等各方面建立全面具体的建筑工业化标准规范和技术指导文件（如手册、指南等），例如，分项工程标准规范为土建类（基础、主体结构、屋面）、机电工程安装类（水电、电梯、消防、安保设施）、钢结构工程类、其他工程类等建立标准产品目录，以供设计、生产选用，具体如图 7.6 所示。

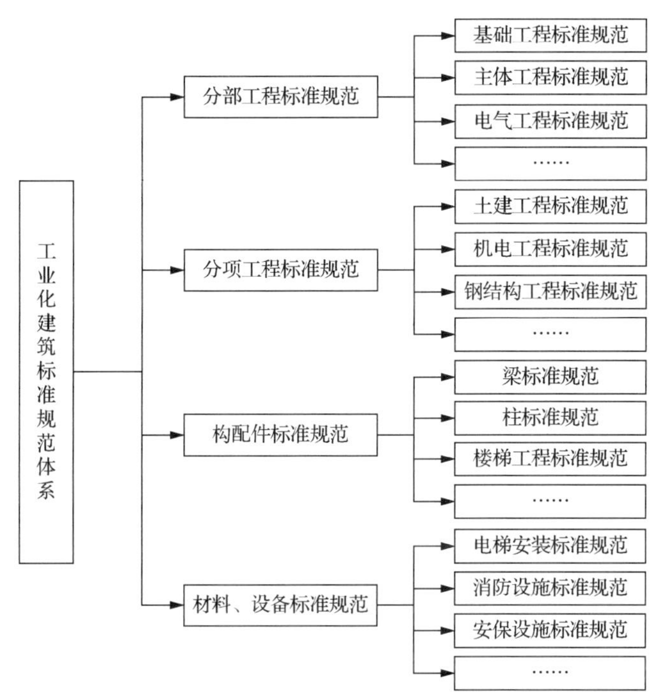

图 7.6　工业化建筑标准规范体系

工业化建筑标准规范体系是开放性的，技术标准名称、内容和数量均可根据需要做适当调整。随着建筑工业化的发展，以及工业化建筑标准体制的改革，国家标准和行业标准应越来越完善，在基础标准的基础上，继续发展通用性标准，以及一些关键工程、关键部品、关键构配件的专用标准，从而合理发挥政府作用和社会力量，建立更加完善的标准规范，促进标准化程度的提高。

3. 形成标准图集和标准化的构配件模块库

标准化是一种模式，正如制造业中的汽车和电子行业中的电脑，模式可以是多样化的，也可以将多样化的模式再组合，根据用户的需求进行个性化的定制。绝对的定制将是极个别豪宅的专利，正如汽车中的劳斯莱斯。同时，标准化是规模化生产的前提，只有标准化才能批量生产，标准化是低成本的保证，构配件要在标准化的基础上做到系列化、通用化。

在构建标准规范的基础上，可以利用模块化的思想，按照各部品进行分类，进行部品、砌块的“碎片化”，包括构配件、设备部品、装修部品等，形成标准图集，将建筑构件的类型、规格、质量、材料、尺寸等规定统一的标准，将建造量大、使用面积广、共性多、通用性强的建筑构配件及零部件、设备装置或建筑单元经过综合研究编制成配套的标准设计图，进而汇编成建筑设计标准图集。然后根据不同建筑功能需求，推动设计、施工、部品生产等环节的标准化，设置对应构件参数并建立标准化构配件模块库（图 7.7）。建筑就如一块块乐高积木搭建起来的实体，众多功能模块化构件拼接在一起组成整个建设项目，不同颜色、不同形状的“积木块”代表不同的模块化构件，各个构件模块环环相扣，有序搭接。建立建筑部件的通用标准体系，建筑师按通用标准对各类建筑进行标准化设计，然后施工单位根据标准化设计方案采购、安装标准化建筑部件，使建筑构配件通用于不同规模、形状和用途的建筑，实现建筑部件的规模化生产，利用规模经济效益，提高预制生产速度和效益，降低生产成本。

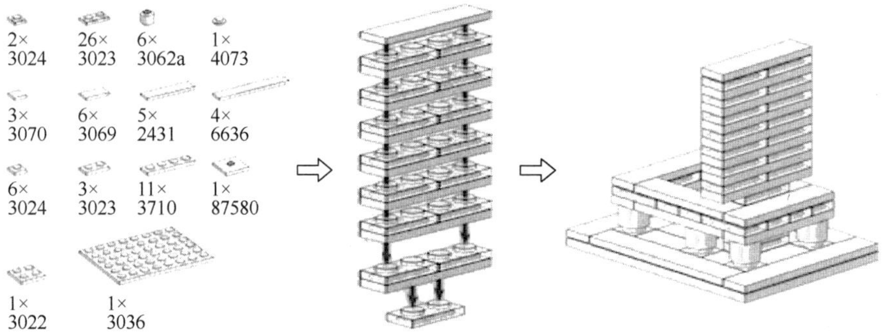

图 7.7　标准图集和标准化模块库构建过程

7.5.2　建立建筑工业化技术体系

标准化的装配式建筑技术体系是企业实现建筑产品大批量、社会化、商品化生产的前提，是住宅产业化的核心。各国政府对标准化装配体系的制定推动了各国建筑工业化的发展，然而在我国，虽然对标准化的制定有参数，但标准化的建筑技术体系尚未形成，在建筑工业化产业链循环上缺少相应参考标准。因此，可从以下几个方面构建我国的工业化建筑技术体系。

1. 建立工业化建筑技术支撑体系

目前国内的工业化建筑结构体系有装配式大板结构体系、盒子结构体系、大模板结构体系和框架轻板结构体系等。各个结构体系均有其自身的特点，如装配式大板结构体系，可以避免运输问题，且预制构件可灵活处理，还能充分利用工业废料，但隔音效果较差，有些容易产生渗漏、裂缝等问题，不便于二次装修。大模板结构体系，工业化程度和技术水平相对较低，但是制作简单，具有良好的结构整体性能，抗震能力强。盒子结构体系是目前机械化、装配化率最高的建筑，预制率能有 70%～90%，可以节省用料，但是运输成本高。各结构体系的特点如表 7.3 所示[2]。

表 7.3 工业化建筑典型结构体系的特点

工业化建筑结构体系	生产方式	建造速度	建筑造价	建筑质量和性能
装配式大板结构体系	工业化程度较高	现场工作量少，施工速度快	大规模施工可以使造价接近砖混结构	整体刚度大，抗震性能好，但隔音、隔震效果不好
大模板结构体系	工业化程度较低	相对于砖混结构施工速度快	与砖混结构大致相同	结构整体性能好，抗震能力强
盒子结构体系	预制化、机械化、装配化程度高，但运输困难	施工速度较快	预制工厂投资大，大规模生产可以降低成本	抗震性能好，但平面布置不灵活
框架轻板结构体系	结构节点少，预制部分可以相对较少	装配式施工，效率高	预制工厂投资少，节约水泥	抗震能力强，保温、防火、防潮，平面布置灵活

改革我国的建筑工业化技术支撑体系，可以参考日本的做法，即住宅的力学结构支撑体部分与填充体部分分离的建造体系，也称 SI 建造体系，其中 S 代表具有耐久性、公共性的建筑支撑体部分，在建筑中用户不可自行变动；I 代表具有灵活性、专有性的建筑内填充体部分，用户可以根据需要而灵活变动[13]。因支撑体与填充体分离，改变、更新填充体时，不影响支撑体，确保了支撑体的耐久性，有效延长了建筑寿命。建筑主体与内装部品的分离，是可变居住空间实现的前提，也是实现住宅全生命周期最大价值的条件。SI 建造体系的一个显著特征是“以人为本”，住宅建筑可以根据客户的需要自行进行改造，具有可改造性和可更新性。SI 建造体系将力学支撑体结构和填充体结构进行分离，能够为建筑业提出更加明确合理的市场分工。建造商可以只负责力学支撑体结构的设计和制造，建筑部品生产商只负责内装、外装和设备等的生产。整个行业的权责会更加明晰，可以为建筑企业创造一个良性的竞争环境。对于施工现场的农民工来说，快速的 SI 建造体系可以极大地提高现场的劳动生产率，降低劳动强度，减少对劳动力的需求，在这样一个“干作业”的工作环境中工作会更加的舒适。采用 SI 建造体系，在施工过程中只需要对支撑体部分进行标准化装配，对填充体部分可根据用户需求进行个性化设计[13]。为保证建筑工业化在我国顺利推广，政府应加大对建筑技术体系的支持力度，扶持优秀企业申报国家高新技术企业，鼓励高校、研究院进行自主研发，尽快解决技术体系问题，如剪力墙外墙系统的保温、隔热、承重的一体化，节点预应力连接技术，大间距钢筋的优化设计等。

2. 运用新型建筑材料

结构与材料组建了未来工业化建筑的空间骨架，建筑工业化结构体系需要建筑材料技术作为支撑。新型建筑材料的研制发展会影响建筑工业化的实现，因此高强、轻质、多功能的建筑新材料将是未来的发展方向。新型建筑材料主要是指新型建筑结构材料、新型墙体材料、保温隔热材料、防水密封材料及装饰装修材料。与传统的建筑材料相比，新型建筑材料具备一定的抗震、防火、防水等性能，同时在强度、耐用、隔音、采光、绿色环保等方面具有较大优势。参考我国的国情，需要将高性能、低能耗、可再生循环利用的建筑材料、合成材料、高强混凝土、高强结构钢材、轻骨料混凝土、纤维再生混凝土等在建筑的墙体、屋面、楼板等构件中进行推广应用。

同时可以大力推行钢结构技术，运用钢材料。现阶段，我国建筑用钢量仅为全国钢产量的 3.5%～4%，而且钢结构用钢量仅为建筑用钢量的 10%，但西方发达国家的钢结构用钢量为建筑用钢量的 30%～40%，为钢产量的 15%～25%[14]。目前我国钢铁行业的产能处于过剩阶段，发展工业化建筑可以为化解产能过剩，进行产业结构升级提供契机。与传统混凝土建筑相比，钢结构建筑具有重量轻、强度高、抗震抗风性好的特点，将钢结构作为承重构件，可以增加建筑的跨度，提升建筑使用空间。钢结构在装配式建筑中的应用有以下优势：一是钢结构施工已基本做到装配式建造，实现了施工现场的无支模、无钢筋绑扎（地面以上部分）、无砌筑、少湿作业、现场废料少、对环境污染小。二是钢结构构件、部品具备建造批量化生产能力。三是钢结构的验收规范规程、行业标准较为完善。普通钢结构、薄壁轻钢结构、高层民用建筑钢结构及钢骨（型钢）混凝土结构等方面的设计、施工、验收规范规程及行业标准已发行 40 余个。钢结构相关规范规程的逐渐完善为钢结构体系的推广奠定了一定的技术基础，为钢结构在工业化建筑中的应用提供了保证。

3. 引入先进技术

装配式建筑技术可与绿色建筑、节能建筑、被动式建筑及智能建筑等技术结合起来，使建筑工业化产品的先进性、时尚性及舒适性得到提升，从而形成新型工业化建筑的高级产品。一是绿色建筑技术，如垂直绿化、屋面种植、雨水调蓄、中水回用、排风热回收、健康新风系统、太阳能与建筑一体化、门窗保温隔热一体化、建筑水资源再生利用、建筑垃圾资源化利用等绿色技术。二是节能建筑技术，主要有燃气分布式能源系统集成、分布式光伏集成优化、分布式能源微网智能控制、新型工业化余热集成优化、建筑系统综合节能服务、利用智能监控平台和智能云平台的建筑节能实施和改造等技术。三是被动式建筑技术，依据“高性能维护结构、高保温性能门窗、高气密性、新风换气系统、无热桥设计”的方法，形成良好的建筑维护结构，尽可能地增加建筑保温隔热性能及气密性，让建筑凭借其产生的能量从而合理利用可再生能源，实现室内温度、湿度、空气新鲜度的舒适要求。四是智能建筑技术，包括建设智能环境系统、智能办公系统、楼宇自动化、智能安放系统、智能家居系统等。

4. 构建专业化 BIM 平台

目前的空间 BIM 只是实现便于理解沟通的目标，而无法实现建筑工业化生产全过程的有效对接。正如在力学分析中，如果只有理论力学是无法实现结构分析的，必须引入材料力学、结构力学等相关力学，才能进行全面的力学分析。因此，必须要完善各种专业分支 BIM，形成专业化 BIM 平台，此时的 BIM 才是真正意义上的设计、造价、成本、进度、采购、物流与全过程对应的交换中心平台。专业化 BIM 平台应用于建筑工业化中，可实现工业化建筑的灵活设计、建筑构配件的快速采购与支付、现场装配的精准控制、有效提升内部管控效率，同时形成完善高效的建筑工业化供应链。例如，专业化 BIM 平台可提供设计、采购、生产配送、储存、施工、财务、运营、管理等环节集成的数据平台，以信息技术为基础形成一套成熟的管理系统，实现资源贡献与建筑建造全过程的有效管理，实现施工单位与建设单位、各专业分包企业等的有效沟通，有效解决工程数据间的识别和共享问题，实现工程数据信息的全面动态管理和共享。专业化 BIM 平台与工业化的对接需要全过程信息整合企业的技术支撑，但是当前现状却是各种信息软件相互独立、互不兼容，没有统一的项目数据库及集成系统，信息零散、不透明、断层，从而造成各种资源非协同、非整合的极大浪费，很难从整体上促进 BIM 的快速发展。为保证专业化 BIM 平台成功与工业化建造模式对接，我国政府应制定国家层面上的建立专业化 BIM 平台战略，为专业化 BIM 平台在我国建设行业的推广应用提供战略性指导。具体政策建议将在后面章节进行阐述。

7.5.3　建立建筑工业化生产体系

1. 构建“设计—施工”一体化的建设体系

参照制造业的产业组织模式—集成制造系统做法，构建建筑业的集成建设系统。建立以总承包企业为核心，建筑设计、施工工艺设计和预制构件研发、生产、采购、装配、物流全流程一体化的集成建设系统，形成完整的建筑工业化上下游企业链条，核心是“设计—施工”一体化。也就是将住宅建设的投资、设计、构配件生产、施工建造、销售售后服务等形成有机的整体，使有关企业、部门联合协作，成为一体，形成“1+1>2”的效果。

承包方可以根据设计者的建筑设计方案以及施工方的技术专项、标准等进行具体的施工工艺设计。这种做法可以在微观上最大限度地以标准化的构配件、模块重新构建宏观建筑物。预制构配件、模块的研发可以由施工单位承担，这样就能实现产品研发与施工的一体化。施工单位要投入到研发过程中，对建筑物宏观构成进行有机的分类、分解，使之趋于标准化、模块化，并形成完整的技术检验标准与生产流程标准。另外还可以从设计、生产、施工这三个基本的住宅建造环节入手，不断引导新的企业加入产业链，从横向和纵向两个方向不断扩充产业链的规模，将模块化的生产思路充分融入产业链的整合过程中，最终将开始的简单线性结构的产业链拓展为以模块化为主的网络型结构的产业链。

2. 打造总承包—专业制造分包的布局模式

未来工业化的建设架构将由总承包商和构配件分包制造商组成，总承包商主要负责对建设项目的总体进行把控，如工程项目质量、生产周期内的总体管理协调工作等；分包商主要是专门生产构配件、部品等的专业制造企业，其职责是完成具体的生产劳务工作，分包商的专业化程度较高，在构配件生产和装配施工方面经验丰富。该布局模式类似于苹果公司和富士康的“哑铃结构”模式。苹果公司把利润最低的产品生产交给专业的制造商（哑铃的中部），自己则将全部精力用于利润丰厚的产品研发与销售（市场和品牌），即供应链的两端（哑铃的两端）。随着建筑工业4.0时代的来临，一部分建筑公司将成为苹果公司这一类型的公司，作为项目的总承包商，承担项目的设计、总控以及相关各方的协调工作；另一部分公司则将成为富士康类型的公司，根据总承包商的设计意图，负责建筑构件的加工制造、组装等工作。管理模式将向以大型总承包商为龙头，中小型专业制造商、分包商为主体的方向变化，如图7.8所示。

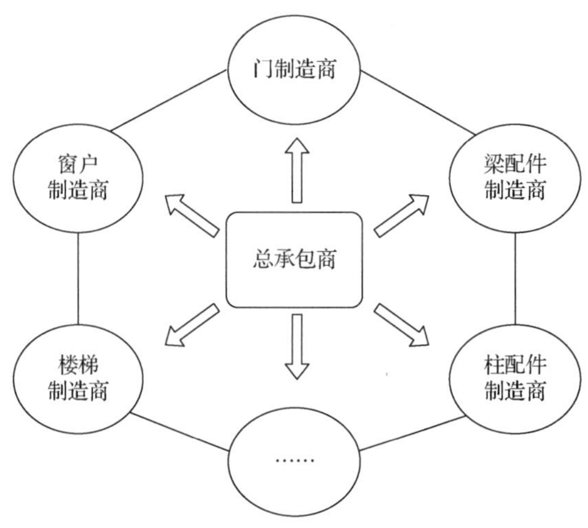

图7.8　构建总承包—专业制造分包的布局模式

在总承包—专业制造分包的布局模式下，建筑劳务用工的专业化程度将大大提升，作业环境将得到极大改善，建筑工业化的生产分工更加精细，标准化设计环节、部品构件生产环节、运输流通环节、现场安装环节等各个环节分工明确，各个环节建筑劳务用工工种专业化程度极大提高。因此，未来工业化体系下，总承包商将“碎化”建筑体系，将建筑细分成适当的建筑构配件，同时将建筑构配件的生产任务分到具体的分包商，这些分包商将生产出的不同建筑构配件，经过物流运输，在现场进行统一装配。分包商将在统一的建筑构配件生产基地进行生产活动，类似于汽车构配件生产基地，如长安福特重庆二工厂，该工厂周边分布着生产长安福特汽车所需的各种零配件工厂，形成了汽车构配件的零件生产基地，汽车所需的零件在该基地内均可获得，只需要在基地内各工厂采购汽车零件，再在基地内的总装车间进行装配即可，该方式极大地提高了生产效率，使长安福特重庆二工厂的初期汽车年产量就达到了15万辆。参考汽车制造业的生产方式，建筑工业化将形成总承包—专业制造分包的布局模式，选择交通便利的地区建设建筑构配件生产基地，再引进建筑构配件的分包商，对各构配件进行批量生产，总承包商只需要在该基地内进行建筑构配件产品的一次性采购，最后运输到建设场地进行现场装配即可。构建总承包—专业制造分包的布局模式，需要完善的物流体系，预制构配件的运输距离宜规定一个适宜范围，如200～300公里，极限输送距离如500公里。

3. 打造“相对集中式生产+集中式装配”生产模式

根据艾尔弗雷德·D. 钱德勒（Alfred D.Chandler）所提出的结构跟随战略模型的经

典研究，发展战略的改变会导致组织的不适应进而导致新结构的变化。建立全球性的构配件采购体系，能使建筑企业经营的复杂性提高，由相对单一的结构向复杂结构转化，同时可以为建筑企业自身创造更大的经济和社会效益。

对制造业的研究表明，现代大型装备生产模式的基本特征主要表现为以下两个方面：一是产品的组装（总装）流程与产品设计流程的一体化（集成化）；二是总装企业与零部件供应商之间的相互独立化、零部件供应的社会化。这种生产模式可以极大地提高产品的总体性能，满足市场和用户的需求，降低研究成本。参照制造业的生产模式，改革思路如下。

构建工业化建筑构配件“相对集中式生产+集中式装配”的社会化组合生产模式，就是由一个核心的工业化建筑总装企业（如总承包商）、多个构配件专业制造企业组成，总承包企业与协作企业之间基于特定的技术标准、生产过程、交易方式与价格，形成一种稳定的构配件生产协作体系。在该模式中，各个构配件生产企业各自独立存在，与总承包企业之间没有隶属与控制关系，它们是基于特定业务关系存在的，这种合作关系又是相对稳定的，具体表现在部品及构配件的技术标准、产品型号、交易价格和支付方式等方面。与以往的企业生产多种构配件或者部品不同，构配件生产企业只生产特定的部品或者构配件，如只生产某一规格的梁、柱或者板，最后生产完毕，通过销售过程提供给总承包商，总承包商负责将各个部品及构配件进行现场组合装配。这种模式使构配件生产企业在工业化建筑构配件生产满足专业化的同时，也有效地实现了规模化，从而可以极大地降低生产成本。而其与总承包商相互独立的构成关系，也避免了总承包商在专业化生产线建设中的巨额投资。另外，由于双方协作是基于市场选择的结果，因此核心企业可以通过优选的方式，在市场中选择更适合于本企业发展的合作伙伴。其中建筑模块及构配件技术标准的一致性，是实现各个生产企业与总承包商协作的前提。技术标准统一使设计者能够根据统一的标准来进行构配件的选择，并进行未来建筑的设计，无须与构配件的供应商进行特殊的协调与接触，从而提高了设计效率。技术标准的一致性与生产流程的独立化，可以使总承包商能够通过市场优选采购方式，快速获得建设过程所需的成品构配件，完成建筑物的快速组装，有效地减少工期和资金占用成本，提高生产效率。

4. 建立一体化的全球采购体系

一是搭建全球化在线建筑构配件采购平台。在美国，住宅部品和构配件生产的社会化程度很高，基本实现了标准化、系列化，因此用户可以根据住宅供应商提供的产品目录，进行菜单式住宅形式选择。借鉴美国的做法，构建建筑构配件全球化采购模式，即“超市型”的菜单采购模式，利用“互联网＋大数据”的电子技术，建立全球一体化的在线建筑构配件采购平台，实现建筑构配件菜单式选购。建立全球化在线建筑构配件采购平台，将大幅度提高建设效率。例如，一项工程在设计师完成设计后，建筑企业只需要根据建筑师的设计需求，在全球化在线采购平台上对建筑构配件进行批量采购，通过对比各个销售商的价格、销量、材料类型、规格、装配工艺及信用度等采购信息，制订最优的采购方案，物流完成运输后，只需要施工单位进行现场装配施工。在采购平台上，全球范围内的装配式构配件生产厂商将提供各类构配件参数规范，以及类似构配件的对比，实现价格等方面的可比性，方便消费者对商品进行了解。建筑产品定制化可以满足消费者的个性化需求。在线平台商品信息共享和产品互评机制，便于消费者进行选择，从而实现构配件的最优化组合。二是施工企业可以参股国际采购公司。参股国际采购公司的做法，目前在其他行业已经得到广泛应用。因此我国建筑业的总承包商可以与一些专业的国际采购公司合作并参股这些国际采购公司，利用国际采购公司的采购网络及管理经验，实行专业化采购操作，保证供应链稳定的同时降低采购成本，在合作中实现“双赢”。同时可以运用 BIM 技术，与这些国际采购公司建立高效的建筑工业化供应链，完成和市场的有效对接，实现建筑构配件的快速采购与支付，有效提升内部管控效率。

在物流运输方面，政府应加强基础设施建设。建筑产品由于其体积、质量较大，对交通道路等方面要求较高，因此政府应加快高效物流、全国路网的建设，可参考互联网电商的现代物流业管理方法。为保证采购平台的高效运行，政府可选取一些经济发达、交通便利的城市作为跨国采购中转中心，来自世界各地的采购部品在中转中心高效有组织的中转，保证采购的构配件和部品能够及时运输到工地。

7.6　保障建筑工业化顺利改革的政策建议

7.6.1　健全标准规范体系

针对建筑体系的碎化度及其确定，相关研究生产单位需要不断地进行试验，在理论和实际生产过程中不断地进行总结与调整。政府应加大科研和生产经费的支持，在科研方面，政府应设置建筑结构体系碎化度的专项科研基金，加大对从事相关研究的高校或科研单位的经费支持，从理论角度寻找平衡点。在实际生产方面，工业化建筑产品的碎化研究过程对相应的机械设备、模具等要求较高，构件的体积和质量较大，运输、安装、碎化等过程的难度高，势必会造成其成本较高。因此政府应该从税收、贷款、土地等方面提供经费支持，对从事建筑结构体系碎化度相关研究的生产单位可以减免一定的税收，并且对生产的产品给予一定比例的经费补贴；在贷款上实行优先放贷，建立绿色通道加快审批速度。

政府应加大相关科研经费的投入，使各科研院所、高校、相关企业及产业联盟在国家政策的支持下，加快推进标准体系相关课题的研究，加强相关技术的研发工作。政府应完善相关的标准体系，出台工业化生产标准规范，依据相关模数规定设计建筑构配件，国家可对预制构配件的模数化尺寸进行相应的规定，从而使生产企业在生产预制构配件时可以依据定型化的尺寸及规格。同时可以对现行标准规范进行修改，使其适应工业化建筑的需要，如预制构配件标准；预制混凝土构件公差、偏差及质量控制标准；与预制外墙板的接缝物理性能有关的技术标准和试验方法标准等；多元化新型装配式建筑体系标准（框架—筒体结构、框架—剪力墙结构、地域性装配式建筑结构等）。

编制一般建筑常用的统一的相关标准图集和标准化模块库。要编制国家或地区通用的标准构配件图集，以便于设计者根据工程的具体情况选择标准的构配件。优先以标准化尺寸发展叠合楼板、预制复合墙板、楼梯、阳台板、空调板等标准化程度较高的构件和成熟的部品体系，逐步发展厨卫等专用部品构件及承重结构件。

在工业化建筑推广工作中，不仅要做好模数化、标准化的工作，还要兼顾标准化与建筑多样化的关系，不能简单地为了满足标准化而造成工业化建筑的千篇一律，因为就建筑本身而言，尤其是公共建筑，不仅仅是一件“工业化产品”，很多时候更是一件满足功能需求的“艺术品”，不可因为发展标准化而限制建筑的多样化，当然也不可因为重视多样化而不发展建筑的标准化。在生产装配式建筑的构件中要采用标准化与个性化相结合的生产方式，标准化的生产方式用来生产加工大部分使用量大、变化小的构件，个性化的生产方式用来生产加工小部分使用量小、变化大、种类多的构件。标准化构件生产方式满足了建筑标准化的要求，个性化的构件生产方式可以实现建筑的多样性，两者应结合使用。

7.6.2　加快建筑工业化技术体系建设

加快建筑工业化技术体系建设可以从以下五个方面进行。

1. 政府加大对建筑技术体系的支持力度

政府应加大对建筑技术体系的支持力度，扶持优秀企业申报国家高新技术企业，鼓励高校、研究院进行自主研发，尽快解决技术体系问题，如剪力墙外墙系统的保温、隔热、承重的一体化，节点预应力连接技术，大间距钢筋的优化设计等。对几种结构体系的关键技术进行研究，如装配式混凝土结构体系、装配式模块化钢结构体系、预应力装配式结构体系、装配式竹木结构体系、装配式钢和混凝土混合结构体系五种高性能、全装配的结构体系及连接节点设计关键技术[15]。有了工业化的建筑结构体系作为基础，工业化建筑的主要技术问题就变成了构造节点的设计问题。合理设计构造节点包括各类构配件之间的连接节点、预制构配件与设备管线的组合、建筑构配件与制品的搭配组合三个方面，设计构造节点应考虑结构体系类型、构配件的材料特性等是否合理，在设计构造节点的同时还应重视装配节点专业化施工及配套材料的研发，如连接套筒及高强无收缩灌浆材料的开发与应用等。

2. 引进先进技术

对于引进先进技术，针对政府投资的项目，如对政府投资的办公建筑、学校、医院、文化等公益性公共建筑、保障性住房等，政府应要求必须达到一定的绿色建筑标准和使用装配式建筑技术。政府应对采用绿色建筑标准或者采用“新型技术”的建设项目给予一定的财政补贴和政策优惠，如设立绿色建筑专项引导资金，根据建设项目所达到的绿色等级，以每平方米为单位进行补贴；对于绿色建设项目，应在土地使用权转让、容积率方面给建设单位较大优惠，对购买绿色建筑的消费者，在贷款利率方面给予优惠。增加绿色建筑研究经费，加大绿色技术与工业化融合的科研力度，为优秀专业人才提供更多国际交流机会。设立“绿色+工业化”小城镇试点，将其作为绿色建筑和工业化融合的样板工程，组织各省市相关单位参观学习，以点带面推动我国绿色技术在工业化建筑中的应用。

3. 运用新型建筑材料

对于新型建筑材料的运用，政府应鼓励和扶持发展新型建材产品。对积极实施建筑产业化方式施工且预制装配率达到一定水平的项目，可依据项目采用新型材料及装配率的比例优先返还墙改基金、散装水泥基金。对公共建筑和政府投资项目可强制要求使用新材料、新技术，并且对于使用的企业给予一定奖励，对于不使用新材料、新技术从而对能源资源造成浪费、对环境造成污染的企业采取一定的处罚措施，征收一定的处罚费用。对生产新型建筑材料的企业，可适当减免城镇土地使用税并提供免息贷款等；对采用建筑废弃物生产新型建筑材料的企业也应该给予一定的优惠政策，可免征一定时期内的企业所得税及产品增值税等。对公共项目强制性采用新型建筑材料。加大新型建筑材料研发，建立新型建筑材料研究的专项基金，对研究新型建筑材料的高校及相关科研单位提供补贴，同时对以研究为目的引进的国外先进建筑材料相关设备，免征进口设备关税和进口产品增值税。淘汰传统落后的高能耗、高污染、非可再生建筑材料，禁止部分高能耗、高污染、非可再生传统建筑材料在建筑市场上流通，对于生产和使用上述传统建材的企业征收惩罚性税款。

4. 在工业化建筑中推广应用钢结构

为保证钢结构在工业化建筑中的推广应用，建议大空间、大跨度或单体面积达到一定面积的公共建筑广泛应用钢结构。政府投资、主导的办公楼、保障房，以及医院、学校、体育馆、科技馆、博物馆、图书馆、展览馆、棚户区改造、危旧房改造、历史建筑保护维护加固项目，从规划、设计开始广泛应用钢结构。社会投资的文化体育、教育医疗、商业仓储等公共建筑，超过一定高度的超高层建筑、市级特色工业园区的工业厂房等，首选钢结构。在交通基础设施方面，跨江大桥、过街天桥、跨线桥等市政桥梁，以及轨道交通、交通枢纽、公交站台、公共停车楼、机场航站楼等，可大范围应用钢结构。依托“海绵城市”建设，使钢结构在城市地下综合管廊中得以推广使用。

5. 建立并推广专业化 BIM 平台

对于 BIM 专业技术平台的建立，为保证专业化 BIM 平台成功与工业化建造模式对接，我国政府应制定国家层面的专业化 BIM 平台战略，为专业化 BIM 平台在我国建筑业的推广应用提供战略性指导。可通过制定建立专业化 BIM 平台战略白皮书，将建立专业化 BIM 平台战略规划分为几个阶段，明确各阶段应完成的任务，而且必须在一定时期内达到成熟度模型要求的相应最低水平。例如，前期阶段应首先将前期、设计、施工、运营阶段的专业软件进行整合，减少软件的种类，保证各个阶段软件的统一性，提高通用性等。所有超过一定投资规模的公共项目必须应用专业化 BIM 平台，而且必须在五年内达到成熟度模型要求的相应最低水平。

在专业化 BIM 平台的推广方面，政府应选择国家、政府投资的公共建筑作为示范项目，强制推行专业化 BIM 平台。对于政府投资的公共建设项目，政府应强制建设单位使用专业化 BIM 平台，并在审批这些公共项目时，对使用专业化 BIM 平台的单位进行严格的管理与控制，落实专业化 BIM 平台在公共项目中的应用。例如，美国威斯康星州政府为保证专业化 BIM 平台在该州的推广，在 2008～2009 年对该州 13 个公共建设项目采取一系列强制性措施以保证专业化 BIM 平台的运用。随着专业化 BIM 平台在公共项目中的应用逐渐广泛，则可以向私人投资项目进行过渡推广，最终实现专业化 BIM 平台在建设项目中的全面应用。对于优先使用专业化 BIM 平台的企业，应当优选给予扶持，例如，在批准相关企业的土地使用权时，政府可为应用专业化 BIM 平台的企业开放绿色通道，如加快审批速度，减征城镇土地使用税、耕地占用税等。反之，对于未应用专业化 BIM 平台的企业可适当加收相关税金。同时加大专业化 BIM 平台技术的宣传力度，普及专业化 BIM 平台相关知识。强制建设单位对从业人员进行 BIM 知识培训，普及 BIM 技术；同时政府应设置 BIM 的专项资金，对使用专业化 BIM 平台的企业进行补贴，降低企业成本，保证专业化 BIM 平台的推广。企业应从理念、行动上进行转变，将 BIM 技术融合于企业的战略管理并打造数字化企业，从组织建设上实现专业化 BIM 平台的应用[16]。另外，企业应加大投入，认识到 BIM 对企业未来发展的重要性，搭建适合企业自身情况，同时集软件、硬件、配套设施于一体的 BIM 应用平台，且逐渐修正更新及完善 BIM 应用平台。

7.6.3　加快新型建筑工业化的产业联盟建设

加快新型建筑工业化的产业联盟建设可以从以下三个方面进行。

1. 建立建筑产业一体化的生产基地

政府可以以“以奖代补”的形式支持建筑产业一体化生产基地的建设，各地方政府可以将建筑产业一体化生产基地纳入本地区的年度或者五年发展规划，对发展生产基地的项目用地，政府应该提供优惠，减免各种税费。可以为进行产业化建设的住宅和采用先进节能技术的项目提供公共配套支持，将建材产业集中的区域建成产业园区，积极引导施工单位生产工业化建筑构配件、部品等。

2. 培育大型的建筑产业现代化“联盟”或者“集团”

设计、研发、生产、装配、物流及科研单位要树立产业化理念，提升产业化实施能力，鼓励产业链各环节的相关单位组建建筑产业联盟，形成“纵向一体化”的完整产业链。或者不同单位之间形成优势互补、实力雄厚、信誉良好的大型产业集团，这种大型产业联盟或者集团具有参与政府投资工程建设的优先权。鼓励和支持建筑企业联合起来组建建筑产业联盟或者集团，他们的子公司可继续保持原有资质，共享企业业绩、人力资源，分散市场风险，实现企业间资源优势互补和专业化分工，使区域建筑业竞争力整体得以提升。

3. 加大科技研发投入和技术保障

各个省份可以组建建筑产业现代化专家委员会，指导各地建筑产业现代化的技术管理工作。科技、建设、房屋管理等部门可以共同建立建筑产业化一体化科研平台，增加对建筑产业化的科技研发投入，每年安排科研经费，做好科研规划，组织开展重点科技攻关，如积极支持企业建立相应研究中心、建立抗震设计实验室、绿色建筑实验室等，进行建筑产业化技术研究和创新。政府可以出台相应政策，如可以设置资质认定和扶持的标准，将实施建筑产业化的企业认定为高新技术企业，享受科技创新扶持政策；引进大型专用设备的企业，可享受与工业企业相同的贷款贴息优惠政策等。

7.6.4 加快总承包—专业制造分包模式的建立

加快建立总承包—专业制造分包模式可以从以下四个方面进行。

1. 建设建筑构配件专业制造生产基地

为保证总承包—专业制造分包模式的高效率，政府应该引导建筑业构配件专业制造企业的合理布局，建立建筑构配件专业制造生产基地，提高建筑产业的聚集度，培育一批技术先进、专业配套、管理规范的骨干企业和构配件专业制造生产基地。建议地方政府相关管理部门统计当地重点推进"建筑工业化"区域的建设项目的容量及分布，对预制构配件厂的合适点位及数量进行确定，并拟定有针对性的招商政策，鼓励国内外的投资者在此区域建厂。在建筑构配件专业制造生产基地建设方面，合理、有计划地引进有实力的建筑构配件生产厂商，保证该生产基地能够提供工业化建筑建设生产过程中所需的所有构配件，方便建筑企业一站式采购。为保证构配件专业制造生产基地能够吸引优秀的预制构配件生产厂商入驻，政府应为落户工业化基地的厂商提供一系列政策优惠：一是税收减免政策，如对购买预制构配件生产设备的厂商进行补贴；减免落户构配件专业制造生产基地厂商的企业所得税和个人所得税等。二是出台相关优惠政策，如为鼓励该模式推广，可针对建筑工业化项目实施工程总承包出台相关优惠性政策，对总承包企业给以容积率奖励、减免土地出让金等税收优惠；对分包企业，政府可为分包企业人员提供相关专业培训的教育优惠，对相关工种的专业培训人员实施一定的补贴。同时参与总承包—专业制造分包的企业也享受一定的税收、贷款优惠等。

2. 加强交流合作与研究力度

目前，总承包—专业制造分包模式在我国的应用有限，对总承包—专业制造分包模式的管理还需要进一步完善，应积极与工程总承包—专业制造分包模式经验丰富的国外企业进行合作交流，学习其经验。同时，主管单位要联合相关科研部门对建筑工业化工程总承包—专业制造分包模式进行研究，结合我国实际情况，形成适合我国工业化发展的总承包—专业制造分包模式。为保证总承包—专业制造分包模式的实践，政府应强制性规定政府主导的公共建设项目采用建筑工业化工程总承包—专业制造分包模式，参与的相关企业能够在实践中迅速成长，并帮助相关人员转变传统管理意识以适应建筑工业化的管理需求。

3. 积极开展人才培养工作

目前，建筑工业化总承包—专业制造分包模式很少运用在我国建设项目中，存在较大的人才缺口，因此培养建筑工业化总承包—专业制造分包模式的专业人才显得尤为必要。在总承包方面，加强项目管理业务培训，培养出能够进行建筑工业化项目控制、设计管理、采购管理、施工管理、合同管理、质量安全管理及风险管理等的复合型人才；在专业制造分包方面，加强对相关人员的锻炼和技能培养，培养在建筑构配件生产方面有特殊技能的人才，为推广建筑工业化总承包—专业制造分包模式提供人才支撑。为保证相关人才培养工作顺利进行，政府应加大建筑工业化总承包—专业制造分包模式教育培训经费的补贴力度，为人才培养提供有力保障。

4. 完善总承包—专业制造分包管理制度

在资质审核方面，应对进行建设项目总承包企业和专业制造分包企业进行严格审核，保证总承包企业具有与工程规模相适应的财务风险承担能力，完善的组织机构、项目管理体系，以及高素质的项目管理专业人员。在建设项目监管方面，政府应优化建筑工业化总承包—专业制造分包模式的监管流程。总承包—专业制造分包模式下，业主监管承包商主要是利用总承包合同来进行的，参与工程实施实际过程的程度不高，控制建设项目的整体力度也不高。总承包企业的能力是决定项目质量的主要因素，因此为保证业主的合法权益以及建设项目的质量，政府应完善相关法律法规，加大对建设项目的监管力度。

7.6.5　加快建立一体化的全球采购体系

为保证我国建筑企业的基本利益，政府应制定适合我国建筑企业的建筑部品采购法规和标准，并力争获得世界各个国家的认可，保护我国从事全球采购的建筑企业的合法权益。同时，在全球建筑采购平台上，政府应设置相关的建筑采购信息服务窗口，该窗口将提供大量的采购资源信息，推荐优质的采购厂商及提供维权服务等，为我国从事全球采购的建筑企业提供指导，并维护其相关权益。为保证全球采购平台的顺利推广，政府应给中小型建筑企业提供采购培训，帮助企业熟悉国际采购规则及国际贸易合同，避免在全球采购时，由于不熟悉采购规则等原因造成巨额损失。

7.6.6　政府出台扶持建筑工业化的政策

扶持与补助政策方面，推广工业化住宅建设可采取财政补贴、金融支持、税收优惠、土地出让、建筑面积豁免等政策。通过建筑面积豁免政策，销售时对于符合标准的工业化建筑可部分面积免税。对于自愿实施装配式建筑的项目，可以给予相关的补贴和容积率奖励措施；对经认定符合相关要求的示范项目、研发中心、重点实验室和公共技术平台提供一定金额的资助；对经申请被认定为高新技术企业的企业减免企业所得税。对于符合建筑产业现代化要求的住宅项目，还可在项目预售资金监管比例、政府投资项目投标、专项基金、评优评奖、融资等方面给予支持。土地政策上，加强土地出让管理，对以工业化模式建造的建筑实行优先保障土地供给，将预制装配化率、全装修面积比例等内容加入土地出让条件或者在土地出让或划拨前加入，将利用建筑工业化模式写入保障性住房的土地招拍挂条件。

促进工业化建筑消费方面，对购买以工业化方式建造住宅的居民提供优惠贷款和税收优惠。建议对购买符合工业化相关政策、技术规范要求住宅的居民，给予比商业贷款利率更低、贷款期限更长的政策性贷款，并且在还贷款期内还款的数额可在个人所得中扣除，个人住宅取得的定期收益免征所得税，从而提升居民对工业化建筑的支持，用激励消费者的方式推广工业化建筑的发展。

参 考 文 献

[1] 晏扬. 基于 DEA 模型的我国高新技术企业效率评价研究[D]. 杭州：浙江财经大学，2015.

[2] 纪颖波. 建筑工业化发展研究[M]. 北京：中国建筑工业出版社，2011.

[3] 李忠富，刘世青. 我国建筑业劳动力短缺问题现状及其影响分析[J]. 建筑经济，2015，36（2）：18-21.

[4] 廖玉平. 加快建筑业转型 推动高质量发展——解读《关于推动智能建造与建筑工业化协同发展的指导意见》[J]. 中国勘察设计，2020（9）：20-21.

[5] 纪颖波，赵雄. 我国新型工业化建筑技术标准建设研究[J]. 改革与战略，2013，29（11）：95-99.

[6] 阙小虎，宋秀奎. 住宅产业化成本优势“显山露水”：解读万科中粮假日风景项目经验[J]. 城市开发，2010（22）：58-59.

[7] 齐宝库，张阳. 装配式建筑发展瓶颈与对策研究[J]. 沈阳建筑大学学报：社会科学版，2015，17（2）：156-159.

[8] 王俊，赵基达，胡宗羽. 我国建筑工业化发展现状与思考[J]. 土木工程学报，2016，49（5）：1-8.

[9] 毛超. 我国住宅工厂化建造的动力机制研究[D]. 重庆：重庆大学，2013.

[10] 孙树霞. 零能耗建筑的发展及其应用研究[J]. 建筑与装饰，2021（5）：165.

[11] 佚名. 英国贝丁顿零碳社区[J]. 中国信息界，2013（1）：54-56.

[12] TATUM C B. Potential mechanisms for construction innovation[J]. Journal of Construction Engineering & Management, 1986, 112(2): 178-191.

[13] 刘禹，李忠富. 基于产业系统集成化的 SI 体系建筑发展问题研究[J]. 建筑经济，2015，36（7）：5-8.

[14] 史晓燕，王欣，仝小芳. 谈我国建筑工业化的实施途径[J]. 山西建筑，2011，37（35）：10-11.

[15] 叶浩文. 新型建筑工业化的思考与对策[J]. 工程管理学报，2016，30（2）：1-6.

[16] 纪颖波，周晓茗，李晓桐. BIM 技术在新型建筑工业化中的应用[J]. 建筑经济，2013（8）：14-16.

第 8 章　变革行业结构，提升专业化水平

8.1　行业结构改革的现实需求与意义

8.1.1　行业结构改革的现实需求

伴随着建筑业的不断发展，其结构也不断优化。首先，建筑业的所有制结构趋向多元化。从 1998 年开始，具有国有背景的建筑业企业的数量与其所占比重呈逐年下降趋势；而集体企业、民营企业、中外合资企业等非国有性质企业的数量及其所占比重则呈现出不断上升的趋势。2014 年 12 月 16 日公布的第三次全国经济普查主要数据公报（第二号）显示，2013 年末，全国共有建筑业企业法人单位 34.8 万个，其中，内资企业占 99.6%，港、澳、台商投资企业占 0.2%，外商投资企业占 0.2%；内资企业中，国有企业占企业法人单位的 1.6%，集体企业占 2%，私营企业占 65.1%，建筑业的民营化程度已经达到了较高水平。其次，组织结构不断优化，不再局限于单一的资源配置方式。1987 年，国家五部委推广了鲁布革工程管理经验，使各地建筑企业将管理层与作业层分离开来，实施了“强项目、减层次、精机关”的管理模式，完善了企业内部要素市场，建立了与项目管理相适应的管理体制。一部分集团型企业发展演变为总承包类型的企业，综合实力强的集团化企业更加注重发挥资本优势和品牌优势，通过资产重组或兼并收购其他企业，增强了自身的综合实力，特别是工程总承包能力和市场占有能力。一部分企业通过“精干削枝”，正致力于成为智力密集型的专业化企业，这类企业对建筑业生产方式向专业化施工、社会化协作的方向发展，提高施工队伍素质和工程建设水平具有积极作用。随着建筑市场准入制度的不断完善与建筑业企业资质管理办法的施行，一些专业化的施工企业与劳务分包企业大量产生，这些企业具有规模不大、经营灵活、具有一定专业程度等特点，从事着劳务分包或者专业工程分包工作。劳务分包企业的发展对国有建筑企业安置下岗分流人员、优化企业内部组织结构、提高操作人员素质具有促进作用。

经过 20 多年的改革实践，新的建设体制已初步形成，建筑市场运行规则和管理制度也已初步建立。国家先后建立和完善了符合市场经济要求的全新的建筑施工、勘察设计、工程监理、招标代理、造价咨询企业资质管理制度，工程招投标制度，质量监督制度，安全监管制度，工程监理制度，施工许可制度，施工图审查制度，竣工验收备案制度，不符合标准的新技术应用审定制度，以及应用国外标准的备案制度，等等。从总体看，一个拥有大市场，多功能、深层次、全方位的建筑市场框架已初步形成。从未来的发展前景来看，建筑业还将有较大的增长空间，并继续保持其支柱产业和基础性先导产业的地位。

但是，目前我国建筑业仍存在不少问题。建筑业整体素质不高，仍然滞留于劳动密

集的产业阶段，建筑经济增长方式较落后，产业增值能力有限；企业数量过多，生产能力过剩，行业整体效益低下；企业缺乏活力和竞争力，技术密集、资金密集的综合管理型大型企业和企业集团发育缓慢，小型化、专业化企业相对缺乏，没有形成合理的工程总分包体系；建筑业从业人员整体素质较低，还没有完全摆脱粗放管理状态；国际建筑市场的占有率较低，参与国际竞争的实力不足；建筑业监管方式仍需改革，科学合理的建筑业监管体制没有形成，条块分割、政出多门的问题依然存在；建筑市场中仍存在深层次的矛盾和问题，建筑业信用缺失、工程招投标弄虚作假以及违法分包、工程转包等问题仍较严重。特别是在经济全球化背景下，建筑业在快速发展中日益暴露出在结构上失调的状况，这已成为建筑业发展中的一大难题，严重制约了建筑业未来的持续发展，并影响了建筑业农民工群体整体素质的提高[1]。

8.1.2　行业结构改革的意义

1. 行业结构改革关系到建筑业良性发展

在“十三五”时期，我国经济发展进入新常态，增速放缓，建筑业行业结构优化升级，驱动力由投资驱动转向创新驱动的总体目标为建筑业良性发展提供了指导。建筑业行业结构调整应在把握市场供需结构的重大变化下，以推进建筑产业现代化为抓手，以保障工程质量安全为核心，以优化建筑市场环境为保障，改变建筑业低成本要素驱动的粗放增长方式，不断适应建筑业新技术、新需求，调整建设能力及服务模式，推动建造方式创新，深化监管方式改革，着力提升建筑业企业核心竞争力，以促进建筑业持续健康发展。

2. 行业结构改革关系到众多农民工的切身利益

建筑业行业结构的优化升级，将从市场、建筑业用工制度方面，推动工人组织化和专业化，发挥专业工人在企业中的主导作用，更有利于倡导工匠精神，加大技能培训力度，开展诸如工人岗位技能培训、建筑工人技能评价鉴定等工作，促进建筑业农民工向技术工人转型；更有利于建立健全建筑业农民工保障制度，包括完善合同制度和工资支付制度等，将建筑业农民工更好地纳入社会保险体系，为建筑业农民工合法权益提供保障。

8.2　我国建筑业行业结构的历史、现状与问题

8.2.1　我国建筑业行业结构的历史

1. 以合同制为特征的用工制度变革阶段

改革开放以后，随着我国经济的复苏，建筑业也不断发展，国家颁布了一系列的法令对劳务用工制度进行改革。

1981 年 10 月颁布的《中共中央、国务院关于广开门路，搞活经济，解决城镇就业问题的若干决定》指出，建筑业劳务用工“要实行合同工、临时工、固定工等多种形式的用工制度，逐步做到人员能进能出”。

1984 年 9 月，《国务院关于改革建筑业和基本建设管理体制若干问题的暂行规定》中明确提出，国营建筑安装企业除必需的技术骨干外，原则上不再招收固定工。这一政策精简了国有企业的用工队伍，加快了用工制度改革的进程。在这一时期，百元产值工资含量包干的方法在国有建筑业企业中得到普遍施行，贯彻了按劳分配的原则，极大地促进了企业和员工的积极性，提高了生产效率。

1984 年 10 月，经国务院批准，劳动人事部（现为人力资源和社会保障部）和城乡建设环境保护部联合颁布了《国营建筑企业招用农民合同制工人和使用农村建筑队暂行办法》，农村剩余劳动力得以向城市进行流动，劳务用工方式走向多元化，打破了原有的劳务用工制度。

1986 年 7 月，国务院发布了《国营企业实行劳动合同制暂行规定》等一系列文件，提出在国营企业实行劳动合同制，并废除原有的子女顶替制度与内部招聘制度。这一系列的文件规定从 1986 年 10 月 1 日起施行，企业在国家劳动工资计划指标内招用常年性工作岗位上的工人，除国家另有特殊规定者外，统一实行劳动合同制，标志着我国用工方式的制度化和法律化。

这一系列的文件打破了原有固化的用工方式，大部分工人不再拥有“铁饭碗”，企业拥有自行招工的权利。在新的用工制度下，企业所支付的用工成本远远低于原有的固定用工成本，所雇佣农民工带来的利润逐年增加，而农民工也能够享受部分由企业利润增加带来的收益，大大地促进了农民工的积极性，并有效地吸纳农村剩余劳动力向城市流动。1986 年，建筑业用工制度改革在全行业得到推行，农村剩余劳动力以农民合同工或者农民建筑队的形式进入建筑业，初步形成了以固定工为骨干，以农民合同工人为基本力量，以农村建筑队伍为调剂力量的弹性的用工制度。其优势体现在以下几个方面。

（1）促进建筑业企业的改革与发展。企业精简了固定职工队伍，在建设任务较为轻松的时期无须维持庞大的工人队伍，形成了可调节的用工机制，减轻了企业长期的压力与负担。可调节的用工制度一方面有利于资源的优化配置与工程建设项目实施过程中的动态管理，并进一步降低成本，缩短工期，保证工程质量并提高企业效益；另一方面也能促进建筑企业管理体制的改革与工程项目管理的规范化、标准化，促使国内建筑业市场与国际市场顺利接轨。

（2）吸收农村剩余劳动力，缓解社会就业压力。建筑业属于劳动密集型产业，其劳务市场需求较大而行业壁垒相对较低，在我国经济结构的调整中对农村剩余劳动力有极大的吸引力，从而缓解了社会的就业压力[2]。

（3）优化建筑业施工企业组织结构。合同制的用工制度建立后，国营性质的建筑业企业固定用工的比例由 83%逐步减少到 60%，用工比例得到了极大的改善，大量的木工、瓦工等技术工人取代了原有的固定工人，且劳务用工人员年轻化，建筑业施工企业的组织结构合理化，新的建筑队伍结构初步形成。

（4）减轻了国家与企业的负担。20 世纪 50～70 年代，国家在施工队伍调遣费这一款项上的支出高达 20 亿元，而在新的用工制度建立后，此项费用基本消失。同时，在企业工人住房、子女教育、家属安置等方面的负担也相对减轻[3]。

2. 以劳务基地化建设为特征的用工制度发展阶段

受国际经济环境和国内宏观调控政策的影响，基础建设的规模减小后，农民合同制工人改革的相应配套措施不完善等缺点暴露出来，阻碍了其优势的发挥[4]。建筑业面临巨大的考验，劳务用工问题再一次呈现在施工企业面前。

首先，国家基础建设项目的数量大幅度降低，大部分国营性质的企业施工任务减少，企业盈利能力不足，出现亏损的情况；其次，在全国范围内，施工队伍数量呈几何趋势上升，大部分人员涌入建筑业，1978～1988 年的 10 年之间，建筑业就业人数增加到原来的三倍，与此同时，企业骨干员工老龄化程度加深，大部分职工进入离职退休的年龄；最后，农民合同制工人具有相当大的流动性，很多农民合同工进入企业学习相关的从业技能，在企业效益降低时，企业对其缺乏吸引力与约束力，人员流失严重，招募新的工人又需支付培训费用，成本进一步提升，企业难以维持稳定的施工队伍。这一系列的问题，使农民合同制工人不再适合当时建筑业的发展情况，建筑业结构需要进行再次调整。

1989 年，在鲁布革工程管理经验的指导下，国家批准建立首批建筑劳务基地，实行管理层与作业层两层分离，劳务人员得以从企业脱离出来，出现了独立于建筑业企业的作业队伍形式。后续的实践经验证明，建立以劳务基地化建设为特征的用工制度，解放了生产力，提升了建筑业生产效率，推动了建筑业的发展。建筑劳务实行基地化管理是指建设行政主管部门对建筑劳务输出方、输入方的共同管理。通过实行基地化管理，对施工企业使用的乡镇建筑队伍实行统一组织、统一选派，逐步建立起定点定向、专业配套、双向选择、长期合作的新型劳务关系，形成企业与基地互为依托、相互选择、协调发展的建筑劳务管理机制，以发挥建筑劳务基地在提供各类建筑劳务方面的主渠道作用。其拥有以下几个优点。

（1）建筑劳务基地主要建立在劳务输出较多的省份，由政府进行统一管理，发挥了这些省份劳动力资源丰富的优势，不仅促进了农村剩余劳动力的转移，还提升了当地政府部门的财政收入。在政府的监管下，劳务输出与输入均需签订劳动合同，这种有组织、成建制的劳务用工方式，减少了包工头招募农民工形式的各种不规范现象，便于政府发挥在建筑业市场中的监管与调节作用，具有较强的计划商品经济的性质。

（2）建筑劳务基地化管理解决了国营企业用工队伍不稳定的问题，减少了劳务队伍随意流动的现象，保证了建筑业劳务市场的秩序，提高了建筑业生产效率。

（3）建筑劳务基地培训了一批专业技能强、稳定性强的施工队伍，提升了建筑业劳务队伍的整体素质，保证了工程项目的质量与施工企业的经济效益。

3. 以劳务分包企业为特征的用工制度优化阶段

1992 年 7 月，国务院颁布了《全民所有制工业企业转换经营机制条例》，规定：“企业可以实行合同化管理或者全员劳动合同制。”企业不再由国家安排建设任务，劳动者和企业之间进行双向选择。建筑企业用工制度发生了改变，管理层与劳务层之间的关系发生变化，劳务层的权益保障问题显现出来。

2001 年，建设部颁布《建筑业企业资质管理规定》及相关文件，设置了施工总承包、专业承包、劳务分包企业三个层次，提出了劳务分包企业的概念。承担施工总承包的企业可以对所承接的工程全部自行施工，也可以将非主体工程或者劳务作业分包给具有相应专业承包资质或者劳务分包资质的其他建筑业企业。

新的建筑业企业资质管理提出要在全国范围内建立并完善建筑业劳务市场，大力促进劳务分包企业的发展，推动建筑业劳务用工走上良性的发展道路。2005 年 8 月 5 日的《建设部关于建立和完善劳务分包制度发展建筑劳务企业的意见》指出，从 2005 年 7 月 1 日起，用三年的时间，在全国建立基本规范的建筑劳务分包制度，农民工基本被劳务企业或其他用工企业直接吸纳，“包工头”承揽分包业务基本被禁止[2]。在此之后的短短几年中，建筑劳务分包企业发展迅速，与此同时，新的矛盾不断产生。

8.2.2　我国建筑业行业结构的现状

1. 总承包企业发展情况

1984 年的《国务院关于改革建筑业和基本建设管理体制若干问题的暂行规定》，第一次明确提出建立总承包企业的设想。在随后的 30 余年，我国建筑总承包企业不断发展，积累了一定的经验，也取得了不错的成果。2009～2017 年的 9 年间，我国总承包企业数量稳定增长，由 2009 年的 38 375 家发展到 2017 年的 56 912 家。总承包企业数量占建筑企业总数的比例由 2009 年的 49.47%提高到 2017 年的 60.52%。总承包企业从业人员数量由 2009 年的 3 263 万人发展到 2017 年的 5 481 万人，占建筑企业从业人员总数的比例由 2009 年的 83.95%提高到 2017 年的 85.86%。总承包企业总产值从 2009 年的 67 964.6 亿元增长到 2017 年的 194 280.7 亿元。由此可见，我国建筑业总承包企业占比较大，吸纳的农民工就业数量也是最多的，相关数据指标如表 8.1 所示。

表 8.1　建筑总承包企业相关指标统计表

年份	企业数量/个	从业人员/万人	总产值/万元	利税总额/亿元	按总产值计算的劳动生产率/（元/人）
2009	38 375	3 263	679 645 884	4 616	185 716
2010	39 430	3 716	851 547 282	5 833	204 094
2011	40 480	3 443	1 037 639 375	6 971	233 802
2012	43 031	3 828	1 224 735 708	7 985	295 904
2013	46 167	4 522	1 435 915 416	9 913	317 526
2014	48 323	4 981	1 588 865 998	10 558	318 971
2015	49 656	5 013	1 636 553 651	10 748	326 466
2016	52 023	5 178	1 756 778 016	11 482	339 271
2017	56 912	5 481	1 942 807 381	12 363	354 431

（资料来源：根据《中国统计年鉴》（2010～2018 年）整理而得。）

2001 年颁布的《建筑业企业资质管理规定》提出，在全国范围内逐步建立以总承包企业为核心，专业承包公司为主要施工组织者，劳务分包企业为基础的“金字塔”型建筑业企业结构[5]。但是，这种理想的市场结构形式并没能起到预期的效果。由以上数据可以看出，总承包企业从企业数量、吸纳的从业人员、总产值占比等方面来讲，都占据了市场份额的绝大多数，甚至是垄断性的，这与当初期望的“金字塔”型建筑业企业结构背道而驰，呈现出“倒金字塔”型建筑业企业结构。

2. 专业承包企业发展情况

我国建筑业自推行项目管理体制改革以来，初步形成了以施工总承包企业为主体、以专业承包企业为骨干、以劳务分包企业为补充的建筑市场格局。但 2009～2017 年的 9 年间，我国专业承包企业数量增长趋于停滞，甚至出现负增长，由 2009 年的 32 442 家减少到 2017 年的 31 162 家，专业承包企业数量占建筑企业总数的比例由 2009 年的 41.82%下降到 2017 年的 33.13%。与此相对应，专业承包企业从业人员数量占建筑企业从业人员总数的比例由 2009 年的 10.52%下降到 2017 年的 10.38%。虽然专业承包企业总产值从 2009 年的 8 843.15 亿元增长到 2017 年的 19 662.82 亿元，按总产值计算的劳动生产率由 2009 年的 180 391 元/人上升到 2017 年的 294 804 元/人，但专业承包企业总产值占建筑业产值的比重却从 2009 年的 11.51%下降到 2017 年的 9.19%。专业承包企业数量占比、从业人员占比、产值占比均出现下滑，我国建筑业专业承包企业发展差强人意，与发达国家建筑业发展趋势相悖，相关数据指标如表 8.2 所示。尽管国家出台相应的政策法规——《建筑业企业资质标准》和《建设工程项目管理规范》（GB/T 50326—2017），从政策层面上对专业化承包进行支持，但专业化承包体系的发展完善依然任重道远。

表 8.2　建筑专业承包企业相关指标统计表

年份	企业数量/个	从业人数/万人	总产值/万元	税金/亿元	按总产值计算的劳动生产率/（元/人）
2009	32 442	409	88 431 533	757	180 391
2010	32 433	445	108 764 057	927	202 938
2011	31 800	409	126 993 832	1 061	217 579
2012	32 249	439	147 442 872	1 180	300 818
2013	32 752	504	167 745 217	1 388	332 601
2014	32 818	582	178 268 164	1 396	306 187
2015	31 255	566	171 021 085	1 376	302 395
2016	30 994	566	178 889 758	1 481	316 133
2017	31 162	574	196 628 209	614	294 804

（资料来源：根据《中国统计年鉴》（2010～2018 年）整理而得。）

3. 建筑劳务分包企业发展情况

我国建筑劳务分包企业出现于 2001 年，2002 年全年共出现了 1193 家建筑劳务分包企业，发展至今，我国劳务市场已经初步建立。据国家统计局统计，2009～2017 年的 9

年间，我国劳务分包企业的从业人数、劳务收入均快速增长。2009 年，劳务分包企业数量为 6 757 家，劳务收入为 7 390 919 万元，到 2017 年，其数量虽降低为 5 972 家，但劳务收入却增长为 32 953 181 万元。劳务分包企业从业人员人数增长为以前的 1.5 倍，由 2009 年的 2 152 904 人发展到 2017 年的 3 282 904 人。由此可见，自从 2005 年发布《建设部关于建立和完善劳务分包制度发展建筑劳务企业的意见》以来，我国建筑业劳务分包企业发展迅速，相关数据指标如表 8.3 所示。

表 8.3 建筑劳务分包企业相关指标统计表

年份	企业数量/个	从业人数/人	劳务收入/万元	税金/万元	利润/万元	人均年收入/（元/人）
2009	6 757	2 152 904	7 390 919	253 119	205 688	18 210
2010	6 835	2 571 402	9 350 526	329 432	249 365	19 749
2011	6 443	2 446 940	12 880 878	470 165	300 348	30 118
2012	6 606	2 680 370	16 150 428	588 104	318 014	37 872
2013	7 240	3 173 894	21 390 940	753 126	406 212	34 616
2014	7 050	3 276 148	23 322 491	784 450	376 825	36 900
2015	6 726	3 272 923	25 223 275	860 580	371 123	42 096*
2016	5 991	3 212 987	29 570 589	652 434	336 788	44 244*
2017	5 972	3 282 904	32 953 181	378 489	441 753	47 016*

（资料来源：根据《中国统计年鉴》（2010～2018 年）整理而得。）

* 2015～2017 年的人均年收入是根据国家统计局发布的全国《农民工监测调查报告》中的数据计算出来的，与前 6 年的人均收入数据口径有差异。

4. 建筑劳务分包的主要形式

在当前建筑业市场中，建筑劳务分包方式主要有以下三种。

（1）建筑企业对自有的劳务分包企业进行控股，有劳务分包需求时，直接雇佣该劳务分包企业。这种形式常见于大型建筑集团公司，集团公司通过对劳务分包企业参股或者控股，达到长期合作的目的。劳务分包企业的劳务工人与该集团公司签订长期的正式劳动合同，当集团公司作为总承包方承接到工程建设项目之后，劳务分包由劳务分包企业承担，集团公司仅在现场保留必要的技术人员与管理人员。同时，集团公司有权利对旗下劳务分包企业劳务人员的任职与升职问题作出决定，这符合《中华人民共和国建筑法》（以下简称《建筑法》）中关于建筑工程主体结构的施工必须由总承包单位自行完成，禁止转包的规定。

（2）建筑企业雇佣企业外部的成建制劳务分包企业。成建制劳务分包企业是指从建筑施工总承包企业或专业承包施工企业承担某些工程的劳务分包业务的企业。在建筑业市场中，成建制的劳务分包企业将建筑劳务部分作为一个整体在市场中竞争，其优势在于对建筑劳务的管理更加市场化，在施工过程中所出现的工程质量问题责任明确，很少出现权责判定模糊的情况。

（3）建筑企业雇佣零星劳务人员。在施工过程中，因为施工进度延误等原因，建筑企业为了确保按计划完成工程项目，通常会雇佣临时的劳务人员，这些劳务人员就是平时所说的临时用工或者零散用工。临时用工在我国的建筑业市场中较为普遍，虽然我国颁布了相关的法律法规禁止建筑劳务人员的临时用工以保障正规劳务用工企业的权益，但是由于其用工成本低等特质，在市场中有着较强的竞争能力，难以取缔。临时用工通常不与建筑施工企业签订劳动合同，由某些小型劳务企业进行组织和管理，这些企业对工程施工、工程质量负有直接、完全的责任，但在工程事故发生时，临时劳务用工人员的权益也难以得到保障。

5. 建筑业农民工供应趋势

1）建筑业农民工总量增加，但是总量边际递减

如图 8.1 所示，2017 年建筑业农民工总量达到 28 652 万人，比 2016 年增加 481 万人，增长 1.71%，增速比 2016 年加快 0.18 个百分点。其中，本地农民工 11 467 万人，比 2016 年增加 230 万人，增长 2.0%，增速同比降低 1.4 个百分点；外出农民工 17 185 万人，比 2016 年增加 251 万人，增长 1.5%，增速同比提高 1.2 个百分点。本地农民工增量占新增农民工的 47.8%。在外出农民工中，进城农民工 13 710 万人，同比增加 125 万人，增长 0.9%。但从 2011～2017 年的发展来看，农民工总量增长率呈现显著下降趋势。根据可导函数性质，当 $f'(x)>0$，且趋近于 0 时，$f''(x)<0$，则表明 $f(x)$ 趋近于极大值，说明农民工总量在未来几年将达到最大值。

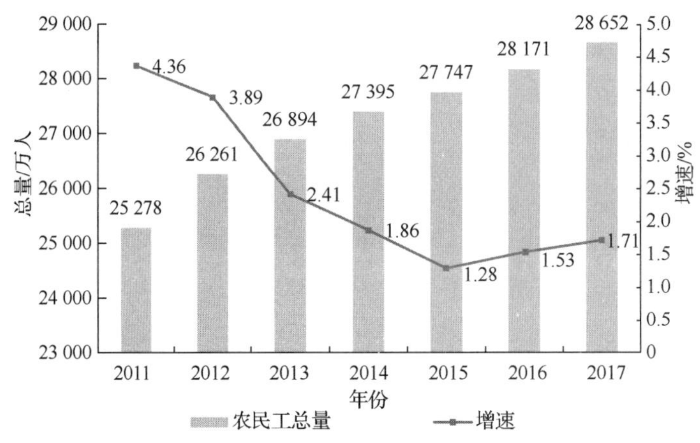

图 8.1　建筑业农民工总量增长速度

（资料来源：《2017 年农民工监测调查报告》。）

2）建筑业农民工就业数量所占比例减少

如表 8.4 所示，2017 年从事第二产业的农民工比重为 51.5%，比 2016 年下降 1.4 个百分点。其中，从事制造业的农民工比重为 29.9%，比 2016 年下降 0.6 个百分点；从事建筑业的农民工比重为 18.9%，比 2016 年下降 0.8 个百分点。

表 8.4　农民工从业的行业分布　　单位：%

行业	2016 年	2017 年	增减
第一产业	0.4	0.5	0.1
第二产业	52.9	51.5	−1.4
其中：制造业	30.5	29.9	−0.6
建筑业	19.7	18.9	−0.8
第三产业	46.7	48.0	1.3
其中：批发和零售业	12.3	12.3	0
交通运输、仓储和邮政业	6.4	6.6	0.2
住宿和餐饮业	5.9	6.2	0.3
居民服务、修理和其他服务业	11.1	11.3	0.2

（资料来源：《2017 年农民工监测调查报告》。）

由以上分析可以判定，未来几年建筑业农民工的供应总量将呈现下降趋势。在建筑业行业结构的变革之中，庞大的劳务队伍将逐步变小，建筑业从劳动密集型产业向技术密集型产业的转变是基于其结构现状的必然选择。

8.2.3　我国建筑业行业结构存在的问题

1. 产业组织结构不合理

小型企业在我国建筑业企业中占有极大比重，而在国内外具有强大影响力的大型企业相对缺乏，我国建筑业呈现“倒金字塔”的结构形式。这样的组织结构影响了我国建筑业的整体实力和市场竞争力。由于缺乏总承包与劳务分包的有效制度约束，我国建筑业的小型企业从事了总承包企业的业务，导致其专业化程度低，协作化水平差，缺乏特色。与此同时，由于规模不足、产业集中度不高等原因，大企业在行业中的带头作用不突出，不能带动整个建筑业的产业升级。

2. 人才结构不合理

中国建筑业从业人员相当于美国、日本、英国、法国、韩国和意大利等国建筑业从业人员总和的 1.85 倍，是美国建筑业从业人员的 4.5 倍。然而中国建筑业的年产值却只相当于美国建筑业的 20%，劳动生产率只相当于日本建筑业的 1.25%。从全国建筑业统计数据来看，建筑企业的产值利润率只有 1%。建筑业从业人员整体素质较低，特别是施工现场劳务层作业人员学历文化水平普遍较低、技能水平不高，农民工所占比例较大，技术和管理人员偏少，企业管理较为落后。大多数农民工在进入城市之后，没有办法找到能够胜任的工作，不得不进入建筑业，没有经过上岗培训，安全质量意识欠缺，劳动生产率极低。除了农民工的自身缺陷之外，由于其流动性较大，不能形成稳定的劳务队伍，绝大多数总承包企业与专业承包企业不愿意支付农民工施工技能培训的成本，而大部分劳务企业也没有对农民工进行上岗培训的能力与意愿。低水平的农民工无法为劳务企业带来高利润，而利润低的劳务企业也就没有能力为农民工缴纳各项保险与提供必要的培训，如此形成了一个恶性循环，导致拥有专业技术的工人在建筑市场中成为稀缺资源，施工风险大大增加，工程质量受到影响。

3. 技术结构不合理

我国建筑业相对其他行业整体上还处于技术水平较低、劳动密集、高新技术应用不足的阶段。当前，我国建筑业技术水平偏低，主要原因是居于主导地位的国有建筑企业效益不高、投入有所不足、装备相对较差。当然，这也与我国建筑项目的特点有关，一般性的工程项目较多，高、大、难、新的工程项目较少，尤其是土建项目多为简单重复项目，技术工艺档次大都在同一水平，新技术、新工艺、新材料应用有限。建筑企业技术创新能力不足，观念落后，市场竞争意识不强，缺乏技术创新的发展战略、环境和激励机制，忽视了对技术研究开发的投入，缺少富有创新能力的高素质人才队伍。产业技术档次低的现状直接影响我国大型建筑企业在国际市场上的竞争力，不利于我国建筑业比较优势的发挥，更不利于我国建筑业的产业化升级。

4. 劳务分包企业“空壳化”倾向日趋严重

我国建筑施工企业实行的是管理层和作业层相分离的体制，劳务分包企业和劳务队伍是工程项目建设的主要实施者和完成者。由于我国的基本国情、政策体制、市场环境、劳务分包企业与劳务人员的自身素质等因素，劳务分包企业在国家与各级政府的大力扶持下仍然没有进入快速发展的轨道，非但如此，还出现了逐年萎缩的现象。劳务分包企业“空壳化”现象日趋严重，据有关部门统计，部分地区劳务分包企业的“空壳化”程度达到了62%以上，这些劳务分包企业通常只有少数几个管理人员，并缺乏与建筑工程相关的管理经验与技术知识储备，也不具备自有的劳务工人。劳务分包企业在从施工总承包单位接到劳务分包任务后，临时到市场上招聘农民工，组成施工队伍，而这些农民工缺乏相应的建筑工程施工基本常识与经验，没有经过系统的安全教育与培训，受教育的程度低，很难胜任工程项目的施工工作，工程项目质量与施工安全难以保障。同时，部分劳务分包企业的管理者法律观念淡薄，自私自利，缺乏责任感，当发生工程质量事故时，将“空壳化”的劳务分包公司进行注销或者转移，自己卷款潜逃，留下临时招聘的农民工队伍，将责任推卸给施工总承包企业与政府部门。除此之外，更有部分劳务分包企业利用社会人员与黑恶势力，以为农民工讨要工资为借口，制造一系列公共事件，影响公众的安全与社会秩序，以此逼迫总承包企业与政府部门满足其一己私利。

5. 劳动纠纷、劳动争议增多

我国正处于也将长期处于城市化进程之中，仍存在大规模的建筑需求，因此建筑业市场竞争十分激烈，许多企业甚至采用压价等恶意竞争手段。建筑劳务分包企业因为技术含量较低、进入门槛不高的特点，在恶意竞争的市场中处于劣势地位，经营风险较大。在这种市场环境下，劳动纠纷事件经常发生，劳务人员的权益难以得到保障。这主要表现在以下两个方面：一是许多劳务分包企业仅仅向农民工口头承诺劳动报酬，双方不签订正式的劳动合同，企业也不为农民工购买工伤保险与医疗保险，而施工现场条件差，安全风险高，农民工劳动强度大，容易出现工伤或者慢性职业病等，但由于没有正式合同，农民工的合法权益得不到保障。二是农民工法律意识淡薄，不能有效维护自己的权益。在劳动纠纷与争议事件发生时，农民工通常不通过合法的途径与雇主协商解决，而是采取一些过激行为，这样不但不能解决问题，反而使矛盾激化，不利于社会秩序的稳定[6]。

6. 劳务分包企业资质审批与动态管理相脱节

2005 年发布的《建设部关于建立和完善劳务分包制度发展建筑劳务企业的意见》，简化了建筑劳务分包企业资质审批程序，将审批权下放至地（州、盟、市）及以下人民政府建设行政主管部门。但是，由于农民工流动性强、建筑劳务分包企业“空壳化”等特点，建筑行政主管部门对劳务分包企业资质的动态管理出现了断层与脱节现象。省（自治区、直辖市）人民政府建设行政主管部门对本地区的建筑劳务市场情况不够了解，劳务分包企业的经营情况、人员变动、技术能力、薪酬水平等信息都无法有效地得到建设行政主管部门的监管。除此之外，部分地方建设行政主管部门与劳动人事部门之间管理界限模糊，工程项目出现劳务纠纷时，各方相互推卸责任，不利于劳务分包企业的正常运行与管理。

以上建筑业行业结构存在的问题，已经对建筑业的发展产生了相当大的影响，如果置之不理，将给我国经济发展带来严重的后果。因此必须结合我国国情，借鉴部分发达国家的成功经验进行改革，解决这些问题。

8.3　国外发达国家建筑业行业结构现状

8.3.1　英国建筑业行业结构现状

英国建筑劳务市场呈现扁平化、专业化、小微型发展的特征。英国 20 多万家建筑企业中 85%以上企业的雇员少于 5 人，如表 8.5 所示。整个行业的就业灵活性也较大，很多特殊工种，如水电工、屋顶工等通过小型分包商的形式和大的承包商合作。企业数量大、从业人员多、单体规模小、专业化程度高是英美等发达国家建筑劳务市场的普遍特征。

表 8.5　英国建筑业行业结构

企业规模（受雇人数）	建筑企业个数						
	2010 年	2011 年	2012 年	2013 年	2014 年	2015 年	2016 年
0	49 196	45 916	42 742	40 681	40 811	38 711	39 484
1	86 274	89 132	90 647	92 635	92 926	108 691	123 489
2～3	65 432	65 689	62 008	66 054	66 135	72 128	76 845
4～7	32 119	30 142	28 875	29 014	29 142	30 855	32 339
8～13	11 774	11 234	11 455	11 425	11 455	11 923	12 255
14～24	6 029	5 778	6 078	5 985	6 016	6 203	6 230
25～34	1 864	1 713	1 815	1 757	1 756	1 722	1 842

续表

企业规模（受雇人数）	建筑企业个数						
	2010 年	2011 年	2012 年	2013 年	2014 年	2015 年	2016 年
35～59	1 896	1 774	1 796	1 756	1 752	1 849	1 848
60～79	593	547	530	523	521	511	534
80～114	472	450	417	406	405	436	468
115～299	525	483	483	481	482	489	498
300～599	145	147	145	136	138	143	147
600～1 199	60	56	55	51	48	56	57
1 200 及以上	62	60	59	60	60	58	57
总计	256 441	253 121	247 105	250 964	251 647	273 775	296 093

（资料来源：英国统计局.https://www.ons.gov.uk/businessindustryandtrade/constructionindustry/datasets/ constructionstatisticsannualtables.）

8.3.2　德国建筑业行业结构现状

德国建筑业企业规模如表 8.6 所示。从表 8.6 中不难看出，德国中小型企业吸纳行业从业人员占 60%以上。其中 1～9 人的小型企业营业额在建筑业总营业额中占比最高，达到 28.6%，而 250 人及以上的大型企业的营业额占比为 12.6%，小于中小企业，如表 8.7 所示。

表 8.6　2015 年德国建筑业企业规模结构　　单位：%

企业规模	企业数	从业人员	按要素价格计算的总产值
中小型企业	99.3	60.7	47.0
其中：微型企业	80.9	18.9	11.2
小型企业	15.5	22.5	16.9
中型企业	2.9	19.3	18.9
大型企业	0.7	39.3	53.0

（资料来源：德国联邦统计局.https//www.destatis.de/EN/FactsFigures/NationalEconomyEnvironment/EnterprisesCrafts/SmallMediumSizedEnterprises/Tables/Construction_F.html.）

表 8.7　2015 年德国建筑业营业额

雇佣人数	总营业额/百万欧元	营业额占比/%	材料消耗/%	服务购买成本/%	人力成本/%
1～9	64 769	28.6	33.8	22.7	24.4
10～19	50 367	22.3	33.4	25.2	33.3
20～49	38 220	16.9	33.6	25.1	32.8
50～249	44 511	19.6	28.8	35.9	29.4
250 及以上	28 462	12.6	23.0	48.2	25.5
总计	226 329	100	31.3	29.5	28.9

（资料来源：德国联邦统计局. https//www.destatis.de/EN/FactsFigures/EconomicSectors/Construction/ConstructionIndustry/Tables/TotalTurnoverSelectedCosts.html.）

8.3.3　日本建筑业行业结构现状

根据日本国家年鉴建筑业篇统计数据显示，2012 年，专业建筑企业数量为 180 848 家，非专业建筑企业数量为 39 173 家，其中非专业建筑企业数量占总量的 17.8%。2013 年，专业建筑企业数量为 193 606 家，非专业建筑企业数量为 40 385 家，其中非专业建筑企业数量占总量的 17.26%。这说明日本建筑业依然以专业建筑企业为主，同时积极鼓励非专业建筑企业拓展业务到建筑领域，如图 8.2 所示。

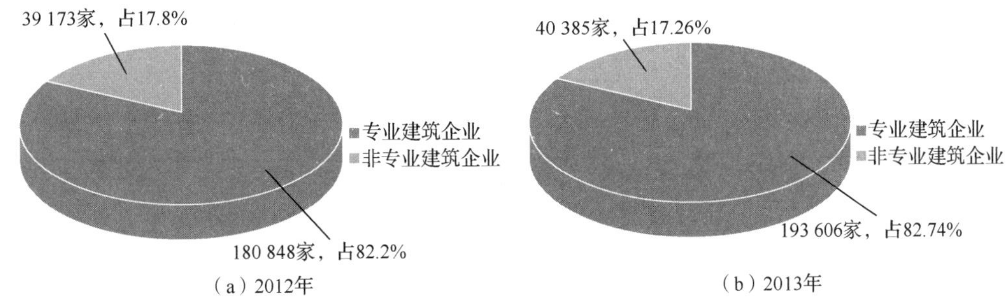

图 8.2　2012～2013 年日本建筑业行业结构

从日本建筑业统计年鉴数据可以看出，日本建筑业 3 000 万日元以下规模的中小型建筑企业占总数的 90%左右，可以发现日本建筑企业以中小型建筑企业为主，如表 8.8 所示。

表 8.8　2012～2013 年日本建筑企业规模和数量统计

企业规模	2012 年/家	占企业总数的比例/%	2013 年/家	占企业总数的比例/%
200 万日元以下	2 290	1.51	2 914	1.81
200 万～500 万日元	41 918	27.73	45 683	28.40
500 万～1000 万日元	25 735	17.02	29 284	18.21
1000 万～3000 万日元	65 216	43.14	66 764	41.51
3000 万～5000 万日元	11 169	7.39	11 271	7.01
5000 万～1 亿日元	3 890	2.57	3 949	2.45
1 亿～10 亿日元	776	0.52	812	0.50
10 亿日元以上	184	0.12	178	0.11
总计	151 178	100.00	160 855	100.00

8.3.4　建筑业行业结构调整的经验借鉴

发达国家建筑业结构以大型总承包企业为龙头，中小型专业分包企业为主体。总承包企业主要负责工程项目质量、安全管理工作，自有工人较少，一线劳务作业通过大量分包方式完成。专业分包企业多“小而精”，呈现扁平化、专业化、小微型发展的特征，具有较高的装备水平、施工技术水平和丰富的施工经验，享受培训、税收、注册、社会保障等方面的优惠政策。英国 20 多万家建筑企业中 85%以上企业的雇员少于 5 人，很多特殊工种，如水电工、屋顶工等通过小型分包商的形式和大的承包商合作；美国建筑企业中80%以上的企业雇员少于9人，专业承包企业承担全美绝大部分工程施工作业[7]；德国中小型企业吸纳行业从业人员占60%以上，其中1～9人的小型企业营业额在建筑业总营业额中占比最高，达到28.6%；日本建筑业以中小型专业建筑企业为主，2013年，日本专业建筑企业数量为193 606家，占建筑企业总数的82.74%，3000万日元以下规模的中小型建筑企业占90%左右。

在发达国家，尽管大型建筑企业生产能力十分强大，但政府非常重视制定并实施有关中小企业发展的政策。例如，美国政府规定必须将工程分包给四家以上的专业分包企业；日本则采取多种政策扶持中小型建筑企业。从扶持中小型建筑企业的措施来看，美国更侧重于创造对中小型建筑企业有利的市场竞争环境，日本则侧重于采取直接手段扶持中小型建筑企业的发展。日本主要从以下四个方面入手扶持中小型建筑企业的发展。

1. 以总分包关系合理化为重点，改善行业结构

首先，建筑生产是通过综合管理、监督功能与直接施工功能相结合而实现的，即通过“综合工程业—专业工程业”或“总包—分包”实现的。20世纪50年代以来，日本多方面采取措施，确立总分包的平等伙伴关系，完善多层次的分包体制。为保护分包企业的利益，使合同各项条款公平，使乙方和分包企业的利益得到保护，日本政府在20世纪50年代就分别制定了用于公共工程、民间工程和分包工程的《建筑工程标准承包合同条款》。此外，日本政府要求《建筑业法》规定的“特定建筑业者”认真履行保护分包企业利益的义务。从20世纪60年代开始，为加强分包企业的经济地位，日本政府强调“特定建筑业者”具有保护分包企业利益的义务，并禁止总承包企业拖延支付分包工程款。20世纪70年代，日本修订《建筑业法》，对“特定建筑业者”的各项义务做了明确规定。其次，总承包企业应对分包企业进行业务指导，主要是指导分包企业在施工中执行《建筑业法》和有关政令的规定，并在其违反规定时予以纠正。再次，确立责任施工体制，明确施工责任范围。每个企业都应明确自己应当完成的工作和责任。总承包企业应对各分包企业进行综合的施工管理、指导和监督。分包企业除完成工程任务外，还要在本身施工范围内进行独立的施工管理。最后，建立涵盖企业经营、施工经历等企业信息系统，制定《分包企业评价标准》和《总包企业评价标准》，不断修改完善《总分包关系合理化指导纲要》等文件[8]。

2. 在经济政策上给予支持

从20世纪60年代起，日本的《中小型企业近代化促进法》和《中小型企业近代化资金补助办法》开始适用于建筑企业，建筑企业对机械设备实行特殊折旧，可以得到地方政府设备现代化贷款（相当于1/2设备购置费的无息贷款）。为了鼓励中小型建筑企业实现合作，1975年日本成立了“财团法人·建筑业振兴基金”，对中小型建筑企业的合作组织、协作组织用于购置共用设施的借款给予补贴（借款额的2%），并提供债务担保。

3. 增加中小型建筑企业的承包机会

为增加中小型建筑企业的承包机会，日本采取了以下办法：工程发包时，避免挑选高于与预定合同额相应等级的建筑企业，对于业绩优秀的中小型建筑企业，允许承包高于相应等级二级的合同额的工程；在发包时优先从当地的中小型建筑企业中进行选择；提倡联合承包，提倡建立中小型建筑企业的合作组织、协作组织，扩大承包实力；提倡工程的分开发包；发包单位（主要指各级政府）在进行承包单位的资格审查时，对中小型建筑企业的合作组织和协作组织给予优惠等。

4. 改善中小型建筑企业的经营状况

20 世纪 60 年代，日本建设省与中小企业厅联合制定了《中小型建筑企业经营诊断要领》，并委托有关协会进行指导，以利于对中小型建筑企业进行经营诊断，提高经营水平。20 世纪 80 年代产业政策提出，不能为保护中小型建筑企业而保护中小型建筑企业，而是要改善经营管理，保护那些积极性和能力都较高的优良的中小型建筑企业[8]。

综上所述，发达国家政府注重中小型建筑企业的专业化发展，致力于构建大型总承包企业为龙头，中小型专业分包企业为主体的“金字塔”型结构，以促成建筑工人的专业化技能提升，这些建筑业行业结构调整的经验也为我国建筑业行业结构变革以及建筑业农民工的产业工人化提供了有益的借鉴。

8.4　变革建筑业行业结构的建议

8.4.1　鼓励推广工程总承包模式

工程总承包模式有利于实现设计、施工、构件生产的一体化，促成协同作业，推进建筑产业现代化，通过生产方式的改变促进农民工产业工人化。例如，在亚洲建筑产业现代化较高的中国香港地区，以及新加坡、日本等国家，大量建筑工程项目均严格实施工程总承包制度，由总承包企业主要负责工程项目质量、安全管理工作。

在我国推广工程总承包过程中，对与主体结构施工密切相关的专业，如钢筋、模板、焊接、水电、安装等，可建议总承包企业拥有一定数量的自有技术工人，从而更好地保障建筑工程主体结构的施工由总承包企业自行完成，减少对外部劳务用工的需求，降低工人的流动性，有利于工程质量管控与关键工种技术进步，也有利于部分技术熟练的农民工转化为企业内部的自有工人。政府工程还可强制要求参与投标的总承包企业拥有符合一定比例要求的自有工人，通过市场手段引导各企业积极提升自有工人数量。

调查表明，77.69%的总承包企业支持企业自有技术工人数量的强制性规定。强制规定企业自有技术工人数量，有利于培养稳定的专业队伍，减缓临时用工难、临时工权利得不到保障等问题，同时有利于规范企业用工，完善用工制度。

总承包企业改革思路如下。

1. 在未来5～10年内改革用工体制，将企业管理层和作业层两层分离开来

在改革刚开始的过渡时期，要明确建筑企业劳务用工的重要来源仍然是劳务分包企业，总承包企业在改革中应当制定严格的动态考核机制，坚持优胜劣汰的原则，对所雇佣的劳务分包企业进行评价，建立用工资源平台，与有诚信、有能力的优质劳务分包企业形成长期合作，确保总承包企业的稳定发展。同时，现阶段的建筑用工模式以总承包企业自有的关键岗位高技能、高水平的人才为骨干，以专业化劳务分包队伍和专业承包企业为主要用工来源，以劳务派遣为临时用工补充。在将来的一段时间内，要进行建筑业用工方式的改革，逐步取消劳务分包，建立施工总承包企业自有中高级技术工人为骨干，专业承包企业自有工人为主体，临时用工和劳务派遣为补充的用工方式[9]。

2. 总承包企业要加强自有技术工人队伍的建设

2015年，新修订的《建筑业企业资质标准》施行后，明确要求了企业所需拥有自有工人的数量。因此，在新的一轮用工制度改革中，企业的人事部门与劳务管理部门应当充分意识到培训自有技术工人队伍的重要性。企业内部须制订相应的计划，建立自有工人培训体系，以达到“经考核或培训合格的中级工以上技术工人不少于150人”的企业资质标准。二级以下总承包企业及专业承包企业也必须按政策要求标准招收、建立自有技工队伍。达不到要求的企业将无法通过企业年检甚至失去现有资质。

3. 适应用工制度改革的趋势

工程项目中建筑劳务分包签订对象以小微型专业制造与专业分包企业为主。在改革过程中，逐渐减少对大规模劳务企业的雇佣，加强与小微型专业制造与分包企业的合作，以促进小微型企业走上专业化的道路。

8.4.2 弱化劳务分包，发展中小型专业制造与专业分包企业

1. 引导大型总承包企业组建直属专业分包企业，中小型总承包企业走专业化道路

建筑工业化时代，建筑企业将逐渐向制造类企业靠拢，鼓励有实力的大型总承包企业组建直属专业制造与专业分包企业，组建自己直属的“土建结构工程专业分包公司”，或者设立控股的专业制造和专业分包子公司，既能满足《建筑法》所要求的“建筑工程主体结构的施工必须由总承包单位自行完成”的规定，又可以为施工总承包企业所拥有的“一定数量的自有技术工人”创造一个赖以生存发展的载体。同时，引导中小型总承包企业走专业化发展道路。出台相关减免税收等政策，放开施工专业分包限制，支持中小型总承包企业向专、精、特、新方向发展。

2. 引导劳务分包企业走专业化发展道路

劳务分包企业“空壳化”倾向日趋严重，据部分省市的统计，有些地区劳务分包企业的“空壳化”比例高达62%以上。劳务分包企业“空壳化”的主要原因在于许多总承

包企业为了满足分包合同备案制度的有关规定，不得不成立劳务分包企业，这部分劳务分包企业是为了某些企业和个人“挂靠”行为而产生的，而真正“以营利为目的，以劳务为卖点”成立的劳务分包企业很少，劳务分包市场的主体在形式上变了而实质依旧。

随着我国建筑市场的发展，劳务分包企业资质管理的不足之处不断暴露出来：一是工程质量终身责任制得不到保障，企业资质是一个集体的行为，当企业所负责的工程项目发生质量问题时，问题企业承担大部分责任，而个人承担的责任小，对从事建筑业的人员威慑力差，设立资质管理的目的得不到实现；二是劳务招投标条件门槛设置不合理，建筑业存在高资质企业出借资质（挂靠）的现象，使某些资质不合格的企业进入市场，干扰市场正常秩序；三是现行的资质管理标准不合理，劳务分包企业资质类别划分过细，使得相近的劳务分包企业能力得不到充分发挥，加上劳务分包企业资质评审的人为因素比较多，影响了企业资质管理的公正性[10]；四是政府监管不足，劳务分包企业在实际运营过程中面临大量的人员流动，而政府不能对企业资质进行有效的动态监管。

调查问卷结果分析显示，56.13%的企业认为劳务市场乱象存在的原因并非在于劳务分包制度本身，由于《建筑法》“主体工程不允许进行分包”的限制，直接取消劳务分包很难做到。一旦个人执业资格体系建立后，劳务分包企业资质也就失去了存在的必要性。故建议淡化劳务分包企业与专业承包企业的界限，推动劳务分包企业像专业承包企业转化。调查结果表明，77.27%的企业支持“鼓励和扶持实力较强的施工劳务分包企业向施工总承包或专业承包企业发展”。

在建筑业新的一轮现代化改革中，劳务分包企业将逐渐消失，退出历史舞台。这是一个循序渐进的过程，也是建筑业企业资质、用工模式改革以及现代化产业工人队伍建设的重要举措。

劳务分包企业应当对其拥有的施工队伍进行资金、设备、管理人才和自有技工队伍建设，建立一个专业化的、有核心竞争力的施工队伍，健全其市场资信考核评定工作，逐步将现有的施工队伍组建为专业承包企业[11]。同时，政府和行业要制定相关制度与政策，为专业承包企业创造良好的市场环境，促进劳务分包企业向专业承包企业进行过渡[9]。

3. 鼓励“包工头”转型创办小微型专业承包企业

1）“包工头”身份合法化的必要性

建筑业是劳动密集型产业，具有分部、分项工程繁杂的特点，而每一个分项工程涉及数量众多的劳务分包，这些劳务分包主要以“包工头”队伍的形式存在，形成了多层级的劳务市场体系。“包工头”作为连接建筑企业与农民工的桥梁，建筑企业和农民工在过去建筑业发展的 20 年中对其产生了极大的依赖性，这是“包工头”长期客观存在的根本原因。从事建筑业的农民工，进入城市之后，不适应城市的生活水平，没有能力依靠自己找到合适的工作，通常通过老乡或者朋友关系找到“包工头”，“包工头”承接到劳务分包后给予其工作。这些建筑业农民工对“包工头”有着远高于对施工企业的信任感与依赖性，从调查问卷反馈的结果看来，20.25%的农民工直接雇佣人为“包工头”，而雇佣于总承包企业、专业分包企业或者劳务分包企业的农民工，31.46%的合同是由“包工头”代签的，可以看出“包工头”在建设领域起到了劳动力中介调配的作用，依然是建筑劳务市场最活跃的“细胞”。

2）“包工头”身份合法化的途径

“包工头”作为建筑企业与建筑业农民工之间的纽带，应当规范其市场行为，合理利用其长处，推进建筑业行业结构的变革，本书提出以下四个建议路径。

（1）在逐步淡化建筑业劳务分包的基础上，首先将“包工头”培训成为劳务队长，使其身份合法化，并推行工程质量劳务队长责任制度。具体做法是：建筑业建立培训考核制度，符合要求的“包工头”参加培训合格后，由建筑行政主管部门颁发“劳务队长从业资格证”。劳务队长通过与劳务企业签订劳务合同来形成劳务关系，而劳务队长所管理的劳务队伍由其自行组建，但是队伍中的劳务工人应当具有建筑业所要求的从业资格。

（2）从行政管理方面建立劳务经理机制。首先，制定劳务经理资质认定制度，在法定的形式上将“包工头”的身份确定为劳务企业员工，只有取得劳务经理资质认定者，才能从事组织农民工进行劳务承包的工作。其次，相关法律在确定劳务经理权利与义务的同时，也应当明确劳务活动的用工主体是建筑企业，农民工签订劳动合同的对象也必须是建筑企业，劳务经理的职责是在建筑业企业的授权下，依法对农民工进行管理。

（3）顺应“大众创业、万众创新”的时代主旋律，鼓励“包工头”成立小微型劳务分包企业、小微型专业分包企业。降低小微型专业分包企业资质准入门槛，并制定相关减免税收政策，鼓励“包工头”转型，将具备条件的“包工头”及其劳务队伍转化为小微型专业分包企业。“包工头”具有较强的组织能力与人脉优势，易组建一支专业化的建筑生产队伍，通过企业途径，能够给予其合法的地位。转化为小微型专业分包企业的“包工头”及其劳务队伍，应当参加一定的专业施工能力、施工机械使用能力与施工管理能力的培训，提高专业素质以增强新企业在建筑业市场中的竞争力。

（4）严禁专业制造与专业分包企业进行劳务分包。专业制造与专业分包企业应当具有自己的技术工人队伍，禁止进行再次劳务分包。再一次进行劳务分包会使专业分包企业“空壳化”，不利于其自有技术工人的培养，而自有技术工人的培养能够增强专业分包企业的市场生存能力与自主竞争能力，有助于打造品牌形象。

8.4.3 构建产业工人执业资格认证体系

1. 建立完善的建筑业一线操作工人执业资格体系的必要性

《住房城乡建设部关于推进建筑业发展和改革的若干意见》指出，坚持淡化工程建设企业资质、强化个人执业资格的改革方向，探索从主要依靠资质管理等行政手段实施市场准入，逐步转变为充分发挥社会信用、工程担保、保险等市场机制的作用，实现市场优胜劣汰。首先，执业资格注册制度是政府对某些专业技术工作实行的准入控制，是我国实行社会主义市场经济的必然要求。实行执业资格注册制度，通过考核的方式对专业技术人员的相关专业知识、技术能力进行筛选，通过法律法规的手段对注册人员的权责进行划分，建立专业技术人员的执业资格档案，使我国工程技术从业人员的管理工作走上规范化、法治化的道路，适应社会主义市场经济的基本要求。其次，个人执业资格注册制度符合政府职能转变要求。社会主义市场经济体制下的政府职能包括宏观调控、市场监管和公共服务。随着新一轮的改革，社会主义市场经济要求政府的职能进行转变，实现政企分开，调整社会服务部门，以经济手段为主加强对市场的监管。建立个人执业资格注册制度，通过资格考试对从业人员进行控制，体现了市场的公平性；建立工程质量终身责任制度，对减小工程风险、提高工程质量有着积极的作用。而严格的准入控制可以保障执业者的专业能力、法律与道德水平，体现了市场经济的竞争、法治原则，符合政府职能转变的要求。

总而言之，实现技术工人技能分级，执业资格认证和身份、社保的三位一体，不仅有利于进一步明确执业人员在工程建设中的权利、义务和法律责任，有助于市场的健康发展，还能够保证工程人员队伍业务素质和职业道德水平的提高，对规范建筑业，提高劳动力供给效率有重要意义。

2. 推进执业资格注册制度的建议

执业资格注册制度是市场经济发展与政府职能改革的必然产物，为完善建筑业用工制度，对建筑从业人员实现有效管理，形成稳定、高素质的新型建筑业产业工人队伍，可通过将工人技能分级，执业资格认证与身份、社保有效结合形成三位一体，即“活渠道”，来实现对工人与企业权益的双保证。在推进执业资格注册制度的过程，政府应做好以下五个方面的工作。

1）加强个人执业资格注册制度的立法工作

1995 年 9 月 23 日开始施行、2019 年 4 月 23 日修订的《中华人民共和国注册建筑师条例》是我国建筑业以国务院令的形式颁布的执业资格制度。建筑业其余执业资格制度均是以部门规章或者原建设部发文的形式颁布的，其法律效力相对较低，惩罚措施不完善，执行力度无法得到足够的保障[10]。因此，建议加强建设行业个人执业资格注册制度的立法工作，以法律的形式颁布相关执业资格注册制度，提高其法律效力，完善建筑业执业资格注册制度管理体系，为行业结构的变革提供法律保障。

2）完善个人执业资格注册制度，建立工程责任保险体系

建筑企业主要通过企业内部的管理制度对工程项目的质量进行控制，当工程质量出现问题时，企业资质制度把企业作为责任主体对工程项目质量事故进行担责，而对具体人员的法律责任界定不清晰。通过对英国、德国和日本等国家的调查研究发现，国外大多数国家的执业资格注册制度是基于个人执业资格注册制度的工程质量终身责任制而形成的。因此，在完善执业资格注册制度的过程中，应当进行科学的论证，一步一个脚印，确保各项执业资格注册制度符合社会主义市场经济的要求，在我国的法律体系之中逐渐完善。同时，合理地引入并调整工程保险体系以符合我国建筑业的发展现状，强化工程质量终身责任制度体系。其具体做法是：在注册人员担任工程项目负责工作时，对该工程项目进行投保，当工程项目出现质量问题时，由保险公司进行赔偿。保险公司会建立一个诚信评价体系，所负责工程项目出现问题少的注册人员会得到较高的评分，投保所需保险费用就相对较低。因为保险费用计入工程项目总成本，所以业主会将注册人

员的诚信记录考虑到承包方的选择中，以此来强化注册人员的责任意识，提高工程质量。同时，各建筑业主管部门与相关社会组织也应加强合作，强化监管职能，保障个人执业资格注册制度的顺利施行。

3）完善个人诚信体系，加快执业人员诚信库建设

我国建筑业个人诚信体系的总体建设方向已经基本明确，但具体措施与政策还不到位。诚信体系中信息的收集与整理、评价标准的建立与处罚措施的制定均处于起步阶段，需要逐渐地完善与落实。尤其是其中对注册人员个人的违法违规行为的处罚力度不够，其违规所承担的风险与能获得的收益相比不值一提，使得在工程项目建设过程中各种违法违规事件时有发生。建议在完善个人执业资格注册制度的同时，加快个人诚信体系相关法律法规的制定，以法律的形式促进建筑业的诚信建设。同时，执业人员诚信库的建立也需要得到重视，用市场对诚信库的建设进行监管，使注册人员的诚信信息记录透明化，促使注册人员约束自己的行为，承担起工程的安全责任。

4）合并企业资质与个人资质，逐渐取消企业资质

目前，我国建筑业实行企业资质管理和个人执业资格管理并行的双轨制管理模式。这种管理模式将获得个人执业资格的技术人员数量作为评判一个企业资质的重要条件，虽然在一定程度上对个人执业资格注册体系的建立起到了积极的作用[10]，但是在客观上形成了挂靠、人证分离、企业限制技术人员流动与企业变更与注册频繁等现象。除此之外，企业资质作为所能承接工程项目种类的考核标准，限制了注册人员个体的执业范围。建议改革现有资质双轨制管理模式，寻找弱化企业资质重要性、强化个人资质在工程建设中应用的路径，逐步合并企业资质与个人资质，建立以个人执业资格注册制度为主体的工作质量责任体系。由于建筑领域 20 年来的历史沿革与领域特征，直接取消企业资质会对整个建筑业的稳定发展产生影响，国务院建筑业主管部门可以制订相应的计划，将企业资质转化为设计与施工等资质，并与企业已有建设项目的相关信息进行关联，促使企业进行自身诚信建设。

5）建立注册人员相关协会组织，加强行业自律

注册人员的管理分为两个层次：一方面是法律层面的，由政府依法准入、依法管理；另一方面是一般性道德层面的，由行业自律，需要依靠相关协会组织通过建立执业人员道德准则、实施会员监督来进行。建议加快注册人员相关协会组织的建立，以此对建筑业注册人员形成有效的监管，同时注册人员的合法权益也可以通过协会组织与政府的沟通得到保护[10]。

8.4.4 建立全国统一的建筑工人从业信息管理平台

在传统的管理模式下，由建筑业的流动性而导致的建筑工人综合信息整理不系统、合同备案不规范、工资发放数额不标准等难题，经常会引起劳务纠纷，给企业与劳动者都造成了相当大的损失。为了规范劳务管理行为，保障劳务人员合法权益，降低企业风险，促进企业健康发展，应当依据国家有关法律法规，并结合建筑业劳动者的实际情况，构建统一的建筑工人从业信息管理平台。

在建造建筑技术人员实行注册管理后，可利用信息网络技术，建立全国统一的建筑工人从业信息管理平台。该平台记录从业人员的职业种类、从业经历、从业年限、技能水平、工资信息、用工信息等基本情况，通过该平台可以实现劳务工人全职业周期管理，从而为劳务实名制管理、建筑工人工资足额支付、月清月结撑起“保护伞”。该平台的建立有利于维护从业人员和建筑施工企业双方合法权益，减少拖欠工资行为的发生。对企业而言，该平台的合理应用可促进企业提高精细化管理水平，落实企业用工组织责任，同时也有利于行业主管部门准确收集从业人员数据信息，摸清行业主体用工情况，为宏观政策的制定提供决策依据和数据支持[12]。业主可以通过该平台实时地查看所雇佣企业的劳务数据、建筑工人的技能信息等，便于业主对整个项目进行监管。对建筑工人而言，劳动者可以通过身份证号码查询自己的职业履历、用工信息、工资信息、培训需求，申请法律援助以及享受金融机构的定制服务。

同时，该平台能够做到将整个信息向全社会开放共享。从业信息管理平台通过将全国建筑工人的信息透明化，打破了企业和区域对劳务人员的限制，就业信息在劳务人员之间可以迅速流通，便于劳务人员自由地选择就业企业，打破劳务人员、建筑企业和政府之间的信息非对称壁垒。

8.4.5　推广标准劳动合同范本

标准化是指在经济、技术、科学和管理等社会实践中，对重复性的事物和概念，通过制定、发布和实施标准达到统一，以获得最佳秩序和社会效益。标准劳动合同范本明确了合同双方当事人的权利与义务，规避了人为因素或者文本因素带来的风险，保障了农民工权利，可以最大限度地减少劳务纠纷。其推广可分为以下三个步骤。

1. 制定统一的建筑业简易劳动合同范本

需要由住房和城乡建设部牵头制定统一的建筑业简易劳动合同范本。简易劳动合同范本应包括以下内容：首先，充分考虑到建筑业劳务人员流动性大、教育水平参差不齐的特点，简易的劳动合同范本应当包含多种工资的计算与支付方式，从源头上减少工资纠纷隐患；其次，为进一步加强建筑劳务实名制管理，提升企业合法用工意识，简易劳动合同范本需要包括双方当事人基本情况信息；再次，为保护劳务人员的合法权益，提升其依法维权能力，简易劳动合同范本中应包含工作环境与工作完成标准条款，减少因为约定模糊带来的劳务纠纷；此外，为促使建筑业农民工转化为产业工人，简易劳动合同范本签订双方也应按照法律有关规定参加社会保险，建筑企业应为从事危险作业的劳动者办理意外伤害保险；最后，为配合农民工自身驱动力模块中提升建筑工人职业技能水平的要求，简易劳动合同范本需细化职业培训条款，明确培训内容。

2. 动态行政检查简易劳动合同签订情况

强化建筑工人劳动合同签订情况的监察执法，在畅通举报投诉渠道、严格执行动态行政检查、开展日常巡视检查的基础上，每年岁末年初，建筑主管部门需要开展简易劳动合同范本执行情况的专项检查，核实简易劳动合同签订情况，促进简易劳动合同的推广。坚决避免政府建设主管部门只管制定，建筑企业只管使用，但劳动合同的签订仍然游离于政策与监管的空隙之间。

3. 立法保障简易劳动合同的法律效力

明确适度的立法或管理条例是推进简易劳动合同范本的关键。需要通过立法赋予简易劳动合同范本相应的法定意义与应用范围，同时健全简易劳动合同范本法律效力和刑事司法衔接机制。

参 考 文 献

[1] 张雪芹．基于市场主导的建筑业产业结构调整研究[D]．重庆：重庆大学，2007.
[2] 刘静．建筑劳务用工制度变迁与对策研究[D]．西安：西安建筑科技大学，2010.
[3] 张志春．浅谈建筑业用工制度改革[J]．建筑经济，1996（9）：16-19.
[4] 余鸥．HD 电建公司雇佣策略研究[D]．长沙：长沙理工大学，2013.
[5] 罗军．建筑业如何应对“用工荒”[J]．施工企业管理，2014（4）：64-67.
[6] 王美丽．农民工劳务纠纷问题研究[J]．法制博览，2019（24）：182-183.
[7] 王彬武，李德全．中外建筑业企业组织结构对比研究[J]．建筑经济，2017，38（4）：13-18.
[8] 姚国华，沈采文．日本建筑业的产业政策[J]．建筑经济，1994（8）：33-36.
[9] 刘哲生．深化建筑用工制度改革 全力突破产业工人队伍建设瓶颈[J]．建筑，2016（4）：32-35.
[10] 赵春山．适应行政审批制度改革 完善个人执业资格制度[J]．建筑，2014（22）：8-10.
[11] 冯炜．论建筑劳务分包企业的规范运作与精细管理[J]．商讯，2019（32）：101.
[12] 综合．全国建筑劳务实名制管理平台即将上网[J]．建筑设计管理，2017（5）：45.

第 9 章　系统化培训，全方位提升建筑业农民工从业素质

人类社会的发展主要是依靠人的体力和智力完成一系列创造性的活动来实现的。目前我国已经进入工业化中期阶段，经济社会发展及建筑业的转型升级对劳动者的智力需求已经远高于对体力的需求，知识、能力、素养等人力资本的提高对经济社会发展和产业结构优化起着至关重要的作用。农民工是我国建筑产业工人的主力军，但其低技能、频流动、缺保障、难定居等这些曾经构成我国劳动密集型产业低成本竞争的优势，正逐步成为制约我国建筑产业升级和结构优化的瓶颈。建筑业农民工技能水平低和“双向流动”及“代际更替”的不稳定就业特征，使得我国建筑产业发展在国际竞争中没有强大的人力资本支撑，难以实现产业优化升级向依靠劳动者素质提高方式转变。特别是在科学信息技术高度发达的工业 4.0 时代，中国建筑业的转型升级，客观上需要一支数量充足、结构合理、素质高、技术精、稳定的建筑产业工人队伍，将建筑业巨大的人口压力转变为技能人才资源优势以推动建筑工业化发展。同时，在劳动力个体从农村流动到城市并安家落户这一市民化的长期进程中，农民工并没有真正地融入城市。建筑业农民工产业工人化强调在城市建筑业务工的农民定居在城市，并逐渐成为市民，具体是指建筑业农民工个体获得相应的生存能力、取得市民基本资格、具备市民基本素质，逐渐融入城市的过程。这一过程必然伴随着文化的交融，思想意识、生活方式的变化。从这一角度上说，通过培训提高建筑业农民工的人力资本，可以有效解决农民工“职业身份”与“社会身份”的双重身份问题，从而真正实现农民工向产业工人的转化，提高建筑业整体生产效率。

未来一二十年里，我国农业剩余人口转移将进入“以职业培训助进城，以技能提升稳就业，以文明素养强融合，以公共服务促定居”的阶段，农民工产业工人化将逐步进入高峰时期。农民工将成为工业化、城镇化和农业现代化发展的主要推动力量，是增强我国国际竞争力的主要基础。培训作为提高建筑业农民工人力资本的必要手段，是实现我国从数量型到质量型人口红利转变的主要抓手，是实现建筑业农民工产业工人化的关键路径，如图 9.1 所示。

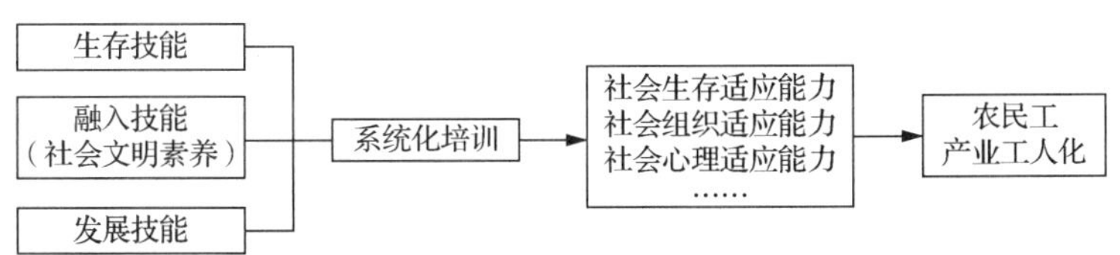

图 9.1　培训路径的内在机理

9.1 系统化培训的内涵与意义

9.1.1 系统化培训的内涵

培训主要是指个人通过接受教育来逐步提升自己能力的全过程。系统化培训的对象是建筑业农民工，而建筑业农民工是一种特殊的社会群体，主要是指进城务工但户籍仍在农村的从事建筑业的劳动者。他们拥有“双重身份”，介于农民和工人之间，建筑业农民工户籍身份是农民，但职业身份是从事建筑业的工人，是以赚取建筑业工资（大部分是从包工头手中获取劳动收入）为主要收入来源的劳动者[1]。基于此，建筑业农民工的系统化培训应主要包括两个基本内容：一是职业技能培训；二是文化水平培训。职业技能培训是国民教育体系的一部分，是指根据不同岗位的技能要求对培训对象进行职业道德教育，讲解职业知识，进行职业技能操作指导，最终目的是提高劳动者的职业技能水平[1]，促进劳动者的就业。文化水平培训是根据实际情况对培训对象进行社会文明素质教育，提高他们自身的文化水平，讲解所在地的历史文化，提高他们的交际能力，扩大他们的社交圈，帮助他们树立正确的人生观和价值观，最终目的是提高培训对象自身的文明素养，使其能够更好地融入城市生活。

综上所述，作者将建筑业农民工系统化培训界定为以建筑业农民工为培训对象，以实现建筑业农民工向产业工人转化为目的，以适应建筑业各岗位需求的多种职业技能和文化水平为主要内容的系统化培训。其中，职业技能培训有效解决了产业工人化过程中农民工的“职业”身份问题，文化水平培训有效解决了产业工人化过程中农民工的“社会”身份问题。在工业化大背景下，要求建筑业农民工具备更高的技能和素养。在职业技能培训方面，培训方式要与时俱进，不仅要进行相关理论知识的培训，还要进行实地的实践培训，以更好地提高技术能力。在文化水平培训方面，要更加关注农民工的心理需求，并认清农民工自身文化水平偏低这一现象，要采取多元化的培训方式进行文化水平培训，促进建筑业农民工更好地融入城市生活。

9.1.2 系统化培训的意义

1. 加快建筑工业化步伐是建筑业可持续发展的客观要求

建筑工业化的发展需要高素质、高技能的产业工人作为支撑。但现阶段农民工作为建筑业的主力军，其文化水平及职业技能水平远不能适应建筑工业化发展的要求。因此，加强对建筑业农民工的教育培训，深化产教融合，培养具有高素质、高技能和较高管理水平的新型建筑业主力军迫在眉睫。这有利于把建筑业巨大的人口压力转变为技能人才资源优势，为建筑业的发展注入源源不断的动力，有利于加快我国建筑工业化步伐，是我国建筑业可持续发展的客观要求。

2. 提高农民工技能和文化素质是适应技术进步和生产方式变革的需要

在科学信息技术高度发达的时代，知识更新、技术更新、产品更新、设备更新的速度突飞猛进，建筑业的生产建设迫切需要高技能、高素质的人才。同时随着生产的不断发展，劳动分工越来越细，劳动组织越来越复杂，专业化与协作化的要求越来越高，大量新工艺、新技术、新工程、新岗位不断出现，现有的生产方式也在逐步发生转变。因此，加强建筑业农民工的职业教育培训，提高农民工的职业技能和文化水平，是适应技术进步和生产方式变革的需要。

3. 提高农民工就业能力是稳定建筑产业工人队伍的有效途径

我国建筑业农民工素质不高，缺乏劳动技能，难以在城市实现稳定就业。目前，建筑业农民工以中老年龄阶段为主，培训意识和意愿不强，今后产业工人主体必然从新生代农民工中产生。相比老一代农民工，新生代农民工更易融入城市生活[2]，是行业发展的后备力量，职业学历教育意义重大。岗前培训、继续教育可提高农民工的职业技能，完善建筑业农民工职业教育培训体系，整合就业培训资源，提高农民工职业素质、职业技能和就业、创业能力，实现素质就业，提升就业质量，提高就业率。总之，要解决建筑业农民工的就业问题，最直接、最有效的方法就是广泛开展建筑业农民工系统化培训。

4. 促进农村劳动力向非农产业和城市转移，推进城乡一体化进程

完善建筑业农民工培训体系，提高农民工就业能力，拓展就业空间，积极为农村人口向城市转移创造条件，吸纳有条件的农民工特别是新生代农民工在城市转移就业，有助于增加农民工的收入，打破城乡二元结构，调整优化城乡产业结构，是推进城乡经济社会一体化进程的重要突破口。

5. 改善农民工社会经济地位，促进社会公平正义

建筑业农民工自身文化水平不高，技术能力不足，在城市生产活动中处于社会底层。同时，在城乡分割的福利制度下，亦处于城市社会的边缘地带。完善建筑业农民工培训体系，动员全社会的力量来推动人才培养，调动建筑业农民工参加培训的积极性，有助于建筑业农民工学习专业技能，了解安全知识以及城市生活常识，丰富他们的业余生活，全面提高建筑业农民工的从业素质，使其具备融入城市生活及稳定就业的能力。与此同时，随着农民工收入的增加，可以刺激消费，拉动内需，为经济可持续发展增添活力；可以引导全行业营造尊重劳动、尊重知识、尊重技术、尊重创新的社会氛围，解决社会偏见和不公平待遇问题，改善农民工社会经济地位。这些对维持社会安定、促进社会进步、保障社会公平正义及构建和谐社会意义重大。

9.2 建筑业农民工产业工人化的培训情况

为掌握建筑工人现阶段培训现状，深入了解存在的问题，充分发掘各地先进的建筑

工人培训经验和做法，完善建筑工人系统化培训体系，作者对我国各个省级行政区开展了有关建筑工人系统化培训工作及其效果等方面的调研。调研采用了问卷调查、实地走访和现场座谈等方式。调查问卷由住房和城乡建设部发放到调研所在省（自治区）的住房和城乡建设厅、直辖市建委、相关中央企业及相关行业协会。作者还实地考察了多个项目工地，与建筑施工企业、一线的农民工代表等进行了座谈交流，听取各方的意见和建议，充分了解了各地建筑工人培训的实际情况，分析了建筑业农民工培训存在的问题以及与产业工人之间的差距。

9.2.1　建筑业农民工培训政策回顾

长期以来，建筑业农民工的教育培训问题一直受到政府的高度关注。20 世纪 90 年代以来，政府就已陆续出台了一系列的政策法规来促进建筑业农民工的教育培训，如表 9.1 所示。

表 9.1　建筑业农民工教育培训相关政策汇总表

年份	名称	主要内容
1996	《全面实行建设职业技能岗位证书制度，促进建设劳动力市场管理的意见》（建人〔1996〕478 号）	提出要对建筑业从业人员进行职业技能培训与鉴定，并以制度的形式确定下来
1997	《关于培育和管理建筑劳动力市场的若干意见》（建建字〔1997〕175 号）	提出要重视建筑业农民工培训与鉴定工作；要加强建筑劳动力基地的建设；健全培训鉴定和输出、输入管理体系与制度；加大培训鉴定工作的力度；加强建筑劳动力市场的监督和管理
1998	《关于建设职业技能岗位培训与鉴定工作情况和近期工作安排的通报》（建人劳〔1998〕34 号）	提出要对各地区的培训实施工作进行抽查，考察各地区职业教育培训工作是否按质按量完成
2002	《关于建设行业生产操作人员实行职业资格证书制度有关问题的通知》（建人教〔2002〕73 号）	提出建设行业实行职业资格证书制度的工种（职业）范围；明确要求各级政府部门要通力协作，提高职业教育培训质量；经职业技能鉴定合格的建筑业从业人员，由劳动保障行政主管部门和建设行政主管部门共同核发劳动和社会保障部统一印制的“职业资格证书”并加盖印章；对原“建设职业技能岗位证书”按规定需换发“职业资格证书”的，可采取逐步过渡的办法；各地区要确切实施从业人员持证上岗制度
2002	《国务院关于大力推进职业教育改革与发展的决定》（国发〔2002〕16 号）	提出要有效利用培训资源，形成“就业靠竞争，竞争靠技能，技能靠培训”的有效机制，提高教育培训人员的服务意识
2003	《国务院办公厅转发农业部等部门 2003—2010 年全国农民工培训规划的通知》（国办发〔2003〕79 号）	明确提出要开展引导性培训和职业技能培训，并提出加强农民工培训的四点措施，即加强组织领导；加强培训资金投入；制定农民工培训激励政策；推行劳动预备制度，实行就业准入制度
2004	《中共中央　国务院关于促进农民增加收入若干政策的意见》（中发〔2004〕1 号）	明确提出要加强对农村劳动力的职业技能培训，强调要调动社会各方面参与农民职业技能培训的积极性
2004	《国务院办公厅关于进一步做好改善农民进城就业环境工作的通知》（国办发〔2004〕92 号）	要求各级地方政府采取措施引导和鼓励农民工自主参加职业教育和培训
2005	《国务院关于大力发展职业教育的决定》（国发〔2005〕35 号）	提出实施国家农村劳动力转移培训工程，明确要求职业院校和培训机构要为就业再就业服务，面向农村转移劳动力开展各种形式的职业技能培训和创业培训，提高农民各方面的能力。大力发展职业教育是我国实现工业化和现代化发展的迫切需要，有利于将我国巨大的人口压力转变为人才优势

续表

年份	名称	主要内容
2006	《国务院关于解决农民工问题的若干意见》（国发〔2006〕5 号）	提出要抓紧解决农民工工资偏低和拖欠问题；搞好农民工的就业服务和培训；解决农民工的社会保障问题
2007	《关于在建筑工地创建农民工业余学校的通知》（建人〔2007〕82 号）	鼓励地方政府和企业大力开展农民工业余学校创建工作，为抓好建筑业农民工的组织管理、教育培训和公共服务奠定了基础
2008	《关于印发建筑业农民工技能培训示范工程实施意见的通知》（建人〔2008〕109 号）	提出要把农民工技能培训示范工程放在首要位置，要落实培训资金来源，加强资金使用管理，同时对培训对象、培训内容、培训主体进行了规定
2010	《国务院办公厅关于进一步做好农民工培训工作的指导意见》（国办发〔2010〕11 号）	提出把农民工培训工作纳入国民经济和社会发展规划，地方各级政府要相互协调，整合培训资源，提高培训效益；加大财政资金投入，鼓励社会资本参与培训，提高培训质量
2014	《国务院关于加快发展现代职业教育的决定》（国发〔2014〕19 号）	提出职业教育在我国人才培养中的重要地位，要加快构建适应经济社会发展需要的现代职业教育体系，同时也强调了要加强“双师型”教师队伍的建设，促进形成“崇尚一技之长，不唯学历凭能力”的社会氛围
2015	《住房城乡建设部关于加强建筑工人职业培训工作的指导意见》（建人〔2015〕43 号）	提出要加快发展建筑工人职业教育培训，提高建筑工人素质和技能水平，同时强调要加强企业的主导作用，调动企业和工人的积极性；完善制度保障体制；坚持产教结合，培养新型产业工人等
2016	《国务院办公厅关于大力发展装配式建筑的指导意见》（国办发〔2016〕71 号）	提出要加大职业技能培训资金投入，加快建立培训基地，加强岗位技能提升培训，促进建筑业农民工向技术工人转型
2017	《国务院办公厅关于促进建筑业持续健康发展的意见》（国发办〔2017〕19 号）	明确强调要加快培养建筑人才，争取到 2020 年建筑业中级工技能水平以上的建筑工人数量达到 300 万人，2025 年达到 1000 万人

（资料来源：http://www.gov.cn/zhengce/index.htm；根据相关培训政策整理而得。）

总体上看，改革开放以来，我国建筑业农民工培训工作取得了显著成效，政策措施也进一步完善。现代建筑产业工人教育培训已成为加快建筑业转方式、调结构、促升级的中心任务。2015 年，住房和城乡建设部就加强建筑工人职业培训工作发布指导意见，明确提出要在五年内实现全员持证上岗[3]。但在实践中，建筑业农民工培训工作仍然存在监管不严、培训质量不高及资金使用效率低等问题，尤其是各方职责不明晰，使大多数培训流于形式。

9.2.2　建筑业农民工培训现状

培训是提升农民工技能水平及文化水平的重要途径。通过对建筑业农民工的培训现状研究发现，农民工对培训持期待态度的占到半数以上，且新生代农民工对培训的期待度较强，为建筑业农民工培训体系的建立提供了动力，但在体系建立健全的操作过程中依然存在诸多问题。具体表现在以下五个方面。

1. 建筑业农民工的持证上岗率不高

没有专业技术等级证书的农民工占总农民工数的 30%以上，持证上岗的农民工中多数也是初级、中级等级资质，而拥有高级专业技术等级资质的农民工不足 4%（图 1.15）。

2. 培训体系不完善

目前，我国的建筑业农民工培训体系还不完善，谁来组织培训、培训经费来源及培训考核都没有明确的标准[4]。虽然国家大力支持农民工培训事业，但多由于宣传不到位，想要通过培训提高人力资本的农民工对国家政策不能全面了解，不知道在哪里培训、怎么参加培训；在培训实施过程中没有从农民工的实际情况出发，培训时间、师资力量、学习内容等均与实际脱轨；同时，由于国家监管不到位，培训与考核分离，导致一些培训机构弄虚作假，没有真正使农民工受益。

3. 培训形式单一

现阶段，建筑业工人的职业技能主要是在建筑工地通过“师傅带徒弟”的方式获得，注重的是基本实践技能的培训，很少有人通过正规职业技术学校或培训机构进行系统化的培训。主要原因是我国的正规职业技术学校和培训机构数量稀少，这也是导致建筑业从业人员持证上岗率低的主要原因。

4. 企业对培训的不重视

目前，我国的培训激励机制不健全，建筑企业及农民工对培训的意识淡薄，缺乏兴趣。调查显示，74.97%的企业认为农民工流动性大，不愿意对农民工进行培训。在当今的建筑市场环境下，农民工与建筑企业缺乏长期稳定的合约关系，农民工的培训将增加企业的经营成本，培训后的农民工可能会频繁跳槽，导致培训投资经费回报率低，而且市场上廉价的劳动力比比皆是，企业不愿对农民工进行过多投资。建筑业对农民工技术要求较高，培训时间较长，但企业往往迫于工程工期的压力，忽视对农民工的系统化培训。

5. 农民工参加培训的积极性不高

通过调查发现，建筑业农民工参加培训的意愿并不强烈，有 35.4%的农民工对培训不感兴趣。对培训不感兴趣的农民工调查后发现，主要原因是农民工文化素质低、年龄大和没有精力参加培训。这些原因从侧面反映出几个方面问题：首先是建筑业农民工自身文化素质较低，他们从思想上不愿意参加培训；其次是建筑业农民工工种结构不合理，人口老龄化现象严重，急需一批年轻人投身建筑业；最后是建筑业农民工工作时间不合理，超负荷的工作使得他们没有时间和精力参加培训。这些都严重影响了农民工参与培训的积极性。

9.2.3 建筑业农民工培训低效的原因分析

据调查数据显示，我国现阶段建筑业农民工文化素质仍然偏低，远不能适应建筑业可持续发展的需要。建筑业农民工培训效果直接影响建筑业的健康发展，是行业可持续发展急需突破的重要问题。而新时期，我国建筑业农民工培训尚未形成系统有效的培训体系，农民工技能结构不尽合理，培训质量有待提高，不能适应建筑工业化发展的需要。

尽管国家自 2000 年来出台了一系列培训政策意见，但多为鼓励性措施，实质效果不明显，相关政策落实不到位，缺乏配套的实施细则，同时激励机制及市场监管力度不足，培训效果较差；并且，建筑业农民工培训采取“填表”模式，大多数培训流于形式，主要表现在以下四个方面。

1. 各方主体定位不清、责权不分是导致培训流于形式的根本原因

一是建筑业职业教育培训管理体制不合理，政府与市场的职能分工不明确，政府相关部门的定位不清，影响了建筑业技能人才的大规模培养。各方在职责分工上未能实现制度化，致使培训实施难到位，主体责任根本无法有效落实，一线工人培训缺失。特别是许多施工劳务企业的劳务层基本为“包工头”形式作业队、短期合同用工、派遣工等临时性务工人员，企业对这部分工人基本不培训。二是市场监管不严。首先是监管主体责任不明晰，在实际工作中，由于市场主体责任不明晰，双方推脱，导致了全员持证上岗管理的缺失；其次是考核与市场需求分离，大多数培训都是走过场，导致培训最终流于形式；最后是对持证上岗人员监管不到位。现阶段，对劳务企业资质的审查主要是对其拥有的持证员工数量进行审查，而对实际项目的持证上岗人员缺乏相应的审查标准。

2. 政府对建筑工人技能培训鉴定公共服务能力不足是导致培训流于形式的关键原因

首先，进行职业技能鉴定的工种较少。现阶段，我国建筑业职业标准不明晰、职业规范滞后问题严重，正常开展培训鉴定的工种不超过 30 个，远远低于发达国家水平，不利于建筑业人才队伍的培养。其次，培训鉴定的周期较长，缺乏时效性。现阶段，各地区政府相关部门对证书的要求不一致，申报程序复杂，发证时间较长，而建筑工人的流动性较大，证书到手时，建筑工人可能已经离开了原工作场所，严重影响了证书的时效性。再次，培训内容与现实脱节。现阶段，大多数培训重理论轻实践，而建筑业对劳动者的实践技能要求较高，这就与实际需求相悖。最后，现有的培训教材、培训鉴定方式落伍，不能够适应工业化的发展需求。在培训的过程中忽略了农民工文化水平较低这一事实，大多数培训内容难度不适宜，建筑业农民工很难从中学到有用的知识。

3. 各培训主体积极性不高是导致培训流于形式的重要原因

首先，目前国家激励机制不健全，建筑企业及农民工对培训的意识淡薄，缺乏兴趣。调查显示，未接受过技能培训的农民工占 35.67%，参加过且一年有三次以上培训的仅为 3.85%。其次，工资与技能鉴定等级不挂钩。建筑业农民工之所以愿意参加培训主要是为了增加工资收入，但是现阶段建筑业农民工的工资没有与技能水平相挂钩，工资基本按照工作量来计算，使建筑业农民工不愿意耽误工作时间来参与培训。再次，工学矛盾突出。我国建筑业农民工的文化水平普遍较低，工作流动性大，其身份的特殊性，使得他们“忙时务农，闲时务工”，工作行为具有短期性。最后，国家政策支持力度不足，职业教育服务能力低，职业院校毕业生成长道路狭窄，吸引力不足。此外，培训市场化程度不高，竞争力不强，市场不活跃。这在很大程度上都制约着培训工作的进展。

4. 培训鉴定经费短缺是导致培训流于形式的直接原因

一是国家专项资金支持力度不够。国家对建筑业农民工培训缺乏专项计划，资金投入力度不足，导致了建筑业农民工培训资金严重匮乏。二是国家培训补贴申请困难[5]。现阶段，建筑业农民工培训补贴项目主要有“阳光工程”和“就业培训”，但相关部门之间缺乏沟通，协调困难，办事效率低，导致经费申请周期长，建筑业农民工很难享受到政府的财政补贴。三是职工教育经费难以落实于建筑业农民工培训。施工企业的职工教育经费主要是用于公司管理人员的培训，对于施工现场的工人并没有培训经费支持。四是建筑业农民工不愿自费培训。建筑业农民工基本上文化水平较低，对自身工作缺乏职业规划，看不到培训对其未来职业发展的作用，因此不愿自费培训。此外，农民工的工资水平较低，难以负担高额的培训费用[6]。

9.3 建筑业农民工培训模式的经验借鉴

9.3.1 国外主要发达国家和中国香港地区的培训模式

国外主要发达国家和中国香港地区的经济发展水平较高，建筑工业化发展较成熟，建筑工人培训体系较为完善，其培训工作主要由行业协会、政府、企业和培训鉴定机构相互协作完成。行业协会在其中发挥着重要作用，其职能和机制发展也比较成熟，可以帮助各培训主体间进行有效的沟通，提高培训效率[7]。可见，我们的培训发展方式需借鉴其发展经验。基于此，作者首先收集了英国、日本、瑞士和美国等发达国家建筑业工人培训的文献资料；其次，对新加坡和中国香港地区的建筑业工人培训模式进行了详细的实地调研，以期汲取发达国家和地区建筑业工人培训的宝贵经验，建立适合我国国情的系统化培训体系。

1. 英国

1964 年，英国成立了建筑业培训委员会（Construction Industry Training Board，CITB），主要职责是对建筑业所需各项技能的培训及考核标准进行制定。建筑业培训委员会规定了各种类型的上岗证书，工人接受职业教育的范围较广[8]。除了相关专业技能培训，所有劳工在建筑工地工作需要获得上岗证——施工技能认证计划（Construction Skills Certification Scheme，CSCS）卡，CSCS 主要是通过健康安全和环境测试获得的。根据 2015 年英国建筑业劳动力流动和技能报告，2015 年 CSCS 的持证率达 86%，如表 9.2 所示[9]。

表 9.2 英国持有各类上岗证的建筑工人所占比例 单位：%

上岗证	2015 年	2012 年
施工技能认证计划（CSCS）	86	92
施工技能注册（Construction Skills Register，CSR）	3	—
建造业脚手架记录计划（Construction industry Scaffolders Record Scheme，CISRS）	4	3
建设能力计划（Construction Plant Competence Scheme，CPCS）	13	11
其他	4	—

同时，上岗证的颜色是根据技能水平确定的，可大致分为绿卡、蓝卡、金卡、白金卡和黑卡[9]。根据 2015 年英国建筑业劳动力流动和技能报告，67%的普通操作工持有绿卡，54%的机器操作工持有蓝卡，44%的电工和 40%的水管工持有金卡，如表 9.3 所示[9]。

表 9.3　不同工种拥有证书颜色　　　　单位：%

工种	红卡：实习生	红卡：有经验的工人	绿卡	蓝卡	金卡	白金卡	黑卡
普通操作工	3	4	67	17	3	*	*
机器操作工	1	3	30	54	6	1	0
木工	6	2	21	27	35	0	2
瓦工	7	1	23	35	28	*	*
内装修壁纸工	4	2	44	45	5	0	0
监工	4	3	49	34	4	0	0
电工	13	2	27	1	44	0	*
屋顶工	2	2	46	39	4	0	1
粉刷工	4	2	30	43	12	0	3
抹灰工	3	2	30	48	8	0	0
水管工	7	1	24	21	40	0	0
脚手架工	10	3	30	41	6	0	0
现场管理	6	1	7	6	22	6	48

注：*表示小于 0.5%。

英国建筑工人职业发展的资质可分为三个层级，即上岗证（skills cards/certificates）、技能发展（construction-specific qualifications）、职业发展（supervisory/managerial training）。建筑工人各个工种职业资质分为 None、Level 1、Level 2、Level 3、Level 4 五个等级。根据 2015 年英国建筑业劳动力流动和技能报告，不同工种执业资质等级比例如图 9.2 所示[9]，大约 2/3 的建筑工人拥有某种形式的专业证书。近年来，接受过培训的工人越来越多，拥有证书的年轻工人数量显著上升。超过一半的工人拥有 Level 2 以上的证书。

建筑业在英国属于高危行业，基本上通过高薪来吸引劳动者进入该行业，并通过系统化培训来保障他们的就业。此外，为了提高年轻人就业率，英国政府提出了“学徒”培训计划，主要是以离校生为培训对象，让他们可以在培训的同时获得一定的工资。同时，要求学生在离开全日制教育后至少拥有一个上岗证才能从事建筑业的工作。总之，英国整个建筑业从业人员的上岗证持有率很高，如表 9.4 所示[9]。

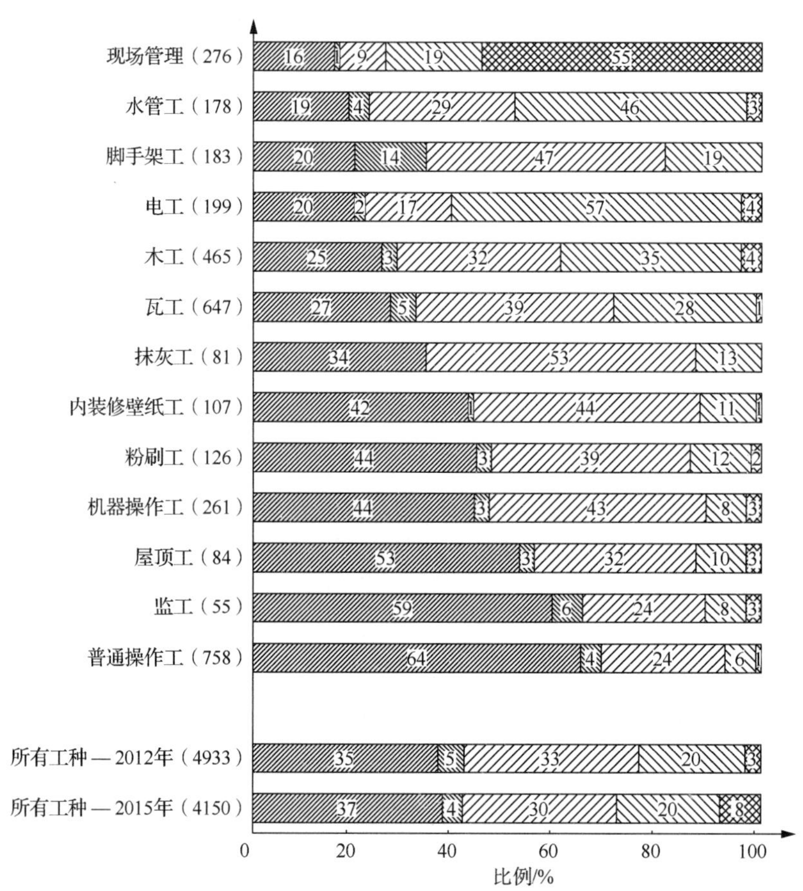

图 9.2　截至 2015 年不同工种执业资质等级比例

注：括号内为调研基数。

表 9.4　2015 年和 2012 年英国拥有上岗证的建筑工人比例　　单位：%

项目	细分标准	2015 年	2012 年
年龄	16～19 岁	85	86
	20～24 岁	95	95
	25～44 岁	97	99
	45 岁以上	95	97
从业类型	公司雇佣	95	97
	自由职业者	97	99
	中介代理	95	92

此外，英国在制定建筑业可持续发展战略时，对包括建筑工人在内的从业人员都有详细的规划，如规划要求，2006～2012 年通过招聘和培训要新增 26 万名合格的建筑业从业人员；2010 年使所有工程项目人员经过培训，达到合格并具备相应能力，并有组织

地对中小型建筑企业员工进行健康和安全教育。

2. 日本

日本政府历来重视职业教育，在明治维新时期，日本政府就通过实业学习、补习学校来培养技术工人，开始发展职业教育。“二战”后，日本经济百废待兴，为了恢复战后低迷的经济，日本更加重视职业教育，通过立法的形式进一步促进了职业教育的发展，如 1949 年颁布的《社会教育法》及 1953 年颁布的《青年振兴法》，使日本的职业教育走上了正规化、制度化的道路。到 20 世纪 70 年代，随着科学技术的发展，日本政府更加重视高素质技能人才的培养，实行了“产学”合作的教育体制。教育事业的蓬勃发展为日本经济的发展提供了大量的高级技术工人和科学技术人才，提高了劳动队伍的质量。

日本建筑工人技能的提高由厚生劳动省负责。国土交通省（Ministry of Land，Infrastructure，Transport and Tourism，MLIT）的职责是培训技能工人。经过培训的技能工人能从事不同岗位、职责的工作，能为项目工程师或监理工程师提供正确的施工建议，并且能与各工种的负责人进行协调沟通，使施工项目得以高效完成。目前，日本的成人职业教育不仅包括专门进行成人职业教育的公共职业训练，还包括企业内部、各种成人职业训练学校、部分进行成人职业教育的普通学校及社会教育机构等的教育培训[9]。其中，最为广泛的培训是企业内部的教育培训，并通过立法的形式来推动企业内部培训的发展，如 1958 年，日本制定了《职业训练法》，使企业内部培训以法律的形式固定下来，体现了国家对企业内部培训的重视。以企业内部培训为代表的企业管理人员培训计划，使日本企业的人员分工更加明确，随着分工的细化，日本企业对人才的要求也越来越高。企业对内部在职人员进行培训大多采用的是“上下一致，一专多能”的培训模式[10]。“上下一致”是指企业员工不分年龄、工种或职位，都要接受相应层次的培训；培训的最终目标是实现“一专多能”，即员工不仅要精通一门专业技术，还要了解企业的经济管理，能够适应各种岗位。通过对员工的内部培训能够将员工与企业紧密地联系起来。此外，值得注意的是，日本企业在招聘新员工时重个人素养、轻专业技能，企业愿意花更多的时间对新入职的员工进行专业技能培训，可见个人素养水平对求职者及企业的重要性。

日本企业之所以广泛地进行企业内部培训，最重要的原因就是就业人员的现有能力与企业要求的能力差距较大。日本企业认为人的能力可以通过后天的培训得到提高。企业的培训大致包括自我启发、职场内培训及脱产教育培训三种形式。自我启发是指就业人员按照自己的意愿进行培训，公司有时也会负担部分的培训费用；职场内培训是指工作中上级管理者直接对下级进行的培训；脱产教育培训是指脱离原有的工作岗位而进行的培训。相比职场内培训这种传统的培训方式，脱产教育培训是通过系统的培训方式获得专业技能的，是职场内培训的创新。此外，日本政府通过发放补助金的形式支持企业培训活动，补贴形式如表 9.5 所示[11]。

表 9.5 日本政府对企业培训活动发放补助金的形式

补贴形式	具体内容	备注
培训补贴	为企业员工接受职业培训提供 25%的经费补贴（最大额度为 5 万日元）；为接受培训员工提供 25%的工资补贴（最长期限为 150 天）	中小型企业补贴标准是 1/3
职业能力开发休假补贴	为休假期间参加职业技能鉴定的员工补贴 25%的职业技能鉴定费；为休假期间进行培训的员工补贴 25%的工资（最长期限为 150 天）	中小型企业补贴标准是 1/3
长期教育培训休假制度导入奖励金	为连续一个月以上休假参加培训的员工提供 30 万日元的奖励金（只限一次）	—
职业能力评估推进补贴	补贴企业员工 75%的职业能力评估应考费；补贴企业员工在职业能力评估期间 25%的工资	中小型企业补贴标准是 1/3
职业咨询推进补贴	为专业的职业咨询机构提供补贴，补贴额度是其接受委托职业咨询服务年费的一半	—
地区人才高级化能力开发补助金	为参加高新技术培训的员工提供 1/3 的经费补贴（最大额度为 5 万日元）；为接受高新技术培训的员工提供 1/3 的工资补贴（最长期限为 150 天）	中小型企业补贴标准是 1/2

日本政府推行的培训教育政策措施对国家的发展起到了重要作用。首先，日本通过大力发展正规化教育来开发人力资源，日本的义务教育范围和质量都处于世界领先水平。其次，日本政府对教育的投资较大，据统计，日本 2005 年的人均教育费用高达 555 美元，位居世界首位[12]。最后，随着经济全球化的发展，日本开始通过各种手段来引进国际高素质人才，如高素质人才可以很容易获得日本国籍。

3. 瑞士

瑞士长期以来十分重视职业教育，拥有相当完善的职业教育体系，尤其是其推行的“学徒制”，是职业教育的典范[13]。经过这一体系所培养出的学生，能够很好地适应瑞士经济社会的发展。

瑞士的职业教育开始较早，18 世纪末就开始出现在一些城市，如苏黎世就出现了专门培训相关技术资质的专业劳动者的技能培训学校。19 世纪 20 年代后，职业培训机构和学校推广到了瑞士的其他地方。到了 19 世纪下半叶，工业化大生产的全面推进更加促进了培训学校的推广。同时，瑞士联邦政府积极通过立法来进一步促进瑞士职业教育体系的建立[14]。1930 年，瑞士颁布首部《联邦职业教育法》。1963 年，瑞士联邦政府再次颁布《联邦职业教育法》。此后，相关机构根据瑞士实际国情又分别于 1978 年和 2004 年对相关法律规定进行了重新修订，如对职业教育发展的基本准则《联邦职业教育法》的修订，是瑞士面向 21 世纪增强国家实力的一项重要举措[14]，通过立法的形式进一步确定了职业教育的重要性。

瑞士的教育体制受联邦政体的影响，国家没有统一的教育部门，每个州都有自己的教育管理机构，教育实施主要是由每个州根据自身情况确定。总的来说，联邦负责职业教育的立法及整个职业教育体系的发展，州主要负责具体的实施和监督，各行业协会则负责职业标准起草、课程设置等专业性较强的工作[15]。最后，企业与学校一起合作完成教学培训任务，联邦和州的主要管理机构和职责如表 9.6 所示[15]。

表 9.6　联邦和州政府的职责划分表

政府机构	具体管理机构	主要职责
联邦	联邦工业、手工业、劳动局（具体实施机构是联邦职业和技术教育局）	① 保证职业培训教育的质量，进而推动职业教育体系的改革和完善； ② 促进全瑞士范围内职业培训教育课程的可比性和课程设置的透明度； ③ 相关机构为全瑞士各个行业的基础职业教育和培训制定相关法律规范； ④ 鼓励创新和支持公益教育服务
州	州职业教育局	① 对职业教育及相关培训机构及其“学徒制”的实施进行监督； ② 重点发展本州的高等职业学院，为学徒的进一步学习与培训提供场所； ③ 提供相关职业教育的培训信息，监控学徒市场； ④ 促进职业教育体系的创新和完善

瑞士职业教育的资金来源广泛，主要是公共经费、行业经费和职业教育基金。公共经费是由联邦和州政府提供的，其中州政府占主要部分；《联邦职业教育法》规定联邦政府提供职业教育经费占公共经费总投入的 1/4，这部分资金主要是用于职业学校的教育培训。行业经费是某一特定行业为职业教育提供的经费，通过建立行业培训中心促进行业发展。职业教育基金是针对特定经济部门的，是为了鼓励所有的相关企业为职业技术工人的职业教育培训提供经费。联邦政府有权强制要求相关企业进行经费支付，并将职业教育基金作为公共利益要求相关企业支付。

瑞士的职业教育发展从准备教育开始，分流出普通中等教育和中等职业教育。高等教育和高等职业教育可以直接或有条件地接受来自两种不同模式下的学生。在中等教育阶段，学生获得相应的升学资格之后，可以直接参与对应的高等教育。但是，在中学阶段接受不同教育的两类学生也可以随着今后的自身发展，通过考试获得资质而自由选择高职或者高等教育[16]。2018 年，全瑞士 25 岁的年轻人中有 95%完成了高中阶段教育（Sekundarstufe II），其中，超过 2/3 的年轻人是通过职业教育培训方式达到的[17]。

瑞士的职业教育是一种以“双元制”为主体，“三元制”为倾向的职业教育模式。“双元制”是指学生在学校学习技术理论知识，然后去企业进行实践操作练习。学校和企业是职业教育的主体，而现在瑞士的职业教育体系发展呈现“三元制”倾向，整个教育的过程一般涉及企业、学校和培训机构三个主体，其中培训中心主要负责社会人员的短期培训、岗位培训及特殊工种的技能培训等[18]。“学徒制”是瑞士职业教育的一大亮点，瑞士现行的“学徒制”就是在传统“双元制”的基础上发展起来的“三元制”学习模式。这一模式在瑞士的发展中已取得显著成果，成为瑞士职业教育体系的重要组成部分。学生在学校、企业、培训机构三个地点学习，每一个场所都配备专业的师资力量。学校配备的是通识教育教师，主要传授相关的专业理论知识，在校内教授理论通识、基础课程；培训机构配备的是专业课的实践教师，学习地点设在行会培训中心；企业配备的是实训教师，主要是在企业一线工作的技术人员，负责指导学生实地操作、实践培训。参加“学徒制”的学生根据所学专业不同，学习年限基本为 2～4 年，学生每周 3～4 天是在企业或培训机构由专业的技术人员对其进行实践操作培训，其余 1～2 天是在职业学校学习技术理论知识，学习期满后，考试合格的学生能够获得联邦政府颁发的技能证书。这种“学徒制”的培训模式能够提升学生的专业技能，且大幅度提高了他们毕业后的就业率。

4. 新加坡

新加坡是个严重依赖外派劳务的国家。根据实际调研发现，其建筑业的发展主要依托严格的行业准入制度及技能提升计划，具体表现在以下两个方面。

1）全员持证上岗

所有申请进入新加坡的建筑外派劳务需要先后通过两项考试，首先，需要在建设局批准的海外考试中心通过建筑职业技能与知识水平鉴定考试［Skills Evaluate Certificate（Knowledge），SEC（K）］，才能取得工作签证；其次，进入新加坡后，还需要参加建筑安全引导课程（Construction Safety Orientation Course，CSOC）培训及考试，才能正式在新加坡工地工作。

SEC（K）考试方面，目前新加坡建设局在六个国家（中国、印度、孟加拉国、泰国、缅甸、斯里兰卡）设有 22 个海外考试中心。其中，中国有 4 个考试中心，分别位于南京、杭州、济南、沈阳 4 个城市，主要是依托中建南洋公司、青建、浙建等企业设立。考试中心针对五大类（结构类、机电类、建筑装饰类、土木工程类、建筑机械设备操作类）31 个建筑工种提供培训和考试。其中，SEC（K）培训和考试分离，培训由考试中心自行组织，培训时间为 1 个月左右；考试由新加坡建设局统一命题，新加坡考官监考。SEC（K）考试包括理论考试和实践操作两项，理论考试，时间为 1 小时，需要完成 25 道选择题；实践操作考试，时间为 4～5 小时，需要读图并完成一个模型的制作。整个考试过程非常严谨，以保证技能鉴定的水准和公正性。所有考卷全部密封，考官也是到了考试当天才知道考题和所负责的组别。在参加考试前，学员的身份须经过仔细核对，并扫描左右拇指的指纹，指纹记录会直接传输到建设局总部。等到工人抵达新加坡后，建设局将根据指纹和护照资料确认他们的身份，然后才授予考核证书。SEC（K）考试通过率在 70%左右。SEC（K）培训和考试全部费用约 1 万元人民币，由工人自行承担①。

CSOC 是即将在新加坡建筑工地工作的所有建筑工人的必修课程，旨在通过工地安全知识的学习及操作来提高工人的安全意识，从而有效地控制及预防工地事故的发生。CSOC 为期 2 天，内容包括理论和实际操作的培训和考试。具体内容涉及法律义务、火灾和爆炸危险及预防、专业操作预防措施、原材料的处理预防措施、机械和电气工程预防措施、高空工作的预防措施、密闭空间工作的预防措施、个人防护装备等。课程的目标是让参与者能够辨认建筑工地工作的危险，知道应采取的预防措施，以及了解遵守安全标志和安全工作规程的重要性。

2）实施建筑工人技能提升计划

为进一步提高建筑业生产力，新加坡政府于 2014 年宣布，个别建筑企业需聘用至少 10%获高级技能（R1）认证的较熟练工人，否则将不获批准聘请更多基本技能（R2）员工。其中，成为高级技能工人有四种渠道：建筑业技工注册计划（construction registration of tradesmen）、多技能制度（multi-skilling scheme）、市场认可的技能框架制度

① 数据来源：https://www.bca.gov.sg/OTC/OTC_Main.html。

（market-based skills recognition framework）及直接通道（direct R1 pathway）。同时，配套了完善的激励措施，如有关培训课程和技能鉴定方面的费用由企业承担，企业可以向建设局申请“劳动力技能提升”津贴。如果通过技能鉴定，本地员工可以享受 90%的津贴，外籍员工可享受 80%的津贴；如果第一次没有通过鉴定，也可享受 40%的津贴。除鼓励措施外，新加坡也采用一定的政策性措施来促使企业主动提升工人技能。一是通过限制新引进工人的方式对不能实现 R1 工人比例要求的企业予以处罚。二是对 R1 工人征收更低的外派劳务税。高技能工人的外派劳务税比 R2 工人外派劳务税低 400 新加坡元（R1 准证外派劳务税是 300 新加坡元；2017 年 7 月 1 日开始，建筑业的 R2 外派劳务税从 650 新加坡元上调至 700 新加坡元）。三是对于 R1 工人可以获得工作准证方面的照顾政策。从 2014 年 5 月 1 日起，R1 工人在新加坡工作年限从以前的 18 年延长到 22 年，而 R2 工人仍然只能工作 10 年。2018 年 5 月 1 日起，R1 延长至 26 年，R2 延长至 14 年。从 2015 年 6 月 1 日起，R1 工作准证到期的工人不需要离开新加坡就可直接在新加坡转换雇主。

5. 美国

美国的职业教育培训模式不同于欧洲国家，它是由政府等相关机构通过立法的形式支持建立起来的职业教育体制。后因工业的发展进一步促进了职业教育的发展，从 1862 年《莫里尔法案》颁布开始，美国政府随后通过一系列立法支持职业教育的发展（表 9.7）。现在美国的教育培训体系主要包括社区学院、四年制大学、职业培训和注册学徒制这四种人才培养机制，其中注册学徒制在美国的职业教育体系中有很大作用。

表 9.7　21 世纪之前美国职业教育相关立法简述表

年份	名称	主要内容或作用
1862	《莫里尔法案》	授权联邦政府对各州赠予土地来创办农业和机械制造工艺的新型高等学校。《莫里尔法案》的颁布是美国高等教育史上的一个伟大事件，对南北战争后美国高等教育改革与发展产生了重大影响：奠定了美国联邦政府运用立法和赠地拨款相结合的方式间接干预各州高等教育的法律基础；是美国职业教育立法的开始
1887	《哈奇法案》	联邦为州提供农业实验经费，推动了农业技术教育的发展
1906	《亚当斯法案》	联邦政府给试验研究拨款，重点用在初始的研究和试验上
1907	《纳尔逊修订案》	联邦政府为高等技术教育和培训拨发经费
1917	《史密斯-休斯法》	联邦政府设立联邦职业教育委员会；联邦与州合作，对职业教师、培训机构给予经费补助；联邦为州的各项职业教育经费给予资助；规定由联邦拨款在中学建立职业教育课程，法案颁布后，标志着美国职业教育体系得以形成，促进了中等职业教育的制度化发展，确立了美国联邦政府在职业教育中的领导地位
1963	《职业教育法》	扩大了职业教育对象的范围，树立了个人发展与市场需求相协调的观念，改变了传统的职业教育理念，标志着美国职业教育进入迅速发展的阶段

续表

年份	名称	主要内容或作用
1964	《经济机会法》	对贫困家庭的孩子进行免费辅导，以提高他们的升学率；建立职业训练基地；消除歧视，使黑人，特别是贫困黑人最大限度地参与当地社区各项活动，在地方政治中获得较大的发言权，并成立经济机会局
1968	《职业教育修正案》	对《职业教育法》进行补充和改进，继续扩大职业教育对象，变革传统职业教育理论，推动职业教育的迅速发展
1973	《综合就业培训法》	职业教育训练和其他就业服务计划融合为当地政府的一个机构，本质也是为了将培训与就业相结合
1974	《生计教育法》	生计教育着力于解决学生升学和就业之间的关系，主张职业教育与普通教育融合发展，将职业教育拓展到人的终身，体现职业教育思想的变化。强调教育应当以就业为出发点，学校开设的全部课程都应与未来要从事的职业联系起来，以缓和失业问题
1976	《职业教育修正案》	增加两点内容：职业教育经费的投入要能够引起社会的关注以及消除性别歧视
1982	《职业训练合作法》	这是美国历史上第一个由联邦政府与私人团体共同参与合作制定的职业教育法案。法案强调州政府在职业培训中的作用，鼓励私人企业参与到联邦政府的培训计划中
1984	《卡尔·珀金斯职业教育法案》	将性别平等和妇女发展纳入职业教育重点发展的范畴，同时关注特殊人口的职业教育，强调职业教育和普通教育的交流与融合，提倡生涯教育以建立更完善的终身职业技术教育体系等
1990	《卡尔·珀金斯职业和应用技术教育法案》	强调理论课和职业课结合；规定劳动力职业准备教育各方面的要求；注重工作与学校的密切联系
1994	《学校—工作机会法》	主要强调的是校企合作、课程整合、提高技术、提供合格工人、综合职业指导合作与学习的结合等。向学生提供职业指导，帮助其完成从学校到工作的过渡
1993	《2000 年目标：美国教育法》	成立国家技能标准委员会

从 1937 年开始，美国率先在建筑业和制造业领域实行注册学徒制职业培训制度，经过后期完善与发展，美国的注册学徒制已经非常完备。美国建筑业推行的注册学徒制内部机制合理有序。注册学徒制培训强调多方参与、共同监督，主要由五个基本要素组成，分别是建筑企业、行业协会、工会、政府机构和注册学徒，这些不同主体相互合作共同完成注册学徒制的课程计划，如图 9.3 所示[19]。

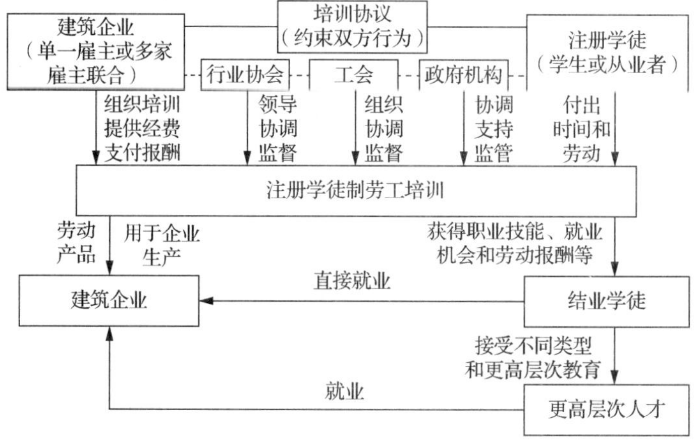

图 9.3　美国注册学徒制劳工培训示意图

注册学徒是注册学徒制的主体，美国在建筑业推行的注册学徒制学徒生源充足，他们一般是中学毕业生、大学毕业生、失业人士等。依据学徒工种的不同，学徒培训期在1～6 年不等，大多数集中在 3～4 年。整个培训过程由现场实操和理论学习有机结合。参加培训的学徒在每个培训学年内要至少完成 144 小时的课堂理论学习任务和 2000 小时的现场实地操作培训内容。通常学徒在具有熟练技能的工人的监督指导下进行学习和实地操作，熟练技工和学徒均会获得相应的报酬。对于报酬的具体实施，学徒在第一年一般为熟练技工工资的 40%～50%，之后逐年上升，最高可达熟练技工工资的 90%[20]。政府机构、工会和行业协会主要是对注册学徒制进行协调和监督。美国建筑业注册学徒制培训的经费主要来自建筑企业、社会捐赠和信托资金等渠道，建筑企业是注册学徒制培训经费的主要来源。同时建筑企业还要为学徒支付一定的报酬，政府提供的经费很少。经过培训的学徒获得结业证书后，可以自主选择就业或者寻求更高层次的教育。

美国注册学徒制培训的质量控制体系完善，参与各方职责分工明确，如图 9.4[21]所示，各方之间相互监督共同促成注册学徒制培训的顺利实施。美国的资格认证和注册制度完善，美国劳工部及各州级政府的劳工管理机构是注册学徒制培训的主要监管部门，培训计划需符合要求，认证合格后才能实施，参加培训的学徒也必须注册，培训完成后考试合格的学徒需进行资格认证，除了对学徒进行培训和资格认证外，美国对培训教师也进行继续培训和资格认证，以确保师资力量合格[21]。通过完善的质量控制体系和严格的资格认证和注册制度，使得美国建筑业注册学徒制培训更加具有公信力，通过这一体系培训出大量的技术人才，使美国建筑业得以蓬勃发展。

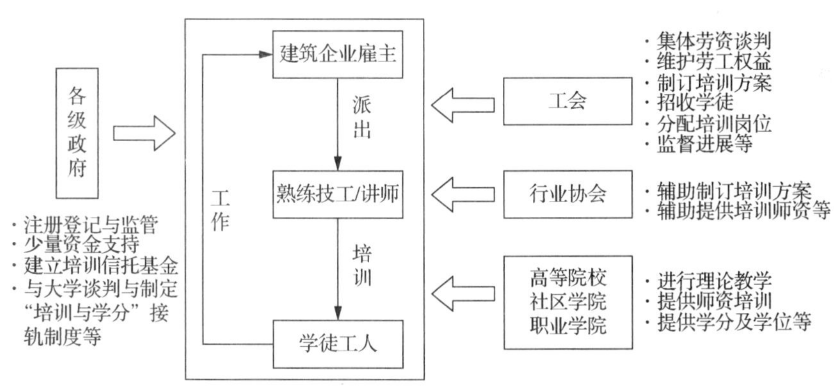

图 9.4　美国注册学徒制培训质量控制体系

6. 中国香港

中国香港地区通过立法设立专门机构负责建筑工人培训。设有建筑业训练局，建筑业训练局为永久延续的法人团体。在 1990 年，建筑业训练局开始对建筑业技工进行鉴定（工艺测试），计有 25 个以上的工种，即砌砖工、铺瓦工、木模板工、细木工、水喉工、钢筋曲扎工、油漆工、普通焊接工、金属工、混凝土工、竹棚工、金属工、木工（护木）、敷设管工、沥青工、打桩工、机械设备操作工、喷射混凝土操作工、地渠工、云石工、金属棚架工等。1995 年 4 月，中国香港房屋署要求技工、操作员具有认可资格制度，建筑署也同样要求在新合约内体现这一要求。2007 年，在原建筑业训练局的基础上，成立了建造业议会，并由中国香港立法会颁布实施了《建造业议会条例》（中国香港法例第 587 章），是中国香港专责统筹建造业发展的唯一法定机构。建造业议会由一位主席及 24 名成员组成，这些成员为业内各界的代表人士，包括聘用人、专业人士、学者、承建商、工人、独立人士和政府官员。建造业议会其中一项主要职能是为业内劳动力提供培训和注册。

根据《建造业议会条例》，建造业议会对中国香港地区规模在 100 万港元以上的建造工程项目征收 0.53%征款；规模在 100 万港元以下的建造工程则不征收征款。2014 年，建造业议会收入约 9 亿港元，其中 65%用于工人的培训与注册，经费来源稳定。

根据实际情况和行业实际需要，特区政府部门会负责组织实行多层次、多工种、多形式的建筑业职业培训。提供培训的基地必须具有港府等官方承认的或授权的招生、培训、考核、认证等相应资质等级。学员接受培训后参加考核，合格后颁发相应资质等级的培训合格证书。课程是经与业界讨论后制定的，而且每年与业界检讨修订，令学员的技能贴近市场技术要求。对在培训过程中相关记录和培训证书进行统一管理，能够获得行业公认。中国香港地区总共拥有九龙湾、蔡涌、上水等五个培训及训练或测试中心，伟乐街、屯门等十一个训练场和三个惩教所[21]，这些场所为建造业工人参加多项训练课程奠定了坚实的基础，以便提高职业工人的职业技能水平，同时基地还能为建造业技工提供多项工艺测试，以适应不同需求。议会培训的一个显著特点是将职业技能培训与学员的就业紧密结合。凡在基地接受培训的初、高中毕业生，或者是从其他行业转行而成为建筑业工人的职业技能人士或管工人士，在培训期间，不需缴纳相关的培训费用，相关机构还会根据实际情况为每人发放一定数额的生活补助津贴[21]。此次调研的湾仔培训中心，每年在册学员约 6000 人，一年运营费用就将近 7000 万港元。建造业议会对培训合格的学员提供完善的就业指导，凡取得议会颁发的培训合格证书的人士，承建商必须优先录用。

建筑工人的培训有完善的法律制度保障，实施建筑工人注册上岗制度。2004 年，中国香港地区颁布了《建造业工人注册条例》，其中第一阶段禁止条文由 2007 年 9 月 1 日起实施，规定只有注册建造业工人才可以在建造工地从事建造工作。工人在注册后会获得一张智能注册证（卡），注册证（卡）上印有本人的照片、姓名、注册工种及类别、技术水平和有效期，注册证（卡）内的电子芯片同时存储本人的其他相关个人信息。注册证（卡）有效期通常为 3 年，期满可以申请续期。实际做法是工人通过约一天的安全培训考核，获得“平安卡”即可注册为普通工人。目前中国香港地区的建筑工人基本实现了全部注册。同时，实施专工专责制度。2014 年对《建造业工人注册条例》做了修订，其中规定自 2017 年 4 月 1 日起，实施“专工专责”制度，届时，除指定情况外，工人必须注册为指定工种分项的熟练工或半熟练工（注册技工）才可以从事该工种分项的建造工作。建造业议会根据条例成立“建造业工人注册委员会”和“建造业工人资格评审委员会”，负责建造业工人的注册和从业资格评审。预计技术工人的注册人数将由 2015 年 4 月的 9 万人提升到 2017 年 4 月的 13 万～15 万人。

纵观发达国家和中国香港地区的建筑领域培训教育发展史，它们形成了自上而下、系统科学的职业教育培训体系，强调文凭和职业资格证书“双证”上岗，具有严格的考试取证制度、以市场为导向的课程设置、高效投入机制以及标准化的流程体系等。

9.3.2 对中国建筑业农民工培训的启示

首先，发达国家和中国香港地区的建筑工人具有严格的就业准入制度，如新加坡规定，建筑工人必须先后通过 SEC（K）考试和 CSOC 课程培训及考试，方可进入建筑工地工作。中国香港地区实施“专工专责”制度[22]。其次，职业教育与培训是国外发达国家工人技能提升的重要基础之一[23]，且教育培训形式多样[24]。再次，新加坡、中国香港地区明确建筑工人培训与考核由政府组织。新加坡建设局通过设立海外考试培训中心（22 个）和本地考试培训中心（26 个），分别负责 SEC（K）考试和技能提升培训与考核工作，中国香港则是由建造业议会全面负责建筑工人技能培训与鉴定工作（议会下设 19 个各类建筑工人技能培训与鉴定中心）。在资金支持上，新加坡对于建筑工人技能提升培训和鉴定提供不低于 80%的资助，中国香港建造业议会将每年约 65%的收入用于工人培训。此外，新加坡、中国香港地区坚持立法优先[25]，如新加坡的《外国工人雇佣法案》、中国香港的《建造业工人注册条例》，立法一旦出台则严格执行，除强制政策外，还会采取经济激励手段促进工人技能提升，如新加坡对 R1 工人征收更低的劳工税。因此，与发达国家和中国香港地区相比，中国建筑业农民工在培训方面还存在明显不足：一是建筑工人就业准入制度不健全（就业准入制度是国家针对从事关系公共安全、人身健康、生命财产安全等工种的劳动者实行的职业资格证书制度[26]）。二是建筑工人职业培训体系不完善，还存在诸多问题，主要表现在组织主体不清、培训经费不足、能力建设滞后、行政监管乏力、培训流于形式[6]等方面。三是不重视文化水平培训。四是缺乏有效的法律保障支撑体系。

综上所述，借鉴发达国家和中国香港地区的宝贵发展经验，中国在采用培训路径推进建筑业农民工产业工人化的改革进程中要坚持以下原则。

1. 职业全生命周期的教育培训

与传统的建筑工人相比，职业性是现代建筑产业工人的最大特点。现代建筑产业工人作为职业人，应进行涵盖职业启蒙、职业准备、职业发展、职业中期及职业后期的终身教育，以拓展职业发展空间。终身教育隐含着教育的民主与平等，强调要树立人性化的教育价值观、人本化的教育过程、人格化的教育评价观和全方位育人的基本策略。需要说明的是，有序推进建筑产业工人作为职业人的终身教育，需要建筑产业工人教育培训体系形成“普遍效力”。卡尔 • T. 雅斯贝斯（Karl T. Jaspers）认为，共识是普遍效力的标志，要达成对建筑产业工人教育培训体系的社会共识，需要革新行业现有教育体系，推翻“精英化”教育的单一格局，打破职业教育“沉默文化”窘境，突破传统职业教育的“围城”，改变人们职业教育为“二流教育”的观念，加强校、企、科研单位等多元主体合作，强化市场作用，突出职业教育价值，实现普通教育与职业教育在社会地位上的等值。新自由主义思想基于缓和管制及选择自由的观点是国外发达国家开展教育体系改革的逻辑起点。此外，结合建筑业转型升级的特点，现代建筑产业工人教育培训务必要呼唤匠心精神回归，把大国工匠精神融入建筑产业工人的全生命周期教育培训。

2. 与外部环境协调发展的原则

建筑业农民工产业工人化需要适应新时期建筑工业化的需要，应与外部环境协调发展。一是适应经济发展方式的转变。中国正迈向工业 4.0 阶段，随着生产的不断发展，劳动分工越来越细，劳动组织越来越复杂，现有的生产方式正在逐步发生转变。二是符合产业结构的调整。我国建筑业劳动力市场供求不匹配的结构性矛盾越来越突出。随着产业结构的优化升级及技术革新步伐的加快，技术、岗位、工种、行业等需要持续更新。职业化、现代化的建筑产业工人不仅需要具备实际操作能力，还需要学习现代科学技术理论知识。三是彰显社会的公平正义。全行业营造的尊重劳动、尊重知识、尊重技术、尊重创新的社会氛围日益浓厚，完善现有建筑业教育培训体系，构建一个更加民主和平等的现代建筑产业工人教育培训体系，全面提高建筑工人素质，特别是农民工的专业技能和文化水平，使其具备融入城市的适应能力和就业能力，刺激消费拉动内需，引导解决社会偏见和不公平待遇问题，彰显社会进步和社会公平正义，推动和谐社会建设。

3. 充分调动企业参与积极性的原则

瑞士、英国等的现代学徒制度，都紧紧围绕企业充分参与的原则开展相关工作，制定相关政策规定。主要表现在合同签订以及学徒的培训时间安排等方面，要求学徒大部分时间在企业接受相关职业技能培训，相关企业则直接负责相关培训条款以及制度框架的建立起草。企业是进行职业教育培训的主要参与主体之一，并且参与培训的职业工人最终要进入企业工作，因此在设计职业培训的体系架构中要重视企业的利益诉求，以便充分调动企业参与的积极性。

4. 调动农民工高度参与的原则

大众对建筑业工作的传统认知是脏、苦、累、险，基于这些偏见和认知，年轻人不再愿意从事建筑业，并且建筑工人在培训体系中也处于弱势地位。所以，在培训体系架构的建立中要充分保障培训工人的利益诉求，最大限度地保障培训工人的切身利益，消除建筑工人的后顾之忧，让他们能够全身心地投入到培训中去，保障他们的工资待遇、学习和生活环境。

9.4 培训促进建筑业农民工产业工人化的改革建议

9.4.1 严格建筑工人职业准入制度

逐步建立以“特殊工种—关键工种—一般工种—普工”为实施路线、以“技能+安全知识”为考核内容、覆盖全工种建筑工人的严格职业准入制度。发达国家和地区建筑业的准入均设置了严格关卡，并强制要求全员持证上岗。我国香港地区实施“专工专责”制度，建筑工人必须注册为指定工种分项的熟练工或半熟练工才能从事该工种分项的建造工作[27]。新加坡的建筑工人必须通过严格的 SEC（K）考试和 CSOC 课程培训及考试才可进入工地工作。

需要强调的是，建筑涉及公共安全问题是全球关注的重点。为保障建筑工人生命安全及项目的顺利进行，全球大多数国家规定工人在正式进入工地工作前要接受安全培训。而我国内地（大陆）建筑业仅针对诸如架子工等特殊工种制定了规范的职业资格制度，大部分工种均无职业资格门槛。因此，结合我国内地（大陆）实际情况，借鉴特殊工种持证上岗制度实施经验，抓紧制定实施关键工种（与结构安全密切相关的工种）的职业资格制度，并逐步向一般性工种推广。对于普工不做技能要求，但必须通过安全培训与考核。

9.4.2　建立建筑工人的三级阶梯式培训体系

建立建筑工人“安全培训—基本技能培训—技能提升培训”三级阶梯式培训体系。中国香港地区的建筑工人必须通过培训考核，获得“平安卡”才可注册为普通工人进入工地工作。新加坡于 2015 年开始实施建筑工人技能提升计划，要求所有建筑企业必须逐步将持有工作准证的 R2 工人，提升为 R1 工人，同时确立了四种提升渠道。虽然我国对于建筑工人也有技术等级确认（初级工、中级工、高级工、技师和高级技师），但由于缺乏政府支持下的免费职业技术培训考核，主管部门不明，职业培训资源分散，缺少成规模的培训考核场所，系统化培训要素缺失，还不能够为建筑工人提供一条明确的职业发展途径，不能够推动农民工从“亦农亦工”到职业建造工人的职业身份转变，也难以促进农民工不断提升自身技术水平，培育优质建造文化。在建筑工业化的大背景下，推行建筑业农民工产业工人化需要借鉴中国香港和新加坡的模式，创建安全培训、基本技能培训、技能提升培训三个重要等级，即 T_0、T_1、T_2，逐步提升建筑工人技能，以适应建筑工业化的发展。

依靠行政手段完善培训激励约束机制，拉动企业与工人的内在驱动力。新加坡针对技能提升计划制定了很多激励措施，如从事建筑业工作至少 6 年，并领取至少 1600 新加坡元固定月薪的 R2 外派劳务，自动升级为 R1 外派劳务；企业可以向建设局申请劳动力技能提升津贴。如果通过技能鉴定，本地员工可以享受 90%的津贴，外籍员工可享受 80%的津贴。因此，针对创建的安全培训、基本技能培训、技能提升培训三个等级，政府可设置一定比例强制要求企业按项目规模或投资额须有一定数量的具有相应技能水平的工人，优化项目组织技能结构。通过将各技能水平工人的规模比例控制在一定程度来影响建筑业农民工产业工人化的进程。同时拓宽技能提升渠道，设立相关的奖惩激励措施，如将技能等级与工资挂钩，设立技能津贴等，促使企业、个人主动提升工人技能，具体如下。

（1）通过多元化的技能提升渠道（表 9.8），有效推动建筑业农民工产业工人化。第一，在建筑培训考试基地通过国家技能培训与鉴定考试，先培训再考试，通过考试后提升技能进入 T_1、T_2；第二，直接通道（依靠经验），从事建筑业工作至少一定年限（X_2），并领取至少 Y_2 的固定薪资，自动升级为 T_1、T_2；第三，市场认可（师徒制），T_0、T_1、T_2 不需要连续逐级地考试，如果是拥有 T_0 的技能工人跟着师傅学习，技能达到 T_2，可直接在建筑培训考试基地参加 T_2 级别的国家技能培训与鉴定考试。

表 9.8　建筑业农民工产业工人化的技能提升渠道

渠道	基本要求		
	工作时间	技能测试	最低固定月薪
国家技能培训与鉴定考试	X_1	通过测试	Y_1
直接通道（依靠经验）	X_2	不需要	Y_2
市场认可（师徒制）	X_3	通过测试	Y_3
其他	…	…	…

（2）制定科学的激励手段，如培训补贴、技能等级与工资挂钩、对政府工程强制要求一定数量的高技能工人等，提高企业和建筑工人参与培训的积极性。除鼓励措施外，建议采用一定的政策性措施，促使企业主动提升工人技能。

9.4.3　增强建筑工人技能培训鉴定的公共服务能力

加大投入，增强建筑工人技能培训鉴定公共服务能力。发达国家和中国香港地区的建筑技能培训鉴定由政府或有相应资质的培训基地统一组织，政府拥有较高的培训与鉴定公共服务能力，如考试，通常采取理论与实际操作相结合的方式，重点考核工人在自然工作状态下的工作表现（图 9.5）。只有较高的公共服务能力才能实现技能的实操测试，严格规范考试过程，加强培训的实用性和针对性。结合我国国情，完善建筑工人技能培训鉴定体系，需要政府提供强有力的培训与鉴定公共服务，如加强技能培训与鉴定基地建设，增强建筑工人考培的硬件能力。此外，还需加强建筑工人培训专兼职师资队伍建设，抓好培训教材的规划编写和审定工作，制定技能鉴定考核题库及实操评分标准，增强建筑工人考培的软件能力，具体包括以下四个方面。

（1）在培训教材改革上，教材应通俗化、体系化、手册化、立体化。教材制定要及时掌握国家有关政策法规、规范规程，以及新技术、新材料、新工艺的使用要求，及时了解建筑企业发展需求。鼓励教材同步摄制音像教学片，在培训时可以配合使用。

（2）在培训课程内容设置上，课程内容要紧扣行业发展前沿知识，行业中新技术、新工艺、新设备、新材料的使用也要作为重点内容加以阐述。课程包括职业学校课程、培训企业课程、行业课程，系统讲述了专业基础知识、专业实践知识及普通文化知识（思想教育、心理教育、职业道德教育、法制教育）。

（3）在构建培训标准化体系方面，涵盖基本训练课程计划与规范；学徒制信息政策、相应的理论与实践课程内容；培训教育相关监管问卷；学徒岗位调查；培训合同等。

（4）在教学与考核方式上，推行“双师型”教学模式，以实践为主、理论为辅。大多数培训的初衷是好的，但实际执行时却往往流于基础性知识的填鸭式灌输。因此，要加大对学徒的实训力度，增加实训中的现场模拟操作。如果仅仅教授基本的知识与技能基础而重要的实训环节得不到强化甚至缺失，将会使职业化技能培训的成效严重降低。

总之，增强建筑工人技能培训鉴定的公共服务能力，其目的就是要使得职业技能提升培训真正成为有效解决建筑业农民工产业工人化过程中的“职业”身份问题的途径。

图 9.5　新加坡和中国香港地区的技能鉴定示意图

9.4.4　政府牵头建立建筑业培训考核基地

国外发达国家和中国香港地区的建筑业培训多由官方或半官方机构进行统一规划，属于政府负责的公共服务范畴，建筑技能培训鉴定由政府或有相应资质的培训基地统一组织，拥有成熟的培训公共服务平台。英国于 1964 年便成立了建筑业培训委员会（Construction Industry Training Board，CITB），主要负责各类建筑相关技能的培训和标准的设立。德国的建筑职业技能培训由建筑协会进行统一规划、下达培训计划。中国香港地区在原建筑业训练局的基础上成立了法定机构——建造业议会专责统筹建造业发展，建造业议会在各区域建立培训基地负责组织建筑业职业培训，目前建造业议会拥有 11 个训练场和 3 个惩教所，为建造业工人提供多项训练课程，以提升工人技能。新加坡建设局在六个国家设有 22 个海外考试中心，其中我国有 4 个考试中心。考试中心针对 31 个建筑工种提供培训和考试。

现阶段，我国进入建筑工业化发展的关键时期，依托培训提高建筑工人技能是发展的关键点，要加强培训在建筑业农民工产业工人化进程中的地位，将其视为新时期政府推动经济社会发展的重要职责范围，提高其公共服务能力与水平。而建筑业农民工培训是一项复杂的系统工程，涉及的部门较多，如农业农村部、人力资源和社会保障部、国家发改委、财政部等。由于部门众多，提供的培训名目和优惠措施标准不统一，农民工自身缺乏相关的认知，难以对数目众多的培训和措施进行有效判别，寻找适合自身的培训方案。另外，也造成了培训标准、考核方式、资金投入的重复，进而造成了大量的人力、物力和时间的浪费。政府应学习借鉴新加坡的经验，转变自身职能，建立长期有效的培训监管机制。研究培训计划并委托专门机构组织建筑工人培训，集中各部门的资金，并授予相应的培训考核资质，实现统一计划招生、统一培训标准、统一考核认证、统一发证管理。建筑业培训考核基地是建筑业从业人员与政府管理部门之间的关键衔接平台，旨在提升建筑工人的技能与素质。

在建筑业培训考核基地的建设管理方面，可以选择政府主导建设或鼓励市场建设的方式。政府可在有条件的培训机构设立建筑业培训考核基地，基地受住房和城乡建设部或其他相关部门监管；基地拥有健全的培训管理制度；基地拥有与培训业务相适应的“双师型”教师；基地拥有必要的培训考试设施、设备、场地；针对不同工种采取“流水线”培训考试；负责建筑工人技能训练或考试；有相应的招生、考核、认证等资质；工人可自由申请培训考试类别和级别。

首先，在建筑业培训考核基地实施运行方面，发挥政府主导作用，加强推动中国内地中心城市与中国香港合作共建建筑工人技能培训和测试中心，探索建立新加坡、中国香港地区、中国内地建筑业技术工种技能互认体系。其次，政府也可采取购买公共服务形式，充分发挥市场的作用，促进更多社会力量参与，形成多元化的职业教育发展格局，鼓励培训基地依托中心城市等进行用工地建设，保障训练工位、耗材和教师等方面投入，鼓励大型企业或职业教育培训集团建立培训基地，并允许其有相应的招生、培训、考核、认证等资质。

在建筑业培训考核基地的推行路径方面，首先是有条件的大型中心城市要积极加强与中国香港地区、新加坡的合作，尽快提升水平，树立标杆，建立建筑业培训考核示范基地；其次是积累在工种类别、统一标准、场地建设、考核方式等方面的建设经验，政府要不断完善政策配套措施，加速推动建筑业培训考核基地建设；最后，待市场成熟后，逐步向全国各地区推广。

9.4.5 创新开展建筑劳务企业的农民工培训

建筑业是劳动密集型产业，吸纳了大量的农村剩余劳动力。通过培训加快建筑业农民工向产业工人的转化，需要认清两个重要方面，一是由于农民工的职业技能水平不高、受教育程度低，且他们的观念传统、守旧，不易被专业承包企业普遍接受，从而大量分布在劳务企业队伍中。就现状来看，建筑劳务企业随意用工、管理混乱、培训不足或流于形式等现象比较严重，严重阻碍了建筑农民工向产业工人的转化。二是在建筑工业化的发展背景下，建筑劳务企业或因技术、管理水平等滞后而最终退出市场，或因企业核心竞争力提升转换升级为专业分包企业。鉴于此，加强建筑劳务企业对农民工的培训，使之成为建筑劳务企业的合格合同工人，是目前大多建筑业农民工走向职业化的关键起点，是农民工融入城市、变为市民的重要过程，是我国推动建筑业农民工向产业工人转化的重要环节。创新开展建筑劳务企业的农民工培训，在“量”上，有利于提高建筑企业劳动生产率和工程质量，减少安全事故，维系较为稳定的雇佣关系，推动建筑劳务企业规范化发展；在“质”上，有利于改善目前建筑业劳工技能水平不高、文化素质低的问题，全面提高建筑业农民工的整体素质，增强建筑劳务企业的综合实力，加快向专业分包企业转换升级的步伐。

因此，建筑劳务企业创新开展对农民工的培训，现阶段的重点体现在以下五个方面。一是提高建筑劳务企业对农民工培训的意识和重视程度，从劳务输出这一源头上重点开展建筑业农民工的初级培训，做到“先培训，后输出”，以增强他们融入城市的适应性。二是要转变建筑劳务企业传统的粗放管理模式。采取市场化手段，促进建筑劳务企业的规范化发展，加快建筑劳务企业由传统粗放式管理模式向现代企业管理模式转变的步伐。三是加强建筑劳务基地建设。建筑劳务基地是建筑企业与地方劳务基地沟通的重要桥梁，加强建筑劳务基地建设，有利于对建筑劳务进行集中管理和培训。通过建筑劳务基地对农民工进行对口培训，并输送给相关企业，规范了劳务人员的来源渠道，大大地提升了建筑业农民工的就业率。四是加强建筑劳务基地的培训机构建设或鼓励相关培训机构深入到农村，因地制宜地采取流动式培训、订单式培训等多元化的培训方式，提高建筑业务工人员的输出质量，加快农村剩余劳动力转移的步伐，有利于逐步形成统一的城乡劳动力市场。五是加强合作。明确地方政府、建筑劳务企业、培训单位、鉴定单位、用人单位以及农民工等各相关主体的行为准则和权利义务关系，各相关主体要主动配合并充分发挥各自积极作用，针对建筑业农民工培训提出切实可行的实操办法，助推建筑业农民工向产业工人转化。

9.4.6　完善建筑业职业教育培训体系

着眼未来，建筑业需要依靠职业教育培训培养高文化、高素质、高技能的新型复合型人才。现代化的建筑职业教育培训体系要侧重于对技能的教育与培训。因此，需构建纵向一体化、横向融合的建筑业职业教育培训体系。在新时期，完善建筑业职业教育培训体系需要同时解决好两方面问题，一方面需要解决现有建筑业农民工的转型问题；另一方面，需要培养新生代建筑产业工人作为行业可持续发展的后备力量[28]。前者需依靠职业继续教育，针对新进入、在岗、转岗的建筑工人进行职业技能培训，缩小建筑工人在职培训与经济社会发展和工人自身发展的差距，解决建筑工人与行业教育培训体系之间的结构性失衡问题。后者需依靠国家职业教育加快培养现代建筑产业工人的步伐[29]，如图 9.6 所示。

建筑业职业培训体系的建立，要充分考虑各参与主体间的沟通、衔接、补充与协调的关系，做到人才培养的初级、中级、高级教育有机组合，形成人才成长的立交桥。该体系的有效推动要做到以下几点。

（1）彻底改变条块分割的中等职业学校布局结构，在政府统筹规划下构建适应当地发展的职业学校培训机构布局。通过中专、技工、职业高中及其他各类学校之间的合并、共建、联办、划转等，调整中等职业学校布局结构。

（2）中等职业学校要对标国家颁布的职业类别。技校、职高、中专要走特色化办学道路，追求精而尖，兼容长期教学与短期培训，兼顾时下热门与传统行业，满足不同人群的需要。

（3）建立校际之间、相似专业之间的学分互认制度，为学生跨学科、跨校乃至跨专业学习提供条件；对于外来学生、外专业学生的转入实行学分认证制度，承认其已取得的学分；对学生取得相关的国家职业资格证书、技能等级证书，可以折合成相应的学分。

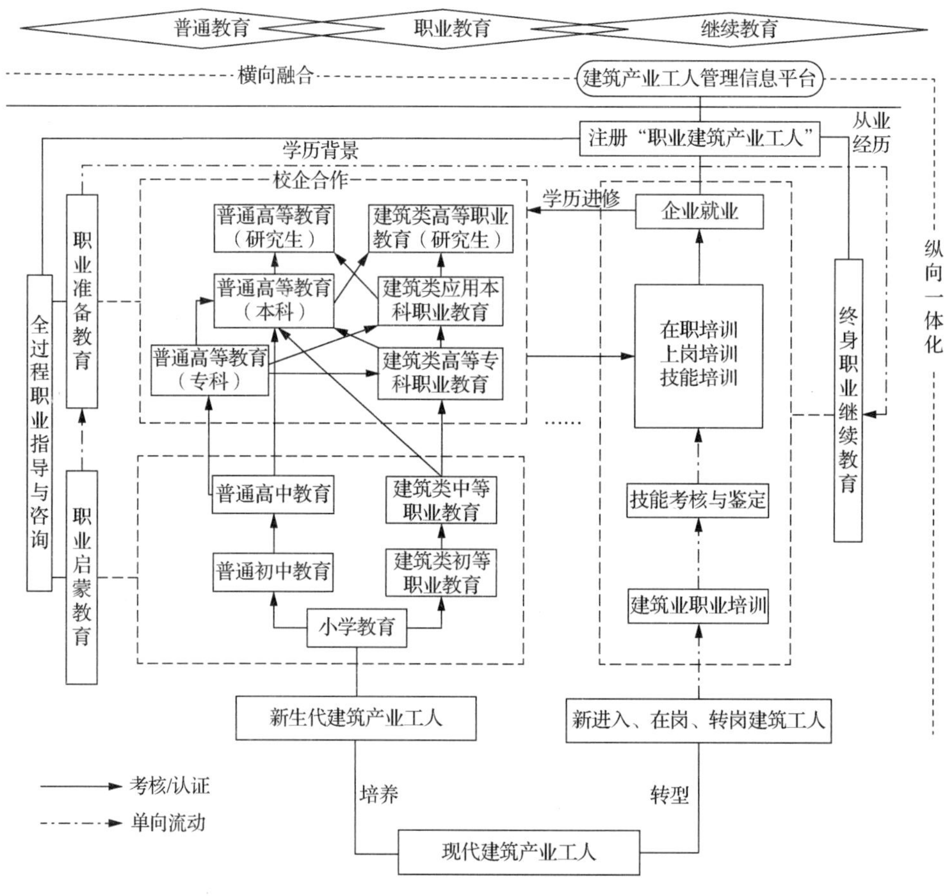

图 9.6　建筑业职业教育培训体系架构

特别地，要鼓励企业与建筑类职业院校合作办学。借鉴美国和日本的培训模式，鼓励培训机构与用人单位直接沟通，可以大幅度提高培训的针对性及实用性。学员在这种校企合作模式下有大量的时间在用人单位进行实际生产操作练习，这种学习模式大大增加了学员直接接触生产设备和器材的机会，为学员直接感受一线生产技术提供了条件。这种学习模式十分接近实际生产操作，让学员直截了当地学习实际生产中的关键技术，避免了盲目学习，提高了教学过程中的有效性和针对性，也更加有利于学员毕业后直接进行工作。目前，我国的培训机构和学校在实操教学环节还存在诸多不足，与企业接轨力度不够，大多数培训教学还难以做到紧密结合生产实际[30]，可以借鉴德国“双轨制”教学模式，给学员提供更多的实践操作机会。

总之，对于建筑工人的技能培训要与行业发展前沿紧密契合，不断适应行业科技进步带来的培训内容变革。在思想教育方面，不断探索新的更加实用的职业教育培训方式，改革教学方法，更新教学模式。在教学中注重将行业新科技、新技术、新工艺、新理念融入教学。同时，要充分发挥现代教育的优势，引进新设备，提供良好的实训环境，让学员切身感受先进技术、施工工艺以及操作技能，并能在现代建筑企业的劳动岗位上发挥作用。

9.4.7　加强建筑业农民工文化水平培训

建筑业农民工数量多、流动性大，主要集中在工地一线进行操作，现阶段，他们大都存在受教育程度不够、文化水平较低的问题。根据实际调研，建筑业农民工中初中学历以下的占 63%，大专及以上的占 9.58%。由于建筑业农民工长期处于就业和收入不稳定的状态，不能很好地作为市民融入城市生活，这也势必影响到社会的和谐发展。从国家以往出台的关于农民工的相关政策来看，国家侧重于对农民工技能的提升，但这仅仅是推动农民工产业工人化的部分影响因素，文化水平的培训同样具有重要作用[31]。从文化心理层面看，进城农民工对城市和社会的满意度普遍不高，对所在城市的认同度和归属感不强，融入程度较低，具有典型的亚文化属性。

基于此，就需要优化农民工职业化培训的管理模式、加强职业化技能培训的机制制度。从治理现代化的层面推进农民工职业化技能培训，全面提升农民工自身素质，依靠“制度文明”稳步提升“公民文明”，这样才能真正提升全社会的文明水平，推进农民工文明素质的大踏步前进。目前可采取以下措施提高建筑业农民工文化水平。

（1）农民工新市民素质培训。要注重通识教育、社会公共道德意识及法治观念等方面的文明素养培训，促进建筑业农民工尽快形成适应城市生活的习性和行为规范，帮助他们实现城市的无差异化生活[32]。其中，通识教育培训面向农民工开展，包括城市生活常识、卫生习惯、文明礼仪、职业生涯规划、基本权益保护、心理健康、安全生产、疾病防治等内容；社会公共道德意识培训，即规范并增强建筑业农民工在社会公共生活领域与城市居民交往的规则意识；法治观念培训，可开展“农民工学法月”等活动，使建筑业农民工知法、懂法、守法、用法。

（2）可利用“农民工书屋”“农民工小家”，组织建筑业农民工进行文化水平培训。如阅读行业特色书籍、开展特色教育，培养建筑业农民工的合作意识及奉献精神，让他们以更加饱满的精神面对工作。

（3）搭建公共服务平台，重点面向建筑业农民工提供开放优质的网络学习资源，通过线上线下配合学习，兼顾学历与非学历教育以及工作学习一体化的农民工继续教育新模式，积极引导农民工线上学习。充分发挥国家数字化学习资源中心、开放大学、职业院校、成人高校、工会院校培训机构、大学与企业联盟、在线教育联盟等的作用，在现有网络资源基础上，通过推荐、审核、精选与整合等多种方式，建立网络直播课堂、微课等多种丰富多彩的网络互动教学模式，并通过多种渠道广泛收集资源，力求建立广泛、丰富的优质教育资源平台，为农民工的时时学习、终身学习提供便利条件，兼顾农民工执业道德与精神文明建设，从而高效解决农民工的“社会”身份问题。

（4）推进社区服务，营造良好的教育环境。首先，要构建和谐的社区环境，将建筑业农民工纳入社区管理与服务体系，为农民工参与社区治理创造条件，如鼓励建筑业农民工参与社区的选举活动、享有社区管理建议权等，形成主人翁意识，培养他们乐观向上的生活态度。其次，组织相关团体开展合作活动，帮助建筑业农民工解决实际生活中的思想困惑。最后，要鼓励建筑业农民工参与社区交流，积极参与社区组织的各类学习、娱乐和劳动活动，增进与社区邻里的沟通交流，增进了解，使他们能更好地融入社区生活中。

（5）坚持正确的舆论导向，营造良好的舆论环境。改革开放以来，经济快速发展，带动了人口大规模的流动。建筑业农民工为社会发展做出了重大贡献，舆论媒体等应立足于客观实际，树立正确的舆论导向，通过舆论力量为建筑业农民工融入城市提供帮助，营造良好的舆论氛围，促使全社会形成互相尊重与帮助的良好氛围，提升农民工自身的价值感和荣誉感，使其以积极的心态融入城市生活之中。

此外，可积极地采取多元化方式提升农民工文化水平，如将“互联网＋”逐步介入到农民工素质提升工作当中，培训内容尤其需要注重涵盖农民工在城市生活的方方面面，培训形式可采取当下流行的 O2O 互联网模式等。

9.4.8　设立建筑工人培训专项资金，探索建筑工人培训 PPP 模式

发达国家和中国香港地区的培训资金来源稳定。新加坡引进的外来建筑工人都是经过系统培训和严格考核的，政府通过税收、劳工准证和市场运作等多种方式鼓励建筑工人在新加坡工作期间通过学习与培训，成为熟练的高级技工。中国香港地区每年收取的建造业训练税大约 10 亿港币，其中培训支出占 65%。中国内地建筑业农民工整体素质低，培训资金投入严重不足。尽管在 2003 年国务院办公厅转发的《2003—2010 年全国农民工培训规划》中明确提出要增加对于农民工队伍的培训资金投入，并且规定对于农民工培训的资金投入要由政府、单位和个人共同承担，并且建立了“阳光工程”“雨露工程”等多种培训工程，主动投入了培训资金。但是就目前中国农民工的整体规模来说，投入资金是远远不够的。

基于以上情况，建议借鉴我国香港地区建造业议会的做法，设立建筑工人培训专项基金。从一定规模以上在建工程的工程造价中提取一定比例作为工人培训基金，专项用于在岗建筑工人的技能提升培训。第一阶段可以选择中心城市开展试点，借助政策和管理优势，发挥引导和示范作用；第二阶段再推广到全国所有地区。

除设立专项基金外，在培训模式上还可以探索引入 PPP（public-private partnership）模式。PPP 模式是指在政府公共部门与私营部门合作过程中，让非公共部门所掌握的资源参与提供公共产品和服务，从而实现合作各方达到比预期单独行动更为有利的结果。PPP 模式是政府实现其经济目标和提升公共服务水平的重要措施。它的本质内涵是在公共产品或服务领域，通过政府与社会合作，做到利益共享、风险分担，提高公共产品或服务的质量和效率。培训是建筑业农民工产业工人化的一大重要手段，政府负责统筹监管，属于政府负责的公共服务范畴，有一定公共物品的属性与特征，并最终由市场的自然发展来推动。因此培训模式可以考虑采用 PPP 模式。具体来看，在性质上，建筑工人

技能培训 PPP 模式属于市场决定的公共服务行为，培训基地建设或进行技能培训的费用为财政资金。在利益共享、风险分担上，政府进行整体的统筹协调，运用募集的社会资本对建筑工人技能培训相关工作实现共同合作、共担风险。在公共服务效率上，专业机构负责培训，提高培训效率，实现培训资源的优化配置，推动了建筑产业现代化，彰显了社会的公平正义，提高了社会效益。现阶段，我国大力发展新型城镇化和建筑工业化，建筑工人的技能培训需求长期稳定，且市场化程度较高。特别是在大中型建筑业培训考核基地建设中引入 PPP 模式，具有以下重大意义。

1. 有利于创新机制，推动建筑业农民工产业工人化

首先，通过开展建筑业培训考核基地 PPP 试点建设，完成适合建筑工人技能培训的 PPP 制度设计和框架，树立行业样本，探索在建筑培训领域率先引入 PPP 模式的可行性，构建建筑业培训考核基地 PPP 建设的商业模式，创新 PPP 应用领域。其次，PPP 模式有助于转变政府职能，充分发挥市场配置资源的决定性作用，推动建筑业农民工产业工人化，促进建筑业可持续发展。

2. 有利于减少财政资金投入，缓解财政压力

利用 PPP 模式开展建筑业培训考核基地建设与工人技能培训工作，激励社会资本积极参与建筑培训工作，在公共服务领域引入并建立社会竞争机制，有效调动专业化培训机构、大型企业等参与建筑培训的积极性，提供专业化的场地、设备、师资力量等，大幅度提高建筑工人技能培训鉴定基地建设和培训相关服务的质量和效率，同时有效控制地方债务增加，大大减少财政资金投入。在操作模式上，在大中型建筑业培训考核基地建设中引入 PPP 模式，由企业投资，政府授权经营，企业通过收费及政府补贴方式实现基地运营“保本微利”，政府主要承担监管作用，拓宽建筑工人培训资金渠道。

此外，在推动建筑工人技能培训的过程中，可重点开展订单式培训、定向培训、企业定岗培训[33]，根据市场需求来确定培训工种，引入市场竞争机制，提高培训供给质量。

参考文献

[1] 杨晓军．农民工就业技能培训模式研究[M]．北京：中国社会科学出版社，2011．

[2] 尹希文．职业培训对农民工就业稳定性影响的机制分析[J]．福建师范大学学报（哲学社会科学版），2021（2）：61-69．

[3] 住房和城乡建设部．住房城乡建设部就加强建筑工人职业培训工作发布指导意见五年实现全员培训持证上岗[EB/OL]．（2015-04-08）[2017-3-22].http: //www.mohurd.gov.cn/zxydt/201504/t20150408_220639.html.

[4] 王锁荣．对建筑业农民工培训的现状分析与建议[J]．成人教育，2008（5）：89-90．

[5] 中国建设报编辑部．建筑工人技能培训仍待加强[N]．中国建设报，2014-12-06（3）．

[6] 王春林．建筑业农民工培训不足问题及其解决路径研究[J]．建筑经济，2011（4）：21-24．

[7] 袁其义．建筑业农民工培训工作存在的问题及对策[J]．中外建筑，2008（7）：138-139．

[8] 郭乐乐，阳富强，刘广宁，等．中英两国建筑安全管理模式的比较研究[J]．福建建设科技，2014（6）：93-95．

[9] BMG Research. Workforce Mobility and Skills in the UK Construction Sector 2015[R]. London: Construction Industry Training Board, Norfolk, 2015.

[10] 宋爱军．技术工人培养与激励模式研究[D]．天津：天津财经大学，2006．

[11] 高国富，徐艳．日本职业培训的基本情况[J]．中国职业技术教育，2006（18）：28-29．

[12] 李仲生．日本人口经济[M]．北京：中国人事出版社，2016．

[13] 肖红．瑞士职业教育特色及其对我国高职教育的启示[J]．教育与职业，2010（15）：83-84.
[14] 姜大源，王泽荣，吴全全，等．当代世界职业教育发展趋势研究——现象与规律（之二）——基于纵向维度递进发展的趋势：定阶与进阶[J]．中国职业技术教育，2012（21）：5-20.
[15] 陈利．瑞士学徒制职业教育模式研究[D]．重庆：西南大学，2007.
[16] 施晓轩．瑞士职业教育对我国职业教育的启示[J]．新课程研究（中旬刊），2012（1）：11-14.
[17] 鄂甜．瑞士职业教育发展的 2030 愿景与战略原则[J]．世界教育信息，2018，31（10）：58-64.
[18] 刘山勋．瑞士职教发展及启示[J]．教育与职业，2011（10）：103-104.
[19] 陈圆，任宏．美国建筑业劳工培训剖析与启示[J]．建筑经济，2010（9）：13-16.
[20] 陈圆，蒋颖．美国注册学徒制职业培训新政解读：困境与变革[J]．外国教育研究，2011（10）：75-79.
[21] 王秀兰．借鉴香港建筑业职业教育经验 完善内地建筑业技能人才培养机制[N]．建筑时报，2014-07-21（3）.
[22] 赵志群，周瑛仪．瑞士经验：现代职业教育体系建设[J]．华中师范大学学报（人文社会科学版），2015，54（3）：154-160.
[23] 张欣．湖北省建筑业专业技术人员继续教育模式研究[D]．武汉：武汉理工大学，2005.
[24] 赵亮，苑帅帅，于琳．建筑业农民工培训体制改革分析与建议[J]．辽宁经济，2015（3）：77-79.
[25] 袁兆亿，张谦明，常洪军．发达国家的职业教育模式及特点[J]．科技管理研究，2008，28（5）：157-160.
[26] 管民生，张博，韦爱凤，等．建筑业高技能人才培训模式研究[J]．广东工业大学学报（社会科学版），2010，10（z1）：20-22.
[27] 赵建超．建筑业技能型人才培养模式研究[D]．北京：北京建筑大学，2014.
[28] 杨潇．新生代农民工职业教育培训问题研究[D]．锦州：渤海大学，2013.
[29] 张英敏．加强建筑业农民工培训推进农民工职业化进程[J]．现代物业（上旬刊），2013（11）：46-48.
[30] 李霞微．校企合作开展新生代农民工职教培训机制的构建研究[J]．创新创业理论研究与实践，2021，4（3）：175-177.
[31] 于飞，苏欣．建筑业农民工职业技能培训探析[J]．城市发展研究，2009（5）：51-54.
[32] 谢芬芳，谢新会，李彤．建筑业农民工培训机制浅析[J]．科教文汇（中旬刊），2008（6）：145.
[33] 吴蕾．新生代农民工思想道德问题与对策研究[D]．金华：浙江师范大学，2012.

第 10 章　革新薪酬体系，助推建筑业农民工产业工人化

薪酬是劳资关系中最核心的问题，同时也是社会财富分配的重要手段。广义的薪酬主要包括四个方面：工资、员工福利、一次性货币报酬以及非货币报酬。在企业中，薪酬泛指员工所获得的各种形式的收入[1]。狭义的薪酬主要指直接的现金收益和福利[2]。按照支付方式划分，狭义的薪酬又分为直接型和间接型。直接型薪酬与员工的个人能力和特征相关，也与工作岗位和劳动时间密切相关。直接型薪酬包括工资、奖金等，对员工的生活水平起决定性作用。间接型薪酬是非竞争性的福利薪酬，依据企业和员工的实际需要支付，是直接型薪酬的补充和延续，主要指福利、服务等[3]。

本书中所采取的薪酬概念，包括现金或实物形式的应付工资和薪金、应由雇主支付的福利、社会保险金等，是狭义的薪酬概念。对建筑业农民工而言，其薪酬指的是建筑企业根据农民工的工作量及工作表现向农民工支付的基本工资、福利及应由建筑企业缴纳的社会保险金。

薪酬制度的科学合理性会极大影响工人工作的积极性和对雇主的忠诚度，进而影响企业乃至行业整体的生产效率[4]。对建筑业农民工而言，按时足额发放薪酬是他们的最大诉求，也是他们维持基本生活和提升社会地位的基础。完善的薪酬体系是建筑业农民工实现与其他行业同工同酬的重要保证，可以有效避免建筑业现有农民工主动向其他行业流动，吸引新生代农民工进入建筑业，减缓或消除建筑业工人老龄化和民工荒问题的出现。因此，改革现有薪酬体系是促进建筑业农民工产业工人化的重要路径之一（图 10.1），对实现建筑业健康可持续发展具有重要意义。

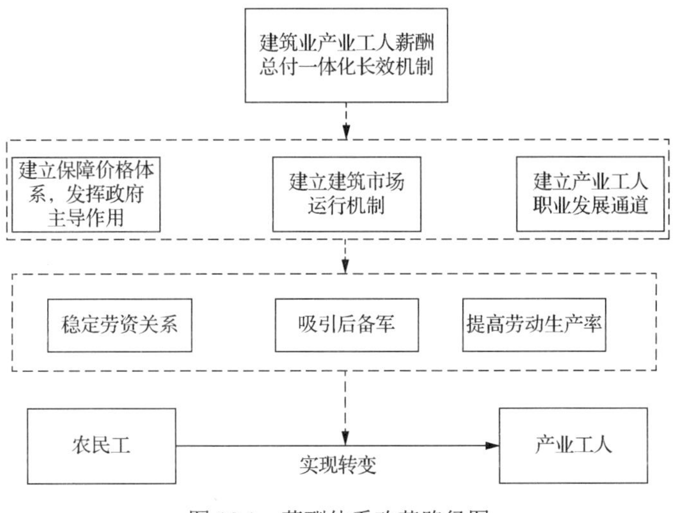

图 10.1　薪酬体系改革路径图

10.1　我国建筑业农民工薪酬现状分析

我国是一个地少人多的国家。截至 2016 年，农村人均耕地面积不足 1.45 亩（1 亩≈666.7 平方米），不到世界平均水平的 40%，农民的原始资本积累较少。随着国民生活水平、消费水平以及农民自身要求的提高，单纯从事农业生产的收入已经难以满足农民的基本生活需求，只能到收入相对较高的城市从事体力劳动以赚取相对较高的收入。但是，农民工在城市务工时，其职业身份转变为工人，户籍身份仍是农民，这使他们在获取劳动报酬时经常遭遇不公平对待，引发了许多薪酬问题。本节将通过对我国建筑业农民工薪酬现状的描述，深入剖析其原因。

10.1.1　我国建筑业农民工薪酬现状

1. 薪酬结构不合理

薪酬结构包括不同等级职工薪酬的纵向结构和同一等级职工薪酬的横向结构。由于建筑业农民工从事的劳动虽具有工种上的差异，但多为技术门槛较低的重复性体力劳动，故本书将对建筑业农民工薪酬结构的分析界定为对薪酬横向结构的分析，即对薪酬的各组成要素及比例的分析。完整的薪酬横向结构组成包括现金或实物形式的应付工资、薪金和应由雇主支付的社会保险金等。反观我国建筑业现阶段的情况，农民工薪酬结构并没有合理统一的参考标准，相当一部分农民工与雇主没有签订正式的劳动合同，对薪酬结构的组成也没有明确的约定。作者在对全国范围内（除西藏地区）共 33 659 名农民工的调查中，发现有 19 702 名农民工的薪酬是采用计日工的方式计算的，占比达 58.53%，其余的则是以计件制、基本工资+计件、基本工资+计件+奖金等方式计算，占比分别为 15.02%、11.39%、11.93%（表 10.1 和图 10.2）。

表 10.1　建筑业农民工薪酬计算方式及占比

薪酬计算方式	计件制	计日工	基本工资+计件	基本工资+计件+奖金	其他	合计
人数/人	5 056	19 702	3 834	4 015	1 052	33 659
占比/%	15.02	58.53	11.39	11.93	3.13	100

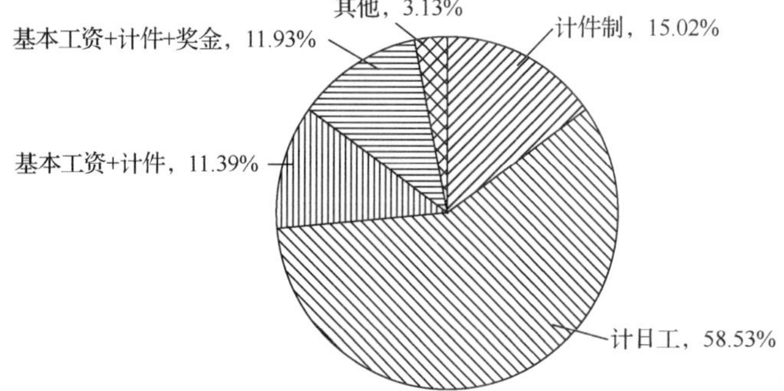

图 10.2　建筑业农民工薪酬计算方式及占比

通常情况下，农民工会与包工头商量计日工资或计量工资，但极少涉及加班工资、奖金、津贴、社会保险、福利等合理合法的薪酬板块，从图 10.3 可以看出，建筑业农民工的薪酬结构中，通常仅包含基本工资，而不包含加班补贴和福利等其他部分。

编号	姓名	性别	身份证号码	籍贯	班组	工价/天	累计工数	应发金额/元	已发金额/元	领款人签名	领款日期

图 10.3　某建筑单位农民工工资条

2. 实际薪酬水平低

国家统计局发布的《2017 年农民工监测调查报告》显示，我国全行业农民工的平均月收入为 3485 元，建筑业农民工平均月收入为 3918 元，高于全行业 433 元。制造业，批发和零售业，交通运输、仓储和邮政业，住宿和餐饮业，居民服务、修理和其他服务业分别为 3444 元，3048 元，4048 元，3019 元，3022 元。各行业农民工平均月收入增长率分别为制造业 6.5%，建筑业 6.3%，批发和零售业 7.4%，交通运输、仓储和邮政业 7.2%，住宿和餐饮业 5.1%，居民服务、修理和其他服务业 6.0%（表 10.2）。仅从数据来看，建筑业农民工平均月收入仅低于交通运输、仓储和邮政业，处于较高水平，而增速也保持在全行业平均水平。

表 10.2　各行业农民工平均月收入及增长率

行业	合计	制造业	建筑业	批发和零售业	交通运输、仓储和邮政业	住宿和餐饮业	居民服务、修理和其他服务业
人均月收入/元	3485	3444	3918	3048	4048	3019	3022
增长率/%	6.4	6.5	6.3	7.4	7.2	5.1	6.0

（资料来源：《2017 年农民工监测调查报告》。）

但是，这笔收入是单纯的计日或计时工资，是农民工通过延长日工作时间、牺牲节假日休息时间、放弃五险一金的保障换来的。如果按照正常的工作时间，即每周工作 5 天，每天工作 8 小时的标准，建筑业农民工的工资水平究竟处于何种水平呢？学者张建设、侯芳、徐悠等根据我国现行《劳动法》《中华人民共和国劳动合同法》（以下简称《劳动合同法》）等相关法律法规，对建筑业农民工的实际工资收入从月实际工作天数、日实际工作小时数、五险一金三个层面进行了标准化修正，得出我国建筑业农民工工资水平刚刚达到或超过各地最低工资标准，远低于企业正式合同工[5]。

建筑业农民工从事又脏、又累、又危险的工作，为我国城镇化建设和经济发展贡献了很大力量，然而，他们的薪酬仍处于最低工资标准的水平，与其付出的劳动实际是不匹配的。建筑业农民工的薪酬与拥有正式劳动合同的产业工人的薪酬相比，剔除以上三项因素的修正外，还存在劳动补贴、子女教育、住房医疗等隐性的福利差距，同时农民工的薪酬发放具有极大的不稳定性，农民工随时都可能面临被拖欠工资的风险。

综上所述，现阶段我国建筑业农民工薪酬水平仅处于最低工资水平的边缘，工资单和调研结果制造了建筑业农民工高薪酬的假象。

3. 社会保险覆盖率低

随着我国综合国力的不断提升，各级政府及社会各界对经济发展的关注将更多地转移到民生问题上，社会保险作为一项关乎国计民生的重要社会经济制度，也受到越来越广泛的关注。社会保险的主要项目包括养老保险、医疗保险、失业保险、工伤保险、生育保险，旨在为丧失劳动力、暂时失去劳动岗位或因健康原因造成损失的人口提供收入或补偿。作为一种再分配制度，社会保险对保证物质及劳动力的再生产和社会的和谐稳定及持续健康发展具有重要意义。

截至目前，为扩大社会保险覆盖率，使其更好地惠及广大人民群众，我国已出台一系列与社会保险相关的法律法规。《劳动法》第七十条规定，国家发展社会保险事业，建立社会保险制度，设立社会保险基金，使劳动者在年老、患病、工伤、失业、生育等情况下获得帮助和补偿；第七十二条规定，社会保险基金按照保险类型确定资金来源，逐步实行社会统筹。用人单位和劳动者必须依法参加社会保险，缴纳社会保险费。2015年，《中共中央、国务院关于构建和谐劳动关系的意见》指出，切实保障职工享受社会保险；努力实现农民工与城镇就业人员同工同酬。

针对社会保险中包含的各个单独项目，也有专门的规定，如《国务院办公厅关于进一步做好改善农民进城就业环境工作的通知》（国办发〔2004〕92号），明确要求做好农民工工伤保险工作，将与用人单位形成劳动关系的农民工全部纳入工伤保险范围；重点推进农民工较多、工伤和职业病风险程度较高的建筑、矿山等行业参加工伤保险；劳动保障部门要制订适合农民工特点的待遇支付方式，方便农民工参保和享受待遇。

以上法律法规表明，我国法律强制要求用人单位和劳动者依法参加社会保险，尽管如此，我国农民工的社会保险参保率一直处于较低水平，建筑业农民工的社会保险参保率更是处于各行业的末位。

从各行业对比来看，国家统计局发布的《2014年全国农民工监测调查报告》数据显示，建筑业农民工的五险一金参保率分别为：工伤保险14.9%，医疗保险5.4%，养老保险3.9%，失业保险2.1%，生育保险1.3%，住房公积金0.9%（表1.2），与其他行业农民工相比均为最低，其增长率也接近或等于0，处于各行业最低水平（表1.2和表10.3）。

表10.3　2014年各行业农民工社会保险参保率增长率　　单位：%

项目	行业	工伤保险	医疗保险	养老保险	失业保险	生育保险	住房公积金
增长率	制造业	1.4	0.4	0.5	0.9	0.5	0.3
	建筑业	0.5	0.2	0.2	0.1	0	0.0
	批发和零售业	2.2	0.8	0.9	1	0.8	−0.1
	交通运输、仓储和邮政业	2.3	1.8	2	2.3	1.6	1.8
	住宿和餐饮业	0.1	−1.1	−0.6	−1.2	0.1	0.1
	居民服务、修理和其他服务业	0.4	0.5	0.5	0.4	0.4	0.9

（资料来源：《2014年全国农民工监测调查报告》。）

从建筑业历年社会保险参保率变化趋势来看，建筑业农民工各项社会保险中，工伤保险参保率最高，历年均在 15%左右波动；而养老保险、医疗保险、失业保险和生育保险的参保率均较低，其中失业保险最高仅 2.2%，生育保险最高仅 1.6%。总体来看，各项保险参保率不仅基数低，且无明显增长，部分项目甚至呈现下降趋势，如表 10.4 和图 10.4 所示。

表 10.4　2009～2014 年建筑业农民工社会保险参保率　单位：%

年份	养老保险	工伤保险	医疗保险	失业保险	生育保险	住房公积金
2009	1.80	15.60	4.40	1.00	0.60	—
2010	2.80	16.60	6.50	1.40	0.90	—
2011	4.30	14.10	6.40	2.20	1.60	—
2012	3.80	14.00	6.00	2.20	1.50	—
2013	3.89	14.83	5.39	2.10	1.30	0.90
2014	3.90	14.90	5.40	2.10	1.30	0.90

（资料来源：根据 2009～2014 年农民工监测调查报告整理。）

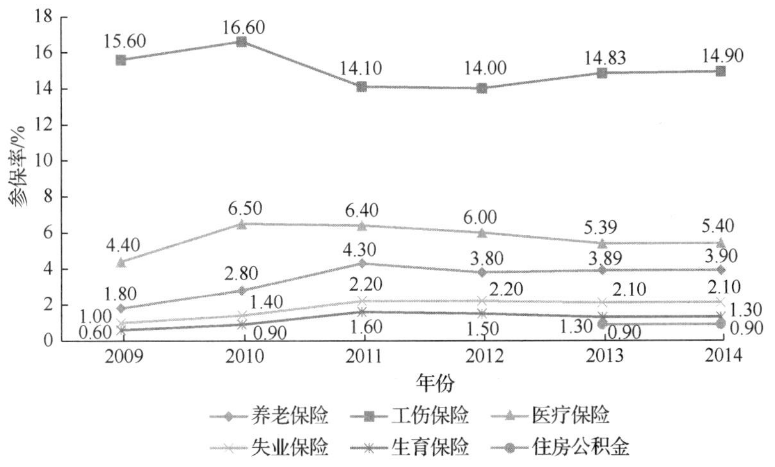

图 10.4　2009～2014 年建筑业农民工社会保险参保率变化图

（资料来源：根据 2009～2014 年农民工监测调查报告整理绘制）

从与制造业的对比来看，2014 年制造业农民工工伤保险参保率达 34.20%，养老保险达 21.40%，医疗保险达 22.10%，失业保险达 13.10%，生育保险达 9.30%。同样作为劳动密集型，吸纳大量农民工的行业，制造业不仅各项保险的参保率基数远高于建筑业，而且总体上呈现逐年增长的趋势，如表 10.5 和图 10.5 所示。

表 10.5　2009～2014 年制造业农民工社会保险参保率　单位：%

年份	养老保险	工伤保险	医疗保险	失业保险	生育保险	住房公积金
2009	8.80	27.50	14.70	4.20	2.40	—
2010	11.00	30.30	16.20	5.30	3.10	—

续表

年份	养老保险	工伤保险	医疗保险	失业保险	生育保险	住房公积金
2011	14.10	28.00	17.80	7.50	4.80	—
2012	15.20	28.90	18.50	8.10	5.30	—
2013	21.29	33.73	22.01	12.98	9.25	5.28
2014	21.40	34.20	22.10	13.10	9.30	5.30

（资料来源：根据 2009～2014 年农民工监测调查报告整理。）

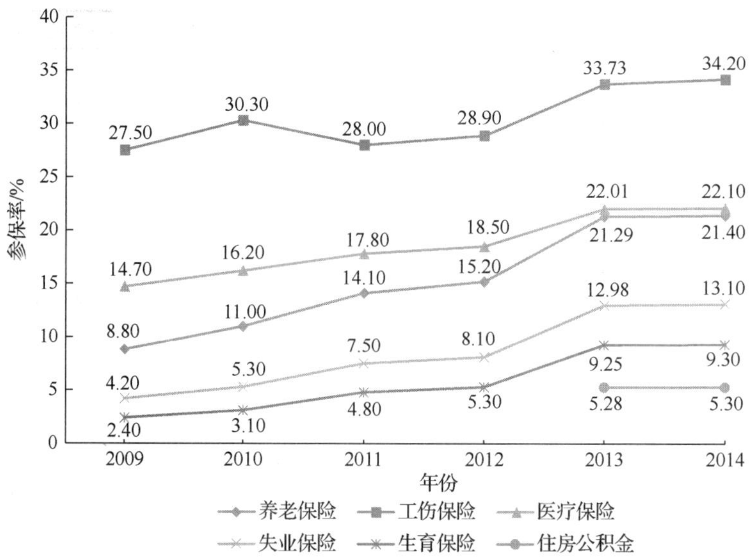

图 10.5　2009～2014 年制造业农民工社会保险参保率

（资料来源：根据 2009～2014 年农民工监测调查报告整理绘制。）

4. 拖欠工资现象严重

虽然国家已出台多项政策保障农民工的权益，但据《2016 年农民工监测调查报告》数据显示，农民工队伍的工资拖欠问题仍未得到根本性解决。数据显示，2016 年我国被拖欠工资的农民工人数为 236.9 万人，被拖欠工资的农民工人均拖欠 11 433 元，比 2015 年增加 1645 元，增长 16.8%。从农民工比较集中的几个行业来看，2016 年制造业，建筑业，批发和零售业，交通运输、仓储和邮政业，住宿和餐饮业，居民服务、修理和其他服务业被拖欠工资的农民工比重分别为 0.6%，1.8%，0.2%，0.4%，0.3%和 0.6%，住宿和餐饮业与 2015 年持平，居民服务、修理和其他服务业较 2015 年上升 0.3%，其余行业均较 2015 年有所下降。整理各行业近 3 年农民工工资拖欠情况（图 10.6），可见建筑业农民工被拖欠工资率均为最高，建筑业是拖欠农民工工资的重灾区。

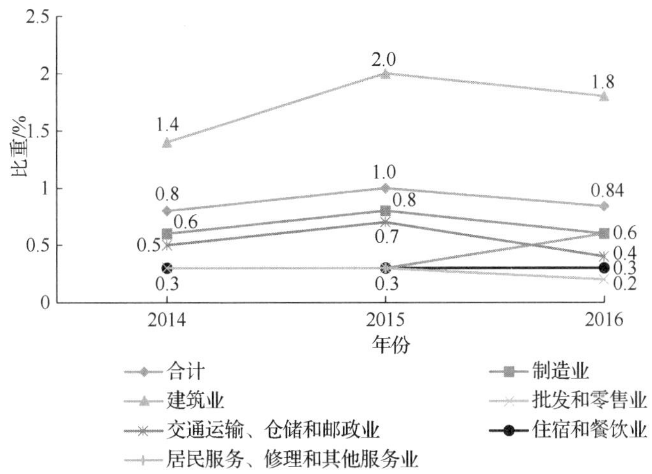

图 10.6　2014～2016 年各行业被拖欠农民工工资比重

党中央、国务院历来高度重视建筑业农民工欠薪问题，先后出台了一系列政策措施，各地区、各有关部门也加大欠薪治理工作力度。2014 年 4 月，人力资源和社会保障部提出了全面治理拖欠农民工工资问题、完善劳动保障守法诚信等级评价制度和重大违法行为社会公布制度的工作重点。同年 9 月，《国务院关于进一步做好为农民工服务工作的意见》发布，为保障农民工薪酬权益提出了具体可行的措施，如推行工资保证金制度，探索建立健全欠薪应急周转金制度，完善并落实工程总承包企业对所承包工程的农民工工资支付全面负责制度、劳动保障监察执法与刑事司法联动治理恶意欠薪制度、解决欠薪问题地方政府负总责制度，推广实名制工资支付银行卡，等等。2015 年 12 月，《中华全国总工会办公厅关于促进解决拖欠农民工工资问题的通知》，提出了确保广大农民工按时足额领取工资、有效维护农民工合法权益的措施和方法。2016 年 1 月，《国务院办公厅关于全面治理拖欠农民工工资问题的意见》出台，明确提出了全面规范企业工资支付行为，推进企业工资支付诚信体系建设。

可见，国家每年都在出台政策措施治理拖欠农民工工资问题，但是这一问题尚未得到根本解决，特别是工程建设领域拖欠农民工工资问题仍较突出。据人力资源和社会保障部统计，2013～2015 年，全国查处的欠薪案件中，80%以上属于工程建设领域，既包括新建工程项目又包括旧城改造项目，既包括政府公共项目又包括商业住宅项目。有的地区对政府投资项目立项审批把关不严，一些财政资金不到位、不具备开工条件的项目仓促上马，为拖欠农民工工资埋下隐患；有的地区建设市场秩序不规范的问题比较突出，挂靠承包、违法分包、层层转包等问题屡禁不止，导致支付农民工工资的责任主体难以落实；有的地区属地监管责任不落实、组织工作不到位，农民工实名制管理、工资保证金等政策措施未落实落地，多部门联合治理、跨地区执法协作等治理欠薪的机制亟待完善；有的地区对发生的拖欠农民工工资问题不能依法及时处理，直至引发群体性事件，影响社会稳定。

10.1.2　我国建筑业农民工薪酬政策回顾

建筑业农民工薪酬问题由来已久，一直广受社会各界关注，中央政府各相关部门从不同的关注点出发，出台了一系列政策法规来保障建筑业农民工的劳动报酬权和社会保障权，如表 10.6 所示。

表 10.6　全国性建筑业农民工薪酬相关政策法规

年份	名称	相关条款及关注点
1994 2009 年第一次修正、2018 年第二次修正	《劳动法》	工资分配：按劳分配，同工同酬 工资水平：逐步提高 工资支付：货币形式，按月支付给劳动者本人 社会保险：建立相应制度，设立基金
2003	《中共中央 国务院关于促进农民增加收入若干政策的意见》	工资水平：增加收入，及时兑现工资 权益保障：改善劳动条件，解决农民工子女入学等问题
2004	《国务院办公厅关于进一步做好改善农民工进城就业环境工作的通知》	就业管理和服务：消除歧视和不合理限制 建立制度：最低工资、工资支付监控、欠薪保障、企业劳动保障诚信等 法律法规保障：劳动合同管理和劳动保障监察执法、争议处理、发挥工会作用
2004	《关于印发建设领域农民工工资支付管理暂行办法》的通知	工资支付：支付监控制度、信用制度、支付保障制度 集体协商：发挥劳动关系三方协商机制在解决拖欠或克扣农民工工资问题中的作用
2003 2010 年修订	《工伤保险条例》	工伤保险：全部纳入工伤保险范围、改进支付方式
2004	《劳动保障监察条例》	欠薪赔偿：责令限期支付、逾期加付 50%～100%赔偿金
2006	《国务院关于解决农民工问题的若干意见》	农民工问题：工资拖欠、工资低 就业管理：就业服务和培训、就地就近转移就业
2006	《建设部、国家发展和改革委员会、财政部、中国人民银行关于严禁政府投资项目使用带资承包方式进行建设的通知》	政府投资项目：严禁带资承包、实行告知性合同备案制度、防止拖欠工程款和农民工工资
2013	《最高人民法院关于审理拒不支付劳动报酬刑事案件适用法律若干问题的解释》	欠薪惩处：加大对恶意欠薪惩处力度，拖欠劳动者三个月以上且劳动报酬数额超过 5000 元将被入刑
2015	《中共中央 国务院关于构建和谐劳动关系的意见》	工资支付：支付监控、工资保证金、欠薪应急周转金、欠薪保障金制度，总承包企业负责制 权利保障：休息休假权利、劳动安全卫生保护权利、享受社会保险权利、同工同酬权利
2016	《国务院办公厅关于全面治理拖欠农民工工资问题的意见》	治理拖欠：规范支付行为、健全支付监控和保障制度、诚信体系建设、拖欠处置、改进建设领域工程款支付管理和用工方式
2017	《国务院办公厅关于促进建筑业持续健康发展的意见》	建筑市场：优化环境、规范工程价款结算，执行工程预付款制度 经济、法律手段：工程款支付担保、劳动合同制度、工资支付保障制度 管理服务：建立信息平台，实名制管理；建立健全社会保险参保缴费方式

续表

年份	名称	相关条款及关注点
2017	人力资源社会保障部办公厅关于印发《治欠保支三年行动计划（2017—2019）》的通知（人社厅发〔2017〕80 号）	落实按月足额支付工资规定。督促工程建设领域用人单位依法支付农民工工资，实现月清月结。到 2017 年底，执行按月足额支付工资规定覆盖 80%以上在建工程项目，2018 年底前覆盖率达到 90%，到 2019 年底基本实现全覆盖
2020	《保障农民工工资支付条例》	工资发放形式：农民工工资应当以货币形式，通过银行转账或者现金支付给农民工本人，不得以实物或者有价证券等其他形式替代 维权途径：被拖欠工资的农民工有权依法投诉，或者申请劳动争议调解仲裁和提起诉讼

各级地方政府也根据当地实际情况出台了一系列政策措施，本书列举了近年来部分城市出台的典型政策，如表 10.7 所示。

表 10.7　地方性建筑业农民工薪酬相关政策法规

年份	地点	政策	主要内容及关注点
2007	山东	禁止建筑企业将工资发给包工头	工资支付：按月结算、足额支付、记录公示、直接发放至农民工
2012	河南汝州	《建设领域“防欠清欠”工作管理办法》	工资管理：网格化管理、工程款拨付和劳务工资支付管理、外地进汝建筑业企业备案管理、施工合同登记备案管理、部门联动合理防欠清欠、建筑市场诚信管理、施工企业百分制考核、项目经理（建造师）押证管理、农民工工资保证金、施工现场农民工维权须知
2012	山东临邑	建筑劳务工资保证金制度，企业信用评价机制	工资保证金：按合同造价的 2%交纳建筑劳务工资保证金，存入专户管理 信用评价：建立信用评价机制，建立信用档案
2013	山东聊城	建立长效机制预防务工人员工资拖欠	防欠清欠：明确施工单位清欠责任，签订劳务合同，明确工资计算标准、支付方式及支付时间；工程款优先用于支付工资；不得垫资发包建设工程；劳务工资保证金
2014	广西	“一卡通”制度	“广西建筑灵通卡”：银行代发工资 “手链卡”：实名制管理
2014	山东济南	《济南市建筑市场信用管理暂行办法》	建立建筑市场信用等级体系
2015	山东日照	讨工钱、送技能、上保险三项“暖政策”	工资支付：建章立制 增长技能：全面开展培训工作 强化保障：“同舟计划”，为农民工上保险
2015	湖北	建筑市场“黑名单”制度	建筑市场“黑名单”：发生较大及以上工程质量安全责任事故，或拖欠工程款、劳务工资，造成集体上访或极端讨薪事件，负主要责任的建设单位、施工单位将被列入市州级建筑市场“黑名单”
2016	广东深圳	劳务工实名制与分账制	劳务实名制管理 工资分账制

总结以上相关政策法规及条例可以看出：

（1）无论是中央还是地方各级政府部门都十分关注建筑业农民工基本权益的保障，尤其是劳动报酬和社会保险的权利。

（2）依据建筑业行业属性及农民工自身特点，中央及地方政府各部门都在积极思考探索，提出了信用评价、工资保证金、银行代发工资、“一卡通”等一系列制度措施来保障建筑业农民工合法权益，试图从农民工工资发放的源头及途径来防止拖欠工资事件的发生。

（3）建筑业农民工薪酬问题尽管受到社会各界广泛关注，但是由本章对建筑业农民工薪酬现状的描述可见，建筑业农民工薪酬仍然存在结构不合理、劳动价值与报酬不匹配、社会保险缺失、拖欠工资问题频现等问题。可见，上述政策法规的实施力度还不够，执行效果未达到理想状态，这也是需要不断有新的政策法规来规范引导建筑业持续健康发展的原因。

本书认为，上述政策的执行效果之所以还未达到理想状态，与政策具有一定的片面性和不落地性有关。

片面性是因为许多政策是针对某一或某类问题制定的，如工资支付或信用评价，却极少有从建筑业农民工薪酬的来源、支付途径、保障措施和涉及的各级利益主体等方面进行系统综合地分析的，这些政策只触及农民工薪酬问题的局部或表面，只能起一时作用，并不能从根本上解决问题。

不落地性一是因为建筑业长期以来作为国民经济的支柱产业，与其他行业具有较强的联动性，对国民经济的增长及其他行业的发展都有极大的影响，而新政策的实施无一例外会加大建设投资成本或降低资金的流动效率，如社会保险支付和工程款薪酬分账制度。许多利益主体为保证经济的发展或追求某些主体私利，并未严格落实相关政策。二是因为建筑业农民工群体庞大，自身素质参差不齐，观念意识转变困难，对新制度、新政策的接受缓慢，甚至会抵触，给政策实行带来较大障碍。

要彻底解决建筑业农民工薪酬问题还需对农民工薪酬问题的形成原因进行更为系统深入的剖析，从各级主体和各环节出发，找出根本原因，提出能兼顾各方基本利益、着重保障农民工群体利益、切实可行的政策法规，以实现建筑业农民工的产业工人化，推进建筑业持续健康发展。

10.1.3 我国建筑业农民工薪酬现状及剖析

我国建筑业农民工群体数量庞大，在薪酬方面或多或少都遭遇过不公平对待。建筑业农民工薪酬问题涉及面广、久治未绝，其形成必定是多层次、多方面原因综合作用的结果。学术界对建筑业农民工薪酬问题形成的原因已有较广泛的研究。陶怀颖指出我国建筑业农民工薪酬问题形成的原因在于劳动力总体上供过于求，相关法律法规还不够健全等[6]，李海明指出，建筑业农民工薪酬问题的根本原因在于城乡二元体制下农民工的尴尬境遇、改革政策中的强资本与弱劳动，以及缺失的社会信用体系[7]。赵杰琼、宋心德指出承包商或包工头恶意拖欠、建设单位延迟支付工程款、建筑市场不规范、农民工自我保护意识差、双方没有正规的劳动合同也是导致建筑业农民工合法薪酬权益没有得到保障的原因[8]。

总结上述研究可知，对建筑业农民工薪酬问题形成原因的研究主要集中于我国当前社会制度、法律政策、市场条件、各方利益主体及农民工自身等。这些原因都具有一定的合理性，但通过分析建筑业农民工薪酬现状可知，其薪酬问题具有极大的普遍性和复杂性，可以想象并不是哪方面的原因单独地发生作用，而是各方面原因相互交织影响、共同作用导致了薪酬问题的出现。因此需要对上述原因进行全面的梳理，结合建筑业及建筑业农民工的特点进行系统深入地剖析。本书结合已有研究，从社会制度、建筑业行业属性、建筑业市场运作、农民工自身、法律法规五个方面来剖析建筑业农民工薪酬问题形成的原因。

1. 社会制度原因

近年来，我国政府出台了一系列促进农民工进城就业、保障农民工合法权益的政策，但由于涉及主体众多、农民工数量庞大、政策施行需要高额费用支持等，建筑业农民工权益保障的政策支撑体系尚未成型。土地制度、城乡二元户籍制度以及附属的社会保障与公共服务等方面的制度对建筑业农民工在城市务工时获得合理的劳动报酬和社会保障的影响仍然巨大。户籍制度下与其配套的福利制度和衍生的不完善性政策，是阻碍农民工产业工人化的巨大障碍。受二元户籍制度的影响，农民工的工资也是处于分割的二元劳动力市场一端的、缺乏企业内部劳动力市场或晋升机制的刚性低工资。农民工的低工资已经成了企业的惯例，也为社会广泛接受[9]。

一方面，农民工的农民户籍身份使农民工走到哪里都不可能享受到与城市职工相同的薪酬和社会保险待遇。城乡二元的社会制度造成了城市居民和农民在公共服务、就业和社会保险等方面的差别对待，大部分农民工在城市只能从事城市工人不愿意干的脏、累、危险性高的工作，而且很少与就业单位签订正式的劳动合同，只能以临时工、劳务派遣工的身份艰难谋生。

另一方面，城乡分割的户籍制度赋予了农民工低于城市人的身份，塑造了他们的思维习惯，并且加固和强化了建筑业农民工的集体习惯，其中最具代表性的是建筑业普遍存在的显性或隐性的欠薪习惯。

城乡二元分割的制度，与我国加速推进城镇化、缩小城乡差距、实现城乡一体化的发展基调格格不入，是农民工进城务工后薪酬权益没有得到保障的根本原因。

2. 建筑业属性原因

建筑业是支撑国家经济发展的支柱性产业，又是劳动密集型产业，建筑工程产品的生产具有单件性、流动性、地域性、周期长和生产方式多样性、不均衡性，以及受外部条件约束多等特点，有别于一般的产业和企业生产，对建筑业农民工薪酬权益的保障造成了较大的阻碍。总结这些特点主要可以概括为以下四个方面。

（1）建筑生产的流动性，使建筑业务工人员难以像一般的产业工人一样有固定的工作场所。建筑业是项目驱动型产业，所有的企业工人都是哪里有项目就到哪里去，项目的周期短则数月，长的也不过几年，所以建筑生产具有极强的流动性，也造成了建筑业农民工的流动性。在对农民工居住场所的问卷调查中，接近 50%的工人住在现场板房中，在固定住所居住的农民工不足 15%。此外农民工异地就业占比超过 60%，这也是造成其流动性的关键因素。

（2）建筑生产具有露天性，受天气、温度等因素影响大，经常出现赶工或窝工的情况，劳务作业人员上下班时间难以固定，日平均劳作时间过长。

（3）建筑用工具有临时性和阶段性，每一阶段的施工内容不同，对工人的工种和技能水平的要求不同，对建筑用工的灵活性要求较大，致使建筑企业更倾向于雇佣灵活性较强的临时工而非合同工。

（4）建设项目工程款的结算必须经过验收等程序，导致建筑业工程款的结算不能像其他一般行业一样按既定周期进行，而目前建筑业农民工工资普遍还与项目工程款挂钩，使农民工工资的按时足额支付成为问题。

以上四点原因均是阻碍建筑业农民工工资按时支付以及社会保险缴纳的阻碍，因此，目前建筑业普遍默认采用的工资支付方式是每月给农民工发放生活费，等到年底或工程全部完工再结清剩余的款项。这种工资支付方式不仅忽略了薪酬中包含的福利和社会保险的内容，而且一旦出现工程验收不合格或工程建设利益主体哪一方资金链断裂的情况，农民工想要拿到剩余部分的工资就变得十分困难。

3. 建筑业市场运作原因

建筑业不仅是劳动密集型产业，更是资金密集型产业，建筑工程项目总投资额少则上千万元，多则上百亿元。建筑业对资金的巨大需求以及自身的特殊性，也使建筑业的市场运作方式不同于其他行业，运作过程中涉及政府、投资方、银行、建设方、工人等众多主体，各方主体既相互牵制又相互依赖，利益关系复杂。在经过了几十年的发展后，我国建筑业目前普遍采用招投标方式选取承包单位，承包单位为在投标中获取优势不惜垫资承包；由于工程项目的阶段性和流动性，建筑企业自有工人大都为管理层，建筑业一线工人农民工则是以劳务分包的形式参与建设过程。整个运作过程中涉及的招投标制度、垫资承包及劳务分包制等都间接导致了建筑业农民工薪酬问题。

1）招投标制度

随着建筑业改革的不断深入，建筑企业规模不断扩大，非国有性质的建筑公司增加，建筑业队伍迅速扩大，且建筑业属于劳动密集型产业，进入门槛低，可以吸纳大量劳动力。怀着在城市赚取相对农村更多收入的想法，大量农民工走出农村，进入建筑业。建筑市场长期以来处于供过于求的不平衡状态，经常出现几十甚至上百家企业争抢一个工程项目的现象，这就使投标方在招投标过程中处于相对弱势的地位，只能尽量缩小自己的利益以满足发包方的要求。我国目前最常采用的评标方法有合理低价中标法和综合评标法。合理低价中标法要求在满足招标方对企业资格、类似工程施工经验等要求的前提下，投标报价最低者优先；综合评标法尽管会对投标单位的施工技术能力、组织管理水平、施工经验和社会信誉等进行综合评价，但在企业基本情况大致相同的情况下，对投标报价仍然十分看重。在巨大的行业竞争下，两种评标方式无疑都会使投标单位尽力压低标价以获取中标资格。低价中标给企业造成了一定的经济负担，使其对农民工工资的支付能力有所下降。

2）垫资承包

为了在招投标中获胜，许多企业会迎合建设单位的苛求，以垫资方式承接项目。施工企业在中标之后需与发包方签订承包合同，其中有对工程价款的支付和结算方式的约定。一般合同签订后招标方会给中标方一定的临时设施工程及安全文明施工费等，然后在已完成工程进度款累计达到合同价款的一定比例（一般为 60%～70%）后开始按月实际进度拨付工程款。近年来，随着大中型规模建设项目的不断增加，工程合同总价动辄上亿元或数十亿元，即使是合同总价的 60%也是不小的数目，对一般的建筑施工企业来说都是巨大的负担。在这种垫资承包方式下，建筑施工企业的资金链一旦断裂，就会影响到农民工工资的发放。有的工程项目不仅有总承包单位，下面还有各级分包商，使得处在工程施工一线，干着最脏、最累、最苦工作的农民工与建设投资单位的利益关系链愈发加长，无论利益关系链的哪一环节出现问题，最后受损最大的总是处在链条最底层的农民工。

3）劳务分包制

我国建筑业最普遍采用的是非成建制劳务企业劳务施工方式，即“包工头”制用工方式。建设单位将工程发包给建筑公司，双方签订总承包合同。建筑公司一般没有施工队伍，他们将工程分包给建筑劳务公司，双方签订建筑分包合同。但由于建筑项目用工的临时性，建筑劳务公司不会长时间雇佣建筑工人，因此在有用工需求的时候，建筑劳务公司会与专业班组长（即“包工头”）签订合同，按工程量计价，由包工头组织农民工进场施工。作为法律意义上的用人单位——建筑劳务公司，实际上不用人，也不签订劳动合同。建筑业农民工这个特殊群体文化素质整体偏低，农民工进入建筑业大多是以老乡带老乡的方式，因此在包工头与农民工之间通常通过口头方式约定工资的计算方式和支付方式。可见，建筑业农民工参加工作时大多并不与用工单位签订劳动合同，建筑业农民工存在明显的无序流动的情况，许多农民工甚至不知道自己所在工程项目的建设单位的名字。这种建筑业农民工的高无序流动性，急切需要进行统一规范的管理。

目前，上述运作制度或承包方式的利弊虽饱受争议，但仍被建筑业普遍采用，随着我国经济步入转型期，建筑业市场的运作方式也亟待改革，否则建筑业农民工的权益将难以保障。

4. 农民工自身原因

1）人力资本水平低

西奥多 · W. 舒尔茨（Theodore W. Schultz）曾提出“人的能力和素质是解决贫困问题的关键”。劳动力作为所有生产要素中最为活跃的因素，其人力资本水平直接影响着劳动产出水平，在其他要素相同的情况下，劳动力的人力资本水平越高，其收入水平也越高。建筑业农民工的素质普遍偏低，学历层次较低，缺乏基本的职业技能，对劳动相关法律法规知之甚少，也没有职业发展规划的意识，在劳动力市场信息不完全开放的情况下，在与用人单位的博弈中处于弱势地位。他们到城镇务工之后大部分从事一些低层职业，以出卖苦力为主。

2）自身具有较大流动性

农民工常常需要根据工作地点被动地迁移，而且，我国农业生产的机械化程度还不够高，农忙时对劳动力的需求还很大，进城务工的农民工往往也是家里的主要劳动力，因此很多在城务工的农民工在农忙时选择回到家乡参与劳作，这就决定了农民工在选择就业时往往没法从事需要常年定点按时上下班的工作。农民工所从事的工作往往并不需要较高的技能和知识水平，偏重体力的消耗，这决定了他们工作岗位的替代性较强，雇主也倾向于在忙时招他们做事，而闲时就解雇他们，这种劳动关系看似两利，却给农民工按时足额获得劳动报酬和相应的社会保障带来了极大的阻碍[10]。

3）维权意识淡薄

大多数农民工初到城市务工时缺乏社会关系的帮助，不善于通过寻求就业服务组织的帮助来找工作，在城市亦没有固定居所可供其长期滞留，大都是随同乡或亲戚进入城市来谋生。建筑业属劳动密集型产业，对技术水平和文化程度要求低，进入门槛低，成了许多进城务工人员的选择。基于对同乡或亲戚的信任，他们开始工作前只是口头约定雇佣条件和劳动报酬，并不签订劳动合同，一旦出现拖欠工资的情况，由于法律意识淡薄，不知如何采取法律措施进行维权。

另外，因为一开始没有签订合同，也没有与承包方统一工程量的计量方式，即使有部分农民工想通过法律措施进行维权，也会面临取证困难、工程量存在差额等问题，劳动监察部门或仲裁调解部门处理起来也会遇到较大阻碍，使农民工的讨薪之路困难重重。

5. 法律法规原因

自 2003 年以来，全国上下掀起了一场讨薪风暴，各级政府相继出台了许多法律法规以解决拖欠农民工工资问题。然而十多年过去了，欠薪问题在我国依然存在。

根据国务院 2004 年 11 月 1 日颁布的《劳动保障监察条例》第二十六条第一款规定，用人单位克扣或者无故拖欠劳动者工资报酬的，由劳动保障行政部门分别责令限期支付劳动者的工资报酬；逾期不支付的，责令用人单位按照应付金额 50%以上 1 倍以下的标准计算，向劳动者加付赔偿金。

2013 年 1 月 23 日，《最高人民法院关于审理拒不支付劳动报酬刑事案件适用法律若干问题的解释》正式施行，加大了对恶意欠薪行为的惩处力度。拖欠劳动者三个月以上且劳动报酬数额超过 5000 元将被入刑。《中华人民共和国刑法》（以下简称《刑法》）第二百七十六条规定，所谓恶意欠薪是指经政府有关部门责令支付仍不支付的，将被追究刑事责任。

10.1.4　薪酬问题对建筑业农民工产业工人化的影响

随着建筑产业现代化的不断推进，建筑业科技含量提高，生产作业过程对繁复的体力劳动需求减少，对工人的技能水平和从业素质的要求增加。在顺利推进建筑产业现代化的过程中，建筑业农民工产业工人化是其中的重要一环，这就需要培养一批技能精、素质高、管理规范、持续稳定的建筑工人，而农民工从事建筑业的最初动机是获取比务农更高的收入，以提高生活水平，获得更多的社会认同。根据马斯洛需要层次理论，这是建筑业农民工最基本的生存需要，也只有当这一需要得到充分满足之后他们才会自主提升自身技能、素质水平，并对将来的职业发展进行合理规划，而生存需要的满足直接源于他们的薪酬。建筑业农民工的薪酬作为其一切经济社会活动的物质基础，是其职业水平、社会地位向更高层次提升的基本保证。

由于存在薪酬结构不合理、实际工资水平低、缺乏社会保障和拖欠工资等问题，相当一部分农民工的薪酬仅能维持日常基本生活，一旦因生病、年龄增长等原因丧失劳动能力，生活水平就会大幅降低，或给社会及其家庭带来沉重的养老、医疗负担。建筑业农民工的基本生活需求如果得不到满足，将会严重阻碍他们向产业工人转化。

综上所述，改革现有薪酬制度，建立科学合理的薪酬体系，是建筑业农民工基本生活需求得到满足的前提，是建筑业农民工提升自身技能、素质的物质保证和动力源泉，是推进建筑业农民工向产业工人转化的关键路径之一，对转化过程的影响深远，必须受到足够的重视，以避免薪酬问题成为建筑业农民工向产业工人转化的阻碍。

10.2　发达国家建筑业劳工薪酬体系及特征

在研究我国建筑业农民工的薪酬问题上，需要借鉴国外建筑业劳工薪酬体系中的成熟经验。世界多数国家运用法律规定了最低工资标准，其中 60%的国家只规定了一个标准，而 40%的国家对不同工种规定了不同的最低工资标准[11]，并根据经济状况定期或不定期调整。发达国家及地区建筑工人早已进入了产业工人行列，本书系统地梳理其薪酬体系（包括工资制度和薪酬结构），其目的是为建立我国建筑业产业工人薪酬体系提供借鉴和参考的依据，做好建筑业农民工产业工人化薪酬体系改革。

10.2.1　美国建筑业劳工薪酬体系

1. 工资制度

美国的工资制度包括最低工资制度和工资支付保障机制。工资由最低工资和杠杆生活工资共同构成[12]，政府以立法的形式实现工资保障机制。设置最低工资的目的是消除贫困，而杠杆生活工资是为了实现工人的自给自足[13]。杠杆生活工资包含：①住房及基本生活用品；②儿童照顾费用；③食品；④交通费；⑤医疗费，主要指医疗保险费用；⑥税费，具体包括食品、衣服等的消费税，以及社会保障税和收入税[14]。美国当下的做法是在最低工资之外，由地方政府以立法的形式在特定领域引入杠杆生活工资，形成两层工资制度，以此引导分配公平[12]。在美国，建筑业是重要的就业部门，吸纳的劳动力总数占全国劳动力总数的 5%左右，并且呈现出逐年显著增长的趋势。美国的建筑公司包括总承包公司和专业承包公司，建筑工人大多数受雇于专业承包公司，他们全部参与社会保险（包括医疗、住房等），工会负责维护他们的合法权益[15]。

美国建筑业的工资保障机制主要包含三个方面：一是工程保障体系，包括工程保证担保制度和工程保险支付。工程保证担保采用市场经济手段，引入保证人作为第三方对建设工程中一系列合同的履行进行监管并承担相应的责任，主要包括投标保证担保（承包商）、履约保证担保（承包商）、付款保证担保（承包商、业主）。美国对保证担保有严格的法律规定，在美国境内从事保证担保业务的公司，必须经财政部评估、批准，且每年都要进行复核验收。在美国，建筑业各参与主体如果没有取得相应的保证担保或未参保，基本无法签订工程合同，这既是法律规定，也是行业普遍遵循的惯例。在美国，工程保险是迄今应用得最普遍的，也是最有效的工程风险管理手段之一。工程保险以建设工程项目作为保障对象，是对其建设过程中遭受自然灾害或意外事故所造成的损失提供经济补偿的一种保险形式。投保人将威胁自己的工程风险转移给保险人（保险公司），并按期向投保人交纳保险费，如果事故发生，投保人可以通过保险公司取得损失赔偿以保证自身免受损失[16]。二是劳工法律体系，建筑业和建筑市场的管理普遍法制化。三是工会组织维权，20 世纪 30 年代，美国经济从大萧条时期进入复苏时期，政府颁布《国家劳资关系法》，旨在支持劳工联合起来与雇主抗争，维护劳工合法权益。到现在，美国各行业已拥有大量的工会或类似雇员组织，在惩治企业违规用工、拖欠工人工资，帮助工人提高工资和福利待遇水平中发挥重要作用[15]。

2. 薪酬结构及水平

美国劳工的薪酬分为工资和福利两大部分。美国规定的最低小时工资为 7.25 美元/小时（约合人民币 51.83 元/小时）[12]。建筑业生产相对其他行业具有劳动强度大、工作环境恶劣、危险性高的特点，因此，美国的建筑工人普遍能获得高于所有行业平均水平的工资，这里所说的工资是指正规工作时间付给雇用人员的工资或薪水，不包括加班奖金、假期津贴、保险、养老金等福利。美国劳工统计局数据显示，2006 年，建筑业生产工人平均 20 美元的小时工资高于除信息产业外的所有大类行业的生产工人平均工资水平，也高于地方及州政府部门全部从业人员平均 19 美元的小时工资；2014 年，美国建筑业从业人员年最低工资 41 380 美元，折合人民币 26.7 万，高于其他行业平均年工资 35 540 美元（约合人民币 22.9 万元）[17]。

美国建筑业的福利待遇也高于所有行业的平均水平，如建筑工人的福利价值占报酬总额的比重高于美国平均值 2～3 个百分点。美国劳动者薪酬中的福利项目可分为五类，分别是带薪休假（休假工资、节假日工资、病假工资）、附加报酬（加班津贴、夜班津贴、非生产性津贴等）、养老金、保险（健康保险、人寿保险、疾病和事故保险等）、法律要求的福利（社会保障、医疗保险、联邦及州失业保险税、劳动者补偿等）。当前美国劳动者的福利价值约为其报酬（工资）总额的 30%。美国建筑工人拥有较高的福利待遇既取决于建筑业相对艰苦的条件，也得益于美国完善的社会保障和福利制度。

10.2.2 英国建筑业劳工薪酬体系

1. 工资制度

在英国，建筑领域的工资制度包括最低工资制度和工资支付保障机制。英国规定了最低小时工资和月工资，分别是 7.5 英镑/小时（约合人民币 64.7 元/小时）和 1176 英镑/月（约合人民币 10 100 元/月）[18]。工资保障机制主要通过工程担保和保险的形式实现，主要的有以下三种模式：一是信托基金模式，业主在合同生效后一周内，向受托人（中介或公证机构）支付一笔相当于原值的款项，或提供由银行及其他金融机构出具的相当于原值的即付保证书，以此建立信托基金。在采用信托基金模式时，业主有义务维持信托基金资金原值，一旦业主破产或公司解散，承包商、分包商及供应商可向受托人提出赔偿要求。这种模式既能降低业主无力支付工程款的风险，又能防止承包商拖欠工人工资。二是建筑工程保险，英国的保险业十分发达，企业和公民具有很强的保险意识，建筑业各方参与主体也都有很强的风险及风险转移意识，无论工程项目大小，均通过投保相应工程保险来防控风险。在英国，无论是私人项目还是企业项目，大都是通过私人融资或商业银行担保融资的，贷款人通常都要求业主提供项目投保保险细则，这也是启动项目资金的先决条件。三是欠薪保障基金，英国于 1975 年开始施行国民保险基金制度。

为抑制企业违规用工，防止工人被拖欠工资，国税局向企业雇主和雇员征收欠薪保障基金并进行统一管理。欠薪保障基金的偿付范围除所欠基本工资和社会保险费外，还包括假期工资和终止就业合同补偿金。其偿付欠薪期限最长为 8 周，每周最高为 210 英镑；其他还偿付最长 8 周的假期工资，最长 54 周的解雇补偿金。

2. 薪酬结构及水平

2015 年，英国建筑业全职工人平均周薪超过 527 英镑，在所有职业中处于中上游水平，且工资合理持续增长，如表 10.8 和图 10.7 所示。

表 10.8　2004～2015 年英国建筑工人周平均工资收入情况　　单位：英镑

年份	合计	全职	兼职
2004	345.5	419.2	130.0
2005	349.1	431.2	132.3
2006	363.0	443.6	137.5
2007	376.0	457.6	143.6
2008	388.8	479.1	147.0
2009	397.1	488.5	152.7
2010	403.8	498.5	153.7
2011	400.0	498.3	153.0
2012	405.8	506.1	155.2
2013	415.3	517.4	159.8
2014	417.9	518.3	161.0
2015	421.4	528.0	164.1

（资料来源：Annual Survey of Hours and Earnings-Office for National Statistics.）

注：表中合计是指兼职和全职的所有工人的周平均工资。

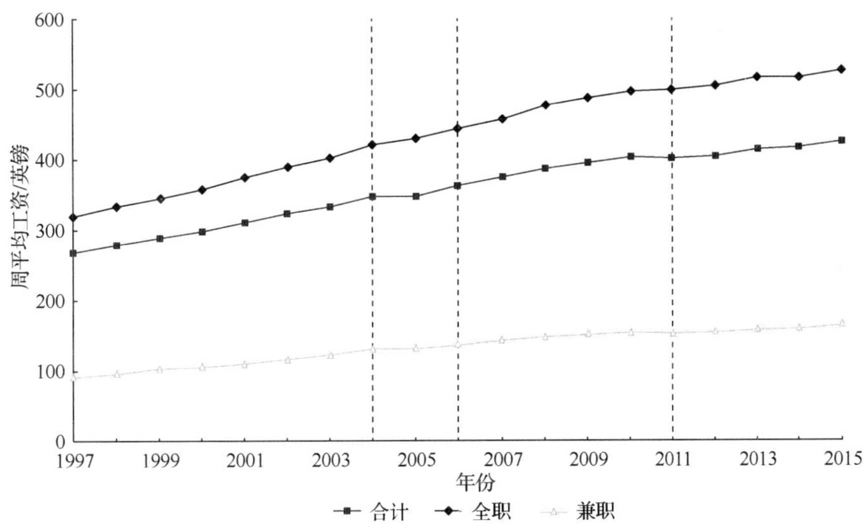

图 10.7　英国建筑业工人周平均工资

（资料来源：Annual Survey of Hours and Earnings-Office for National Statistics.）

在英国，建筑工人的工资有着较为合理的调节机制。从英国统计局发布的建筑工人历年收入中表明，工人周薪每年根据从业年限、年龄、持有资质证书等情况按照一定比例合理调节。

10.2.3　德国建筑业劳工薪酬体系

1. 工资制度

在德国，建筑领域的工资制度同样包括最低工资制度和工资支付保障机制。德国规定的最低工资西部为 10.4 欧元/小时（约合人民币 81.5 元/小时），东部为 8.4 欧元/小时（约合人民币 65.8 元/小时）[18]，且最低和最高工资之比不得超过 1∶5。德国的工资支付保障机制是通过其他几种社会保障体系实现[11]的：一是退休保障体系，规定退休者有权根据工龄和退休前的工资领取一定比例的“劳动”或“服务”退休金。二是医疗保障和儿童补助体系，职工的医疗保障金大多相当于工资的 80%～100%，儿童可按月领取补助金（90～125 美元），直至成年，多子女家庭可享受一定的补助。三是失业保障体系，德国对发放失业补助的规定有所不同，有的规定了领取失业补助的年限，有的按原工资的一定比例发补助，有的规定了支付失业补助的起始时间等。职工在职期间按月缴纳失业保险金。20 世纪 90 年代中期以后，德国已由工会管理失业保险金改为政府管理，并建立了国家失业保险基金[11]。

2. 薪酬结构及水平

在德国，劳动者的薪酬有毛工资和净工资两种概念。毛工资是在劳动收入中扣除雇主代雇员缴纳的各类社会保险金后，形式上发到雇员手中的货币工资（约占劳动收入的 60%）；净工资是雇员个人将毛工资缴纳了个人所得税和社会保险费后剩余的部分。毛工资主要包括基本工资，岗位（职位）补助，超时工作补助，苦、脏、险或有害岗位工作补助，家庭状况（原地区）补助，休假工资和休假补贴，工作满一定年限后还会给予一次性奖励。其中，基本工资是雇员工资收入最主要的部分，一般占工资收入的 75%～80%，也是计算其他收入的基础。在毛工资的基础上，雇员个人还要缴纳 18%～60%的个人所得税，17.9%的社会保险费（养老 9.35%，医疗 6.4%，失业 2.15%），扣除这些以后就是净工资了。净工资加上雇员自己获得的其他非劳动收入和国家通过再分配职能向雇员的福利支付或转移付款，就构成了雇员的可支配收入。在德国，工会势力十分强大，特别是建筑业工会，在他们的争取下，建筑业在德国最早实施了最低工资制度。根据德国联邦统计局数据显示，2014 年，德国建筑业全职工人平均每周工作 40.2 小时（表 10.9），全职小时工资为 16.25 欧元（约合 127.37 元人民币），兼职小时工资为 16.66 欧元（约合 130.61 元人民币），全职年薪达到 34 063.56 欧元（约合 26.7 万元人民币），远远高于规定的最低工资[19]。

表 10.9　2014 年德国建筑业工作时间及薪酬

项目	工作时间/（小时/周）	每小时报酬/欧元（不包括奖金）	每月薪酬/欧元（不包括奖金）	年薪/欧元
全职	40.2	16.25	2 838.63	34 063.56
兼职	25.4	16.66	1 836.22	—

（资料来源：德国联邦统计局. https://www.destatis.de/EN/FactsFigures/NationalEconomyEnvironment/ EarningsLabourCosts/EarningsEarningsDifferences/Tables/QuaterlyEarnings.html.）

10.2.4　日本建筑业劳工薪酬体系

1. 工资制度

在日本，建筑领域的工资制度同样包括最低工资制度和工资支付保障机制。日本规定的最低小时工资为 907 日元（约合人民币 60.29 元）[18]。日本建筑领域的工资支付保障机制主要通过以下两个模式实现：一是“同业担保”模式，日本除了采用符合国际惯例的工程担保形式，对于国内工程，还会由具有同等或更高资信水平的承包商提供信用担保，即“同业担保”。日本《建筑业法》第二十一条规定，在建筑工程承包合同中，如果工程价款部分或全部以预付款形式支付，发包方在向承包商支付预付款之前，可以要求承包商提供保证人担保，否则发包方将不予支付。二是行业监管高效，日本的行业监管主体包括政府和行业协会。在政府方面，日本的建筑业管理采用的是纵向管理体制，由中央政府和地方政府垂直管理。政府针对行业监管颁布了完善的法律法规和规章制度，如《就业政策法》对工人就业保障、技能发展和工资福利进行了详细规定；日本《劳动基准法》规定，如果雇主未按约定支付雇员工资，不但要支付应付工资，还要支付相当于未付金额的附加金。在行业协会方面，日本各行业均成立行业协会，其与政府关系密切，又具有高度的独立性，在行业监管方面起到举足轻重的作用。行业协会一方面制定行业规范和共约，提供技术资金支持和咨询服务，监管组织成员及其经营活动；另一方面作为政府和企业间的桥梁，有效反馈组织成员的意见和要求，并参与政府决议。

2. 薪酬结构及水平

日本建筑业工人收入与其他行业相比处于中等偏高水平，其中技能熟练的一线工人的收入水平与拥有一级建造师资格的管理人员相当，而重体力劳工的收入明显高于其他工人，如表 10.10 所示。

表 10.10　2010～2014 年日本建筑业工资水平　单位：日元/天

项目		2010 年	2011 年	2012 年	2013 年	2014 年
一级建造师		13 908	14 758	14 125	13 493	13 071
技能熟练工人		14 164	13 764	13 688	13 749	13 402
非熟练工人	一般劳工	12 237	12 137	12 077	12 092	12 002
	重体力劳工	14 991	13 884	12 981	12 634	13 116
	轻体力劳工（男）	10 160	10 059	10 210	10 014	9 818
	轻体力劳工（女）	7 315	7 108	7 258	7 213	7 047

10.2.5　发达国家建筑业劳工薪酬体系的特征

通过对美国、英国、德国及日本等发达国家建筑业劳工薪酬体系的梳理，可以发现，它们的薪酬体系类似。一是工资制度完善，如都有最低工资制度且工资支付保障体系完善，落实到位；二是薪酬结构多样化，大体包含“基本工资+福利+保险”等，如美国和德国建筑业雇员的工资收入；三是薪酬调节机制动态化。具体内容如下。

1. 工资制度完善

由以上分析可知，发达国家均建立了科学的工资制度，且工资制度适用于建筑业。发达国家均确定了合适的最低工资[18]，最低工资政策能够对缩小收入不平等和推动低收入劳动者工资增长发挥重要作用。美国、德国和日本均规定了最低小时工资，英国规定了最低小时工资和月工资，为工资分配低端群体的工资增长发挥了关键作用，这一措施不但缩小了工资不平等，还减少了超时劳动[20]。发达国家依据市场机制建立了统一标准的工资制度，实行同工同酬，白领和蓝领工资差别不可过大，即使公务员工资也不得超过私营企业同等职别职工工资。如美国法律规定，公务员无权自己给自己涨工资，必须经过人民的代表机构批准；公务员工资标准参照私企，且不得高于同类地区私企同等职别职工工资；所有公务员的工资必须透明，并且所有公民随时可以查阅公务员的工资标准[18]。世界多数发达国家的工资制度体现以人为本的思想，劳动强度大和劳动环境恶劣工种的工资明显高于具有良好办公条件的公务员工资，如 2009 年新加坡公务员工资为 46 190 新加坡元/年（约合人民币 235 475 元/年），而工资水平排在第 100 位的筑路打桩工的工资为 56 267 新加坡元/年（约合人民币 286 848 元/年），公务员工资显著低于修路工人[18]。

国外的工资支付保障机制的特点为事前预警、法治为主、部门联动管理。美国、英国、德国、日本的工资支付保障机制均有立法立规保障、工程担保保险、工会组织维权、欠薪保障基金等，而我国的工资支付保障体系特点为事后救济、以人治为主、管理主体单一，因此，欠薪现象屡禁不止。

2. 薪酬结构多样化

总的来说，各个国家的薪酬结构具体设计与组合不同，但是大体组成结构为“工资+福利+保险”，美国的薪酬结构为“工资+福利”，德国的薪酬结构为“毛工资+净工资”。多样化的薪酬结构，不但缩小了工资差距，而且确保了所有劳动者群体实现同工同酬。薪酬结构当中的福利部分，起到了很好的后市场分配或者说二次分配作用。总之，薪酬结构中的福利、保险都属于社会保障体系的范畴，其在减少收入不平等和促进更包容的增长方面发挥了重要作用。

3. 薪酬调节机制动态化

大多数国家实现了建筑工人薪酬调整机制的动态发展，这种动态调整机制的构建能够使建筑企业及时调整工人的薪酬水平以便其在外部竞争中保持灵活机动，且在内部吸引中达到较高的激励效果。如英国和日本，建筑工人的工资会根据从业年限、年龄、持有资质证书等情况按照一定比例合理调节。

从本节可以看到，建筑业劳工在国外均享受到了与公务员类似的薪酬待遇，他们的劳动付出与回报是同等的。在我国这种由农民工组成大量社会劳动力的国情下，要想彻底消除建筑业的劳资纠纷，实现农民工产业工人化，使他们的工作由临时性转变为职业性，首先就必须仿效国外的薪酬体系，吸引人，留住人，保障他们的权益。建筑业农民工薪酬体系改革迫在眉睫，薪酬总付一体化工资支付长效机制应运而生。

10.3　构建建筑业产业工人薪酬总付一体化工资支付长效机制

预期在城市部门获得高于农业的薪酬收入是农民工流动的主要原因。实现建筑业农民工产业工人化的根本路径之一就是稳定工资以及完善薪酬保障体系，从根本上解决建筑领域农民工工资拖欠问题。本章借鉴美国、英国、日本等发达国家先进的劳工工资支付保障机制，结合我国建筑业的具体情况，从政府、市场及农民工自身等角度建立适合我国建筑业产业工人的薪酬总付一体化长效机制体系（图 10.8）来实现建筑业农民工产业工人化进程，推进城镇化进程。

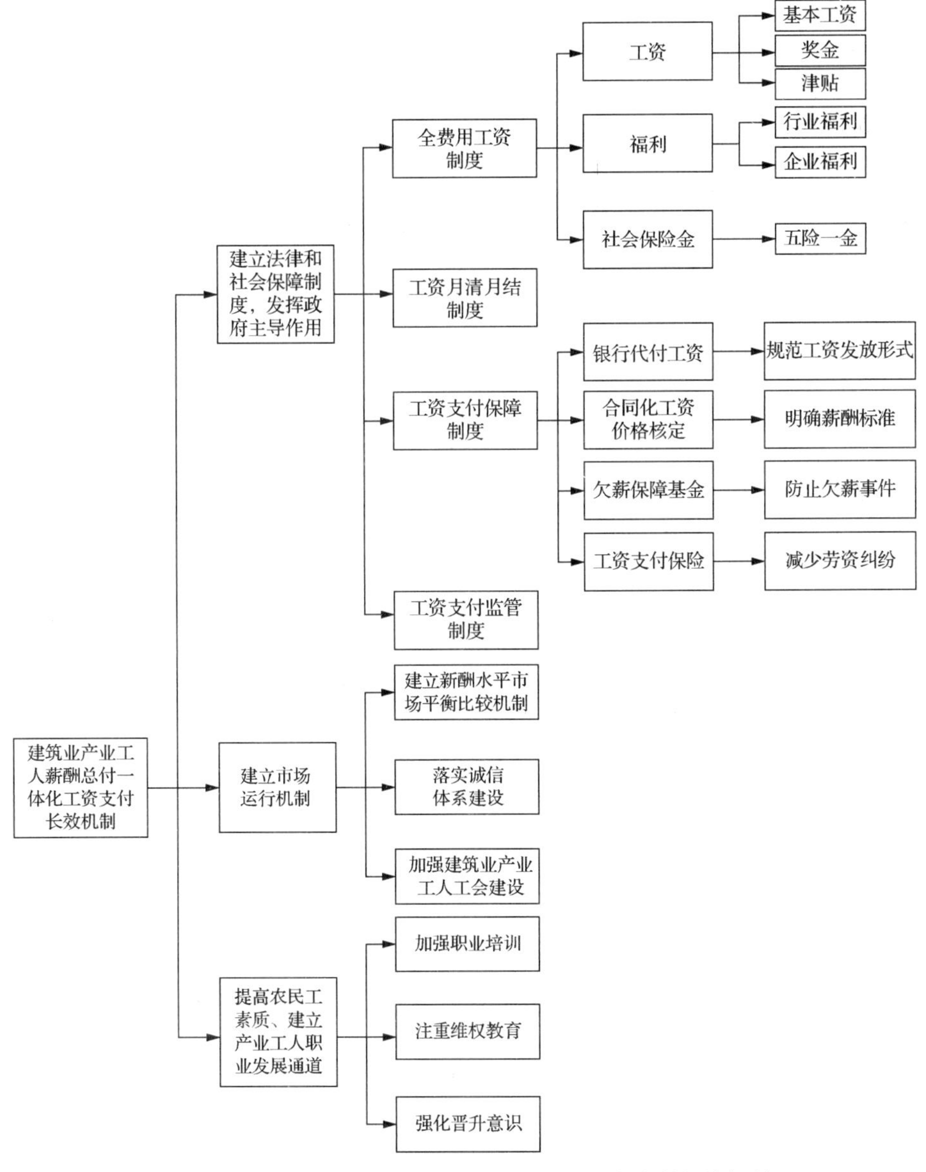

图 10.8　建筑业产业工人薪酬总付一体化工资支付长效机制

10.3.1　建立保障体系，发挥政府主导作用

目前，我国建筑业农民工的工资支付大多只包含基本工资，并不是真正意义上的工资，大多农民工加班都没有相应的奖金、津贴和补贴，严重违反了《劳动法》规定的工资制度，同时社会保险参保率极低。作者调研表明，80%的农民工更偏好“基本工资+奖金+社会保险+福利+津贴”的薪酬结构方式，且赞成月清月结工资制度，只有20%的人赞成计日工的工资制度，这一现象很好地说明了农民工更偏好稳定的工资机制。本书提出建立建筑业产业工人薪酬总付一体化工资支付长效机制，具体含义是指在我国建筑业，针对以从事体力劳动为特征的农民工群体，一是建立全费用工资制度，实行与其他职业（公务员、教师、医生等）类似的“基本工资+奖金+津贴+福利+社会保险”的薪酬结构方式，严格遵循我国《劳动法》规定的工资构成，即包含：①计时工资；②计件工资；③奖金；④津贴和补贴；⑤加班加点工资；⑥特殊情况下支付的工资。福利即享受国家法定福利以及公司福利。社会保险参照《中华人民共和国社会保险法》为每一个产业工人购买“五险一金”。二是执行工资月清月结制度，加大对拖欠工资行为的打击力度。三是完善工资支付保障制度，建立银行代付工资、合同化工资价格核定、欠薪保障基金、工资支付保险等多种方式并存的工资支付保障制度。四是建立工资支付监管制度。具体内容如下。

1. 建立全费用工资制度

产业工人工资统一规定为由“基本工资+奖金+社会保险+福利+津贴”组成，保险包括医疗保险、养老保险、失业保险、工伤保险、生育保险及住房公积金等内容。如美国，建筑业劳工的工资由“基本工资+福利”组成，且美国建筑业的福利待遇高于其他行业平均水平；德国则是执行建筑工人一人参保，其家人（配偶和子女）即可不付保险费而同样享受医疗保险待遇的政策。根据发达国家的这些经验，结合我国实际情况，在建筑业产业工人中推行“基本工资+奖金+社会保险+福利+津贴”的薪酬结构是未来的发展趋势。这种薪酬结构除了能保障建筑工人正常的工作生活以外，还能使分包公司的劳务组织更稳定，生产效率更高。

建筑业产业工人薪酬总付一体化工资支付长效机制的全费用工资结构——薪酬五分图如图10.9所示。

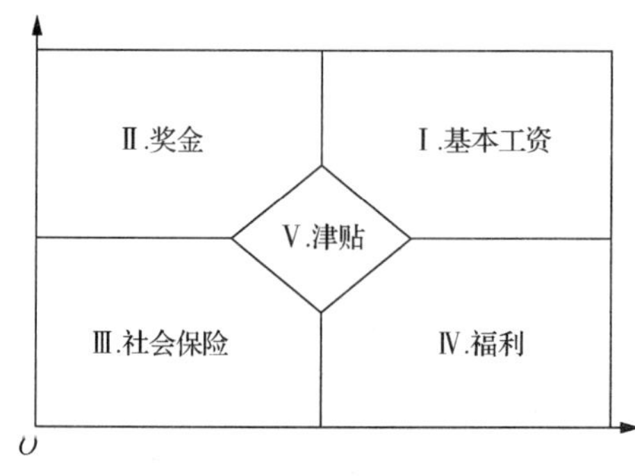

图10.9　薪酬五分图

本书从差异性、强制性、依赖性三个维度对建筑业产业工人薪酬的各个组成部分进行特征功能分析。图 10.9 的横坐标代表强制性，即企业必须履行的；纵坐标代表差异性，即薪酬各部分可根据建筑业产业工人在工作表现、工作年限、职业技能等方面的差别而有所不同。具体内容如下。

（1）基本工资。处于第一象限的基本工资具有高差异性和高强制性。也就是说，建筑业产业工人之间的基本工资差异是明显的，而且应该随着工作年限、职称往上升，表现出较强的强制性和差异性。

（2）奖金。处于第二象限的奖金具有高差异性和低强制性。由于产业工人的绩效、为建筑企业及行业做出贡献相差较大，奖金表现出高差异性，而且，随着建筑企业的经济效益和战略目标的变化，奖金也要不断调整，表现出低强制性。奖金水平与其在建筑业的服务年限、职业技能等级、企业效益、行业宏观调控政策等相关联。

（3）津贴。处于中心的津贴，种类比较多，有的具有低差异、高强制性，有的则具有高差异、低强制性。这根据产业工人的工作时间来确定。

（4）社会保险。处于第三象限的社会保险具有低强制性、低差异性。建立个人强制劳动保险制度，由建筑工人自行购买五险一金；上岗前，企业必须要求工人提供各类保险购买凭证，只有提供了凭证的工人才能享受应有的福利待遇，因此社会保险具有低强制性。

（5）福利。处于第四象限的福利，具有高强制性、低差异性，是人人均可享受的利益，而且不能轻易取消，产业工人购买了保险才能享受福利，因此福利具有高依赖性。将福利优化为行业福利和企业福利，行业福利为强制性福利，而在建筑企业福利中设置合理的差异性福利，将会调动员工的积极性，起到工资和福利相辅相成的薪酬激励效果。

2. 执行工资月清月结制度

目前，建筑业是农民工欠薪事件发生率最高的行业。原因之一就在于没有针对农民工工资支付时间的制度。劳务分包导致了“包工头”现象，大部分工资结算方式也是工程完工之后一次性付清，一旦发生工程款拖欠现象，农民工欠薪现象就会发生。因此，建议在建筑业针对农民工群体执行工资月清月结制度，按月考核农民工工作量并编制工资支付表，经农民工本人签字确认后，交施工总承包企业委托银行通过其设立的农民工工资（劳务费）专用账户直接将工资划入农民工个人工资账户。解决工地长期存在的用工人员底数不清、工资不逐月结算发放的混乱局面，从源头上夯实治理欠薪问题的基础。

3. 完善工资支付保障制度

工资支付保障制度与全费用工资制度、工资月清月结制度相辅相成，是薪酬总付一体化长效机制的主要内容，借鉴国外经验，在我国建筑业建立银行代付工资制度、合同化工资价格核定制度、欠薪保障金制度、工资支付保险制度四种保障制度，具体内容如下。

1）银行代付工资制度

银行代付工资制度是指基于建筑业农民工实名制管理制度，企业必须为每一个工人建立银行个人账户并办理实名制工资支付银行卡，银行行使代发工资和监督施工总承包企业行为的职能。建筑总承包企业须在银行设置农民工工资专款账户，独立于工程进度款账户，若没有单独设置，将不予颁发施工许可证。农民工工资由银行代发，明确由施工总承包企业对农民工工资支付负总责，缩减以往由分包企业或包工头经手发放的中间环节，不给分包企业或包工头“雁过拔毛”甚至拖欠工资的机会，以期对农民工欠薪这一老大难问题的解决，达到釜底抽薪之效。

2）合同化工资价格核定制度

合同化工资价格核定制度是指全面落实建筑工人劳动合同制度，用合同形式约定劳动计酬方式、劳动考勤、工资结算等内容，以强化农民工在追讨工资时的证据。同时，合同的签订，还有利于流动人口参加社会保险。

实现标准的合同化工资价格核定，一是督促各类建筑企业依法与招用的农民工签订劳动合同并严格履行，建立职工名册并办理劳动用工备案。二是全面实行农民工实名制管理制度，坚持施工企业与农民工先签订劳动合同后进场施工的原则，充分运用互联网技术，实现施工现场农民工作业的实时信息记录，包括考勤记录、工资结算等信息，并实时上传至管理机构实名制信息管理平台，以避免因农民工薪酬计算无依据而被拖欠工资的现象。施工总承包企业要加强对分包企业劳动用工和工资发放的监督管理，在工程项目部配备劳资专管员，建立施工人员进出场登记制度和考勤计量、工资支付等管理台账，实时掌握施工现场用工及其工资支付情况，不得以包代管。施工总承包企业和分包企业应将经农民工本人签字确认的工资支付书面记录保存备查。

3）欠薪保障金制度

欠薪保障金制度是指由建筑企业缴纳欠薪保障金。当建筑企业歇业或者宣告破产，无法支付工人工资，或者违反最低工资标准，损害工人权益时，可使用欠薪保障金支付工人工资。

建筑业产品的一次性、人员的高流动性，导致建筑业欠薪事件屡屡发生。企业长期欠薪损害工人权益，因欠薪问题引发各种争端，也容易造成潜在隐患，威胁正常的社会秩序。尤其是对建筑业农民工来说，以一己之力追讨欠薪困难重重。限于法规制度的不足，劳动行政部门及法院对拖欠农民工工资的惩戒力度小于预期。在这种情况下，强化行政干预，预先收取保障金，缓冲和降低欠薪的风险，对维护农民工权益具有积极作用。例如，《2009 年广东省欠薪保障规定》已率先规定了欠薪保障金。本书建议在全国范围内，立法设立欠薪保障金制度，以确保工人的合法权益。

4）工资支付保险制度

工资支付保险制度是指由建筑企业统一为公司的建筑工人购买建筑企业人工工资支付保证保险。在当前我国的建设领域，建筑企业需要交纳的保证金种类比较多，这无形中为企业带来了资金压力。企业的资金链一旦断裂，最后利益受损的通常是处于最底层的农民工。因此，为减少劳资纠纷，同时减轻建筑企业的压力，建议建筑企业在工程开工前，购买建筑企业人工工资支付保证保险。

以上四种工资支付保障制度，建议建筑企业在让工人工作前，至少满足其中任意一项规定。

4. 建立工资支付监管制度

建筑工人实名制管理对规范工程建设领域劳务用工管理、防范拖欠农民工工资、全面维护农民工合法权益具有重要意义。从建筑业信息化、数字化、智能化的发展趋势来看，建筑工人的实名制，不仅会给建筑企业良好的管理模式，而且为建筑工人的合法权益提供保障，实名制的推行利国利民顺应时代的发展潮流。在大数据的引导下，实名制将有利于调整行业的发展方向，促进新型管理方法的出现，改变传统的管理模式[21]。尽管这项工作已开展多年，但我国建筑工人实名制管理进展缓慢。根据统计，直到 2019 年我国才正式实行建筑工人实名制管理。反观新加坡等国家，均已实施严格的实名制管理，新加坡对每个进入该国工作的工人进行身份验证，进出工地需通过身份识别，限定住宿地点。因此，在建立工资支付监管制度方面，应重点从建筑工人实名制管理着手：一是抓紧出台《建筑劳务实名制管理办法》，从法规层面明确实名制管理的具体执行机构及工作职责，确认实名制管理各方主体的责任、义务。二是制定建筑劳务实名制信息化管理统一标准，建立涵盖工人身份信息、劳动合同、社会保险、教育培训和职业技能状况、从业经历、考勤记录、工资结算及支付、诚信评价等信息在内的建筑工人基本信息数据库。三是建立全国统一的建筑劳务实名制管理信息平台，该平台应具备劳务备案、人员审核、现场考勤、工资支付监管、流动状态监控、投诉处理、不良行为记录、职业技能培训与鉴定管理、诚信评价、绩效考核、统计分析等方面的基本功能。四是在建筑劳务实名制管理信息平台基础上搭建建筑劳务就业信息平台。保障劳务用工信息有效地交流和沟通，从而整合劳动力剩余资源向劳动力不足的地方进行调剂，降低建筑劳务分包企业和农民工双方之间的搜寻成本，减少因信息不对称而造成的资源浪费，更好地调剂劳动力供需平衡。五是推行建筑劳务实名制信息卡，依托实名制信息卡实现工地门禁管理、工资发放储蓄、农民工考勤记录、食堂就餐等管理功能和方便农民工日常生活的服务功能。

10.3.2　建立建筑市场运行机制

1. 建立薪酬水平市场平衡比较机制

所谓平衡比较，指的是建筑业农民工的薪酬水平应与其他行业从事相近工作、具有同等工作环境与工作强度的任职者的薪酬水平大体一致。诚然，建筑业农民工这一职业与其他行业相比具有现实的特殊性。平衡比较机制的建立，使建筑业农民工的薪酬水平既公开、透明，具有市场竞争性，又保证了建筑业能够吸引优秀人才。在我国，建筑业并没有建立规范的农民工薪酬水平市场平衡比较与调整机制，这种情况造成了一定的不良后果，使建筑工人市场供求情况失衡。反观国外成熟的职业人力资源管理，一个很突出的特点就是其薪酬水平具有市场平衡比较机制，如新加坡的公务员薪酬平衡比较机制[22]。新加坡将公务员按照横向的职能属性和纵向的级别进行划分，设置不同的薪酬等级。而且通过白皮书的形式，将公务员薪酬与市场相类似人员（如银行家、会计师、律师等）的薪酬进行比较，定期对公务员的薪酬水平进行调整。因此，本书建议，在我国建筑业针对建筑工人建立明确的与外部劳动力市场相类似人员之间的薪酬水平市场平衡比较机制，并定期对薪酬水平进行调整。

2. 加强诚信体系建设

建立建筑工人个人信用评价体系。当前对建筑市场主体的信用评价仅局限在从事建设活动的企业或单位，尚未涉及从事建设活动的工人。建筑业农民工的转型，需要构建像发达国家那样的建筑工人个人信用评价体系。缺少建筑工人个人信用评价体系，会造成建筑工人信用意识淡薄、对个人失信行为监管不力、守信者未能得到激励等现象，从而造成整个行业的信用环境不良。因此建筑业的信用评价体系，不仅要对作为市场主体的企业或单位进行信用评价，也要建立起针对建筑工人的个人信用评价体系，这样才能对建筑工人的信用行为进行引导和规范，从而加快推动建筑业农民工产业工人化，保障薪酬总付一体化工资支付长效机制的顺利实施。

3. 加强建筑业产业工人工会建设

发达国家协调劳资关系都是采用“三方机制”，即政府、工会和企业[23]。随着我国经济发展与社会进步，工会的作用日益凸显。有研究表明，农民工的社会网络对其工资具有正向影响，通过工会组织农民工依法维护其合法权益是保障农民工权益的有效途径[24]。目前我国建筑业工会组建数量较少，需要加强对工会建设的引导。工会对于建立建筑业产业工人薪酬总付一体化工资支付长效机制具有重要的现实意义：一方面，工会可以增强产业工人的凝聚力，切实维护产业工人的合法权益；另一方面，工会可以组织产业工人培训学习，提升自身人力资本，对行业劳动生产率的提高具有重要意义。

10.3.3　提升农民工素质，建立产业工人职业发展通道

我国建筑业农民工薪酬制度不合理的根本原因之一在于缺乏职业发展通道，因此无法确定与之对应的薪酬方式。职业发展是组织用来帮助员工获取目前及将来工作所需的技能、知识的一种方法。职业发展通道是进行职业生涯管理的基础条件之一，是通过整合企业内部各个岗位，设置多条职业发展序列并搭建职业发展阶梯，然后，通过岗位能级映射，探测岗位间的关联，为员工提供广阔的职业发展平台的，如行政序列、技术序列、销售序列、管理发展序列等[25]。

建筑业农民工职业发展指的是农民工在建筑业的工作中，在某一岗位或职位的工作经验和技能逐步积累提高，从事建筑业的素质经过锻炼逐步成长，得到技术或管理岗位的横向或纵向调整，农民工职业等级及所服务组织内部地位就能相应地逐步得到提升，待遇和收入也基本同步增长的全过程。建筑业农民工职业发展的显著标志是职位提升或者扩展。简言之，即农民工逐步实现其在工作过程中的各阶段职业发展目标，并不断清晰、不断重新制定和实现新的职业发展目标的过程[26]。

建筑业农民工和产业工人的职业发展主要有两方面内容，即内在职业发展和外在职业发展。内在职业发展主要是指建筑业农民工或产业工人通过自己的努力或参加培训，提升自身技能水平或职业素质，然后通过相应的考核，得到更高一级的执业资格证书的

认证等方面。外在职业发展主要是指建筑业农民工或产业工人在企业的职位提升，即工人通过自身努力离开最底层的一线工人岗位，并按照一套符合他们发展需求的职位序列持续提升。

建筑业农民工职业发展通道指的是建筑业整合行业及企业内部的人力资源需求，结合建筑业农民工自身的特点，建立适合其职业发展的路径和方法体系。此处，建筑业农民工的职业发展通道包括两个路径，即适合建筑业农民工的管理通道和技术通道，通道的每一层级都有与之对应的薪酬体系。

建筑业产业工人大部分将由现阶段的建筑业新生代农民工发展而来，而建筑业农民工的职业发展都是从基层技术方面的岗位做起，我国虽然有建筑业技术工人技能发展等级设置，但是从一个刚进入建筑业的工人到高级技师需要很多年，而且会有学历等方面的要求，这让很多技术工人失去了对国家职业等级发展的信心。因此，必须针对建筑工人设置企业内部的职业发展和提升通道，进而吸引并留住技术人才，促进整个行业的发展。具体的实施方案可以从以下四个方面进行。

1. 建筑业产业工人职业发展通道设计

建筑业产业工人在建筑业中的主要角色是一线施工人员，以自身掌握的技术为主要能力，而新生代农民工的学历有所提高，侧面显示出，未来对产业工人的学历将会有更高的要求，他们的综合素质也会有所提升。考虑到此方面，将建筑业产业工人的职业发展通道设计为技术和管理的双向通道（图 10.10），技术通道主要是针对操作技能的提升，管理通道对应的是产业工人在企业中的职务提升，即通常意义上的升职。二者是两个平行的发展通道，并且可以跨通道发展。

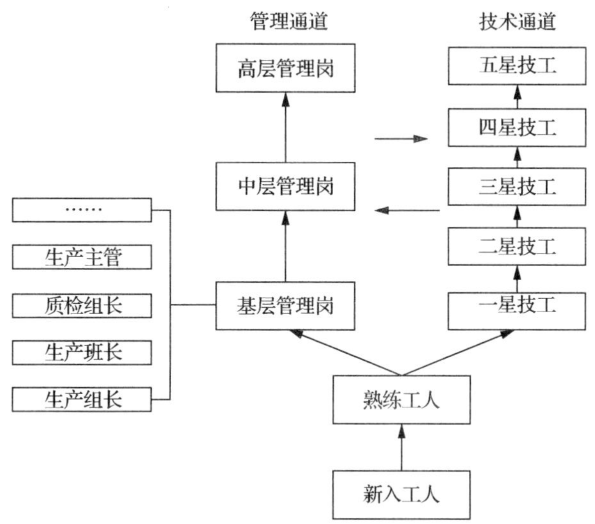

图 10.10　建筑业产业工人的职业发展通道图

根据工人职业发展状况以及企业情况，合理分配管理岗和技术岗的岗位数量以及比例，使每一位工人都有机会晋升。虽然管理岗位数量有限，但只要努力，每个人都有机会获得技术岗位的晋升。

管理通道从下至上主要包括三个等级：基层管理岗、中层管理岗、高层管理岗。不同层级间的岗位晋升、降级需要依照企业内部效益和情况设置相关规定和考核标准。例如，对基层管理岗的具体规划，可以参照生产组长—生产班长—质检组长—生产主管的设置方式，从下至上发展。

管理通道职位数量较少，流动性小，对工人的激励效果有限，而技术通道则是面向更广泛的产业工人，在职业发展上也更符合工人的日常工作需求。这里的技术通道层级设置是针对企业内部的，与行业设定的各工种的技能等级有所不同，从低到高的发展顺序为一星、二星、三星、四星、五星技工，每个星级的确定需要根据各工种分别设置。

2. 职业发展管理体系设计

目前我国的建筑业农民工几乎没有职业发展和提升的途径，因此也就缺乏合理的职业规划。为了实现企业和工人的双赢发展，在职业发展的初期需要成立专门的组织帮助农民工或产业工人确立适合的职业发展方向。

建筑业产业工人职业发展管理主体（图 10.11）主要包括产业工人职业发展管理委员会、人力资源部、直接领导及产业工人本人。要达到以工人职业发展促进企业职业发展的目的，各主体必须共同努力，充分沟通、协调、配合。

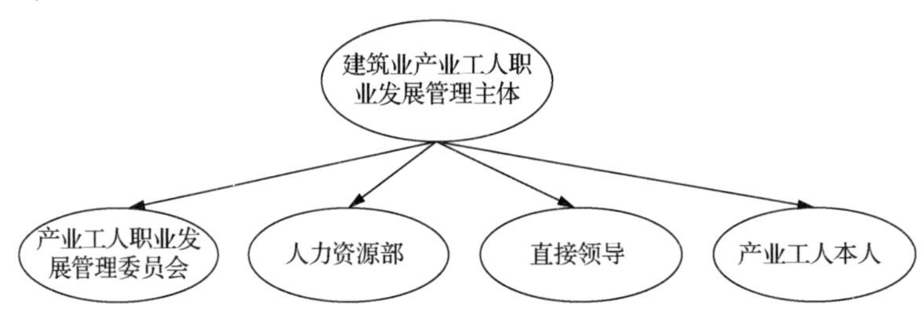

图 10.11　建筑业产业工人职业发展管理主体

各主体的主要职责如下。

（1）产业工人职业发展管理委员会。它为建筑业产业工人职业发展与提升专门成立，是职业发展管理的最高机构，主要负责产业工人职业发展相关事宜的协调和决策、发展效果的评估以及确定发展的大方向。

（2）人力资源部。产业工人职业生涯发展也是其重要的工作内容。其主要负责企业各类发展岗位的开发设计与数量确定、提供测评工具、对产业工人的工作绩效进行评估、指导产业工人进行职业生涯规划。

（3）直接领导。直接领导指产业工人的直接负责人，既是产业工人职业发展管理的责任人和导师，也是执行者和推动者，他的一言一行对工人的职业发展将产生较大影响。他主要为工人的职业发展计划提供指导和建议，推荐有潜力、有能力的职业发展者。

（4）产业工人本人。产业工人是职业规划发展的执行者，对自己的能力、兴趣进行正确的分析，确定合适的职业发展目标和通道，并按照 PDCA（计划，执行，检查，处理；plan，do，check，action）循环的方式进行修正和重评估。

产业工人职业发展的体系和流程如图 10.12 所示。

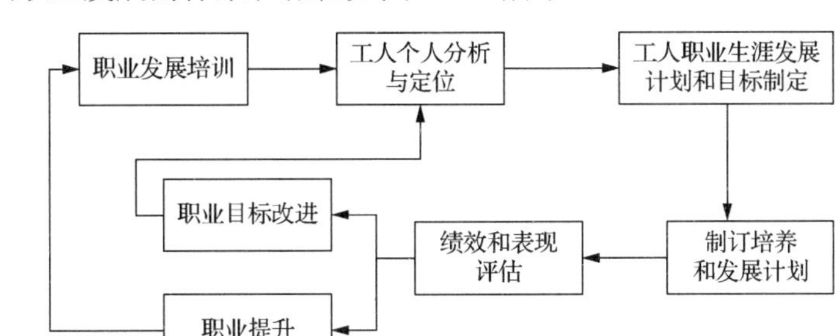

图 10.12　产业工人职业发展的体系和流程

考核是建筑业产业工人职业发展和提升的重要依据，也是工人自我价值体现的重要途径。职业升降考核可以定期进行，如一年一次、一年两次等，但整个考核是从周自评和月考核开始的，其考核结果与职业升降和薪酬挂钩。三星技工及以上、中层管理岗及以上的考核由企业统一负责，其余岗位和层级的产业工人考核均由基层单位的人力资源和直接领导负责。考核的总体范围可划分为绩效考核、同事民主评议以及直接领导评价三部分，如图 10.13 所示。

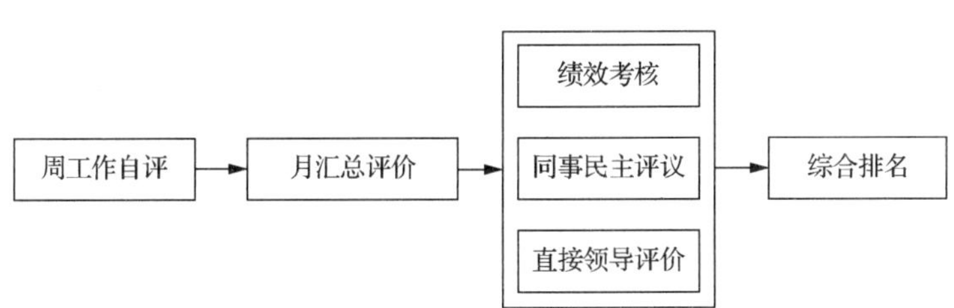

图 10.13　考核流程设计

绩效考核内容以业绩和平时表现为主，最好是每月一次，归档处理，方便年度职业考核。考核排名靠前者予以加薪、晋级等奖励。技术通道发展的考核范围分为工作态度、工作能力、业绩三个方面。工作态度主要包括团队精神、敬业精神；工作能力主要是技术的熟练程度、难度、创新能力、新技术新设备接受能力等；业绩主要是指已完工程的质量、数量、效率等方面。管理通道发展的考核范围除技术通道发展的考核范围外，还应包括事故应变能力、管理领导能力、学习能力等方面。

为了增强同事民主评议的真实性和有效性，同事民主评议主要以与该工人有直接工作联系的工人评议为主，主要内容包括德、勤、能、责等方面，每一项的具体内容可根据企业的具体要求设置，并为每一项设置合适的权重。

直接领导评价主要是直接领导每月对每位员工本月表现进行客观、公正的评价，肯定员工工作表现好的方面并指出工作中存在的不足和需要改进的地方。再对本月员工个人述职报告不实之处、工作结果较差和未完成工作情况进行评价，帮助员工分析原因、总结经验教训，对其提出工作要求和改进建议。

根据企业看重的内容，为绩效考核、同事民主评议及直接领导评价三项设置不同的比重，最后相加得到此职工的考评成绩，并根据排名情况确定升降人员。

为了保证考核的公平性和公正性，每年在考核之前应该公布该年度的计划考核内容与标准，并设定专门的职位或人员负责解答工人关于考核的问题以及将考核结果反馈给工人，保证所有的过程都是公开的。

3. 配套保障措施

为确保建筑业产业工人的职业发展能够落到实处，并达到为企业增加效益的目的，需要采取一些有效的配套保障措施。

（1）良好的企业文化。企业文化是企业的灵魂，当职工融入企业文化时，能有效激发其工作的潜力和激情。美国学者杰克 • C. 弗兰西斯（Jack C. Francis）曾经说过：“你能用钱买到一个人的时间，你能用钱买到劳动，但你永远不能用钱买到热情，你不能用钱买到主动，你不能用钱买到一个人对事业的追求，而这一切，你都可以通过企业文化争取到。”[27]建筑业产业工人也一样，因此在他们入职时，就应该将企业文化传授给他们，并取得他们的认可。良好的企业文化应该充分尊重技术工人，能够给职工带来职业发展、生活、个人发展的希望，主要包括以人为本的处事原则、唯才是用的用人制度、良好的沟通渠道、便利的生活条件以及无忧的生活保障等方面。

（2）完善的培训制度。培训是建筑业产业工人提升自我的重要途径，也是对产业工人的有效激励手段之一，因此，必须要完善企业的培训制度，使现场的师徒制与正式培训相结合。现场的师徒制在产业工人提高技能方面起着重要作用，也使得技术骨干的亲身经验和知识得到了传承和共享。培训的开办可以系统地拓宽产业工人的知识，提高产业工人的操作能力和创新能力，对产业工人整体素质的提升有着重大影响。结合每一类工人的职业发展规划，制订相应的培训计划，并将在岗培训、脱岗培训、工作交流等多种形式结合，以提高产业工人的职业能力，培养出一批批优秀的建筑业“工匠”。

（3）合理的薪酬体系。薪酬不仅仅是产业工人劳动的物质报酬，更是产业工人在企业中地位和价值的体现，因此，薪酬应当与工人的职业发展相结合。随着职业地位的发展、工作年限的增加，产业工人的薪酬也应该处于合理的增长状态。合理的薪酬体系可以激励产业工人更加负责、勤奋地工作，也是留住和吸引高级技工的有效方法。因此，职业的发展应该在薪酬上有所体现。

完善产业工人职业发展通道对建筑业农民工产业工人化的好处：第一，完善职业发展通道意味着建筑业农民工可以借助所在企业和社会资源，通过自身努力使专业技能和整体素质得到提高，其自身人力资本积累也随之增加，不必一直从事最底层的体力劳动，而是加入有技术的产业工人行列，并获得相应的经济回报和社会地位的提升，同时有助于建筑业农民工生活方式和价值观念城镇化，有利于其融入城市和实现自我价值。第二，现代企业的持续发展依赖于高质量人才资源的持续有效利用，这就需要企业营造良好的就业环境，留住高质量人才，并且能够吸引足够的后备军。对建筑企业来说亦是如此，不仅需要大量的各工种技术熟练的员工，而且要求其所拥有的员工具有相对的稳定性。因此，通过完善建筑业农民工职业发展通道，可以表明建筑企业对职业发展系列主体地位的认可，体现对各工种工人和他们的职业发展需求的尊重，培养员工归属感，有效地激励企业员工。只有当员工能够清楚地看到自己在组织中的发展前途时，才会有更大动力为企业尽心尽力贡献自己的力量，与组织结成长期合作、利益相连的伙伴关系[28]。第三，建筑业农民工作为当前的产业大军，需要不断提升自我能力，实现身份、角色、生活方式、行为方式和意识形态的转变，适应并融入城市生活，实现产业工人化，使这一群体在劳动力市场持有更多的话语权，促进整个社会全面发展。对于建筑业农民工来说，产业工人化的转变过程尤为必要。如果能为建筑业农民工建立完善的职业发展通道，培育专业化产业工人，进行专业化劳动，为提高全要素生产率做贡献，进而加快工业现代化和产业化进程，将极大推进现有建筑业农民工产业工人化的进程[29]。

10.3.4　建立薪酬总付一体化工资支付长效机制的影响

相比建筑业农民工传统的工资体系而言，薪酬总付一体化工资支付长效机制旨在最大限度地减少农民工与产业工人的差异，致力于使建筑业农民工享受与一般产业工人同等的薪酬福利，帮助他们融入城市，尽快实现其职业和身份的双重转换。本书提出的薪酬总付一体化工资支付长效机制，无论对企业还是个人来说，都有着巨大的作用，对建筑企业而言，其具有激励、分配、协调、增值的功能，对建筑业产业工人而言，其具有保障、职业价值实现等功能。

1. 对建筑企业的作用

薪酬总付一体化工资支付长效机制的建立，对建筑企业来说可以应对劳动力老龄化问题，吸引后备军，保留劳动力，激励劳动力，提高劳动生产效率。具体有以下四个方面的作用。

（1）激励的作用。薪酬是劳动力工作价值的一种体现，代表了劳动力的工作成效，当薪酬与劳动价值相匹配时，薪酬可以极大地激励劳动力的工作积极性，从而提高企业的劳动生产效率。作为典型的劳动密集型产业，劳动生产率是影响和评价我国建筑业核心竞争力的重要指标。对建筑企业而言，提高劳动生产率能够缩短项目建设工期、加快资金周转，为企业创造更多效益，同时也能为劳动者带来更多的收益，而且建筑企业劳动生产率的提高能够推动整个建筑业的快速发展，从而增强我国建筑业的国际竞争力。劳动者是生产力诸要素中起主导作用的因素，劳动者的劳动态度、主动精神发挥的程度，直接关系到劳动生产率的高低。调动工人积极性的方式很多，包括精神激励和物质激励。我国目前对于建筑工人的激励还停留在物质激励阶段。物质激励包括工资福利、社会保障、工作环境和生活环境的改善等。其中，工资福利对建筑工人的影响力排名远高于工作环境和生活环境，对于建筑业劳动生产率的促进作用效果明显。工资福利的高低可以视为对产业工人劳动成果的一种评价，直接影响到工人劳动的积极性，当劳动报酬与劳动成果匹配、合理有序增长时，工人劳动的积极性会大大提高。尽管我国建筑业劳动生产率一直保持稳定增长，但与其他行业相比还存在较大的差距。一方面，建筑业工作门槛低，劳动者的文化素质和专业技能水平相对较低，建筑业劳动者的实际平均工资水平也相应的低于一般工业部门。另一方面，建筑业劳动者不善于主动创造价值，只是被动地按照工长或包工头的安排开展工作，缺乏提高工作效率的动力。在产业工人薪酬总付一体化体系下，建筑企业将严格遵从按劳分配原则，建立完善的激励机制，使产业工人由被动工作转为主动工作，充分发挥其主观能动性，全面提高生产效率。

（2）分配的作用。农民工进城最主要的原因就是获取比在农村更高的收入。根据劳动力流动理论，劳动者为追求自身价值最大化，会根据薪酬的高低在行业、职业及企业之间流动。可见，薪酬对劳动力的流动具有导向作用，可以起到分配劳动力资源的作用。当前建筑业农民工无序流动现象凸显，薪酬总付一体化工资支付长效机制的建立有助于建筑企业合理配置劳动力，有力推动建筑企业经营战略的调整。同时，目前建筑业农民工群体存在的工资分配不公平现象，薪酬总付一体化工资支付长效机制设置动态的调节机制，对于业绩突出的建筑工人，在年终奖或者福利分配方面给予适度的倾斜，能够不断提升工人的薪酬满意度，凝聚向心力。

（3）协调的作用。建筑业是劳资纠纷的重灾区，薪酬总付一体化工资支付长效机制对于增进建筑企业与工人互信，协调劳资关系具有重要意义。劳资关系广义上讲是在劳动力和生产资料两种要素的结合中所必然发生的分工协作关系，从根本上讲是人与人之间的关系，在建筑业则表现为企业主和农民工的关系，这种关系需要良好的薪酬机制来协调。薪酬总付一体化工资支付长效机制使薪酬确定、薪酬发放、薪酬监管透明化，从而增进双方主体的信任，化解劳资纠纷，有效协调劳资关系。

（4）增值的作用。薪酬增长和工人购买力的提高，就像罗斯福在“新政”时期强调的那样，不仅是拉动内需和推动经济繁荣的必要条件，也是社会稳定与和谐的基础[30]。根据马克思劳动价值理论，一切商品的价值都是由人的劳动创造的。建筑产品作为商品的一种，其价值的形成离不开工人的劳动，工人的劳动是建筑企业资产增值的源动力。而薪酬作为企业购买劳动力的成本，通过科学的管理，能够为企业带来预期的大于成本的收益。薪酬总付一体化工资支付长效机制正是通过对薪酬的科学管理，实现对劳动力的高效运用，发挥为建筑企业增值的作用的。

2. 对建筑业产业工人的作用

建立薪酬总付一体化工资支付长效机制对建筑业产业工人有以下两方面的作用。

（1）保障的作用。完善的薪酬体系是避免生产资料匮乏、支持劳动力再生产的有力保障。在我国建筑业目前所处的发展阶段下，采用薪酬总付一体化工资支付长效机制能保证农民工工资按时足额发放，同时为他们提供与城市职工一样的社会保障，可以有效降低建筑业农民工在产业工人化过程中的边缘性和流动性，帮助他们尽快融入城市，提高社会、经济地位，消除后顾之忧，早日成为真正的产业工人。

（2）职业价值实现的作用。薪酬是产业工人劳动价值的反映，是对工人职业能力的承认，是工人努力工作的回报，是实现其职业价值的体现。科学合理的薪酬体系不仅可以使产业工人产生获得感和成就感，还能进一步激发工人的主观能动性，促进建筑业产业工人和企业之间建立合作互利的关系，实现工人职业价值提升和企业资产增值。

参考文献

[1] 李燕荣. 薪酬与福利管理[M]. 天津：天津大学出版社，2008.

[2] 李海明．从工资构成到工资定义：观念转换与定义重构[J]．法律科学（西北政法大学学报），2013（5）：108-119.
[3] 吴慈生，宋良雨，杨恒飞．公共部门人力资源激励机制研究[J]．标准科学，2010（4）：83-89.
[4] 宋晶，陈园园．效率工资理论核心假设的质疑与拓展[J]．财经问题研究，2016（8）：17-22.
[5] 张建设，侯芳，徐悠，等．建筑业农民工工资水平分析[J]．建筑经济，2014，35（11）：30-33.
[6] 陶怀颖．解决农民工工资问题的思考与对策[J]．中国农业资源与区划，2006，27（3）：6-8.
[7] 李海明．农民工欠薪问题的成因及其治理：以建筑业农民工工资拖欠及其法律救济为例[J]．河北法学，2011，29（7）：26-37.
[8] 赵杰琼，宋心德．关于拖欠农民工工资的原因及对策[C]．河南省土木建筑学会 2010 年学术大会论文集，2010.
[9] 刘林平，张春泥．农民工工资：人力资本、社会资本、企业制度还是社会环境？——珠江三角洲农民工工资的决定模型[J]．社会学研究，2007（6）：114-137.
[10] 李伟杰．从农民工的流动性看其社会保障问题[J]．中国集体经济，2009（27）：25-26.
[11] 青草．简述西欧的社会保障体制及德国工资制度[J]．中国工会财会，2014（1）：40-42.
[12] 杨欣．美国的工资保障制度[J]．行政管理改革，2011（6）：71-75.
[13] ANKER R. Living wages around the world: A new methodology and internationally comparable estimates[J]. International Labour Review, 2008, 145(4): 309-338.
[14] CISCEL D H. The living wage movement: Building a political link from market wages to social institutions[J]. Journal of Economic Issues, 2000, 34(2): 527-535.
[15] 竹隰生．美国建筑人工成本特点及其对我国的启示[J]．建筑经济，2008（3）：9-12.
[16] 佚名．美国建筑工程的社会保障[J]．中国建设信息化，2002（256）：67-68.
[17] GROSHEN EL. Importance of the U.S. Bureau of Labor Statistics and critical issues it faces[J]. Business Economics, 2018, 53(2): 86-99.
[18] 刘植荣．世界工资研究:中国工资为何落后非洲[J]．今日财富：财智领袖，2010（3）：74-77.
[19] 曾献国．德国工资制度考察报告[J]．改革与战略，1991（5）：62-68.
[20] BAKIS O, DAVUTYAN N, LEVENT H, et al. External returns to higher education in turkey[J]. Working Papers, 2010, 17(5): 27-30.
[21] 孙峥峥，李坤．关于建筑工人实名制管理及其影响的探究[J]．砖瓦世界，2019（14）：183-183.
[22] 刘昕，柴茂昌，董克用．新加坡公务员薪酬平衡比较机制及其启示[J]．经济社会体制比较，2014（4）：59-67.
[23] 梅金平，郑双雨．发达国家处理劳资关系的经验及启示[J]．华中农业大学学报（社会科学版），2011（5）：102-106.
[24] 王春超，张呈磊，周先波．社会关系网、朋友圈效应与农民工收入[J]．经济社会体制比较，2015（3）：65-80.
[25] 曾泱．AC 公司生产部员工流失问题研究[D]．上海：华东理工大学，2012.
[26] 周化明，曾福生．农民工职业发展意愿与现状调查：基于 25 个省市区的实证分析[J]．调研世界，2012（1）：33-35.
[27] 谌立新．构建企业文化的重要意义及其内容[J]．功能材料信息，2008，5（3）：36.
[28] 罗红梅．企业员工职业发展通道研究[D]．镇江：江苏大学，2006.
[29] 杨秀丽．新生代农民工职业化研究[D]．杨凌：西北农林科技大学，2014.
[30] 杨欣．美国最低工资与生活工资制度比较[J]．中国劳动关系学院学报，2011，25（5）：80-84.

第 11 章　保障建筑业农民工的市民化权益

社会结构的不断分化与整合是社会发展的主要内容和根本动力。以人类发展的视角来看，城市的兴起和演化均是人类选择的结果，人类在实现自我发展的过程中，城市化成为了历史的必然。我国城乡二元结构的形成正是城市化的阶段性产物，大量的建筑业农民工长期停滞在难以获得城市居民身份、难以融入城市、难以平等享受城市公共权益的状态下，势必会影响我国经济社会的可持续发展。需要实现建筑业农民工市民化，使其成为安居乐业的市民，享受城市相对完善的公共服务体系、更有保障的就业机会、可持续的发展环境，最终形成稳定的“两头小、中间大”的“橄榄形”社会结构，从而稳步推动我国城乡均衡发展，加速我国全面现代化进程。显然，城市化和市民化是逐步推进螺旋式上升的漫长过程，是最终实现国家全面现代化和城乡公民平等化必不可少的重要阶段，不可能一蹴而就。因此，本章主要针对建筑业农民工市民化这一特定阶段进行探讨，从人力资本、经济资本、社会配套三个主要方面展开分析研究，以期找到建筑业农民工顺利实现市民化的钥匙，为我国建筑业形成稳定的现代化产业工人队伍提供强大助力和可靠保障。

11.1　市民化的科学内涵和战略意义

11.1.1　市民化的科学内涵

建筑业农民工市民化是产业工人化的重要保障。农民工市民化是在工业化和城市化进程中，大量农村剩余劳动力迁往城市务工，在就业地充分享受均等的市民待遇，实现农民在物质、精神上彻底转变为市民[1]。具体而言，一方面是身份上的转变，即由农民身份转变为市民身份；另一方面是生活方式上的转变，即在思维方式、行为习惯、文娱活动、精神文化、综合素质等方面实现市民化。总之，尽管诸多学者对市民化的界定不尽相同，但其本质大同小异，市民化的深刻内涵在于，它不是简单的城乡人口结构的转化，而是一种产业结构及其空间分布结构的转化，是就业方向非农化、生活方式现代化、居住和生产活动的范围城镇化等演变过程的统一，是农村人口从蚕（农民）到蛾（市民）的蜕变过程[2]。

城市价值理论从价值需求的视角科学解释了农民工市民化的本质，认为农民工市民化是其追求城市价值和享受城市价值的过程。城市价值理论指出，城市价值是经济发展、城市建设等活动所形成的所有人类劳动的总和，是社会、经济、文化、生态的融合，是有形价值与无形价值的融合[3,4]。其中，有形价值主要指这座城市的物质层面，我们可以归纳为收入和消费水平；无形价值主要指精神层面，包括生活质量、城市环境状况、基础设施完善程度、教育状况、医疗状况、就业状况等[4]。城市相对农村能够提供更优质的公共服务体系、高新科技文化、人性化的市政服务等，这些都意味着更高品质的生活环境和更有保障的生活条件，彰显着现代文明与进步的独特魅力，自然成为农民向往的地方。另外，在城市社会自组织系统内可能提供的服务，如志愿者、慈善组织等，使城市功能更加完善。近年来，与城市的快速发展相对应的是偏远农村的衰落，“城市病”问题、“空心村”现象和城市房价居高不下等恰恰说明了公共服务等稀缺资源分配主要集中在城市，使得城市价值高度聚集，导致城乡发展不平衡现象不断加重[5-7]。

综上所述，在中国特色的城乡二元结构状态下，农民工市民化具有四重含义：一是生存发展的市民化。向农民工提供平等的就业机会、合格的工作环境、与城市居民同等的劳动保护等生存权利。二是权益保障的市民化。农民工平等享有社会公共服务，包括医疗保险、住房保险、子女教育权利等社会保障。三是社会生活的市民化。丰富农民工的精神文化生活，在生活娱乐、社会交往、政治生活以及价值观上逐步与城市居民趋同，最终实现无差异的城市生活。四是地位身份的市民化。实现城乡一体的居民户籍制度[8-10]。这正是我国统筹城乡一体化发展、实现社会公平正义的体现，是全社会实现无差异待遇、平等共享社会公共服务的体现，更是我国实现社会主义现代化、实现共同富裕的必然要求。

11.1.2　市民化的战略意义

改革是有着明确预期与计划的自觉实践，从邓小平做出改革开放的历史性决策到习近平发出全面深化改革的最强音；从局部改革、增量改革到全面深化改革；从“以经济为核心”到“以人为中心”发展观的转变；从 20 世纪“财富主要源于物质资源”的时代，发展到 21 世纪“财富主要源于人力资源”的时代；从过去重视器物的现代化走向了全面建设的现代化。其中，保障农民工平等共享城市公共服务的市民化权益是传统农业文明向现代工业文明过渡的必然选择，是推动我国工业化和城镇化实现国家现代化的重要内容[11]。

1. 市民化是社会主义本质的内在要求

我国特色社会主义的本质是解放生产力，最终实现共同富裕。这就决定了我国不允许城乡居民之间存在特殊群体和地位不平等现象，而农民工市民化正是实现农民工群体在身份、地位、权益等方面与城市市民同等化的过程。首先，市民化是解放生产力和发展生产力的重要表现。从产业结构升级的角度来看，市民化是农村剩余劳动力从农村转向城市的过程，是劳动力从第一产业向第二产业和第三产业不断过渡的过程，是生产效率不断提高的过程，是有利于发展社会主义社会生产力的重要表现。其次，市民化是消灭剥削和两极分化的主要实现途径。从均衡发展的角度来看，市民化是不断增加农民经济收入、不断提高农民综合素养、逐渐缩小城乡贫富差距的过程，是有效解决和预防城乡两极分化问题的主要实现途径，是有利于增强社会主义国家综合国力的重要表现[12]。最后，市民化是实现共同富裕的重要基础和前提条件。从维护社会公平正义的角度来看，市民化是逐渐消除城乡差异的过程，是逐步实现城乡“共进步、共繁荣”一体化发展的必然阶段，是维护社会公平正义、推动改革发展的成果全民平等共享的必然要求，是最终实现全体公民共同富裕的重要基础和前提条件，是有利于提高人民生活水平的重要表现[13]。

总之，农民工市民化阶段在中国现代化过程中具有特殊的历史地位，是推动并实现社会全面进步和发展的必然阶段，是践行“三个有利于”标准的重要表现，是中国现代化过程中绕不过去又必须解决好的重要课题。解决好农民工市民化问题，可以真正达到通过减少农民，增加市民，从根本上优化城乡资源配置，盘活农村土地资源，发展现代农业，持续增加农民收入，富裕农民和繁荣农村的目的。

2. 市民化是解决当前发展问题的良方

在城乡二元结构下，由于我国长期以来以 GDP 作为发展水平的唯一考核标准，高效率、高产值的城市工业一直受到政府偏爱，农村辅助城市发展、农业支持工业发展致使城乡经济社会差距不断扩大。这种城乡失衡发展的结果严重滞缓了我国现代化发展进程，滋生了一系列社会问题，如“城市病”、“空心村”、农民工等问题，这些问题已成为我国可持续健康发展的“拦路虎”[14]。市民化正是解决这些问题的主要途径。

根据城市价值理论不难看出，“城市病”、“空心村”、农民工等现实问题的根源是城乡发展不均衡，核心是城市价值高度聚集在少数的大城市，导致城乡价值“两极分化”[15]。因此，市民化是实现大中小城市和农村均衡发展的必然要求，是解决当前我国“城市病”、“空心村”、农民工等现实问题的主要途径。首先，在市民化过程中，农村剩余劳动力迁往城市务工，为城市发展提供了充足的人力资源，有利于通过完善中小城市的基础设施和提高公共服务水平等措施实现城市价值向中小城市不断扩散，从而承接大城市功能的同时吸纳更多农村转移劳动力，推动我国大中小城市的均衡发展，彻底解决大城市拥堵不堪、污染严重等“城市病”问题[16]。其次，在市民化过程中，农村劳动力逐渐减少，有利于化解我国农村人多地少的矛盾，为我国土地流转集中、农业大规模机械化生产经营、农村城镇化和现代化建设提供了条件，有利于推动农村经济社会可持续发展，是改变农村落后面貌和解决农村“空巢老人”“留守儿童”“空心村”等问题的重要途径[17]。最后，在市民化过程中，增加了农民收入、提高了农民的现代化水平，缩小了城乡差距，维护了社会公平正义，降低了城乡两极分化的风险，确保了社会长期稳定，保证了国家长治久安。

总之，农民工市民化是消除城乡差别，是现阶段工业反哺农业、城市带动农村、发达地区带动落后地区的有效实现形式；是新型工业化建设、农业现代化建设、大中小城市均衡发展的过程；是以可持续发展的思想倡导城市由发散式、孤立式发展转向并联式组团式发展，形成共享城市综合体，有效解决“城市病”、“空心村”、农民工等现实问题的主要途径；是推动我国城乡一体化发展、实现社会主义现代化、全面建成小康社会等宏伟目标的重大战略举措。

3. 市民化是推动可持续发展的重要方式

城市化推动了农村剩余劳动力向城市的迁移，马克思和列宁曾指出，这种迁移是农民摆脱传统落后状态，向现代社会不断学习、进步的过程。它不仅应保障农民进城务工的基本生存和发展机会，还要使之以全新的生活方式、思维方式在城市中生活，综合素质得到全面提高。市民化的目的就是要打破城乡地理隔离，促进城市、农村在经济、政治、生态、文化等方面的融合，最终实现城乡一体化、社会现代化同步发展[18-21]。因此，农民工市民化是提高国民素质的重要途径，是推动我国人力资源价值最大化的主要方式，是我国经济社会可持续健康发展的强大基石[6]。具体而言，农民工市民化，关系到亿万农村劳动力转入非农产业就业，是工业化、城镇化和农业现代化发展的必要条件；关系到亿万农村人口进入城市，是创新社会管理和推进基本公共服务均等化、实现城乡一体化发展的基本任务；关系到亿万劳动者人力资本提升和收入增加，是推动我国经济结构转型和成功跨越“中等收入陷阱”、迈向高收入国家的必然要求；关系到亿万农民工综合素质的提高，实现物质与精神共同进步，是我国成为世界强国的重要基础。另外，现代化的生活方式和较高的综合素质有利于扩大国内消费，进而促进投资和出口，是“三驾马车”持续快跑的加速器，是我国经济可持续良性循环的基础和保障。

党的十九大也明确提出[22]，中国特色社会主义进入新时代，我国社会主要矛盾已经转化为人民日益增长的美好生活需要和不平衡不充分的发展之间的矛盾。我国稳定解决了十几亿人的温饱问题，总体上实现小康，不久将全面建成小康社会，人民的美好生活需要日益广泛，不仅对物质文化生活提出了更高要求，而且在民主、法治、公平、正义、安全、环境等方面的要求也日益增长。同时，我国社会生产力水平总体上显著提高，社会生产能力在很多方面进入世界前列，更加突出的问题是发展不平衡不充分，这已经成为满足人民日益增长的美好生活需要的主要制约因素。坚持在发展中保障和改善民生。增进民生福祉是发展的根本目的。必须多谋民生之利、多解民生之忧，在发展中补齐民生短板、促进社会公平正义，在幼有所育、学有所教、劳有所得、病有所医、老有所养、住有所居、弱有所扶上不断取得新进展，深入开展脱贫攻坚，保证全体人民在共建共享发展中有更多获得感，不断促进人的全面发展、全体人民共同富裕。建设平安中国，加强和创新社会治理，维护社会和谐稳定，确保国家长治久安、人民安居乐业。以城市群为主体构建大中小城市和小城镇协调发展的城镇格局，加快农业转移人口市民化。显然，新时代，我们应当高度重视农民工平等共享城市公共服务，加快改革户籍制度，有序推进农业转移人口市民化。

11.2　建筑业农民工城市工作生活现状

由于建筑业具有显著的一次性和流动性特征，建筑业农民工往往作为临时劳动力，难以平等享受城市公共服务等市民化权益。用工单位很少考虑农民工的劳动权益保障，其生产生活条件不佳、劳动强度大等问题尤为突出。近年来党和国家出台了一系列改善建筑业农民工城市工作生活条件的政策，虽然成绩显著，但距离促成建筑业农民工市民化，实现培育现代化产业工人的标准仍有较大差距[23-26]。

11.2.1　生活负担较重

在当前城乡二元结构条件下，农业收入与非农收入的差距正是农民进城务工经商的重要原因之一。生在农村、长在农村的建筑业农民工无论走到哪里都要肩负着生活的“重”担。

首先，建筑业农民工经济负担较重，城市生活条件较差。尽管个别一线建筑业农民工的“工日薪水”能拿到200元，甚至更高，但是他们的有效“计工”受到工种、施工方案、市场、气候等不稳定因素的干扰，存在巨大的不确定风险，基本上也是“靠天吃饭”。据调研数据显示，建筑业农民工每年的有效工作天数平均不足150天，无法平等享受产业工人的“五险一金”等基本的工人福利，使之不易得到在城市生活和发展的重要保障。目前建筑业农民工还是传统的人随项目走，绝大多数农民工会选择在工地的集体宿舍吃住，或者就近寻找城中村集体合租，以最大限度地节约支出。建筑业农民工居住情况如图11.1所示。

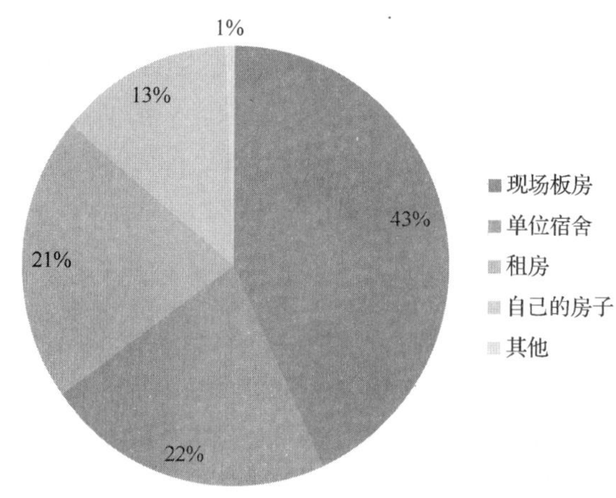

图11.1　农民工居住情况

其次，建筑业农民工的家庭负担较重，两地生活较多。从事建筑业的农民工多半是年富力强的家庭主力，在家庭中往往是父母的希望和子女的榜样，肩负着赡养父母和抚养子女的家庭责任。与其他农民工一样，他们为了托起家庭的希望，背井离乡，进城务工。由于不能平等享受城市的教育、医疗、住房、社保等基本公共服务，父母子女进城生活成本过高等障碍，农民工往往独自在外打拼，不能与家人团聚，使得父母成了“留守老人”，子女成了“留守儿童”或“流动儿童”。调研访谈中了解到，大多数建筑业农民工对自己长期工作生活的城市并无太多亲近感，并表示来城市打工主要是为了挣钱回家，家是他们生活的原动力和牵挂。换位思考就不难理解，为什么春节期间，工地上给出高于平常三四倍的工资也没人愿意干，只因为万金难买家人团圆时的激动和欢喜。

最后，建筑业农民工难以享受城市社保福利，医疗负担较大。长期从事重体力劳作，为城市建设奉献青春的建筑业农民工多半会患上严重的职业病，却享受不到与城市居民对等的医疗保险，这无疑又会加重其家庭负担。尽管农民工在农村老家有土地、有房产，具有一定的社保功能，但也只能算作一笔潜在的财富，尚未有效地盘活利用。虽然近年来国家惠农政策逐年增多，农村发展较快、变化很大，如新型农村合作医疗的全面覆盖，60岁以上的老人每月也能领取养老金，但相对城市来说现代化的公共服务依然较为落后。

11.2.2　工作条件较差

由于我国建筑业仍然走传统体力型道路，建筑业农民工往往需要承受险、累、苦、脏、乱、差的施工现场作业条件。首先，建筑业从自身特点来看属于典型的安全事故高发行业，风险程度仅次于煤炭等地下采矿业。由于建筑施工一般都是露天作业，以重体力劳动为主，劳作的高强度、噪声、有害气体、尘土、夜间照明、恶劣天气等因素使得建筑工人在复杂的外界环境下体力和注意力下降，从而增加施工的危险性。在建筑施工过程存在立体交叉作业和人机混合作业，多班组、多工种须在同一狭窄作业面内作业，危险隐患集中，致使安全问题复杂难控。其次，“闲的时候没钱，忙的时候累瘫”。建筑业实行施工管理和组织劳作的“两层分离”和自身临时性、流动性的特征，以及“计件包干制”的计酬方法，导致农民工没活干的时候想办法找活干，有活干的时候就拼命干。长此以往，建筑业农民工多半处于亚健康或不健康的状态，这也是导致建筑业安全生产事故的主要原因之一。

11.2.3　社会地位较低

在整个建筑业中农民工地位较低，劳动强度较大，工作环境较差，工资待遇的保障薄弱，合法权益容易受到不同程度的侵害，例如，每年常出现的建筑业农民工“春节讨薪潮”，对于逃之夭夭的“包工头”或“项目工程部”，多半建筑业农民工手里只剩下“欠账的白条”而拿不出具体可以维权的正式劳动合同，相关维权部门往往也无法可依、束手无策。尽管政府对此做出了诸多努力，但是“讨薪”事件仍然频频出现。调研访谈发现，现在建筑业农民工的合同意识已经增强，合同签订率明显提高（图 11.2），但是一些建筑劳务公司或包工头往往只给建筑业农民工签订两份合同，公司留一份和项目上留一份，并不让建筑业农民工自己保留合同，或者由包工头代签不规范的“集体合同”，这些用工主体签合同的本意并不是真正出于保护双方权益和明确双方责任，而是想尽办法应付政府检查和逃避自身责任。

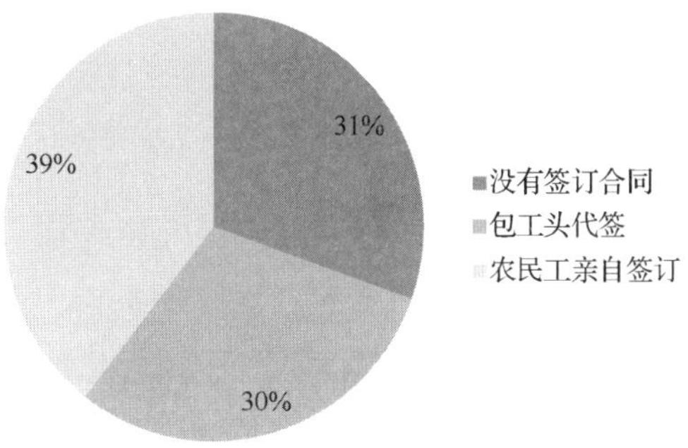

图 11.2　建筑业农民工合同签订情况

另外，农民工个人文明讨薪、维护自身合法利益的渠道较少，且通过合法申述的方式时间长，结果往往无法令其满意。处于弱势地位的农民工，容易选择非文明讨薪方式。因此形成“恶性循环”，成为我国社会的重大难题。

11.2.4　社会形象不佳

究其原因主要有以下几个方面。首先，我国建筑业“两层分离”的劳务用工制度和层层分包传统，导致“计件制”和“计日工”成为建筑业农民工工资支付的主要方式，用工单位不愿意花费额外的费用去照顾农民工的个人形象。例如，由于建筑工程项目具有一次性和临时性，改善建筑工人临时生活场所的安全文明措施专项费用往往成为用工单位的利润范畴，致使施工现场的洗澡间、更衣室等生活设施较为缺乏，不利于农民工个人形象塑造。其次，建筑业农民工群体同质化严重，社会交往以工友或老乡为主，其改变形象的动力不足。最后，建筑业农民工作为典型的体力型劳动者，对建筑工地尘土飞扬等工作环境已经习以为常，在劳动强度较大的情况下，难以顾及自身形象。

11.3　建筑业农民工市民化的主要障碍

我国建筑业是传统的劳动密集型产业，对劳动力知识文化水平等要求低，使之成为大量吸纳低技术、低学历农民工的主要行业。从事体力劳动获得报酬、法律意识淡薄、劳动合同签订率低、工资福利保障率低、权益容易受到侵害等已经成为建筑业农民工的标签，建筑业农民工无疑是中国当今社会主要的弱势群体之一。建筑业农民工平等享受市民化权益的问题已受到社会各方面的关注，妥善处理并合理推进建筑业农民工市民化不仅关乎民生，而且涉及社会稳定和谐、国家长治久安，是近年来党和国家领导人极为关心的问题之一。然而，社会配套等制度的缺失、高昂的公共服务和城市生活成本，以及建筑业农民工自身综合素质尚难适应城市生活，使得其市民化进程困难重重[27-30]。因此，要做到保障农民工市民化权益的“对症下药”，有必要进一步梳理建筑业农民工市民化的主要障碍问题。

11.3.1　经济障碍

农民工市民化的经济障碍包括以下两个方面。

1. 农民工市民化面临经济成本困境

农业收入水平低是农民迁往城市获取较高非农收入的主要动力，然而进城所花费的成本高昂，以农民工在建筑业的收入无力支撑，不仅要承担住房、餐饮、交通、教育等费用，还要受到各种制度限制，这严重阻碍了农民工市民化的进程。经济基础决定上层建筑，农民工市民化的经济成本是阻碍其市民化的主要原因。

2. 农民工市民化面临土地资本困境

除了农民工的工资水平无法支付高昂的城市生活成本进而阻碍了农民工市民化的进程以外，农民工本身拥有的宝贵资产——“土地资产”也没有发挥应有的作用[31]。目前，我国农村土地产权不明晰，限制了农地的自由流转和升值变现。在通过市场进行资源配置和扩大生产的经济结构中，要素能够自由流动才能保证市场的运转正常和生产效率。《中华人民共和国土地管理法》规定，农民只拥有集体土地的承包权，一旦农民身份丧失，其农地权益也随之消失[32]。同时对于宅基地方面，在法律上农民也只拥有使用权而没有所有权，并且集体土地只允许在本村村民之间进行转让，其他人没有资格获得集体土地的使用权。这些规定使土地无法自由流转，农民放弃土地不会获得期望的收益，使得他们对土地更加执着，不肯放手，从而使其在城市务工期间总有牵挂，稳定性减弱，农民工市民化进程受到极大牵制。另外，土地不同于一般商品，它是具有升值空间的不动产和稀缺资源，若放开农村土地交易市场，其价值将不可估量[23]。在当前农地市场不成熟的情况下，土地价格确定机制不完善，容易掩盖农地的真实价值，损害农民利益。

11.3.2 农民工综合素质障碍

农民工市民化的自身综合素质障碍包括以下几个方面。

1. 农民工受教育程度较低，市民化难度大

由于我国城乡投入差距大，农村教育质量偏低，影响了农民工整体素质提升，使之难以融入城市生活中。随着科技的不断进步，对劳动者素质和职业技能提出了更高的要求，受教育程度较低的农民工在城市就业市场竞争中处于更加弱势的地位，这也不符合建筑业工业化、现代化发展的要求。农民工只有提升自身职业技能、受教育程度等综合素质，才能在城市中立足，找到适合自己的工作，而这需要一定的时间积累、知识积累。总的来说，农民工受教育程度较低放慢了农民工市民化的进程[24]。特别是，农民工子女教学问题一直没有得到妥善解决，因户口问题，其子女很难在公立学校就读，只能就读于学费昂贵的民办学校，或者针对农民工子弟的学校。农民工的收入大多不能承担城市学校昂贵的学费，这无形之中增加了农民工进城定居的成本[33]。农民工子女受教育成本高、质量较差进一步影响其受教育年限，造成代际之间教育程度普遍较低的恶性循环，对我国农民工市民化进程造成了巨大的阻碍。

2. 建筑业农民工职业技能不足

由于建筑业“两层分离”的管理模式，包工头等零散用工成为建筑业的常备军，这种不规范的建筑队伍，不仅没有法律保障，而且造成农民工整体综合素质较低、职业技能缺乏、安全事故频发等问题[34,35]。目前我国在建筑劳务市场运作、监管的法律法规尚不健全，政府主管部门虽十分重视企业施工设施检查、安全器材购置等方面，但在农民工职业技能和安全培训的监管服务系统方面却并不完善，责任主体责任不清晰。政府虽然要求建筑企业必须对农民工进行职业培训，但建筑企业增加农民工系统化职业技能培训投资的积极性不高，以各种理由推卸责任。建筑工程项目的一次性和流动性，以及以体力劳动为主的低门槛性等特征，造成建筑业农民工就业的临时性，农民工无法在一个建筑企业稳定工作，建筑企业认为对农民工进行职业技能培训的收益不明显，因此培训主要作为应付政府部门检查的形式。仅靠企业培养一支稳定的建筑业产业工人，提升农民工职业技能困难重重，这是制约农民工市民化的重要障碍之一。

3. 农民工“过客”心理严重

由于农民工在农村长期生活所形成的固有习惯，以及城市社会融入氛围不佳，导致农民工容易产生“过客”心理，即使在城市生活多年的农民工对城市依然缺乏主人翁的归属感，他们在面对城市和市民时往往缺乏足够的自信，严重阻碍了自身市民化[36,37]。

11.3.3 社会障碍

建筑业农民工市民化的根本目标是顺应历史潮流，革新现有不适用的法律法规和政策制度，推动城乡社会经济一体化和公共服务均等化，让农民工带着资本、文明和自信进城，有序转化为新市民。建筑业农民工真正顺利实现市民化，需要融合城乡文化，解除不适用体制政策，打破有形和无形壁垒，化解城乡矛盾，切实保障建筑业农民工市民化权益，推进建筑业农民工有序市民化，从而消除农民工产业工人化的后顾之忧[38-41]。建筑业农民工市民化面临的主要社会障碍包括以下三个方面。

1. 户籍制度异化阻力

由于历史发展原因，户籍制度早已不再只有最初的登记信息功能，它在一段时间成为保障城市工业和社会安定有序的重要工具，但也固化了我国城乡二元结构，对农民工市民化造成障碍。在城乡二元户籍制度下，城乡有别的社保福利待遇，造成农民工无法与市民平等共享城市在就业、社保、住房、教育等诸多方面的公共服务资源，成为农民工与市民之间无形的墙，阻碍了城镇化的进程。

2. 社会保障制度缺失

现行社会保障制度主要针对的是城市企业职工。由于社会保障种类多、涉及人群大，政策指向难以统一，难以实现网络平台信息共享，从农村来到城市的农民工群体被排斥在城市社会保障系统之外。另外，农民工自身频繁的流动导致反复参保、退保，造成农民工难以享受均等的社会保障福利，同时企业、单位为其参保的意愿也不强，形成恶性循环。具体而言有以下问题。

（1）就业制度平等性不足。虽然在建筑业农民工已是施工一线的主要成员，具有不可或缺的地位，但是农民工人数多、规模大，在就业制度上没有得到相应的保护，存在不公平的现象。一方面，农民工由于学历低、技能不足，在正规就业市场受到排斥，只能去次级劳动力市场寻找工作，而这些工作，企业很难提供可观的福利待遇（如“五险一金”），对农民工市民化不利[28]；另一方面，建筑业一线施工往往是脏、乱、差、险的体力劳动，农民工干着建筑业最底层、最艰苦的活，拿到的工资却与所付出的辛劳不对等，种种不公平现象阻碍着农民工市民化的发展。

（2）养老保障缺失。我国的社会保障体制具有二元性，全国统一的养老保障制度还没有建立起来，现有的城市养老保障体系未充分考虑农民工群体诉求。农民工对现行社会保险制度信心不足，退休后主要依靠个人积蓄过活。在养老保障呈现缺失状态下，增加了农民工对农地的依赖程度，不利于其彻底向城市转移成为市民。

（3）医疗保障缺失。“小病不看病，大病看不起”正是我国农民工的生活状态，“看病难，看病贵”问题一直困扰着广大农民工群体。在“两层分离”的模式下，建筑业农民工往往被视为临时劳务用工，计件工资制成为主要结算方式，用工单位不愿意为农民工购买“五险一金”，只愿意为农民工购买政府强制的工伤保险。由于城市医疗保险与其他保险“捆绑”在一起，要求医疗、工伤、失业等险种捆绑参保，这无法满足农民工对医疗保险的有效需求。在这种情况下，大多数农民工只能参加新型农村合作医疗。但新型农村合作医疗尚存在诸多问题，如保险限制条件较多，只能在规定的地点报销，一些常见的病报销受到限制，住院才报销，先交钱后报销，报销比例较低，以及后期报销程序烦琐、周期长，最终报销数额易造成人为缩水等。

（4）住房保障缺失。从事建筑业的农民工由于其工作周期短、流动性大，大多住在企业提供的工棚中。有的施工单位不提供宿舍，农民工的工资收入难以承担高昂的商品房租金，农民工只能在城中村里与同事、老乡一起合租，生活条件差。建筑业项目的一次性、不稳定性导致农民工经常流动，不能稳定且长期地在城市定居，加之社会住房优惠政策基本上把建筑业农民工排除在外，建筑业农民工长期处于居无定所的局面。

3. 社会融入困境

整体而言，农民工的素质条件、思维方式、生活习惯和政治法治观念，与城市居民相比还有较大差异，需要通过进一步的社会化或城市化促进其社会融入。同时，也需要城市居民和管理者能够正视、宽容并以积极的态度去帮助农民工加快融入城市社会。

一方面，农民工自身社会资本困境。由于社会的舆论、市民的偏见，农民工的社交圈狭窄，主要与同村邻里、家乡亲戚等进行社会交流，他们一同来到城市务工，从事相同或相似的工作，生活、工作往往在一起，使农民工难以走出自己的社交圈，与城市市民孤立开来，不利于其社会资本的增加。另一方面，多方面的社会排斥导致农民工对城市的认同感和归属感不强，制约了其城市社会融入。在当前二元结构体制下，很多农民工已脱离农村，但是由于户籍制度的约束，也不能在工作地落户，其相应的社会福利、政治利益得不到实现，进一步制约了其向城市社会的融入。总而言之，我国城乡二元结构下农民工市民化的上述各种障碍若得不到妥善解决，其市民化将难以实现。

11.4　保障农民工市民化权益的对策建议

在新的历史时期，要从根本上解决好农民工发展问题，必须通过经济体制和社会管理体制的变革，进一步解放亿万农民工群体的生产力、激发更大的社会活力、极大地释放新的“改革红利”。农民工市民化是一个长期的系统工程，不可能一蹴而就，需要全社会通力合作，仅仅依靠一个部门或几个部门是难以实现的，必须在中央的统一领导和各部门的协调配合下，将各部门的优势融合、扩大，将劣势弥合、缩小，有计划、分阶段地实现，因势利导，逐个解决，最终完成城乡一体化可持续发展。本节主要从社会、农民工自身综合素质和经济三个关键方面提出针对性的对策建议，首先是解决农民工的生存问题，如社会保障、住房保障、平等的就业权利等社会制度层面的问题；其次是实现农民工个人可持续发展，提高农民工综合素质；最后通过盘活农村土地、提供经济基础保障来推动农民工市民化的完成[42-44]。

11.4.1　社会方面

社会方面的变革，其目的是推动农民工有序市民化，完善社会公共服务体系，城乡平等共享改革发展成果，保障农民工基本生存和发展权益，从根本上解决建筑业农民工产业工人化的后顾之忧。一方面是指农民流入城市就业并生活，逐步融入城市，成为城市新市民；另一方面是指在城市从事非农产业的农民工，通过缩小城乡差距，逐渐在身份上平等化，职业上产业工人化，生活方式和福利待遇上市民化。总之，这一彻底变革，不只是身份上转变为市民，更重要的是让农民工享受与市民同等的社会权益保障，让改革发展成果惠及全体人民。

1. 改革城乡二元户籍制度

我国的二元户籍制度与多种社会管理功能挂钩，使得城乡二元结构固化。只有改革二元户籍制度，才能使农民工市民化的进程实现实质性的飞跃，不断降低制度优势造成的城镇户籍福利含量，恢复户籍制度原始的登记信息职能，循序渐进地缩小户籍制度造成的城乡社会福利差距。改革过程中需尊重农民的意愿，妥善处理农村土地所属权与户籍改革的关系，加强我国人口管理的制度创新，将公平体现在每个政策中，实现农民、市民平等化。

（1）尊重农民工“人户分离”的实际情况，尽快完善异地办理身份证、户口本等绿色服务通道，并实现全国大中小城市普及互通。由于大多数农民工常年在城市工作生活，如果能在就业地及时办理户籍证明、身份证等事宜，不仅节约了农民工的时间和资金成本，而且这种针对农民工的城市服务还有利于拉近城乡距离，提高农民工的城市归属感，促进城乡融合和农民工市民化。

（2）加快落实全国统一的居住证制度，逐渐放开落户限制。弱化户籍制度的福利属性，逐步降低城市户口与农村户口的差别，建立统一的城市居住证制度，简化申请条件，覆盖城市所有常住人口，特别是建筑业等一线城市工作者。同时政府应制定相应的减小落户阻力政策。对于中小城市，建议为满足条件的农民工（如满足工作年限、工资收入等）制定相应的优惠政策；对于特大城市，政府也应进一步完善“积分制”等，给农民工提供更多进城落户的机会。

（3）不断减少与户籍挂钩的社会福利，还原户籍登记功能。户籍制度改革的实质就是分离与户籍制度挂钩的相关社会福利，实现无差异化户籍制度，常住人口可以享受与城市居民同等的社会福利与公共服务，还原户籍制度原始的登记功能，推进农民工市民化，解除制度性障碍，促进农民工融入城市。

2. 完善城市住房保障制度，实现农民工安居乐业

只有解决好农民工生存、居住问题，我国新型城镇化的质量才能得以保证，才能解决好我国“城中村”“城市病”等问题。城市住房保障制度的完善，应多渠道改善农民

工居住条件，多途径拓宽保障性房源，提高建筑业农民工城市住房自有率，加快“房产去库存”，照顾农民工特殊群体，根据其收入水平建立多层次的住房供应体系。

（1）建立健全国家多层次的住房供给保障体系，完善并普及“租售同权”政策。众所周知，大中城市房价居高不下，问题的根源是城市价值高度聚集在个别大中城市，靠销售端的限购、限贷、限卖等人为调控政策只会固化公共服务非均等化，容易导致城市房价越限越高的恶性循环，公共服务非均等化的保护主义解决方案长远来看难以为继。解决城市住房问题的关键，需要从住房的市场供求关系入手，通过“租售同权”等有力措施，逐步推动大中小城市的城市价值扁平化及其公共服务均等化。首先，建立健全大中小城市的保障房体系，将当地建筑业农民工纳为公租房、经济适用房、廉租房等保障性住房体系的服务对象，满足建筑业农民工在城市有房可住的愿望。其次，大力推进城市租售同权住房政策，租售同权的最大意义在于剥离购房的附加属性，平抑房价的需求性增长。通过立法，明确租赁当事人的权利和义务，保障当事人合法权益，建立稳定租期和租金等的制度，逐步使租房居民在享受城市基本公共服务方面与买房居民享有同等待遇。租售同权强调的不仅是租房人子女入学教育的同权，还包括公共服务方面的同权，如教育、养老、医疗、公共交通等社会公共资源的同权。租售同权可改变城市“新居民”的住房消费观念，增强“商改住”闲置资产的使用效率，从而盘活住房存量资源。如此可以给买房市场降温，为租房市场加热，不仅有利于消除库存，还有利于推动共享经济、减少资源闲置、缓解土地供应压力、增加房产租赁税收。最后，租售同权优势发挥需要前提条件，那就是公共资源足以让租售双方可以同权，否则租售同权就是“水中月，镜中花”，中看不中用。租售同权政策落实的核心障碍是社会优质资源（公共服务）过度集中在个别大城市，呈现非均衡状态。一旦户籍制度有所松动，优势资源集中的一二线城市，越有可能涌入大量的外来人口，引起诸如就业、医疗、教育、公共财政等多方面问题，基于上述考虑，租售同权在地方政府实际执行过程中势必遭遇重重阻碍。但是再难也要解决，不能因为小部分群体的利益而影响广大中低收入群体的利益，这关乎社会公平正义和社会经济可持续发展的大局。因此亟须扩大城市的教育、医疗等优质资源体量，增大城市容纳能力，并通过一系列的政策实现社会公共资源在大中小型城市的均衡布局，这是租售同权政策真正落地和租赁市场健康发展的前提条件。另外，我国的保障性住房建设是一项关系到社会稳定的长期性重大工程，仅仅依靠政府的力量是远远不够的，需要采取一定的激励措施来充分调动社会各界的参与主动性和积极性，如实行保障性住房容积率奖励政策，扩大潜在开发收益，提高开发企业参与的积极性，实现责任的合理分担。

（2）设计适用于建筑业农民工群体的保障性住房，满足农民工需求。切实关注农民工关于住房的需求，一方面，在户型设计上可适当缩小室内面积，或由政府相关部门统一安排将面积较大的存量住房进行合理分租并规范化管理，满足农民工基本的居住空间需求。另一方面，充分考虑农民工的居住区位需求，对交通便利区位上的保障性住房可适当调高单位面积的住房租金，为位置偏远的保障性住房提供必要的交通设施以降低其通勤成本。另外，还要加强住房租赁市场执法，规范住房租赁市场价格指导，保证租赁消费者合法权益，严厉打击黑中介、哄抬租价、囤积房源等不法行为。

（3）社会福利逐步与房地产脱钩，保护中低收入群体权益，同时放开高端房地产市场，加强税收调控，应是我国房地产基本的调控走向。正如习近平主席所强调的：“房子是用来住的，不是用来炒的。”租售同权是考虑到我国房地产市场特点，建立促进房地产市场平稳健康发展长效机制的重要举措之一，最终应构筑“高收入购房，中收入租房，低收入保障房”的全方位住房供给体系。要为有购房意愿的农民工提供价格适当的新建商品房或二手商品房，借助房地产“去库存”政策，对建筑业农民工在城市购房定居给予更多优惠。地方政府应加大对农民工在中小城市、城镇首次购买住房的政策支持力度，如给予财政补贴、税收减免、利息补贴等支持政策。另外，要求研究扩大公积金缴存基本面，将农民工纳入公积金缴存范围，加大公积金对购房的支持力度，方便农民工贷款。当然，租售同权只是全民均等化共享社会发展成果的第一步，接下来还需要进一步地深化改革，例如，弱化户籍制度和区域保护政策，逐步实行城乡统一的“居住证”制度等，彻底打破公共服务与个人资产多寡（如房地产）的依附关系，充分保障中低收入群体平等享受社会公共服务权益，最终实现社会公共服务的均等化。

3. 增强城市就业承载能力，构建平等的就业制度

在城乡二元户籍制度下，农民工主要在次级劳动力市场寻找就业机会，导致农民工的工作收入较低且不稳定，不足以支付高昂的城市生活成本，这成为农民工融入城市的主要障碍，极大阻碍了农民工市民化进程。

（1）改善农民工就业、创业服务体系。由于建筑业具有显著的一次性和流动性特征，各地区政府应充分利用就业信息网，建立农村劳动力资源信息动态管理系统，及时掌握建筑业农民工人员就业和需求状况，及时进行精准帮扶。另外，在大众创业、万众创新的政策引导下，支持创业带动就业，鼓励农民工在城市创业或返乡创业，加大创富带头人培训力度，落实各项创业扶持政策，带动更多农民工群体脱贫。鼓励农民工返乡就业，各地要结合城市特色产业、特色产品、旅游资源等，开动脑筋创造就业机会，促进贫困劳动力就地就近就业。

（2）实现农民工平等就业的权利。农民工就业问题是关乎其自身生存发展、企业发展、社会稳定的重要因素。长期以来，农民工在就业权益保护方面处于劣势地位，要加强农民工的法律意识、提高农民工在就业市场的身份地位、保障农民工的平等就业等自主权利，实现农民工平等获得公共资源和公共服务的权利，与市民同工同酬同权。

（3）加大力度解决农民工工资拖欠问题。整治企业工资发放问题，实行按月工资结算，以及银行代发代管等方式从根本上解决农民工工资发放问题。建立相应法律法规，对恶意拖欠工资等违法行为严查究责。同时完善农民工维权机制，通过移动互联网等科技手段打通农民工“线上维权”的绿色通道，实现“线上线下”双驱动。对于企业管理方面，落实网络信息公开制度，将有拖欠工资等失信先例的企业列入“黑名单”，完善惩戒机制。

（4）建立农民工工资合理增长机制，构建和谐劳资关系。在市场经济条件下，农民工是选择在城市就业还是留在乡村就业，主要取决于城市预期收入与农村收入的差异。大力推进建筑业农民工产业工人化，需创新工资管理机制，保障农民工的工资支付以及

合理增长，实现工资增长由企业和劳动者共同促进的和谐状态，创建和谐、共赢、平等、规范的劳资关系。另外，地方政府应根据当地经济状况和消费水平制定相应的最低工资标准，合理督促各企业加薪，保障农民工的最低收入标准和最低生活水平。

4. 推行城乡一体化的社保体系，实现城乡社保平等统一

由于政策设计的偏向，农民工并没有被社会保障体系全面覆盖，农民工参保难，各保障制度转接困难，政府扶持力度不够，不仅打击了农民工的参保积极性，而且加重了社会的不平等，严重阻碍了农民工市民化的推进。

（1）建立“五险一金”网络信息管理平台，实现城保和农保的续接、互通。首先要将农民工群体纳入社保体系，同时增加农民工的自主权，使其可以根据自身收入及消费情况，自主选择保险种类以及费用档次，让农民工切实感受到社会保障的平等和公平。完善企业、国家补贴的相关制度，改革社保缴费制度，增加国家财政投入以及多种方式的补贴制度，减轻农民工参保负担，使其平等享受社会保障福利。针对流动性大的建筑业农民工的参保问题，应尽快实行薪酬总付一体化（含工伤保险、医疗保险、失业保险、养老保险、相关税费等）机制模式。

（2）加大宣传力度，创新社保管理体制，让国家的惠农政策真正在农民身上执行。2015 年施行的《人力资源社会保障部关于修改〈就业服务与就业管理规定〉的决定》第六十三条规定，在法定劳动年龄内，有劳动能力，有就业要求，处于无业状态的城镇常住人员，可以到常住地的公共就业服务机构进行失业登记。然而，在实际调研发现，绝大多数建筑业农民工并不知道有这一惠农政策，或者知之甚少，或者对政策的理解存在较大偏差，他们失业后第一时间想到的就是回到农村老家。这充分说明，相关部门的宣传和服务工作不到位。

11.4.2　农民工自身综合素质方面

“内因是事物变化、发展的动力”，只有提升农民工自身综合素质，才能增强农民工自主市民化的意识与能力。改变农民工就业选择单一、维权意识薄弱的现状，从自身发力，加快农民工市民化进程。

1. 树立正确价值观

可以从以下三个方面帮助农民工树立正确的价值观。

（1）加强社会主义核心价值观的宣传，培育奉献精神。组织形式多样的农民工宣传教育活动，正确引导农民工树立集体主义思想，倡导奉献社会，改变农民工的不良习性，帮助其树立正确的价值观。

（2）引导农民工诚信就业，树立公平竞争意识。农村长期的自给自足经济，易造成农民缺乏主体意识，竞争与创新意识淡薄。城乡一体化建设，应让农民工对自己的事情有思考权、决定权，引导农民工树立竞争、创新等观念。在社会主义市场经济下，以政府为主体，通过建立农民工自由、公平、公开竞争的就业服务平台，培育全社会诚信就业、公平竞争的良好风气。

（3）依靠基层组织开展思想教育工作。依托党的基层组织，如村委会、居委会、工会等，组织开展针对农民工的思想政治教育工作，营造文明建设的氛围，增强农民工文明建设的意识，并且通过表彰先进农民工个人来直接影响农民工的思想觉悟，倡导农民工群体树立正确的价值观念、思想观念。

2. 提高教育水平

我国经济正处于转型升级的关键时期，迫切需要培养大批拥有专业技能的复合型人才。农民工自身综合素质低主要取决于文化程度低，解决好农民工继续教育问题，需要加强职业化和市民化教育，要坚持面向市场需求、促进就业的教育方向，坚持工学结合、德技并修的教育理念，坚持培育和弘扬工匠精神，努力造就源源不断的高素质产业大军，投身“大众创业、万众创新”。同时均衡城乡师资力量，解决户籍管制下的入学问题，提高农民工子女的教育质量，为更好发挥我国人力人才资源优势、推动中国品牌走向世界、促进实体经济迈向中高端做出新的更大贡献。

1）农民工继续教育

我国广大农民工是产业工人的主力军，继续教育工作的开展将稳步提高农民工的人力资本。农民工普遍存在文化程度低、职业技能不足的问题，应通过发展农民工继续教育，使之及时更新知识技能，为其提供强有力的技术支撑，从而提高农民工文化水平、职业素养，使农民工摆脱自卑心理、增强城市主人翁意识。

（1）加强政府为主体的继续教育管控。教育部、住房和城乡建设部以及建筑业各协会组织对推进农民工继续教育发展需形成合力，按照统筹全局、重点把控的原则，助推职业教育体系的完善。国家制定有关农民工进行成人教育改革试点的相关政策，筹集继续教育资金开展针对农民工的入学优惠政策，设计针对建筑业农民工的专业知识技能、法律法规教育、综合素养培育等教学体系，切实提高教学质量，推动农民工职业化和市民化水平。对企业制定农民工继续教育指标任务，形成政府为主导，企业、学校多元协调管理的局面，为农民工提高自身学历提供路径。

（2）充分利用现代化技术，与时俱进更新教学内容。在教学方式上，可大力发展远程教育、在线教学等开放式教学模式，做好网上精品课程等，扩大农民工学习文化的灵活性与实用性，有效解决农民工培训面临的师资、场地、教材等问题。要提升教学质量，按时开展技能学习交流会，及时更新专业技术知识，邀请行业专家进行专业指导。另外，丰富教学内容，不仅要包括文化学习、职业技能培训，还要包括道德伦理、法律法规学习，增强农民工社会适应能力，全方位提高农民工综合素质，使其能够更好地融入城市。

（3）提升农民的职业素养，带领农民彻底打破“收入低下—教育投入不足—知识匮乏—收入低下”的恶性循环。在农村开展“综合素质提升和职业技能提升”免费培训大讲堂，采取小品、话剧、微视频、宣传册、专家讲解等多种形式，提高农民综合素质和产业工人化的职业素养，使之适应农村和城市多种非农市场经济条件下的市民化生活方式。

（4）使农民工确立终身学习目标。全方位宣传终身学习概念，企业引导农民工文化交流，社会加大宣传终身学习的意义，农民工树立以学习为荣，“活到老，学到老”的终身学习目标，在国家提供继续教育平台的基础上，使得农民工自愿参加、自主学习。

2）农民工子女教育

农民工子女顺利入学是农民工融入城市的基础，教育公平体现着个人成长的起点和未来发展机会的公平。实现教育的融合，打破界限，为农民工子女提供高质量的教学资源，促进教育公平。

（1）在“租售同权”的基础上，完善农民工子女教育体系。首先，改革当前城市社区教育资源高度集中的高壁垒招生模式，借鉴新加坡、中国香港社区教育建设模式，大力推广分散、小班教育模式，增加居民社区教育资源的有效供给。其次，通过租售同权政策普及，弱化学区房的壁垒功能，让租房农民工子女也能就近读书。再次，政府应逐步取消户籍制度对农民工子女入学的限制，建立城乡统一的学籍系统。同时设专项基金帮助农民工子女入学，学校按农民工子女人数领取补助基金，对公立学校接纳农民工子女实施奖励制度，制止提高入学费用等变相排斥农民工子女入学的行为。另外，完善农民工子女职业教育，要为他们创造条件，为初中教育或高中教育阶段学习任务完成后有志于进入社会从事相关职业工作的农民工子女建立一条绿色通道。

（2）合理分配城市教学资源。当前农民工子女在城市上学的困境还表现在优质教育资源不均衡方面，甚至出现针对农民工子女的区别教育、分隔教育现象；大部分农民工子女就读于民办农民工子弟学校，教学师资力量很弱，国家应实施相关政策，鼓励优秀的年轻教师到农民工子弟学校授课，均衡教学资源。同时加强对公立学校的管理，把农民工子女成绩、升学情况作为考核学校的指标。在农民工子女有学上的基础上实现上好学。

3. 丰富精神文化生活

在物质生活基本得到满足时，精神上的消费就显得尤为重要。当今社会，农民工在城市的生存和温饱问题已经得到基本解决，而农民工精神文化生活的富有程度已成为检验市民化水平的重要标准之一。

1）加大面向农民工的公共文化服务体系建设力度

以面向农民工的社区公共文化设施为平台，开展多种文化交流活动，增加农民工与市民的接触，为农民工自主学习提供机会，使农民工逐步融入城市生活，从根本上消除农民工在城市生活中的“文化隔离”现象。工会、妇联、共青团要发挥自身优势，创建农民工喜闻乐见的文化服务平台，充分利用广播、电视、移动互联网等现代化传播媒介，使之在丰富农民工精神文化生活方面发挥更大作用，提高农民工参与文化活动的积极性，不失时机地扩大农民工的社会资本和促进城乡居民不断融合。

2）积极探索适合农民工的文化活动形式

组织农民工积极参与就业地组织的各类文化、体育公益活动。鼓励部分行业组织、委员会为农民工设立专属的活动基地，这不仅可以促进农民工职业技能的提高，还可以将文化活动融入其生活，推动农民工、用工单位自身精神文化建设。

3）加大农民工精神文化经费保障力度

政府应加大对农民工精神文化活动的财政投入，同时带动社会慈善机构建立基金保障。各级政府在编制公共文化经费预算时，要切实将农民工精神文化经费纳入常住地政府公共文化财政经费统筹考虑，切实保障农民工基本文化权益。

4. 营造良好社会融入氛围

打破“农之子恒为农，工之子恒为工”的局面，让农民工能够以城市为家、以城市为友、以城市为荣。只有从根本上创造社会对农民工的包容环境，才能让他们对城市真正产生归属感。

1）挖掘和发扬传统“工匠精神”，提高建筑业农民工社会地位

通过鼓励“大国工匠精神”等引导社会舆论，提高农民工社会认同，积极促进城乡融合。首先，建立一整套的与建筑工业化大规模生产相适应的管理体系，将“工匠精神”作为一种职业精神、工作态度和制度设计，贯穿其中。其次，城镇化进程、现代化建设都需要一大批技艺精湛的建筑产业工人。为此，传统建筑工艺优势地区应将建筑业技术匠人的培养纳入职业教育范畴，加大办学扶持力度，建立能工巧匠带徒补贴制度；人力资源和社会保障部门、涉农部门应将建筑业工种培训作为劳动力转移的重要途径，创造条件让更多的青年掌握建筑业各项工种的实用技能；政府应对有志于成为建筑工匠的城乡青年给予奖励，营造良好的职业氛围。最后，具备工匠精神的建筑产业工人，还需要社会对其职业本身的充分认同和尊重。为此，政府部门应该出台相关的政策法规并落实到位，努力营造良好氛围，提升对建筑业产业工人职业的认知度与认同度，大力发展建筑产业工人专业教育，提升其职业化水平；用人单位应制定科学的激励晋升机制体系，增强产业工人群体归属感；建筑产业工人个人应调整职业心态，坚定职业信念，增强职业意志，不断提高专业素质。在政府、机构、个人以及全社会的努力下，不断提升建筑产业工人的职业荣誉感，为现代建筑产业工人人才队伍建设奠定坚实的基础，让建筑农民工真正成为受社会尊重的群体。

2）营造关爱农民工的社会融合环境，促进社会文明和谐

全社会要加强人文关怀，开展社会关爱行动，探索城乡融合新模式，加强城乡组织沟通活动，增加农民工与市民的联系，消除隔阂、误解，提高农民工文明程度，增强社会团结，推动农民工市民化，促进社会文明和谐。大力推动建筑业农民工在心理上、文化上融入城市。在社会舆论环境的导向上，要重视对农民工的宣传工作，形成良好的舆论环境，减少城市居民对农民工的偏见，营造尊重、关心农民工的社会氛围。通过各种方式了解农民工的心理健康状况，加强对其不适当行为的心理疏导和行为矫正，以缓解农民工在进入城市后因工作、生活环境变化带来的心理失衡、孤独的状态，培养积极的思考方式，减少过激行为。借助影响力大的电视节目、网站、报纸等现代化的大众媒体传播途径，开展形式多样的农民工技能比赛、才艺评选、献爱心公益劳动，大力宣传农民工对社会的作用和贡献，认可农民工的社会价值，引导社会舆论，提高农民工地位，增强农民工融入城市的信心和归属感。

3）加强社会主义政治文明建设，保障农民工政治权益

农民工市民化不仅要求使农民工在物质生活上得到满足，提高其对政治生活的参与也是不可或缺的重要组成部分。当前城市农民工基本没有机会行使民主权利，造成农民工政治觉悟十分淡薄，这是导致农民工权益保障缺失的重要原因之一。农民工就业和居

住在务工城市，管理和服务在家乡农村，这种“人户分离”的现象使得农民工的管理和服务实际上处于真空地带。农民工脱离了农村，却难以融入城市，利益诉求得不到充分表达，合法权益得不到有效保障。为此，必须强化城市社区自治组织的社会管理服务功能，健全农民工依法参与城市社区民主选举和管理的办法，构建社区综合管理服务平台，将农民工纳入基层群众自治体系，完善农民工有权参与社区选举等制度，从源头上解决关乎农民工切身利益的日常服务问题，让农民工逐渐融入城市生活，与市民友好相处。

11.4.3　经济方面

在农民工市民化进程中，无论社会方面的改革策略还是农民工自身综合素质方面的提升措施，都需要强有力的经济基础作为支撑，因此，“钱从哪里来”成为影响农民工市民化效果的关键性因素。解决经济问题需要从城市和农村两个方向协同配合、双轮驱动、同时发力，实现城乡经济社会双繁荣和均衡可持续发展。城市方面，应继续扩大经济规模增加就业岗位、吸纳更多农民工就业；农村方面，应鼓励城市资本、技术和人才下乡，大力发展乡村工业和服务业等多元经济，繁荣农村市场，扶持乡镇企业发展，促进农村人口就地非农化，最终模糊乡村和城市的差别，实现农业农场化、农民职业化、农民工市民化，城乡经济社会一体化可持续健康发展。

1. 加大农村经济建设投入

加大对农村经济建设的投入可以从以下几方面进行。

（1）统筹城乡经济共同发展，鼓励“农民进城务工，能人下乡创业”双向互动，优势互补，齐头并进，实现城乡均衡发展。随着近年来我国城乡差距不断扩大，城市居民附带的户籍福利远远大于农村户籍，进一步激发了进城农民工融入城市共享城市公共资源的热情。然而，大量农村优质劳动力以农民工的形式向城市单向流动，容易造成“空心村”现象，固化农村贫穷落后的面貌，导致农村巨大的市场潜力被忽视。因此，人力资源的流动应该是双向流动——“农民进城，能人下乡”，借助“大众创业，万众创新”的有利政策，鼓励城市居民带着资本、技术和人才进村创业，激活农村巨大的沉睡财富。以建筑业工业化为例，为实现 10 年内装配式建筑占新建建筑比例达到 30%的目标，可以借助农村廉价的土地和富余劳动力，以及现代化的交通网络、互联网、虚拟管理技术、BIM 软件集成技术、工业 4.0 等，向农村转移工业化建筑技术体系，在农村建立工业化建筑构件生产加工厂房基地。一方面，有利于繁荣乡村经济，完善农村市场经济的基础设施建设，促进农民就近属地工人化就业；另一方面，缓解城市环境、就业、基础设施等压力，有利于城乡协同发展和公共服务均等化，共享改革开放的发展成果，有利于国民经济的可持续发展。

（2）加大投资，合理规划，完善农村基础设施，发展和繁荣农村多元非农经济，实现城乡市场一体化。现代农业的机械化生产、工业化加工制造、网络化销售等全过程都需要完善的基础设施建设，离不开多元的非农经济的补充和支持。所以，必须从全球市场一体化的高度定位我国农村经济，着眼于未来，加大农村市场培育投资，合理规划布局，完善农村基础设施体系，助力农村多元非农经济开发和建设，推动城乡市场一体化。

例如，根据农村当地优势积极开发“原始+现代”的特色小城镇，将“互联网＋”、大数据等现代科技元素完美地融入小城镇宜人的生态、优美的环境之中，创造方便的基础设施条件，物美价廉的生活服务，成为吸引创业、孵化高新科技产业的新平台，实现“智慧+力量”的新突变。

（3）切实做好精准扶贫工作，解决贫困农民就业问题。建立网络信息平台，将我国农村贫困对象实名化，动态更新相关信息，明确扶贫者的具体情况，为全国各区域、部门统筹就业管理提供方便，实施精确的扶贫措施。

2. 推行农场化经营模式

古斯塔夫•拉尼斯（Gustav Ranis）和费景汉提出的拉尼斯-费景汉劳动力迁移模式认为，农业由于生产率提高而出现剩余产品应该是农业中的劳动力向工业流动的先决条件。推行农场化、集约化经营，不仅可以显著提高农业现代化水平，增加农村富余劳动力的供给，还可以推动建筑业农民工农村资产的货币化转移。进行农业农场化改革、规模化集约经营，可加速农村土地流转，增加建筑业农民工迁移和身份转化的财富资本，让他们带着自信和资本进城。

（1）建立农村土地产权交易平台。通过有偿流转，将原本细碎的农田重新相对集中起来，探索适度规模的不同程度农场化发展模式，为推动以专业化、标准化、规模化、集约化生产为核心的农业现代化创造有利条件。

（2）建立标准化农场经营体系。我国农业还处于传统小农经营状态，农场化将大幅度提高生产效率，是农业现代化的标志和大势所趋。需做好农场的界定标准以及质量要求，积极开展农场化经营实验基地，加强农场化经营管理和咨询服务类专业人才队伍的培育，推进标准化农场的快速实现。

（3）加大农场化经营的财政性补贴。农场进行现代农业生产，必然出现农业生产经营中资本对劳动的替代作用，产生大量涉农银行和其他金融机构对农村组织和个人的信贷，这就需要政府给予更多的政策和财力的支持和帮扶，鼓励银行和非银行金融机构加大对农村农业的投入，同时对于农场化经营提供适当的财政性补贴。此外，农场化经营模式不仅需要政府在政策、财力等方面的支持，还需要尊重市场经济的发展，合理分配资源、安排规划生产。

（4）加强科学技术的投入。高度重视农业科学的创新，将全国各类农业高等院校的科研成果运用到实际农场化经营中，实现技术支撑，为农业发展做出贡献。成立农产品专业研究团队，专研农产品核心加工科技，成立科研专项，打破国外垄断技术。

（5）加强农场经营专业化指导。培养农场化经营的知识人才，建立专业的咨询服务体系。一方面，实现地域专业化，针对全国不同地区的地质、气候等情况，因地制宜，形成不同种类的农场运营模式。另一方面，实现农场化管理的专业化，全国宜统一相关政策，在前期做好整体规划，实现政府对农场的全局性掌控[31]。

3. 实行农村土地市场化改革

城市化进程的加快，为农村剩余劳动力提供了广阔的就业和投资空间，相比城市第

二、三产业而言，农业生产的机会成本不断上升，农业比较利益下降，农业劳动和农业资本投入速率开始下降，大量的农村剩余劳动力开始转向非农产业，部分迁入到了城市。然而，面对高昂的进城成本，农民工自身的财产难以支撑其进城的需求。尽管农民工拥有土地承包权，但其在农村的土地并不可自由流转买卖，难以转化成巨大的进城资本。因此，要盘活这些被压抑的土地资产，使中国农民真正富裕起来，就必须坚持市场化导向，必须找到一条有利于国民经济发展、农业现代化、农村经济繁荣，有利于农民收入和生活水平提高，有利于城乡一体化、社会安定团结的农村土地改革之路。

（1）通过土地制度改革，进一步明晰农村土地的产权边界。明晰产权边界本身就是对农地资源的一种配置，土地产权界定越清晰完整，土地的价值就越高，因为明晰的产权减少了不确定性因素，降低了交易成本。土地产权清晰化后，农民可以通过转让使用权或者出租使土地向种田能手、种田大户逐渐集中，便于经营者进行规模化、专业化生产，促进农业机械化和对农业基础设施的投资。同时，无力经营农地的农民可以获得持续的土地租金或一次性的高额补贴，从而一心一意地在城市务工经商。

（2）在农村土地集体所有的基础上，赋予农民永久的承包经营权，推动农村土地市场化、集约化经营。土地使用年期越长，使用者对土地的实际控制力就越强，土地使用权的价值就越高；反之，土地使用权到期后，土地使用者对土地本身的投资积累、土地肥力积累、地上附着物，以及为了提高土地的外部经济而进行的土地周围的投资等都面临着归属的不确定性风险，这必将影响土地使用者的投资信心，进而影响土地这种稀缺资源的利用效率，而赋予农民永久承包权，无疑会促使农民高效配置我国稀缺的土地资源，提高土地利用效率。

（3）完善相关农村土地长期流转的法律法规，保护农民的既得利益，解决农民进城定居落户的后顾之忧。通过稳定地权和赋予农民永久承包权，并明确农民宅基地、耕地用益物权的内涵和实现形式，有利于形成农村土地的长期租赁市场，从而提高土地租金水平。土地租金水平的高低主要取决于租入户的支付意愿和出租户的要价。一方面，土地租赁期限越长，就越容易促使土地转向最佳用途，如种植果树、大棚栽培等大规模农场化生产经营，随着土地净收益的增加，土地租入户的支付意愿也会随之提高；另一方面，在长期租赁的情况下，出租户会将土地租金作为一笔稳定的收入流，可作为社会保障和资产福利常年享用。因此，土地的长期租赁必然会为出租户带来较高的租金收入，实现土地的社会保障功能，化解城市化进程中的市场风险，从而有助于以稳定非农收入为主的农户迁居城市。

（4）建立健全城乡一体化的宅基地使用权交易市场，充分发挥市场的基础性调节作用，允许农民土地直接进入城市用地市场。目前，我国宅基地还不能自由流转，但是各地已经开始试行退出政策，农民自愿有偿退出宅基地，由村集体出资购买。政府应筹备宅基地退出基金库，对自愿放弃并且不再申请新的宅基地的农户给予一次性资金补助。同时，国家出台相关政策，如进城农民工可以通过农村宅基地交换城市商品房。这样，农民在失去土地的同时，就可以得到一笔可观的土地收益作为其进城的资本，此时，农民工将不再是城市的负担，不再是赤手空拳、居无定所的城市贫民，而是城市的有产阶级，可以为城市提供有效需求，成为城市发展的动力。所以，可通过市场化运作，顺应农民工进城落户和城镇化发展的需要，赋予农民宅基地更大的处置权，盘活农村宅基地等闲置资源，提高农民收入。

（5）整合农村零碎的闲置资源如住宅房屋、水塘、荒废土地等，大力发展非农产业，繁荣农村经济，增加农民非农收入。以住宅房屋为例，在农村大量闲置的农宅多以两种方式呈现：一种是已经在城市安家落户的农民工家庭，他们的农村宅院长期闲置无人居住，房屋破旧不堪、庭院杂草丛生；另一种是挣到钱的农民工在农村盖起了高大的房屋，多由家中的老人或亲戚邻居看管，只是在春节几天偶尔居住，导致大宅院长期闲置。造成了农村土地资源和房产的大量闲置浪费。另外，农村大量零碎的水塘、洼地、荒地更是数不胜数，无人问津，浪费严重。建议将这些农村零碎闲置的沉没财富加以盘活利用，建立健全土地交易市场，完善宅基地使用权的分配、登记、回收、监督制度及相关土地法律法规，通过市场化的整合开发利用，通过出租、抵押、转让、置换、联建、股份合作等方式进行流转盘活，必然会给农村和农民带来巨大的经济效益和社会效益。

综上所述，建筑业农民工市民化涉及建筑业个人综合素质提升、建筑业整体升级和社会公共服务制度进一步完善，是一个长期的系统工程，不可能一蹴而就，也不仅仅是依靠一个或几个部门就可以实现的。必须在中央的统一领导和各部门的协调配合下，站在城乡一体化和社会主义现代化建设的战略高度，依靠全社会通力合作，从盘活农村土地资本、繁荣农村经济、构建公平公正的城乡一体化发展环境和提高农民工综合素养等方面着手，进一步解放亿万农民工群体的生产力，激发更大的社会活力，释放新的“改革红利”。最终助力我国建筑业现代化、农村振兴和中华民族的伟大复兴的中国梦顺利实现。

参考文献

[1] 韩俊，何宇鹏．新型城镇化与农民工市民化[M]．北京：中国工人出版社，2014.

[2] 单菁菁．农民工市民化研究综述：回顾、评析与展望[J]．城市发展研究，2014，21（1）：18-21.

[3] 任宏，温招，林光明．“城市价值决定房价”论证分析及宏观调控建议[J]．建筑经济，2007（8）：22-26.

[4] 温招．基于城市价值理论的房价研究[D]．重庆：重庆大学，2008.

[5] 俞云峰．新型城市化的实现路径与制度创新研究[M]．北京：中国社会科学出版社，2017.

[6] 欧阳力胜．新型城镇化进程中农民工市民化研究[D]．北京：财政部财政科学研究所，2013.

[7] 厉以宁，孟晓苏，李源潮，等．走向繁荣的战略选择[M]．北京：经济日报出版社，2013.

[8] 马军显．城乡关系：从二元分割到一体化发展[D]．北京：中共中央党校，2008.

[9] 杨冲．上海率先破除城乡二元结构研究[D]．上海：上海交通大学，2009.

[10] 刘晋强．推—拉理论在中国乡—城劳动力转移中的应用与启示[D]．太原：山西财经大学，2015.

[11] 国务院发展研究中心课题组．农民工市民化进程的总体态势与战略取向[J]．改革，2011（5）：5-29.

[12] 侯云春等．农民工市民化：我国现代化进程中的重大战略问题[N]．中国经济时报，2011（12）.

[13] 翟继辉．中国城乡社会保障均等化问题研究[D]．哈尔滨：东北农业大学，2016.

[14] 范芝芬．流动中国：迁移、国家和家庭[M]．邱幼云，黄河，译．北京：社会科学文献出版社，2013.

[15] 孙波．城乡经济社会一体化背景下的农民市民化问题研究[D]．西安：西北大学，2011.

[16] 曾万明．我国统筹城乡经济发展的理论与实践[D]．成都：西南财经大学，2011.

[17] 韩玉梅．新生代农民工市民化问题研究[D]．哈尔滨：东北农业大学，2012.

[18] 程姝．城镇化进程中农民工市民化问题研究[D]．哈尔滨：东北农业大学，2013.

[19] 郑亚．农民工市民化视角下的城市融入问题探讨[J]．西昌学院学报：社会科学版，2015，27（1）：100-103.

[20] 杨璟．促进新生代农民工市民化，提高城镇化质量[J]．皖西学院学报，2013，29（4）：42-46.

[21] 顾益康，邵峰．全面推进城乡一体化改革：新时期解决“三农”问题的根本出路[J]．中国农村经济，2003（1）：20-26.

[22] 习近平．决胜全面建成小康社会 夺取新时代中国特色社会主义伟大胜利：在中国共产党第十九次全国代表大会上的报告[M]．北京：人民出版社，2017.
[23] 刘静．建筑劳务用工制度变迁与对策研究[D]．西安：西安建筑科技大学，2010.
[24] 刘鸣．城市建筑业农民工权益保障研究[D]．上海：上海交通大学，2010.
[25] 佚名．国务院办公厅就解决拖欠农民工工资问题派出督查组[J]．施工技术，2017（4）：17.
[26] 王青．建筑业农民工安全教育培训问题分析及机制改革[D]．北京：清华大学，2009.
[27] 常忠哲．建国以来中国社会保障制度城乡差距研究及统筹思路[D]．兰州：甘肃农业大学，2016.
[28] 贺文华．农民群体分化与农民市民化成本分担机制研究：基于城乡统筹的视角[J]．新疆农垦经济，2017（6）：8-15.
[29] 陈斌开，张鹏飞，杨汝岱．政府教育投入、人力资本投资与中国城乡收入差距[J]．管理世界，2010（1）：36-43.
[30] 黎晓杰，何靖波，唐雪漫．农民工市民化动力分析及相关实践问题研究[J]．经济问题探索，2013（9）：180-186.
[31] 李勇辉，刘南南，李小琴．农地流转、住房选择与农民工市民化意愿[J]．经济地理，2019，39（11）：165-174.
[32] 朱纪广，张佳琪，李小建，等．中国农民工市民化意愿及影响因素[J]．经济地理，2020，40（8）：145-152.
[33] 孙聪，宋志达，郑思齐．农民工住房需求特征与城市住房保障体系优化：基于北京市“城中村”调研的研究[J]．农业技术经济，2017（4）：16-27.
[34] 张晓梅，李秋艳．新生代农民工素质的影响因素及提升对策[J]．学术交流，2014（1）：141-144.
[35] 杨秀丽．新生代农民工职业化研究[D]．杨凌：西北农林科技大学，2014.
[36] 严士清．新中国户籍制度演变历程与改革路径研究[D]．上海：华东师范大学，2012.
[37] 山东省建筑工程管理局调研组．山东省建筑业农民工业余文化生活状况调查[J]．建筑，2012（13）：22-24.
[38] 谷延方．英国农村劳动力转移与城市化：中世纪盛期及近代早期[M]．北京：中央编译出版社，2011.
[39] 王竹林．城市化进程中农民工市民化研究[D]．杨凌：西北农林科技大学，2008.
[40] 程建林．第二代农民工市民化研究[D]．武汉：武汉大学，2009.
[41] 曾咏梅．树立科学发展观，走出城乡分割僵局[J]．怀化学院学报，2005，24（1）：18-20.
[42] 李克强．坚持工学结合知行合一德技并修 努力造就源源不断的高素质产业大军[N]．人民日报，2017-5-9（1）.
[43] 左璜，莫雷．核心素养：为未来培养高智能优质人才[J]．高等职业教育探索，2017，16（3）：1-7.
[44] 黄曦．我国现行农村土地制度存在问题的简明分析和改革建议[J]．经济师，2005（10）：83-84.

第 12 章　建筑业农民工向产业工人转型预测研究

建筑业农民工向产业工人转型是一个复杂的系统工程，不仅需要科学地设计适宜的转化路径，还需要对我国未来建筑业产业工人的需求量做合理的预估，唯其如此，方能准确制定建筑业农民工向产业工人转化的战略目标，有效落实各条路径上具体的政策与策略，分阶段、有序、切实地推进建筑业农民工的转型工作。本章构建了建筑业产业用工需求测算模型，对建筑业产业工人数量进行了预测。以第 7 章至第 11 章讲述的五条转化路径为基础，结合我国建筑业的实际情况，制定包括转化阶段和推进节奏等在内的我国建筑业农民工向产业工人转化的路线图，提出推进我国建筑业农民工向产业工人转化的政策供给。

12.1　建筑业产业工人数量预测

12.1.1　建筑业产业工人数量测算思路

建筑业产业工人的需求量受人口、城市化发展、建筑业发展、房地产业发展、经济水平等多因素的综合影响。建筑业产业工人的数量，首先依托于我国的人口总数，庞大的人口基数，保证了建筑工人的来源，同时人口越多，对于房屋建筑的需求越大，从而导致建筑业产业用工的需求增加，因此本书选择了各年度全国总人口指标作为人口因素的衡量指标。伴随着城市化水平的提高，在城市化发展的中前期，城市建设任务的增加会促使建筑业产业用工需求的增长，而随着城市化进入后期，城市发展日趋成熟，建设体量也会有所下降，这又会抑制建筑业产业用工需求，因此城市化是建筑业产业用工的重要影响因素，本书选择城镇化率作为该因素衡量指标。建筑业、房地产业的兴衰，则是直接关系着建筑业产业工人数量的多寡，因此本书选择建筑业产值与房屋施工面积两个指标对建筑业、房地产业发展状况进行衡量。同时经济水平也深刻影响着包括建筑业、房地产业在内的各行各业的发展，因此选用了 GDP 作为衡量经济水平的指标。

在确定了建筑业产业用工需求的影响因素及指标后，本书拟选用回归分析的方法，以 2008～2017 年的历史数据作为参考，构建建筑业产业工人需求量的测算模型，进而以 2020 年、2025 年、2030 年三个时间节点，预测相应的建筑业产业用工数量。

12.1.2　建筑业产业用工需求测算模型构建

1. 数据收集

进行回归分析需要因变量“建筑业产业用工数量”与自变量“全国总人口”“城镇化率”“建筑业产值”“房屋施工面积”“GDP”的历史数据。

建筑业一线生产工人数量在各相关统计资料中较难获取，而统计年鉴中主要是建筑企业从业人员的数据，并没有准确的劳务用工的数据。建筑业农民工是建筑业劳务用工的主体，因此本书从《农民工监测调查报告》中获取全国建筑业农民工总量数据，以作为建筑业产业用工数量的替代性衡量指标。而全国总人口、城镇化率、建筑业产值、房屋施工面积、GDP 等自变量指标的历年数据，则可从历年《中国统计年鉴》中获取。

《农民工监测调查报告》从 2008 年开始每年定期发布，因此建筑业农民工总量的权威数据从 2008 年起方有记录，故本书回归分析的历史数据选自 2008～2017 年，各指标的具体数据如表 12.1 所示。

表 12.1　建筑业产业用工需求测算各指标数据

年份	全国总人口/万人	城镇化率/%	建筑业产值/亿元	GDP/亿元	房屋施工面积/（万/平方米）	建筑业农民工总量/万人
2008	132 802.0	46.90	18 807.6	319 515.5	530 518.6	3111
2009	133 450.0	48.34	22 681.5	349 081.4	588 593.9	3493
2010	134 091.0	49.95	27 259.3	413 030.3	708 023.5	3900
2011	134 735.0	51.27	32 926.5	489 300.6	851 828.1	4474
2012	135 404.0	52.57	36 896.1	540 367.4	986 427.5	4832
2013	136 072.0	53.73	40 896.8	595 244.4	1 132 002.9	5970
2014	136 782.0	54.77	44 880.5	643 974.0	1 249 826.3	6109
2015	137 462.0	56.10	46 626.7	689 052.1	1 239 717.6	5855
2016	138 271.0	57.35	49 702.9	743 585.5	1 264 216.3	5550
2017	139 008.0	58.52	55 689.0	827 121.7	1 318 374.1	5415

2. 多元回归分析

本书运用 SPSS 16.0 软件展开多元回归分析。建立的回归模型如下

$$y=a+b_1x_1+b_2x_2+b_3x_3+b_4x_4+b_5x_5 \tag{12.1}$$

式中，y 为建筑业农民工总量；a 为常数项；b_1 为全国总人口影响系数；x_1 为全国总人口；b_2 为城镇化率影响系数；x_2 为城镇化率；b_3 为建筑业产值影响系数；x_3 为建筑业产值；b_4 为 GDP 影响系数；x_4 为 GDP；b_5 为房屋施工面积影响系数；x_5 为房屋施工面积。

利用 SPSS 的线性回归分析功能，经运行显示，建筑业产值存在共线性问题，考虑删除该变量，相关运行情况如表 12.2 所示。

表 12.2　被排除的变量

模型		回归系数	t 值	显著性	偏相关系数	共线性统计
						公差
1	建筑业产值	13.491	1.021	0.493	0.714	4.795×10^{-5}

删除建筑业产值变量后运行结果如表 12.3 和表 12.4 所示。

表 12.3　模型拟合度分析

模型	R	R^2	校正 R^2 系数	标准差
1	0.991	0.983	0.949	263.906

注：自变量（常量）：房屋施工面积，城镇化率，全国总人口，GDP。
因变量：建筑业农民工总量。

表 12.4　显著性分析

模型		平方和	自由度	均方	F 值	显著性
1	回归	8 006 156.616	4	2 001 539.154	28.739	0.034
	残余	139 292.798	2	69 646.399		
	总计	8 145 449.414	6			

注：自变量（常量）：房屋施工面积，城镇化率，全国总人口，GDP。
因变量：建筑业农民工总量。

该回归模型拟合度达到 99.1%，拟合情况理想，同时显著性达到 0.034<0.05，较为显著，模型结果可信。最终得到的模型系数如表 12.5 所示。

表 12.5　模型系数分析

模型	非标准化系数
常量	−7 388.617
全国总人口	0.072 8
城镇化率	−19.572
GDP	−0.004 81
房屋施工面积	0.006 24

最终，根据所得的系数结果，建立多元线性回归模型如下：

$$y=-7388.617+0.0728x_1-19.572x_2-0.004\ 81x_4+0.006\ 24x_5 \tag{12.2}$$

3. 全国总人口数预测

根据 2008～2017 年各年度的全国总人口数进行线性回归，回归趋势线如图 12.1 所示。

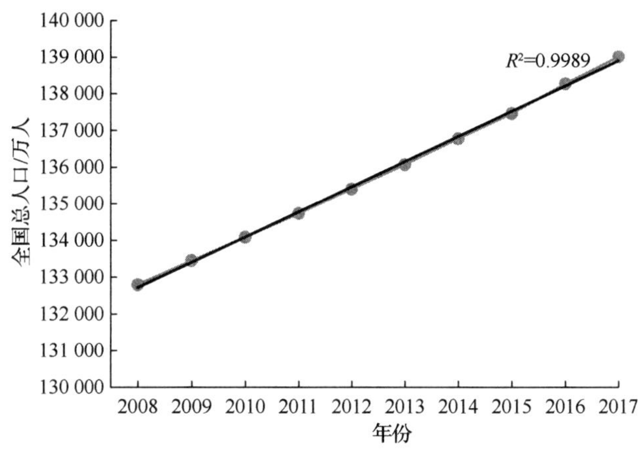

图 12.1　全国总人口回归趋势图

拟合系数达 0.9989，人口预测模型良好拟合，建立的总人口预测公式为

$$x_1= -1\ 193\ 718.679+660.607\ n \tag{12.3}$$

式中，n 为年份，据此求得 2020 年全国总人口为 140 707 万；2025 年全国总人口为 144 010 万；2030 年全国总人口为 147 314 万。

4. 城镇化率预测

根据 2008～2017 年各年度的城镇化率进行线性回归，回归趋势线如图 12.2 所示。

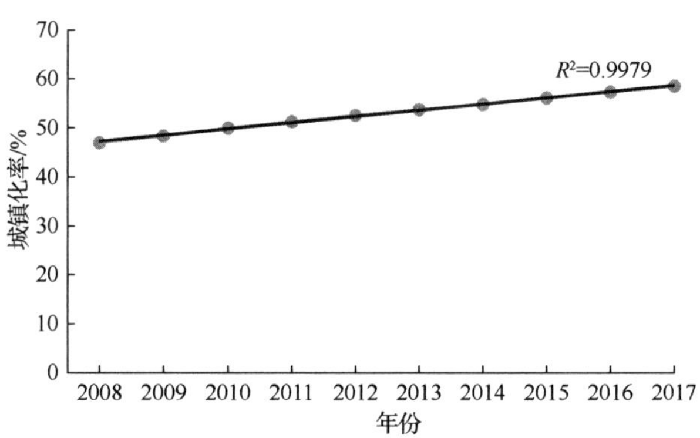

图 12.2　城镇化率回归趋势图

拟合系数达 0.9979，城镇化率预测模型良好拟合，建立的城镇化率预测公式为

$$x_2= -3293.709+1.663n \tag{12.4}$$

式中，n 为年份，据此求得 2020 年城镇化率为 65.55%；2025 年城镇化率为 73.87%；2030 年城镇化率为 82.18%。

5. GDP 预测

根据 2008～2017 年各年度的 GDP 进行线性回归，回归趋势线如图 12.3 所示。

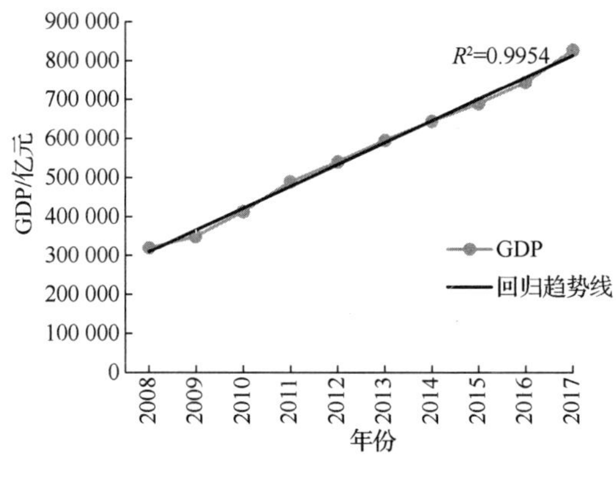

图 12.3　GDP 回归趋势图

拟合系数达 0.9954，GDP 预测模型良好拟合，建立的 GDP 预测公式为

$$x_4 = -112\,154\,121.807 + 56\,005.721n \tag{12.5}$$

式中，n 为年份，据此求得 2020 年 GDP 为 977 434.6 亿元；而实际统计数据为 1 015 986.0 亿元，二者相差较小，证明该模型拟合度较高。进一步求得 2025 年 GDP 为 1 257 463.2 亿元；2030 年 GDP 为 1 537 491.8 亿元。

6. 房屋施工面积预测

历年的房屋施工面积数据保持增长的态势，但随着城市化的不断推进，加之房地产库存的增多、国家的宏观调控、居民的住房需求变化等多因素的影响，可以预见未来年度房屋施工面积在达到峰值后会开始出现下降的趋势，因此单纯基于历史数据进行房屋施工面积回归预测的可信度不理想，有必要借鉴其他预测数据估计未来的房屋施工面积。

根据国家统计年鉴的数据记载，2019 年的房屋施工面积数据为 1 441 644.8 万平方米，2020 年的房屋施工面积数据为 926 759 万平方米，相较于 2019 年的实际数据，已出现下降的态势，但由于 2020 年疫情原因，数据可能有较大的波动性，因此取 2019 年与 2020 年房屋施工面积数据的平均值 1 184 201.9 万平方米作为计算数据。由于 2021～2030 年各资料中欠缺相应的预测数据，因此本书为稳妥起见，将 2025 年、2030 年房屋施工面积的数据也暂定为 1 184 201.9 万平方米。

7. 产业用工需求测算结果

根据本节对于自变量的预测，将预测结果进行整理，如表 12.6 所示。

表 12.6　各自变量指标值预测结果

年份	全国总人口（x_1）/万人	城镇化率（x_2）/%	GDP（x_4）/亿元	房屋施工面积（x_5）/万平方米
2020	140 707	65.55	1 015 986.0	1 184 201.9
2025	144 010	73.87	1 257 463.2	1 184 201.9
2030	147 314	82.18	1 537 491.8	1 184 201.9

将自变量取值代入多元线性回归模型：

$$y=-7388.617+0.0728x_1-19.572x_2-0.00481x_4+0.00624x_5 \tag{12.6}$$

求得各年度建筑业产业用工需求量，如表 12.7 所示。

表 12.7　各年度建筑业产业用工需求量

年份	产业用工需求量/万人
2020	4074
2025	2991
2030	1721

可见随着城市化的推进，建筑业产业用工量呈现下降趋势，2020 年尚需 4074 万人的工人队伍，至 2025 年已降为 2991 万人，而 2030 年时建筑业产业用工需求量则稳定至 1721 万人。2025 年与 2030 年的产业用工量还是在考虑房屋施工面积与 2020 年相当的情况下的预测结果，若建设体量继续有所下降，加之技术进步等因素导致的人均生产效率的提升，则产业用工量可能还有下降。综合考虑这种浮动，估计到 2030 年，建筑业产业用工需求应保持在 1500 万～1700 万人的水平，即应保有 1500 万～1700 万人的建筑业产业工人队伍。

12.2　我国建筑业农民工产业工人化转型路线图与政策安排

建筑业农民工产业工人化转型是一个系统的、长期的、复杂的任务，根据本章研究，建议在 2016～2030 年的 15 年内分成 3 个阶段来完成这一转型过程。建筑业农民产业工人化转型路线如图 12.4 所示。

（1）转型开始阶段（2016～2020 年）。建筑业农民工产业工人化转型的开始阶段，应确定建筑业农民工产业工人化转型的主要目标，测算转型人口与转型成本，明确转型思路与具体路径，设定各个路径的初步目标及政策导入计划等。

（2）大幅度转化阶段（2021～2025 年）。实现 2020 年各转型路径的初步目标之后，进入建筑业农民工向产业工人大幅度转化的阶段，该阶段应该实现：工业化建筑占比超过 1/3、建筑业行业架构基本实现扁平化与劳务企业向中小微型专业公司发展、系统化培训基本实现、薪酬体系革新政策目标基本达到。

（3）成熟稳定阶段（2026～2030 年）。这期间，基本实现农民工转化为产业工人的

各项目标，建筑业产业工人数量最终稳定在 1700 万人左右。

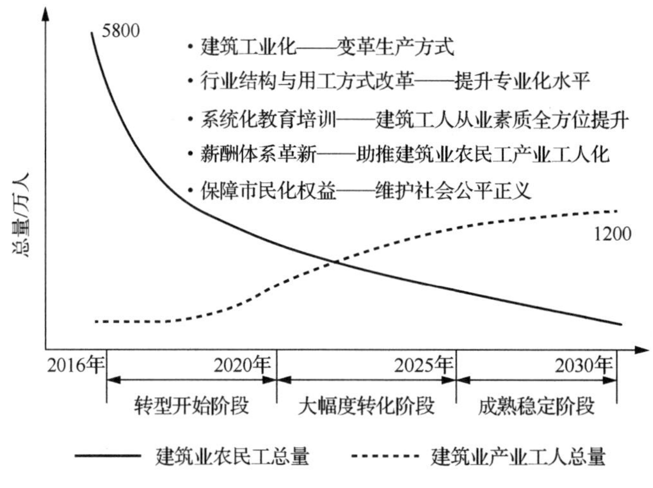

图 12.4　建筑业农民工产业工人化转型路线图

2014 年《住房城乡建设部关于推进建筑业发展和改革的若干意见》(以下简称《若干意见》)，就解决当前建筑业存在的突出问题提出了许多卓有成效和创意的举措，成为建筑主管部门近 10 年来就建筑业改革发展的一项具有里程碑意义的指导性文件。紧接着 2015 年《住房城乡建设部关于加强建筑工人职业培训工作的指导意见》发布，总体目标设定为到 2016 年年底，一级资质及以上的建筑施工企业实现自有工人全员培训、持证上岗；到 2020 年，实现全行业建筑工人全员培训、持证上岗；到 2025 年，基本形成以中级技工为主体，高级技工为骨干，技师、高级技师为龙头，老、中、青比例合理，职业化程度较高的产业工人队伍。这也说明，将建筑工人队伍逐步转化为高技术含量的产业工人队伍，已上升到国家发展战略高度。

因此，为构建起有利于形成建筑业产业工人队伍的长效机制，本书根据上述规划目标和原则，并结合目前我国建筑业实际情况与条件，遵循“目标与计划设定—政府主导的试点探索—大规模转化—转型稳定、政府逐渐淡出”的逻辑，设计了我国建筑业农民工向产业工人转化的各路径配套政策导入节奏，如表 12.8 所示。

目前，本书中的部分研究成果已在国务院、住房和城乡建设部等相关政策文件中得以体现，如表 12.9 所示。

表 12.8　我国建筑业农民工向产业工人转化的各路径配套政策导入节奏

路径	开始阶段（2016～2020 年）	大规模转化阶段（2021～2025 年）	成熟稳定阶段（2026～2030 年）
路径 1-建筑工业化改革	① 合理“碎化”建筑体系 ② 建立统一的工业化生产标准规范 ③ 形成标准图集和标准化的构配件模块库 ④ 建立工业化建筑技术支撑体系 ⑤ 大力推行新型建筑材料、新技术运用 ⑥ 构建专业化 BIM 技术平台 ⑦ 加快新型建筑工业化产业联盟建设	① 构建“设计—施工”一体化的建设体系 ② 打造总承包—专业制造分包企业的布局模式 ③ 打造“相对集中式生产+集中式装配”生产模式 ④ 建立一体化的全球采购体系 ⑤ 针对建筑工业化改革开始阶段出现的问题，及时制定相应的对策和法律保障，确保建筑工业化在我国的大规模推广	在全国范围内调研，针对各地区在实施建筑工业化过程中遇到的一些具体难题，分情况进一步出台一些保障建筑工业化发展的法规规范、设立专项基金保障等，确保建筑工业化在我国稳步推行发展
路径 2-建筑业行业结构改革	① 尽快出台推广工程总承包模式指导意见 ② 研究大力发展中小型专业制造与专业分包企业的指导意见，鼓励包工头转型创办小微型专业分包企业 ③ 制定建筑业工人执业资格认证体系的中长期发展规划 ④ 建立全国统一的建筑工人从业信息管理平台 ⑤ 推广标准劳动合同范本	① 全国范围内实现以工程总承包模式为主的发包模式 ② 逐渐完成劳务企业转型为专业制造或专业分包企业 ③ 引导大型企业组建直属专业分包公司，小型企业走专业化道路 ④ 建筑业工人执业资格认证体系基本建立	① 基本形成以大型总承包企业为龙头、以中小型专业制造与专业分包企业为主体的行业架构。中小型专业制造与专业分包企业数量占比超过 75% ② 建筑业工人执业资格认证体系完善成熟
路径 3-系统化培训	① 深入研究出台加强建筑业农民工产业工人化的培训指导意见 ② 严格建筑工人职业准入制度 ③ 初步构建建筑工人的三级阶梯式培训体系，完善培训激励约束机制 ④ 优化现有的鉴定考核程序，加强建筑工人培训专兼职师资队伍建设 ⑤ 建立建筑业培训考核示范基地	① 构建多元化技能提升渠道，完善建筑工人的三级阶梯式培训体系 ② 增强建筑工人技能培训鉴定的公共服务能力 ③ 完善政策配套措施，加速推动建筑业培训考核基地建设 ④ 完善建筑业职业教育培训体系 ⑤ 加强建筑工人文化水平培训 ⑥ 开展建筑工人培训专项基金试点，探索建筑工人培训 PPP 模式	① 进一步出台稳定建筑业产业工人培训与技能提升的规章制度 ② 进行建筑工人培训专项基金与建筑工人培训 PPP 模式推广

续表

路径	开始阶段（2016～2020 年）	大规模转化阶段（2021～2025 年）	成熟稳定阶段（2026～2030 年）
路径 4-薪酬体系革新	① 执行工资月清月结制度 ② 通过银行代付工资、欠薪保障基金等手段，建立起工资支付保障制度 ③ 尽快出台《建筑劳务实名制管理办法》《建筑劳务实名制信息化管理统一标准》 ④ 初步搭建建筑劳务实名制管理信息平台，建立工资支付监管制度 ⑤ 探讨构建建筑工人个人信用评价体系，制定中国建筑业信用体系中长期发展规划	① 建立全费用工资制度，着力构建稳固的劳资关系 ② 通过合同化工资价格核定、工资支付保险等手段，完善工资支付保障制度 ③ 全面实现全国统一的建筑劳务实名制管理信息平台，推行建筑劳务“实名制信息卡” ④ 加强建筑业产业工人工会建设 ⑤ 建立多元化资金筹集渠道，合理规划建筑业农民工社保资金来源，加强建筑业农民工社保制度建设	① 建立建筑业产业工人职业发展通道 ② 优化工资调节机制 ③ 完善产业工人一体化信息管理平台 ④ 优化产业工人信用数据平台
路径 5-保障市民化权益	① 尽快完善异地办理身份证、户口本等绿色服务通道 ② 加快落实全国统一的居住证制度，逐渐放开落户限制 ③“租售同权”政策的试点与推广 ④ 提供适用于建筑业农民工群体的保障性住房 ⑤ 改善农民工就业、创业服务体系 ⑥ 加大力度解决农民工工资拖欠问题 ⑦ 建立针对农民工群体的社会救助资金 ⑧ 营造关爱农民工的社会融合环境，保障农民工权益 ⑨ 加大面向农民工的公共文化服务体系建设力度 ⑩ 统筹城乡经济共同发展，鼓励“农民进城务工，能人下乡创业”双向互动 ⑪ 发展和繁荣农村多元非农经济，实现城乡市场一体化 ⑫ 切实做好精准扶贫工作，解决贫困农民就业问题 ⑬ 完善相关农村土地长期流转的法律法规	① 不断降低与户籍挂钩的社会福利，还原户籍登记功能 ② 建立健全国家多层次的住房供给保障体系，全国普及“租售同权”政策 ③ 实现农民工平等就业的权利 ④ 建立农民工工资合理增长机制，构建和谐劳资关系 ⑤ 建立“五险一金”网络信息管理平台，实现城保和农保的续接、互通 ⑥ 引导农民工诚信就业，树立正确价值观 ⑦ 加强农民工继续教育 ⑧ 合理分配城市教学资源，完善农民工子女教育体系 ⑨ 挖掘和发扬传统“工匠精神”，提高建筑业农民工社会地位 ⑩ 土地制度改革，明晰农村土地产权边界，推动农村土地市场化、集约化经营 ⑪ 建立农村土地产权交易平台 ⑫ 推行农场化经营模式	① 彻底打破公共服务与个人资产多寡（如房地产）的依附关系，充分保障中低收入群体平等享受社会公共服务权益 ② 建立健全城乡一体化的宅基地使用权交易市场，允许农民土地直接进入城市用地市场 ③ 实现城乡公共服务资源全民平等共享，公共服务均等化 ④ 基本实现农民工在身份上平等公民化、在职业上产业工人化、在生活方式和福利待遇上统一市民化，农民工逐渐成为历史名词

表 12.9　与研究成果相关的部分政策文件

文件名称	发布单位	发布时间	涉及关键路径	相关政策内容
《国务院办公厅关于促进建筑业持续健康发展的意见》（国办发〔2017〕19 号）	国务院办公厅	2017 年 2 月	建筑工业化	① 推广智能和装配式建筑。推动建造方式创新，不断提高装配式建筑在新建建筑中的比例。力争用 10 年左右的时间，使装配式建筑占新建建筑面积的比例达到 30% ② 加强技术研发应用。积极支持建筑业科研工作，大幅提高技术创新对产业发展的贡献率。加快推进 BIM 技术在规划、勘察、设计、施工和运营维护全过程的集成应用 ③ 完善工程建设标准。积极培育团体标准，鼓励具备相应能力的行业协会、产业联盟等主体共同制定满足市场和创新需要的标准，建立强制性标准与团体标准相结合的标准供给体制
			行业架构改革	① 加快推行工程总承包。装配式建筑原则上应采用工程总承包模式。政府投资工程应完善建设管理模式，带头推行工程总承包 ② 改革建筑用工制度。推动建筑业劳务企业转型，大力发展木工、电工、砌筑、钢筋制作等以作业为主的专业企业。以专业企业为建筑工人的主要载体。促进建筑业农民工向技术工人转型。开展建筑工人实名制管理
			系统化培训	加快培养建筑人才。加强建筑工人的教育培训。全面实施建筑业技术工人职业技能鉴定制度。发展一批建筑工人技能鉴定机构。引导企业将工资分配向关键技术技能岗位倾斜。大力弘扬工匠精神，培养高素质建筑工人
			薪酬总付体系	保护工人合法权益。督促施工单位与招用的建筑工人依法签订劳动合同。健全工资支付保障制度，按照谁用工谁负责和总承包负总责的原则，落实企业工资支付责任。建立健全与建筑业相适应的社会保险参保缴费方式
《住房城乡建设部关于印发建筑业发展“十三五”规划的通知》（建市〔2017〕98 号）	住房和城乡建设部	2017 年 4 月	建筑工业化	① 推广智能和装配式建筑。建立与装配式建筑相适应的工程建设管理制度。鼓励企业进行工厂化制造、装配化施工、减少建筑垃圾。建设装配式建筑产业基地 ② 强化技术标准引领保障作用。加强建筑产业现代化标准建设，建立装配式建筑设计、部品部件生产、施工、质量检验检测、验收、评价等工程建设标准体系，完善模数协调、建筑部品协调等技术标准 ③ 加强关键技术研发支撑。完善政产学研用协同创新机制，着力优化新技术研发和应用环境，针对不同种类建筑产品，总结推广先进建筑技术体系。组织资源投入，并支持产业现代化基础研究，开展适用技术应用试点示范。培育国家和区域性研发中心、技术人员培训中心，鼓励建设、工程勘察设计、施工、构件生产和科研等单位建立产业联盟。加快推进 BIM 技术在规划、工程勘察设计、施工和运营维护全过程的集成应用，支持基于具有自主知识产权三维图形平台的国产 BIM 软件的研发和推广使用
			行业架构改革	① 调整优化产业结构。以工程项目为核心，以先进技术应用为手段，以专业分工为纽带，构建合理工程总分包关系，建立总包管理有力，专业分包发达，组织形式扁平的项目组织实施方式，形成专业齐全、分工合理、成龙配套的新型建筑行业组织结构。发展行业的融资建设、工程总承包、施工总承包管理能力，培育一批具有先进管理技术和国际竞争力的总承包企业。鼓励以技术专长、制造装配一体化、工序工种为基础的专业分包，促进基于专业能力的小微企业发展。支持“互联网＋”模式整合资源，联通供需，降低成本

续表

文件名称	发布单位	发布时间	涉及关键路径	相关政策内容
《住房城乡建设部关于印发建筑业发展“十三五”规划的通知》（建市〔2017〕98号）	住房和城乡建设部	2017年4月	行业架构改革	② 推动工人组织化和专业化。改革建筑用工制度，鼓励建筑业企业培养和吸收一定数量自有技术工人。改革建筑劳务用工组织形式，支持劳务班组成立木工、电工、砌筑、钢筋制作等以作业为主的专业企业，鼓励现有专业企业做专做精，形成专业齐全、分工合理、成龙配套的新型建筑行业组织结构。推行建筑劳务用工实名制管理，基本建立全国建筑工人管理服务信息平台，记录建筑工人的身份信息、培训情况、职业技能、从业记录等信息，构建统一的建筑工人职业身份登记制度，逐步实现全覆盖
			系统化培训	健全技能培训和鉴定体系。建立政府引导、企业主导、社会参与的建筑工人岗前培训、岗位技能培训制度。研究优惠政策，支持企业和培训机构开展工人岗前培训。发挥企业在工人培训中的主导作用，积极开展工人岗位技能培训。倡导工匠精神，加大技能培训力度，发展一批建筑工人技能鉴定机构，试点开展建筑工人技能评价工作。改革完善技能鉴定制度，将技能水平与薪酬挂钩，引导企业将工资分配向关键技术技能岗位倾斜，促进建筑业农民工向技术工人转型，努力营造重视技能、崇尚技能的行业氛围和社会环境
			薪酬总付体系	完善权益保障机制。全面落实建筑工人劳动合同制度，健全工资支付保障制度，落实工资月清月结制度，加大对拖欠工资行为的打击力度。探索与建筑业相适应的社会保险参保缴费方式，大力推进建筑施工单位参加工伤保险。搭建劳务费纠纷争议快速调解平台，引导有关企业和工人通过司法、仲裁等法律途径保障自身合法权益
《关于印发住房城乡建设部建筑市场监管司2017年工作要点的通知》（建市综函〔2017〕12号）	住房和城乡建设部建筑市场监管司	2017年2月	行业架构改革	① 加快推进工程总承包。扩大工程总承包试点范围，指导地方积极推进工程总承包的发展，培育工程总承包骨干企业，推广工程总承包制 ② 积极推进建筑用工制度改革。研究取消建筑施工劳务资质，大力扶持以作业为主的专业企业发展。促进建筑业农民工向技术工人转型。研究建立建筑工人信息管理服务平台，以专业企业为建筑工人主要载体，推行建筑工人实名制管理
《住房城乡建设部关于进一步推进工程总承包发展的若干意见》（建市〔2016〕93号）	住房和城乡建设部	2016年5月	行业架构改革	① 优先采用工程总承包模式。建设单位在选择建设项目组织实施方式时，应当本着质量可靠、效率优先的原则，优先采用工程总承包模式。政府投资项目和装配式建筑应当积极采用工程总承包模式 ② 加强示范引导。各级住房城乡建设主管部门要引导工程建设项目采用工程总承包模式进行建设，从重点企业入手，培育一批工程总承包骨干企业，发挥示范引领带动作用，提高工程总承包的供给质量和能力。加大宣传力度，加强人员培训，及时总结和推广经验，扩大工程总承包的影响力